普通高等教育"十三五"规划教材
教育部产学合作协同育人创新创业教育改革项目
腾讯创新创业教育改革校企合作项目
四川省"创新创业教育示范课程"建设项目

创　业
——启蒙与实践

郑文锋　杨　波　刘　珊　李晓璐　银力融　编著

Publishing House of Electronics Industry
北京·BEIJING

内 容 简 介

本书分为启蒙和实践两个篇章。启蒙篇（第 1~5 章）中首先介绍与创业有关的观点、事实和误区，鼓励青年人独立理性思考，冲破经验主义和权威思维的禁锢；然后从动态系统长期演化的角度，解释创业过程的特征和规律，构建创业价值评估模型，分别从创业团队、价值载体、商业模式 3 个方面详细讨论了评估模型的组成要素。实践篇（第 6~9 章）将创业理论、系统观和敢于独立思考的态度根植于创业活动，努力打造具有合理初始条件、超强迭代和自我复制能力的创业系统。通过组建创业团队、设计产品和服务、创新商业模式、筹备和规划创业企业等一系列的创业实践活动，培养和锻炼青年学生参与创新创业的实战能力。

本书可以作为各学科研究生、本科生和高职高专学生创新创业类课程（包括核心通识、选修、实践和兴趣类课程）的教材或参考资料。基于本书内容，结合专业角度的实训，可以形成完整的创新创业教学体系。本书也可以作为各孵化机构或天使投资机构进行以沙龙和实践为主的创业辅导课程的指导教材。

未经许可，不得以任何方式复制或抄袭本书之部分或全部内容。
版权所有，侵权必究。

图书在版编目（CIP）数据

创业：启蒙与实践 / 郑文锋等编著. —北京：电子工业出版社，2018.11
ISBN 978-7-121-34308-7
Ⅰ. ①创… Ⅱ. ①郑… Ⅲ. ①创业—高等学校—教材 Ⅳ. ①F241.4
中国版本图书馆 CIP 数据核字（2018）第 115527 号

策划编辑：王羽佳
责任编辑：裴　杰
印　　刷：涿州市京南印刷厂
装　　订：涿州市京南印刷厂
出版发行：电子工业出版社
　　　　　北京市海淀区万寿路 173 信箱　邮编　100036
开　　本：787×1092　1/16　印张：18.75　字数：638 千字
版　　次：2018 年 11 月第 1 版
印　　次：2018 年 11 月第 1 次印刷
定　　价：59.00 元

凡所购买电子工业出版社图书有缺损问题，请向购买书店调换。若书店售缺，请与本社发行部联系，联系及邮购电话：（010）88254888，88258888。
质量投诉请发邮件至 zlts@phei.com.cn，盗版侵权举报请发邮件至 dbqq@phei.com.cn。
本书咨询联系方式：（010）88254535，wyj@phei.com.cn。

前　　言

2014年夏季达沃斯论坛上，李克强总理首次提出"大众创业，万众创新"，在960万平方千米的土地上掀起"大众创业""草根创业"的浪潮。当前创新与创业的理念正日益深入人心，各种新产业、新模式和新业态不断地涌现，有效地激发了社会活力，释放了巨大的创造力，成为经济发展的一大亮点。

近期，我国已经将创业精神培育和创业素质教育纳入国民教育体系，强调全社会创业教育和培训的制度化、体系化。与欧美发达国家相比，我国的创业教育开展较晚，与之相关的创业研究较少。科学地研究创业，可以在创业的各个环节帮助创业者寻找其中可能存在的规律，提高创业成功率。同时，研究创业还可以帮助天使投资人对某些项目进行早期识别和发现潜在的商业价值。

创业教材缺乏恰当的教学资源。案例化教学是MBA课程常用的教学手段，也是经过检验的高效方法，这也同样适用于创业教育。不过这与各类电视节目和媒体宣扬的"财富故事"不同，后者往往注重节目效果，达到提高收视率的目的，未能很好地反映创业这种商业行为的系统过程和内在规律。一本适合时代发展、紧随科学技术和商业前沿的教材必不可少。

本书以培养具备创业精神、掌握创业规律、具有全球视野和技术创新能力的创业者为目标。本书的前半部分启蒙青年人敢于独立、理性地思考，冲破经验主义和权威思维的禁锢。从复杂性的角度引入动态系统的长期演化过程、混沌科学、超循环系统的概念和基本原理，解释创业过程的不可预测、迭代和循环、涌现和跃升等特征，建立创业价值评估模型。利用团队素质、价值载体、商业模式3个要素重构出一个多元高阶复杂超循环系统——创业价值判断系统，并将单个因素本身也进行了分解，形成多个超循环子系统。本书不仅提供创业方法论，还为创业实践活动提供指导。本书的后半部分致力于把创业理论、系统观和敢于独立思考的启蒙态度根植于创业活动，努力打造具有合理初始条件、超强迭代和自我复制能力的创业系统，通过组建创业团队、设计产品和服务、创新商业模式、筹备和规划创业公司等一系列实践活动，加强青年学生参与创新创业的实战能力。

本书是作者在电子科技大学开设多年创新创业教育课程的讲义基础上，结合多年的金融、管理、工程和商业经历，以及开设创业讲座的反馈信息编写而成的，开设了8年的"问题驱动的创业"课程的感悟催生了本门课程。全书分为启蒙篇和实践篇，共9章内容，由电子科技大学机器感知与智能系统研究中心的郑文锋、杨波和刘珊老师、西南大学的李晓璐老师、美国爱荷华大学的银力融共同编写，其中，郑文锋和银力融提供了本书的组织架构和基本方法论和相关思想，并共同编写了第1、2、3、6章，杨波编写了第4、7章，刘珊编写了第5、8章，李晓璐老师编写了第9章和附录。

启蒙篇（第1~5章）

第1章介绍了创业教育的发展，讨论了创业动机与主体，批判性地分析了流行的创业观点，对创业过程中可能碰到的问题进行了启蒙。

第2章简要介绍了动态系统的长期演化过程，从多元高阶复杂超循环系统的角度，解释了创业过程的特征和规律，并重构了创业价值评估模型。

第 3～5 章分别从创始人、产品与服务、商业模式 3 个方面对价值评估模型中进行了更深层的重构，得到相应的多元超循环子系统。

实践篇（第 6～9 章）

第 6 章讨论了自我认知和定位，通过组建创业团队，为后续创业实践做准备。

第 7 章解答如何打造有价值的产品和服务。

第 8 章介绍了商业模式创新，帮助创业者对构成要素进行组合，形成企业独特的创新模式，并建立竞争壁垒抵御竞争对手的模仿。

第 9 章介绍了企业的筹建、发展、迭代和退出等关键过程，帮助创业者制定合理的企业战略。

本书提供配套教辅资料，包括教学大纲、教案、授课 PPT 模板，读者登录华信教育资源网http://www.hxedu.com.cn免费注册下载，也可登录https://winfirms.net网站下载，或发邮件至邮箱 winfirms@live.cn 与作者联系。本课程也提供供参考学习的在线课程、各环节工具集等，读者可以通过电子邮件与作者联系索取。

本课程配套有创业学院、创业助理、种子项目、孵化项目、私募股权、众筹推荐、天使投资、极客社交、孵化器招募等全流程的创业课程、实践、孵化和成长平台，密切地结合课程授课的全过程，指导并辅助学员完成创业通识教育和实践环节全过程，并能够为创业小组真正进入实战环节提供指导、资源、孵化、资本等全方位的支持和服务。平台中的所有服务和天使资本都是真实的创业导师和服务机构，可使本书配套的课程具有更好的实践特性和可复制推广特征。

使用本书开设创新创业课程的学校和教师，可以获得预先培训和课程过程设计与支持，包括课程培训、示范课支持、后期的实践指导和孵化平台的技术转移支持等。有需要的教师和各学校可以直接通过电子邮件联系作者。

杨波教授、刘珊教授对本书进行了全面审阅，再次表示感谢！作者在编写本书的过程中参考了相关领域大量的文献和资讯，在此对这些作者一并表示感谢。如果有些内容有不妥之处，请直接与作者本人联系。

本教材的出版获得了以下项目的立项及经费支持：2017 年度教育部产学合作协同育人——腾讯科技有限公司创新创业教育改革校企合作项目；2018 年度教育部产学合作协同育人——杭州绘自传网络科技有限公司教学内容与课程体系改革项目；2018 年度教育部产学合作协同育人——大唐移动通信设备有限公司创新创业教育改革项目；2018 年度教育部产学合作协同育人——霍尔果斯智恩科技有限公司教学内容和课程体系改革项目；2018 年度教育部产学合作协同育人——珠海骏驰科技有限公司创新创业教育改革项目；2018 年度教育部高等学校仪器类专业新工科建设创新创业项目；2017 年四川省"创新创业教育示范课程"建设项目；电子科技大学创新创业教育课程核心通识项目；电子科技大学大规模在线开放课程建设项目。电子科技大学新编特色教材建设项目也对本教材的编写和出版给了了立项支持；"浴火"创投云——服务平台也对本教材的出版给予了强有力的支持和无私的帮助。在此一并表示衷心的感谢。

由于作者的水平有限，书中难免会有些不足和不妥之处，敬请相关领域的专家、创业者或投资人、对创新创业理论有见地的广大读者批评指正。

编　者

目　录

启　蒙　篇

第 1 章　绪论 ... 2

1.1　创业教育的发展 ... 2
1.1.1　创业教育的起源和发展 ... 2
1.1.2　我国创业教育的背景和现状 ... 4
1.1.3　创业教育的目的和任务 ... 6

1.2　创业动机和主体 ... 7
1.2.1　创业的动机 ... 7
1.2.2　创业的内涵 ... 9
1.2.3　动机推移论 ... 12
1.2.4　企业家的特质 ... 15

1.3　创业观点的思辨 ... 16
1.3.1　关于经验 ... 17
1.3.2　创业竞赛 ... 19
1.3.3　风口理论 ... 21
1.3.4　发展人脉 ... 22
1.3.5　创业失败 ... 26

1.4　创业的启蒙 ... 28
1.4.1　认识挫折，面对风险 ... 28
1.4.2　别轻信大佬和导师 ... 29
1.4.3　不依统计数据决策 ... 31
1.4.4　做自己喜欢的事情 ... 32
1.4.5　不要忽视品牌建设 ... 34

1.5　本章小结 ... 35
1.6　讨论和实践 ... 36

第 2 章　创业系统和价值评估 ... 39

2.1　动态系统的长期演化 ... 39
2.1.1　复杂性和动态系统 ... 40
2.1.2　貌似随机性的秩序 ... 43

2.2　创业系统的价值评估 ... 48
2.2.1　企业价值评估模型 ... 49

2.2.2　团队素质——企业家、素养和执行力 50
　　　2.2.3　价值载体——价值主张、服务和产品 52
　　　2.2.4　商业模式——现金流、交易和壁垒 53
　2.3　本章小结 55
　2.4　讨论和实践 55

第3章　欲望与激情——创始人 58
　3.1　企业家的价值要素 59
　　　3.1.1　强烈动机——欲望、冲动和激情 61
　　　3.1.2　抓住机遇——洞察、引领和协作 64
　　　3.1.3　迭代进化——能力、认知和行动 66
　3.2　创始人的合作机会 68
　　　3.2.1　天使资本家——资金和视野 68
　　　3.2.2　联合创始人——能力和资源 71
　　　3.2.3　追随企业家——骨干和员工 73
　3.3　本章小结 79
　3.4　讨论和实践 80

第4章　价值载体——服务和产品 83
　4.1　价值载体的价值评估 83
　　　4.1.1　价值构成的要素 83
　　　4.1.2　聚焦大问题法则 84
　　　4.1.3　专注新技术趋势 87
　4.2　需求问题和解决方案 90
　　　4.2.1　问题表述的精准迭代 93
　　　4.2.2　创造需求和洞察趋势 100
　　　4.2.3　开源创新和螺旋迭代 105
　4.3　本章小结 112
　4.4　讨论和实践 113

第5章　交易和壁垒——商业模式 116
　5.1　商业模式的价值评估 116
　　　5.1.1　商业模式的构成 117
　　　5.1.2　商业模式的迭代与创新 118
　　　5.1.3　企业发展的过程 121
　5.2　商业模式的关键要素 124
　　　5.2.1　客户关系 124
　　　5.2.2　业务价值 126
　　　5.2.3　渠道通路 128
　　　5.2.4　权力壁垒 132

		5.2.5 协作资源	138
		5.2.6 竞争优势	140
		5.2.7 现金流量	145
	5.3	本章小结	148
	5.4	讨论和实践	148

实 践 篇

第6章	焕发激情和欲望		152
6.1	自我认知和启蒙		153
	6.1.1	自我认知和定位	155
	6.1.2	自我激励和迭代	157
6.2	现在就付诸行动		159
	6.2.1	发现联合创始人	160
	6.2.2	团队执行力迭代	161
	6.2.3	规避创业的风险	171
6.3	本章小结		175
6.4	讨论和实践		175

第7章	创造产品和服务		178
7.1	构思创业想法		178
	7.1.1	突破信息屏障（新颖性）	179
	7.1.2	善用常识洞察（专业性）	182
	7.1.3	开启伟大创意（重要性）	192
7.2	价值载体设计和推广		194
	7.2.1	原型产品设计	195
	7.2.2	最小可行产品	195
	7.2.3	用户需求校准	196
	7.2.4	反馈迭代提升	197
	7.2.5	促成实际销售	198
	7.2.6	实现量化增长	199
7.3	本章小结		200
7.4	讨论和实践		201

第8章	创新商业模式		204
8.1	实现交易机会		204
	8.1.1	客户关系的建立	205
	8.1.2	业务和价值主张	209
	8.1.3	渠道通路的建设	211
8.2	创建壁垒		213

  8.2.1 权力壁垒的获得 ········ 214
  8.2.2 协作资源的开拓 ········ 216
  8.2.3 竞争优势的建立 ········ 217
 8.3 本章小结 ········ 221
 8.4 讨论和实践 ········ 222

第9章 企业规划与筹备 ········ 225

 9.1 企业发展和迭代 ········ 225
  9.1.1 确定问题——激情推动使命 ········ 226
  9.1.2 价值载体——洞察技术创新 ········ 227
  9.1.3 商业模式——寻找交易机会 ········ 228
  9.1.4 杠杆效应——保持生存延续 ········ 229
  9.1.5 实施迭代——升华商业系统 ········ 237
  9.1.6 财务计划——保持运营健康 ········ 240
  9.1.7 退出策略——收购兼并上市 ········ 244
 9.2 商业计划和战略 ········ 245
  9.2.1 计划概要 ········ 248
  9.2.2 创业团队 ········ 249
  9.2.3 价值载体 ········ 249
  9.2.4 用户分析 ········ 250
  9.2.5 行业分析 ········ 251
  9.2.6 竞争分析 ········ 252
  9.2.7 运营计划 ········ 253
  9.2.8 风险分析 ········ 254
  9.2.9 财务预测 ········ 255
 9.3 本章小结 ········ 255
 9.4 讨论和实践 ········ 256

附录　商业计划书 ········ 259

参考文献 ········ 289

启蒙篇

第 1 章 绪 论

本章学习目标

1. 了解创业教育的发展现状
2. 正确理解创业动机、企业家的使命和创业本质问题
3. 了解人类的动机迁移理论
4. 正确认识和独立思考有关创业的一些观点和事实

1.1 创业教育的发展

1.1.1 创业教育的起源和发展

早在 20 世纪，美国便开始展开各种形式的创业教育和创业支持，不断地营造浓厚的创业氛围培养学生的创业意识、创业理念和创业精神，并提供创业资金帮助学生创业实践。1947 年，哈佛商学院由迈赖斯·迈斯教授为 MBA 的学生开设了"新创业管理"（Management of New Enterprises）课程，这是美国大学教育中开设的第一门创业课程，也是创业教育课程在美国大学的首次出现。[1]在随后的 20 年时间里，创业学科在大学里并未得到很好的发展，直到 1968 年，经过 20 年左右的努力，也只有 4 所大学开设了创业方面的课程。

1945—1970 年，美国进入了大工业时代，其间美国的工业文明发展到了前所未有的高度，传统的大公司繁荣发展，占据了经济结构中的统治地位，因为经济繁荣，新创立的企业非常稀少，初创公司没有发展的空间和土壤，创业教育的需求也没有现实的迫切性和来自民间的广泛需求。

1970 年前后的经济增长开始减缓，人们开始将视线转向了小企业。加之来自硅谷地区企业家成功的示范效应和创新产业的迅速发展，开始有更多的人加入企业家的行列，创业教育的需求大幅度增加。[2]

1957 年，仙童半导体公司成立，公司由曾经在肖克利半导体实验室一起工作的 8 位科学家组成，并快速地站稳脚跟，在较短的时间内取得了极大的成功。后来 10 年内硅谷中由当年仙童半导体公司的工程师和管理者成立的硅片公司多达 26 家。[3]美国国家半导体公司、英特尔公司、AMD 公司等均在其列，在后来的相当长的时间内，它们几乎垄断了全球的个人计算机芯片制造行业。硅谷在 10 年的时间内迅速形成了半导体产业集群，并形成了创业投资行业。

企业家的成功创业故事和产业的迅速发展是创业教育发展的引流点，自由的创新氛围、良好的创业环境和文化是创业教育的基础，社会中不断地积聚的产业生态系统和创业财富效应让创业教育如火如荼地展开。

1967 年，斯坦福大学和纽约大学共同开创了一系列专注于财富创造和企业创建的课程，形成了现代的 MBA 创业教育课程体系。1968 年，百森商学院（Babson College）首次在本科教育中开设"Entrepreneurship Concentration"创业课程。创业课程如雨后春笋般地快速展开于各个高校。据统计，1969—1970 年两年间，美国有 12 所大学新开设了创业方面的课程，同时有 16 所大学推出了旨在培养企业家的教育计划。[2]

1975 年 4 月 4 日，比尔·盖茨和保罗·艾伦在美国华盛顿州的雷德蒙德创立了微软公司。1976 年 4 月 1 日，史蒂夫·乔布斯、史蒂夫·沃兹尼克、罗纳德·韦恩在加利福尼亚州创立了苹果电脑公司。微软公司和苹果公司均感受到了个人计算机时代的到来，不断地推进着计算机技术的创新，使个人计算机行业得到高速发展，微型计算机的诞生和迅速推广，使创业机会大大增加，创业门槛下降，并强烈地激发了人们的创业激情。[3]在这种情况下，美国大学的创业教育进一步得到快速发展。

从 20 世纪 90 年代起，互联网技术和应用的快速崛起，催生了大量的创新企业。Netscape、Oracle、雅虎、亚马逊、谷歌、Ebay、PayPal 等公司的创建和迅速崛起，以及 NASDAQ 市场的迅速扩张，新兴的创新公司对名校的 MBA 产生了极大的吸引力，使其纷纷转向互联网大军的怀抱，而非传统的高薪行业使大学的创业教育得以进一步发展。

在随后的 20 年中，1979 年有 127 所高校在本科生中开设了创业教育课程，1980 年增加到 150 所，1986 年有 590 所，到 1989 年数量达到 1060 所。[4]开设创业教育课程成为高校的普遍选择。

随着社会各界的广泛关注和大力支持，创业教育课程和项目增长迅速与创业教育教师的准备更加充分，社会对创业教育的关注程度亦与日俱增，21 世纪的美国高校创业教育逐渐走向成熟。目前创业教育已经成为美国大学教育的一个重要组成部分，也从单门课程逐渐发展到一个项目，进而在一些大学成为专业。[2]

进入 21 世纪以来，Facebook、YouTube、Twitter、SpaceX、特斯拉汽车、SolarCity、Netflix、Snapchat 这些充满新技术基因的面向服务的创业公司的蓬勃发展，吸引了社会各界的广泛关注和大力支持，进一步推动美国大学创业教育的发展。

在这个时期，几乎所有的美国大学均已开设了创业课程，有的大学甚至还将其设置为全校的必修课程。截至 2005 年，美国共有 1600 多个学校开设了多达 2200 门关于创业的课程，并同时成立了 100 多个有关创业的研究中心，积累了超过 4.4 亿美元的基金资助（其中 75%是 1987 年后资助的）。[5]

创业教育成为美国本科教育中发展最快的科目之一，正式的创业教育相关专业从 1975 年的 104 个增加到 2007 年的 500 多个。到 2008 年，课程数量超过 5000 个（包括两年及四年学制）。课程内容涵盖了创业构思、融资、设立、管理等方面。到 2012 年，每年有超过 40 万名学生选修，将近 9000 名教师教授这方面的课程。全美国 1250 个左右的"企业孵化器"中，大约 1/3 存在于大学中。

随着创业教育的高速发展，关于创业教育水平的评估也成为大学教育水平评估的重要组成部分。《美国新闻》《世界报道》《成功》及《企业家》等著名的杂志都在关注商学院的创业教育项目。其中《成功》及《企业家》对全美国创业教育项目的排名中，越来越重视创业教育成果的影响。这一点已经引起了各大学商学院的高度重视，这种排名也已成为衡量各校创业教育工作进展的一个标准。

很多社会组织也对创业教育给予高度关注，主要表现为对创业教育竞赛的经费赞助、对受创业教育的优秀学生给予奖金支持、创新创业教育课程等。例如，考夫曼基金会为推动创业教育发展而设立了"考夫曼校园"项目。2003 年，第一批 8 所学校分别接受了最高 500 万美元的资助。加之高校至少 3∶1 的配套资金，形成了超过 1 亿美元的创业教育投资。2006 年 12 月，第二批 6 所学校入选，资助总额升至 1950 万美元，加上配套资金后总投入超过 2 亿美元。其中雪城大学、普渡大学、亚利桑那州立大学、乔治城大学、威斯康星大学麦迪逊分校、马里兰大学巴尔的摩分校都在此行列。这些社会机构有力地支撑了美国高校创业教育的开展。[2]

近年来，随着全球财富创造的速度越来越快，美国高校创业教育更被提到了新的高度，政府、高校和社会机构合力为大学生创业提供了足够的支撑。由于充足的创业教育资源和自由的环境、丰富的风险资本、投资活动盛行，一大批美国新技术创业企业成长为世界上市值最高的公司。截至今日，美国已经有 1992 所两年制和四年制大学至少开设了一门关于创业的课程，大学调用大量资金为企业家保驾护航，包括作为企业孵化器的设施和充足的学生宿舍、启动资金，以及进入市场的商业网络。

1.1.2 我国创业教育的背景和现状

1998 年 12 月 24 日，我国公布的《面向 21 世纪教育振兴行动计划》提出"加强对教师和学生的创业教育，鼓励他们自主创办高新技术企业"，创业教育思想被首次提出。1999 年，在团中央的组织下"挑战杯"全国大学生创业计划大赛首次举行。2000 年 1 月，教育部颁发有关规定，允许大学生、研究生休学保留学籍创办高新技术企业。之后在上海交通大学、中国人民大学等 9 所高校试点开展创业教育。[6]

2010 年 4 月，教育部推进高等学校创新创业教育和大学生自主创业工作视频会议在北京召开。在会上，教育部副部长陈希指出，"推进高等学校创新创业教育和大学生自主创业工作，是贯彻落实党的十七大提出的'提高自主创新能力、建设创新型国家'和'以创业带动就业'发展战略的重大举措，是适应国家经济社会发展、加快经济发展方式转变的必然要求，是高等教育改革和发展的迫切需要。"

2010 年 5 月，教育部下发《关于大力推进高等学校创新创业教育和大学生自主创业工作的意见》，要求高等学校创新创业教育要面向全体学生，融入人才培养全过程。2011 年，《国务院关于进一步做好普通高等学校毕业生就业工作的通知》要求加强创业教育和创业培训，高校要广泛开展创业教育，积极开发创新创业类课程，完善创业教育课程体系，将创业教育课程纳入学分管理。

2013 年，在《教育部关于做好 2014 年全国普通高等学校大学毕业生就业工作的通知》中，教育部要求各地各高校要建立和完善创新创业教育课程体系，坚持理论与实践相结合，积极开展创新创业竞赛、模拟创业等实践活动，鼓励更多的大学生参与创新创业训练计划和新一轮"大学生创业引领计划",多渠道、多方式培养大学生的创新意识和创业能力。

李克强总理在2014年9月和2015年9月的夏季达沃斯论坛上表示,"大众创业,万众创新"是推动发展的强大动力。推动"大众创业,万众创新",需要全面、可及性强的公共产品,公共服务供给也需要结构性改革。当前"大众创业,万众创新"的理念正日益深入人心。随着各地各部门的认真贯彻落实,业界学界的纷纷响应,各种新产业、新模式、新业态不断地涌现,有效地激发了社会活力,释放了巨大的创造力,成为经济发展的一大亮点。

2015年6月16日,经李克强总理签批,国务院印发《关于大力推进大众创业万众创新若干政策措施的意见》,给出了"坚持深化改革,营造创业环境。坚持需求导向,释放创业活力。坚持政策协同,实现落地生根。坚持开放共享,推动模式创新"的总体思路。

强调把创业精神培育和创业素质教育纳入国民教育体系,实现全社会创业教育和培训的制度化、体系化。加快完善创业课程设置,加强创业实训体系建设。加强创业创新知识普及教育,使"大众创业,万众创新"深入人心。加强创业导师队伍建设,提高创业服务水平。加快推进社会保障制度改革,破除人才自由流动制度障碍,实现党政机关、企事业单位、社会各方面人才顺畅流动。

鼓励深入实施大学生创业引领计划,整合发展高校毕业生就业创业基金。引导和鼓励高校统筹资源,抓紧落实大学生创业指导服务机构、人员、场地、经费等。引导和鼓励成功企业家、知名企业家、天使和创业投资人、专家学者等担任兼职创业导师,提供创业方案、创业渠道等创业辅导。建立健全弹性学制管理办法,支持大学生保留学籍休学创业。

2017年3月5日,在全国人大会议政府工作报告中李克强总理再次表示,持续推进"大众创业,万众创新"。"双创"是以创业创新带动就业的有效方式,是推动新旧动能转换和经济结构升级的重要力量,是促进机会公平和实现社会纵向流动的现实渠道,要不断地引向深入。新建一批"双创"示范基地,鼓励大企业和科研院所、高校设立专业化众创空间,加强对创新型中小微企业的支持,打造面向大众的"双创"全程服务体系,使各类主体各展其长、线上线下良性互动,使小企业铺天盖地、大企业顶天立地,市场活力和社会创造力竞相迸发。

在"大众创业,万众创新"的时代背景下,需要拥有一门在新兴科学指引下的,具有科学规律和思想启蒙特征、全球视野及新技术培育能力的大学生创业教育课程,最好是一门能适合各专业领域基础的通识课程。

学习创业精神的同时要做到术业有专攻。创业课程要培养学生具有企业家一样的思考能力,同时通过深入学习某个学科,让学生理解该行业的内容,具备专业领域实际的经营能力。学生可以在感兴趣的领域寻求实习机会或整年做兼职工作,在课余进行实践活动。规避将来因为缺乏资金管理、时间管理和确定优先次序的实践经验的风险,帮助创业成功。尽早制订商业计划。制订和推广商业计划能发现自己的不足。鼓励学生大胆去做。创办公司,并努力经营管理的过程能让大学生群体学到书本以外的知识。

仅仅通过研究和学习创业当然不可能把一个毫无商业天分的学生变成一个具有敏锐商业嗅觉、战略商业眼光的商业天才。但是已经有很多信息表明,创业课程能够加速具有商业潜质学生的学习过程。在最基础的层面上,创业课程能够教给学生基本的商业能力,如财务管理能力或者商业计划书的撰写能力,促使商业梦想的规划和实现。若非如此,也许他们的商业梦想永远也不会实现。创业教育不仅仅是向学生教授创业知识和创业技能,其本质在于引导读者正确地理解创业与经济社会发展的关系,引导读者建立正确的创业系统观,建立创业实践的快速思考模型和实践模式,培养具有创新精神和创新能力的创业及创新领袖。

1.1.3 创业教育的目的和任务

"大众创业，万众创新"的理念正在激励着年轻人的创业热情，创业已经成为一件再普通不过的事情。无论何时创业都必须具有使命感、用户至上的观念、需求导向、用户体验、创新思维、商业常识等。而这些可能是一些企业家在创业初期忽视甚至抛弃的。

创业教育的目标在于帮助学生创建有价值的商业联系，帮助学生形成把面对的理论变成问题的决策能力，学到有价值的经验教训——避免受到创业者在现实世界中可能面对的不利的冲击。

在普通的工作生活中，多数人是接受任务并执行的过程。但身为企业家，你必须自己发现问题所在，并规划未来的发展路线，否则创业会异常艰难。在课堂上，我们可以讨论创业有多么艰难，以及对于创业认识的一些误解，但就这种观点而言，也可以有各种解读，这都取决于你自己。

创业失败的概率是多大，统计数据和创业者经验是不同的。毕竟概率事件的个体具有不可预测的特征，而实际上历史正是从这些认为自己能够创造奇迹的人当中产生了创造传奇的英雄。从根本上而言，企业家的信心将在很大程度上决定企业的发展过程。

创业所需的能力和技巧真的可以从学校中学到吗？当创业课程被初次引入商学院时，就爆发了激烈的争论，可事实证明现在这些课程给学生提供了创业的储备知识并且激发了学生的创新精神。

很少有人对不同类型创业教育的效果做过研究。但是，2002年亚利桑那大学的一项调查得出了令人惊讶的结论。研究者发现，"在毕业5年之后，在学校把主要精力放在创业方向的大学生和MBA的学生的平均年收入大约是7.2万美元，比其他商务专业的学生和常规的MBA学生的收入高出27%。"[7]

创业方向的毕业生创建新企业的概率相较于普通毕业生高出3倍。这些企业的平均年营业额为5000万美元，平均员工数量为200名。那些进入大公司工作的创业方向的毕业生也表现出更高的收入水平：平均年收入比其他商务毕业生高出2.35万美元。同时，最初选择创业课程的学生，也比他们的同学更有雄心壮志，有动力，也更加自信。

对比中美青年企业家的特征：美国青年企业家的平均年龄为26岁，主要在互联网、生物制药、人工智能、新能源、新媒体等领域。[8]我国青年企业家的平均年龄为28岁，扎堆在互联网、电子商务、教育培训等领域，可见其差别。

再看我国的企业家在做什么创新。如果对百度进行研究，就会发现其专利主要集中在应用方面，而互联网底层技术、基础技术的专利很弱。通过对腾讯、阿里巴巴和百度的专利情况与Facebook、谷歌、苹果的专利情况进行比较，不难发现美国企业是从技术、产品、服务创业入手的，企业家通过创新去试图打破行业老旧的格局，改变的是生态，而我们更擅长通过模仿别人的应用来进行竞争，通过竞争和本土化产生商业模式创新。

如今，我们依旧需要新科技，甚至还可能需要狂热地寻求新科技。要想建立新时代背景下的企业，必须扔掉陈旧的教条。当然，这并非意味着那些教条的对立面就一定正确。应该多思考：你对企业的认识是否是基于对以往过错的错误反应形成的？最反主流的行动不是抵制潮流，而是在潮流中不丢弃自己的判断和独立思考。

1.2 创业动机和主体

创业者就像走在一条没有终点的道路上，一直前行，但看不见尽头，望不到边际。有人受不了孤单而漠视众人的存在，有人受不了苦难而退却，只有一种人可以看到豁然开朗的景色：他们从不惧孤独、险阻，与梦想为伍，牢记为什么选择创业，因此他们始终都能到达。

1.2.1 创业的动机

为什么要创业？通常会有人告诉你以下原因，这些原因不那么充分，也不是非常完美和足够支撑企业家向前，但是确实多数企业家初期都会受这些原因或因素推动和影响。

1. 实现财务自由

赚更多的钱，实现财务自由，成为亿万富翁。这当然是一个比较实际的理由。

如果你是一个年轻人，想在发达城市生存和发展，家里又没有给你准备好结婚的房子，你盘算着自己的收入，大概要 30 年才能付得起首付，于是你得出一个答案："想要过上想要的生活，唯有创业做老板这一条路！"

是的，创业是实现财务自由的较好的方法之一，但并非唯一的方法。其中长期的价值投资、知识产权授权、做一份专业而需要能力的工作、恰当地进行天使投资等都可以实现财务自由。很多企业家的终极梦想是建立一个会自动生产金钱的商业体系，但这往往是不现实的。

除非类似于继承了一笔遗产或者中了亿万元的彩票，否则没有真正意义上的被动收入来源。收入只能由智慧和实践的积累而来。尤其是新的企业家，你会发现每一分钱都将来之不易。如果没有做好漫长而艰难的工作准备，业务就会遭遇失败。

获得充足的财富可以成为人们创业的诱导因素，但如果仅仅以金钱作为自己的期许，你的创业过程中就会增加很多动荡。当你看到其他的更好的财富机会，当你面临前所未有的困难和挑战，当你遇到超乎寻常的竞争时，靠财富欲望的支撑很难让你能够将创业行为持续下去。

以财务自由为目标的企业家，在创业活动中有多种角色和可能。这些方式都能在适当的时机和条件下帮助你实现财务自由。例如，今天的相当多的创业投资领袖或专业投资人都具备这样的成长过程。不需要自己去领衔创业或作为企业家去创业，有时候参与高价值潜力的创业可能更加可靠。

很多创业公司内部有一些常见的财务成长机会，如对具有高价值潜力的初创公司天使投资，以个人在某方面的能力或技术作为初创公司早期的重要支持并获得股权或期权，作为某家具有高价值潜力的初创公司早期的关键员工获得期权参与创业活动，与具有高价值潜力的初创公司进行渠道合作。

好的创业可以赚钱并且实现财务自由，但赚钱作为创业的目的是不够充分的，因为在创业的早期，在相当长一段时间需要不断地再投资，早期很少有大量收入现金的机会，直到把企业做到万人皆知，才可能产生巨额的回报。在那之前，企业家可能一直都生活在现金流短缺的状态之中，甚至每天需要支出的现金都捉襟见肘，根本看不到把大量的财富装入自己腰包的机会。

赚钱的目标和创业前进的方向是两码事，客户不会在意你是否能变得富有，他们关注的是业务所提供的价值。企业家和客户的价值冲突会导致创业活动很难成功，因此创业一定是具有大目标和理想的行为。

2. 为了实现梦想

梦想分为两种，一种梦想是人前显贵，还有一种梦想是实现自我。

创业过程的艰难，会把企业家内心深处那种最阴暗、最隐秘的角落放到聚光灯下——也许只是因为被前女友鄙视过，也许只是因为希望比别人过得更好。这种社交认同推动的动力就是典型的"人前显贵"，企业家通过来自他人的认可获得成就感，这种动机带有一种类似"复仇"的快感。这是一种发自内心阴暗面的让人畅快淋漓的愉悦感觉。

但是"人前显贵"这种原动力只能支持企业家走过初期阶段，收获较原始的成功。例如，乔布斯在 Apple II 上取得的成功，马斯克在 PayPal 阶段的成功，腾讯在 QQ 早期的成功。即使这些企业家停止工作，积累的财富这辈子肯定也花不完了，他们的声誉也足够后半辈子的显赫和荣耀了。

但是他们没有停止继续创业，所以才有 iPhone 对智能手机的定义，才有颠覆人类对电动车认知的特斯拉，才有便捷阅读的 Kindle 电子书，也才有 SpaceX 的火箭多次回收。支持这些人们继续拼命工作的动力是"自我实现"。

"人前显贵"和"自我实现"的根本区别就在于价值标准的设定不同，前者的标准来自社会的功利化环境，而后者的标准则出自追求自我意识和内心的自我认同。很少有人能挣脱世俗这道枷锁，这对于初阶企业家是一种动力，而对高阶企业家反而是一种限制。

普通人可能会很不理解："身患癌症的乔布斯为什么还要坚持工作，即使他已经拥有足够颐养天年的资产。"而乔布斯的答案也许是："我的生命就快要结束了，我要继续抓紧这最后的时间把我的工作做完。"

人的境界不同，梦想也就不同。只有那些为了"自我实现"而创业的人，才能成就一番伟业。而那些追求"人前显贵"的企业家，并非他们获得财务自由的能力不足，但他们的瓶颈会更早地出现。

3. 不为他人工作

这确实也算是一个理由。

不过下面这些桥段是不是也很熟悉呢——"希望早些毕业，这样就不用待在学校上那些无聊的课了"。然而毕业之后，反而开始怀念上学的日子。这属于典型的"围城效应"：放大自己熟悉事物的缺点，同时过分臆想陌生事物的优点，从而给自己一些期待。事实上，这是一种典型的非理性行为，对企业家非常不利。

想摆脱繁重的工作？作为一个新的企业家，熟悉创业初期基础和繁重的工作必不可少，这才能实现将工作外包给别人的愿望。此外，你也需要定期做很多工作。营销推广、客户服务和收集数据等工作最初将全部是由你负责的。开始创业，你需要做好应对前期繁重工作的准备。

想成为别人的老板？但事实是，创业后每个人都是你的老板。要关注员工，初创企业是难以承受核心员工离职的。要关注顾客，他们是企业能否存活的关键。要关注联合创始人，要合理地处置各种矛盾和分歧。要关注投资人，他们是创业时期的金主。当然，如果你的创业获得信任，投资人也可能讨好你。

希望工作有灵活性，可以自主支配？但事实是，创业的灵活指的是你可以在项目上灵活地安排时间和精力。一个真正的企业家对于自己的事业是日思夜想的。你需要随时待命，要成为所有员工的领头羊，所以创业远远不是监督手下的人工作，或去参加会议发表演说那么简单。虽然作为一个企业家能够在决策方面有更多的自主权，但是永远要对别人负责，包括客户、投资者，甚至是目前的市场趋势，企业家需要愉悦其他人。

4. 兴趣使命驱动

上面所有的条件都不充分，所有的观点都可能同时存在对立的角度。创业有无数种缘由，但不论你选了哪一个，你将面临的事情也许都是一样的。你会纠结，会胆怯，会恐惧，会退缩，每每在这种时候，就想想这些问题：你为什么创业？你为什么会在这里？你为什么要平白接受这些纠结、胆怯、恐惧和退缩？想起初心，它推动着你不断地克服艰难困苦走向未来的使命感，也许这一切的问题，都不再是问题了。

到底什么才是创业的最好的、最理想的理由呢？最好的理由也许是，发现了一个问题并且迫切需要将其解决，而创立公司是解决问题最好的途径。只有这样，你才有充足的动力来源，迎接创业路上的种种艰难，并终达彼岸。

"为什么创业"这个问题，没有标准答案。要清楚人生目标是什么。每个企业家都必须清楚自己创业的初衷，这种使命驱动才能让你在关键时刻做出正确的决定，才能让你不忘初心，坚定不移地坚持自己的梦想。在企业遇到困难甚至处于瓶颈期时，要分析企业的实际情况，为解决问题而不懈努力，而不是泄气甚至放弃，这样在困难甚至巨大的阻力面前，才能始终不懈地艰苦奋斗，成就伟大的企业。

成功的企业，不管如今体系多么庞大，起初都着眼于一个特定的市场，专注于解决一个问题。如果你想要提高成功率，那么你也应该这么做，并且用不了多久，便会产生价值。一定要记住：一个成功的企业是通过创造大量的价值来实现的。目的应该是为市场解决痛点，并且利用接近完美的方式去解决。一旦做到这些，成功的可能性就是无限的。而做到为人们解决问题，提供有价值的商品和服务是企业家天生的使命。

1.2.2 创业的内涵

创业是一种认知过程。"创业"在英文中有多种表达方式，可以从不同的角度建立对创业的理解。第一种表达：Adventure（冒险），指用自己的资本和资产承担风险的创业过程，创业并不是说要单纯地冒险，而是创业被赋予了冒险的特点。第二种表达：Entrepreneur（企业家），是指创业活动的推动者，或者是活跃在新创企业成长阶段的企业经营者，这是从企业家的角度来理解创业的。[9]第三种表达：Startup（启动），尤其指与互联网有关的创业活动，毕竟这个时代最深刻、最底层的革命是互联网技术所带来的冲击，类似于当年英国人引领的蒸汽机革命和美国人引领的电力革命，把人类带入了一个新的时代。

创业是一种创新行为。创新包含产品创新、技术创新、市场创新、资源配置创新、组织创新，组织创新也可以看成制度创新的一部分。[10]代表性的创新模型有技术推动模型、需求拉动模型、相互作用模型、整合模型、系统整合网络模型等，构建起技术创新、机制创新、创新双螺旋等理论体系，它们形成了关于创新理论的经济学理解。

创业是一种商业活动。首先，要有一个梦想和构建商业的愿望。其次，要有一种征服的欲望和拼搏的意愿，为了寻求成功，淡化成功带来的结果，享受成功的过程。最后，要能在创新、胜任某项工作或者运用自己的能力和智慧的过程中体会到愉悦感。这些人敢于直面困难，为了改变而改变，在创业中自得其乐。

创业是一种生活方式。一旦选择创业之路，即便是风雨兼程亦不会停止追寻，因为此次的选择是生命的奇特体验之一。创业者常常能获得常人难以理解的快乐，那是一种自信的快乐，每当自己构思出一个绝妙的点子或做成了一件事，自己就会像参透天理一般，经常一个人发愣傻笑，认为自己是一个天才，莫名地自信。那是一种企业家独有的优越感，一种"天将降大任于斯人也"的自命不凡和使命感油然而生，也是一种自恋的快乐、自控的快乐，更是一种自由的快乐。

1. 创业是一种认知过程

也许不少人认为，企业家是天生的，无法后天培养。成功企业的缔造者往往有一种企业家的资质，但后天的教育有助于挖掘和发展这种天性。而且，现在并不确定，哪个人或哪种人就是天生的企业家，认知的随机性和混沌特征直接导致人们无法做出可靠的判断和预测，更不用说较为准确的识别或分类了。

如今处于互联网极速发展的时代，Facebook 首次公开募股即获得上千亿美元的市值和越来越多的亿元独角兽创业公司的出现，激活了许多在写字楼里拿着丰厚薪资和福利，但内心不甘如此的人们心中创业的火苗。如果你问一个二十出头的青年，是更愿意过着买车买房结婚生子循序渐进的生活，还是"挥斥方遒，指点江山"成就一番事业，大多数人会想要后者，却最终实践前者。

那些谈论的人还在谈论，而那些梦想改变世界的人已经在实践的路上。你能想象十几年前睡在硅谷大学街 165 号地板上那几个二十出头的学生，后来分别创办了视频网站 YouTube、社交网站 Linkedin 和点评网站 Yelp 吗？而且他们都成为细分领域的领先者。

我们可以列举出不少例子，许多从大学辍学而成为成功的企业家，并且对世界产生着深刻影响的人。马克·扎克伯格的故事被许多年轻人所熟知，他被视为成功的典范。但是，这些没有完成高等教育却创业成功的神童是特例，更多的企业家经历过丰富的现实生活，他们亲历了机遇开放市场的洗礼。这些人生经历弥足珍贵。

有调查研究显示，如果企业的所有者至少是本科学历，如谢尔盖·布林和拉里·佩奇（谷歌）及安德鲁·梅森（Groupon 团购网站），那么企业将拥有更好的生存前景。对于企业家来说，是否上过大学并不是最重大的问题，而是进入大学后的所作所为。

创业本身就是一个认知过程，整个过程靠学识、探索、毅力亲身体验所有的愉悦和艰难困苦，体验成功和失败的艰辛，来发现和创造机会，实践创新理念，认知创新和商业规律，并创造辉煌的成就。

2. 创业是一种创新行为

"创新"（Innovation）一词由经济学原创，经济学家约瑟夫·熊彼特创造了创新理论。早期，创新理论主要从经济与技术交叉的角度出发，探究技术创新在经济发展过程中的作用，强调技术的创新和方法的变革在经济发展过程中无可替代的作用为其特色。现在，创新是一个宽泛的概念，科学发现、技术发明、文化创意，甚至制度改革，都可以叫作创新。

发明（Invention）、创意（Creative）或想法（Idea），只有当它在经济活动中实践时，才成为创新。所以，创新不是一个技术概念，而是一个经济概念。创业产生创新，创业也应该由创新来评判。

经济活动的主要推动力是企业家精神。[11]企业家才能组合起生产要素，这是阿尔弗雷德·马歇尔的思想。企业家精神则是对要素进行创造性、革命性的重组，这便成为创新。资本和技术都是为了企业家能实现"新组合"，把各项生产要素转向新使用方法，把生产引向新方向的一种杠杆和控制方法。因此，资本和技术的主要社会功能在于为企业家进行创新提供必要的条件。

创新就是要"建立一种新的生产函数"，即"生产要素的重新组合"，就是创造性地组合生产要素和生产条件，并将其引入生产体系，以便实现对生产要素或生产条件的"新组合"。企业家的职能就是引进"新组合"，实现"创新"。经济发展就是指整个社会不断地产生"新组合"，或者说是不断创新的产物。而获得潜在的利润是这种"新组合"的目的所在，即最大限度地获取超额利润。[12]

创新是指通过供给方的革新，亦即经过供应创新，完成对需求的更有效率的满足。要求供给方将关注点从与对手的相互竞争上转移到买方需求上，经过重塑市场和产业界线，从头定义游戏规则。假设存在一种循环运转的均衡情况，没有企业家，没有创新，没有变化和发展，企业总收入等于总支出，生产管理者所得到的只是"管理酬薪"，因此不发生盈利，也不存在资本和盈利。[12]

只有在实现了创新进步的情况下，才存在企业家和资本，才产生盈利和利息。这时，企业总收入超过总支出，这种剩余就是企业家盈利，是企业家因为完成了新组合而应得的合理酬劳。资本的功能是为企业家进行创新提供必要的支付方式，其所得的利息便是从企业家盈利中偿付的，如同对盈利的一种课税。

信息技术推动下知识社会的构成及其对创新的影响进一步被认识，科学界进一步反思对技术创新的认知，创新被看成各创新主体、创新要素交互混杂作用下的一种复杂现象，是创新生态下技术进步与应用创新的创新螺旋结构一起演进的成果，重视价值实现、重视用户参与的创新模式也成为对创新重新认识的探究和实践的首要方针。

值得注意的是，创新不仅仅是创造新奇有用的想法，还包括实践。"新奇"往往会被当成"新颖"的近义词，因此应该指出，创新的东西不仅需要新的功能，还需要出其不意。假如你的产品只是满足了消费者提出的需求，还不能称为创新，而只是做出回应。回应是好的，但不是创新。此外，用"实用"这个形容词来描述"创新"的内涵显得比较肤浅，因此，在前面加上一个副词，把"实用"变成"非常实用"：创新的东西不仅要新颖、出其不意，还要非常实用。

这个概念在谷歌的无人驾驶汽车项目上体现得淋漓尽致：这款车不仅新颖、出人意料，而且非常实用。与此相对的是，谷歌每年都会对搜索引擎进行500多次改进。这是创新还是渐进改善？毋庸置疑，这些改进的新颖又出人意料。即使这些改进中的每一项都是实用的，但还不能称为"非常实用"。可是所有小改进累加起来，就可以称得上"非常实用"了。谷歌搜索引擎每年都能取得巨大进步，依赖的就是日积月累。这500步加起来，最终会带你走向远方。

创新并非只限于那些非常新潮且引人瞩目的东西。这一点至关重要，因为它告诉我们：

几乎人人都有创新的机会,创新并不是只有那些在大学校园外、专门搞创新的少数人才能做的事情。相较于研发无人驾驶汽车的谷歌团队,为谷歌搜索引擎付出了 15 年心血的团队同样在创新。这种创新理念,让几乎每个人都有机会去实现新颖独特而又引人瞩目的发明。

3. 创业是一种商业活动

创业是对拥有的资源或通过尽量对能够拥有的资源进行优化整合,从而创造出更大的经济价值或社会价值的过程。[13]它是一种要求企业家运营、组织、运用服务、技术、器物作业的考量、推理和判断结合的行为,它为运气带来的机会所驱动,创业需要在方法上全盘考虑并具有领导能力。

创业是企业家通过发现和辨认商业机会,在缺乏资源的情况下安排各种资源,提供产品和服务,以便创造价值的过程。要求企业家贡献出时间、付出努力,承担相应的财政的、精神的和社会的风险,并获得金钱的回馈、个人的满足和时间与经济的独立自主。

创业作为一个商业领域,是一个人发现了商机并加以实际行动转化为具体的社会形态,赚取利益,实现价值,是创建、维持和发展以利润为导向的企业的有目的性的行为。创业是一种创新性活动,它的本质是独立地创造并经营一种工作,使该工作得以稳健发展、快速成长的思维和行为。

从上述观点来讲,创业这种商业活动和体育运动之间有着某种相似的特性。商业上的最终收益仅仅是次要的问题,或者说其价值重点在于这是成功的标志和胜利的标志,这些展示更重要的作用通常在于激发企业家投入更多的精力,而不仅仅是致力于产品本身。

4. 创业是一种生活方式

创业是一种生活方式,是一种精神寄托,更是一种人生信仰。企业家永不放弃的信念,就像一枚永动的心脏起搏器一般,鼓励着每一位在创业路上的年轻人,帮助他们战胜孤独,生生不息,一代接一代地传承和发扬下去。

创业,就是一个更为活跃、更为清晰的工作态度。小时候想创业,或许是因为想要一种成就感;中学的时候想创业,或许是为了能住上自己喜欢的房子,开上自己喜欢的车,去周游世界;高中的时候开始着手创业,做网店,找货源,搞宣传,明白挣钱不易。

创业是为了让父母有更好的生活质量,帮助自己身边困难的亲人朋友。大学后初步尝试做不同的事情,你逐渐知道自己要干什么样的事情,并为之努力不曾言弃。随着时间的推移,你的创业观、世界观逐渐成熟,创业最大的喜悦之处是,当你知道你正在做的事情改善了许多人的生活时,你意识到这是一件多么有价值的事情,然后继续下去,乐此不疲。

不想等自己年迈之时,回想起往日却是空白一片,未曾留下值得怀念的种种;不想悔恨叹息,无论对错,尽力去搏过,便是无怨无悔;不愿意虚度光阴,就去完成富有挑战的事情,充实人生,追寻自己骨子里最本质的东西吧。选择创业并不只是期望自己能改变别人的世界,更是希望能通过创业改变自己的世界。

1.2.3 动机推移论

亚伯拉罕·马斯洛于 1943 年在其《心理学评论》的论文"人类动机的理论"中提出了描述人类动机推移的脉络——需求层次理论。马斯洛使用了"生理""安全""社交""自尊""自我实现"与"自我超越"等术语,描述了人类动机推移的脉络,如图 1-1 所示。

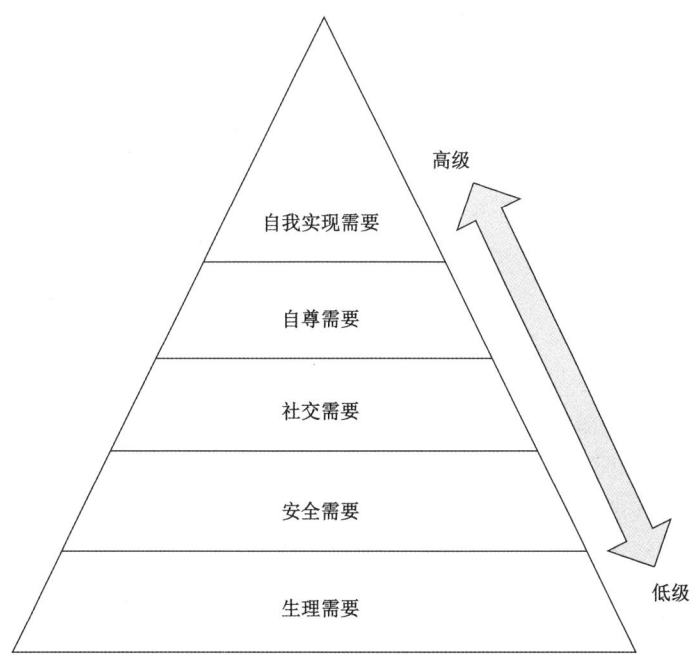

图 1-1 马斯洛的需求层次理论

人是统一的、有组织的个体，绝大多数的个人欲望和冲动是相互联系的。驱使人类的是许多不变的、遗传的、本能的需要，这些需要不只是生理层面的，还有心理层面的，它们来源于人类天性中固有的部分，文化不能抹杀它们，只能抑制它们。人类的需要以层次的形式展现，由低层次需要逐级向上发展到高层次需要。当一组需要被满足时，就不再成为动机的激励要素。

社会中的大多数人，他们的各项基本需要只可能被部分满足。在人们的需要层次的满足中，一个相对准确的描述是从较低的层次逐级向上，满足程度的百分比逐级递减。

需要层次并非一种刚性的结构，层次之间没有明确的界限，层次与层次之间是相互重叠、交叉的，随着低层次需要的强度逐渐降低，高层次需要将逐渐上升。此外，对于某些人而言，其需要亦有可能始终维持在较低的层次上，而没有向上一个层次发展的机会。

各项需要的先后次序，不是普适的，即使两个行业相同的人，也并不一定有同样的需要，正如世界上没有两片同样的叶子。层次理论最大的价值在于，它指出了每个人都有需要。为了了解和增加企业家的初始动力，必须了解其要满足的首要需要。需要层次理论既是阐释人格的重要理论，也是解释动机的重要理论，其提出个体成长的内在动力是动机。

动机是由多种不同层次与性质的需求构成的，各种需要之间有高低层次与次序之分，每个层次的需求与满足的程度，确定个体的人格发展界线。需要层次理论将人的需要由低到高划分为6个层次，其理论的一个基本假设就是"人是一种追求完全需要的动物"。

1. 生存需要动机

生存需要也是级别最低、最急迫的需要，如食物、水、空气、睡眠。当此需要未被满足时，生存便成了唯一的目的，而思考能力、道德观念明显变得脆弱。当一个人极其需要食物时，会想方设法争夺食物，如人在战乱时是不会排队领面包的。给予更多的物质保障和提高薪金收入、提高福利待遇、增加休息时间、提供衣食住行等生存必需的条件和保障，可以满足生存需要的动机。

2. 安全需要动机

安全需要同样属于较低层次的需要,其中包括对人身安全、生活稳定及免遭痛苦、威胁或疾病、拥有身体健康和自己的财产。缺乏安全感时感到自己受到身边事物的威胁,觉得世界不公平且危险,变得紧张,彷徨不安,认为一切事物都是"恶"的。有些人没有稳定的工作和收入来源时,无法完成自我理想和很好地照料家人,便可能通过酗酒等方式寻找短暂的安全感。住房补贴、失业救济、医疗保险、失业保险和退休福利等可以满足安全感的动机。

3. 社交需要动机

社交需要属于较高层次的需要,如对友谊、爱情及隶属关系的需求。环境所带来的关怀能促进个体的自我认同,缺失社交所带来的关怀可能会使人失去自信,贬低个人价值。例如,一个因为没有受到父母关怀的青少年,认为自己在家庭中没有价值,所以在学校希望寻求更多的关注,如青少年为了让自己融入社交圈中而听命于人,打破个人的行为准则和规范以满足同辈的认同。满足人的社交需要的措施有提供社交机会,支持与赞许寻找及建立和谐温馨的人际关系,开展有组织的体育比赛和集体聚会、恰当的适龄男女性比例、经常举办的群体社交娱乐活动都有益于满足社交需要。

4. 尊重需要动机

尊重需要属于较高层次的需要,如成就、名声、地位和晋升机会等。尊重需求既包括对成就或自我价值的自我评价,也包括他人对自己的认可与尊重。人一旦无法满足尊重需要时就会变得敏感和小心翼翼,或者很积极地用行动来让别人认同自己,也很容易被虚荣所吸引。强调工作任务的艰巨性以及成功所需要的高超技巧,颁发荣誉和公开赞许等可以部分满足人的尊重需要。

5. 自我实现动机

自我实现是最高层次的需要,包括对于真善美至高人生境界获得的需求,在前面 4 项需要都能满足之后,最高层次的需要才会继而产生,它是一种衍生性需要,如自我实现、发挥潜能等。

缺乏自我实现需要的特征:时常感知到生活中的无趣和空虚,不断地寻找生活和生命的价值,希望去完成一些事情,达到一些成就以便证明个体的存在价值,寻求个体在世间的定位。未能满足自我实现需要的人也开始认为,价值观、道德观胜过金钱、爱人、尊重和社会的偏见。例如,为了满足内心怜悯而捐款的慈善家;一位为超越身体极限,而将体能练到极致的武术家;期望为社会带来价值的企业家。

6. 精神实现动机

精神实现是马斯洛提出的,它是当一个人的心理状态充分地实现了自我实现的需要时,所出现的短暂的"高峰体验",它通常是在一件事的执行和结束阶段,才能深刻体验到的感觉,往往出现在艺术家或者音乐家身上。

例如,当音乐家在演奏音乐时,所感受到的一种"忘我"的感受;一位专心作画的艺术家,在画图时忘却时间的消逝,每一分每一秒的体验均是无可替代的,并能带来极大的充实感的情形。

从以上理论可以看出人类动机迁移的脉络,那么企业家创业的动机也无不存在于这些动机之中,以单一的或复杂共生的形式存在,他们启蒙和推动企业家的原始冲动,并在各种困难面前坚持不懈并不断地前进,直到最终改变初衷临阵退缩或走向更远大的目标。

1.2.4 企业家的特质

当今提出的"大众创业"确实蕴含着丰富的时代内涵,但是时代内涵这个概念同样容易使人过于自信。例如,今天创业比几十年前更简单了吗?创业成功概率更高了吗?截至目前,还没有任何权威数据来证明这样的结论。

简单的逻辑思考是:如果今天创业简单了,那么相应的创业门槛的降低必然吸引大量创业者,但创业者的数量激增之后,竞争就相应加剧了,最后导致创业不那么简单了。相反,实际上创业的难度应该是加大了,任何一个绝妙的创意都更难保密,任何一个好的想法在实现之前都可能被快速复制。社交网络可以把一个品牌快速扩散,同时它也可以被人们快速地忘掉,网络信息更替速度的加快反而使品牌的深度的形成难度增大了。

创业成功依旧是一件很幸运的事,从概率上来说是小概率事件,而且每个人的创业历程都有各自的跌宕起伏,每一个企业家的成功也很难复制,两个企业家坚守相同的创业准则,结果却是天壤之别者也屡见不鲜。在是否投身创业洪流之前,我们经常关心的问题是:我们适合创业吗?什么人适合创业?

创业面临的是高度的不确定性和高风险性,那些有无限精力、敢于冒险的年轻人便成了创业的最主要力量。在互联网时代下,年轻的创业者对全球格局的影响力越来越大。硅谷天使投资人康韦曾对超过 500 家初创企业进行调查。结果显示,在市值超过 5 亿美元的初创企业中,有 67% 的创始人创办企业时年纪都低于 30 岁,这些杰出的人都有一些令人惊奇的特质。我们从这些已经成功的企业家身上去寻找一些共性。

1. 胸怀野心,使命驱动

企业家都相当有自己的主见,具有高度的自我意识。他们其实很注重中间过程,但是不是单纯地享受创业过程,更是为了一个好的结果。他们具有极强的企图心,努力赢得商业竞争并追求个人最大的成就。企业家有近乎疯狂的动力,希望将想法转化为现实,从无到有需要付出艰辛的努力。创始人在一块白布上创作。创始人更像是艺术家,而不是工程师,也不是商人。他们要让事情发生。而且,他们需要这样的坚持和固执来推动自己跨越这些障碍,在他们看来,付出劳动就应该得到收获。

2. 特立独行,富有胆识

硅谷是世界著名的高科技企业聚集地,这里孕育了许多深刻影响世界的成功企业,但是每一个创始人都具有强烈的个人特质。他们高度自信,有时甚至到接近自负。也正因为这样,他们对自己的决策相当确信,坚信自己的直觉判断。对于他人所提出的意见,他们只听取值得信任的少数好友的建议,但最终决策权仍在他们自己手中。

3. 满腔热忱,果敢坚毅

企业家一般都精力旺盛,全神贯注,有使命感和清晰的抱负。他们的目的是从他们的想象中创造出能满足人类的主要需要并能提高千百万人的生活质量的产品和服务。他们不关心是否能赚取大把钞票,真正让他们喜悦的是热情的回归,不再感到不满和沮丧。他们具有从正面角度看待人与事的倾向,单纯地为自己设立方向,完成好手上的工作,或做一些很棒的事。也就是想把事情做好的动机,在激励与推动着他们,他们工作锲而不舍,持之以恒,乐意尝试风险并愿意体验不确定性。

挫折对人的启示主要是在意志层面,而非经验层面。所有成就伟业的人早年都有过遭受

"毁灭性打击"的经历，在逆境当中让自己不崩溃，只能靠逆境来教育。在顺境当中让自己的表现更优是有方法可循的。面对困境时的表现，需要坚毅的品格和品质。

4. 深度思维，行动敏捷

企业家具有喜欢揣摩人际互动，随时观察别人反应的倾向性。能快速吸收陌生事物，并能快速掌握当前的情况。具有喜欢追求变化、尝试新奇事物的倾向，对自己的产品不断地思考和创新。他们认为终结问题是一件很有趣的事。对于难题，他们总有跃跃欲试的积极态度。实际上，他们很擅长解决难题，一旦发现问题的症结，就会全神贯注地去破解。他们都具有思想独特、想法新颖的特质。

5. 冒险精神领袖特质

企业家具有自愿承担领导责任、积极与他人互动的倾向。对于那些具有领袖精神的人，人们很容易形成这样一种偏见：他们就是那种只会纸上谈兵，不会实际工作的人。这属于一种"多数人谬误"，因为在人群中的数量少，所以他们并未能被充分理解。管理者分为两种类型：Ⅰ型管理者，其思考能力强，眼光长远，见解深入，总可以抓到事物的本质，但缺陷是他们容易忽视细节，执行力偏弱；Ⅱ型管理者，其执行能力强，做事有条不紊，能够制定细致的工作方案，并且总能够让方案成为现实，但是Ⅱ型管理者的缺陷在于不舍得花时间来进行思考，他们会觉得单纯地思考问题是浪费时间，而是更倾向于完成实际的工作。

上述二者几乎就是一对矛盾，在现实中的个体身上很难同时发现这两种特质。但对企业家的要求恰好就是要同时拥有这两种特质。没有任何一个职位对人的综合素质要求这么高，如果你并不是在所有方向都擅长，就难以成为一个成功的企业家。

不过企业家的特质并不是创业成功的全部，你还必须具备一些条件，如准确的市场需求、充足的资金、可靠的供应链等，但此处我们只涉及关于"人"的部分，也就是一个潜在企业家必须具备何种特质。其他的内容，我们放在后面去深入讨论。

1.3 创业观点的思辨

有些经验教训在创业领域成了信条，忽视它们的人被认为会遭受厄运。把这些准则放进具体的商业案例当中去，会发现很多商业案例在严格遵守这些信条的情况下走向了成功，而另一些走向了失败。有些法则的对立面有时候更正确，如大胆尝试胜过平庸保守，坏计划也好过没有计划，竞争性市场很难赚钱，营销和产品同样重要。有些人按照相反的准则在创建企业，同样也有些人成功，有些人失败。可见很多被人们津津乐道的观点，并非创业活动的铁律。所以学会思辨对于企业家来说非常重要。

创业有两个截然相反的极端观点。一种看法认为，创业是一个极度痛苦而疲惫的过程，除了创业以外，你丧失了几乎所有私人生活。另一种看法是，只要你能一鸣惊人，通往荣耀和财富自由便是一路坦途。关于创业的非常多的观点只是创业者或相关的参与者的经验角度而已，不是科学的原理，甚至可能因为思考方式的原因只是说出了一种体验，而这种体验在指导创业的过程中很可能带来负面的影响。

有许多类似的有关创业的观点需要谨慎思辨和讨论，以免走入思维和实践的误区。下面仅就几点常见的观点进行思辨尝试，本部分并不在于传授给人们一些科学的定理或确定的知识，而是在创业经验、竞赛的价值、风口理论、人脉的意义和创业失败和成功的多方面，开启人们深度思考的阀门。

1.3.1 关于经验

很多年轻人总是在说："等我先去工作几年，具备了经验之后再来创业。"首先应该知道，创业是一种创新性事业，并非重复和再现过去的成功和场景。对于经验的依赖非常有限。很难按照以前成功的道路和方法复制成功，甚至有时候在创业初期，反经验主义或毫无经验的创始人成了创建巨大成功事业的标志性因素。这个时候，经验变成了思维墨守成规的牢笼，而毫无经验变成了开放式的一切皆有可能的想象空间和各种新的可能。

通过对30家高估值公司的研究，期望通过早期融资时的表现寻找出判断一家初创公司发展潜力大小的方法，如表1-1所示。它们中既有估值高达250亿美元的公司，也有发展迅猛、有望冲击10亿美元估值的初创公司。对比分析这些公司的规模、所处市场、融资历史、用户吸引力、成长性、货币化、网络效应、监管障碍、市场动力和团队特征，这些公司具备一些关键的共性，有些共性超过我们常规的经验或认知。

表1-1 硅谷高估值创新企业

$10B+	$2～10B	≈$1B	<$1B
Uber	LendingClub	Nextdoor	Thumbtack
Twitter	Square	Tumblr	Teespring
WhatsApp	GoPro	Twitch	Lumosity
Snapchat	Groupon	Eventbrite	Bonobos
Pinterest	Nest	KABAM	Warby Parker
Airbnb	Houzz	Instagram	Blue Apron
DropBox	EVERNOTE	Waze	HotelTonight
	Instacart		
	Oculus		

1. 很容易被驳回的想法

当这些公司拥有10亿美元估值时，其基本想法和价值观似乎就很清晰了，与之对比的是创业初期的懵懂探索。

分析表明，很多估值达到10亿美元的公司初始的创业想法是经不起推敲的。有多少人真正驾驶过黑色的汽车？谁想通过网络在线观看别人玩游戏？人们为什么会在意市场上新出现的云备份和同步服务？图片信息已经消失了吗？有多少人有兴趣租借别人家里的躺椅？

Airbnb的联合创始人布莱恩·切斯基曾公开说过："当我们来到硅谷的时候，没有人想过去Airbnb看看。"其中一个原因是他们认为这种想法很疯狂，很不切实际。人们认为自己从未在陌生人家中过夜，因此租借陌生人家里的床铺这种想法令人感觉有些恐怖。

事实证明，很多奇思妙想在你第一眼看到它们的时候并不认为有多好、多妙，不是由于创新点很小，就是由于门槛很高，或者命题的基本假设是有瑕疵的。然而，成功的公司通常都是从坚决执行最初的想法起步的，这是公司成长壮大的必经之路。

2. 竞争激烈的市场

通常认为，成功的初创公司会带着全新的创意进入开放的领域。然而分析师们发现，情况恰恰相反。大多数估值达到10亿美元的公司都处于竞争激烈的市场中。

例如，消息市场，在 Snapchat 或 WhatsApp 出现之前，人际交往的方式就已经很多了，粗略算来，也有上百种。即使面临着激烈的竞争，这些初创公司也获得了极大的成功。调查显示，社交网络和通信领域其实恰是高估值公司的温床。

再以卖场领域为例，Uber、Airbnb、Eventbrite 和 Instacart 都处于这个领域之中。在这些初创公司出现之前，人们确实还有许多方法来寻找出租车、寻找行李搬运、组织聚会或请人送货上门，但是这些公司提供了更好的服务和体验，它们自己也借此而快速成长起来。

关键点是，消费者乐意接受优秀的产品和用户体验。当现有的市场需要进行更替时，这些公司才能寻找到为客户服务的新方法。

3. 重塑现有的消费者行为

分析师发现，估值达到10亿美元的公司通常不是向市场提供全新的东西，而是会用优秀的消费者体验来重塑现有的消费者行为。

例如，Nextdoor、Square 这样的公司重塑了人们日常做事的方式，如联系邻居、使用信用卡等。这些公司能够取得成功的原因在于它们通过独特的视角去解析客户的需求并通过更好的体验满足了他们。

Dropbox 获得成功的原因在于它提供了比其他的备份/存储/同步解决方案更容易使用，比 U 盘或向自己发送电子邮件等方法更好的解决方案。Tumblr 以内容为中心建立了一个高度凝聚的社区，刚开始时，这种想法并不惊艳，却让它的产品从同类产品中脱颖而出。Nest 开发出一款能够连接互联网、设计更精美、节能更高效的恒温箱。Uber 为交通运输公司提供了一种全新的运营思路，让人们的出行变得更方便和更舒适。

敢于重塑消费者行为的事都是勇于创新、有叛逆精神的年轻人更容易实现的，而稳定工作过的人，思维相对固化，更偏于安稳，不利于做出突破。

4. 缺乏经验的创始人

令人意想不到的事，通常都是由一些缺乏经验的创始人创立的那些估值达到10亿美元的公司，而经验丰富的企业家都在迅速发展的大公司里掌舵。

调查中有 3/4 的公司是由首次创业的人创立的。他们之前没有经历过创业，并且在各自所在的领域也没有丰富的经验，但是他们对自己的产品满怀热情，对如何为目标客户服务有着独到的见解。由于行业资深人士的思想常常会受限于长期形成的经验，容易陷入"这是不可能的"和"为什么这行不通"等条条框框之中，因此用独到和全新的视角来看问题很重要。

将互联网技术运用于传统行业，这个领域成长起来的成功企业很多是没有传统行业经验的。例如，滴滴打车的创始人程维，以前是阿里巴巴销售出身，刚开始的时候也不懂出租车行业。还有中国智能手机市场的"黑马"小米，它的创始人雷军也不是手机产业出身的。

但是，他们在各自不熟悉的领域打开了一片新天地。从他们的从业经历中不难总结出一个结论，过去长期积累的经验并不是最重要的，甚至是可能阻碍发现新机遇的。而一个企业家最需要具备的素质是快速学习的能力。

为什么并不是那些在传统行业拥有资深经历的人创造这些公司呢？惯性思维会让他们倾向于走改良的路子，对现有的系统针对某个环节进行优化，以此提升总体的效率。有时候，相对于改良所耗费的资源来说，改良的效果并非成正比的。专注自己的领域可能限制了自我的视野，而忽视了领域外发生的技术革新。

而外来者，或者说外行，可以从领域外以全新的视角和思维模式，大胆地对已有格局进行打破重组，并实现资源的新组合。例如，历史上任何一家创新公司的诞生，都难以用以往已有公司的逻辑和经验来解释。

5. 零货币化

另一个值得关注的发现是，很多估值达到 10 亿美元的公司在进行 A 轮融资时还没有产生盈利，Twitter、Pinterest、Houzz 和 Nextdoor 均是如此。在企业发展初期，它们关注的重点是培养用户群而不是赚钱。这些初创公司首先专注于确定客户价值命题和提高客户使用率和参与度。一旦它们在市场上建立起稳定的地位并达到足够大的规模，它们就会开始将如何盈利纳入考虑。

尽管这些公司最开始并没有收入，但我们发现很多公司发展到一定的规模之后已经拥有了较强的产品市场组合迹象，或者通过 A 轮融资展示出强大的网络效应。在初创行业，成功没有固定法则，预测往往是失准的，每一个成功的故事都是绝无仅有和史无前例的，但那并不意味着其中就没有值得关注的模式。由此得出的最终结论是：那些获得巨大成功的企业是从为大规模市场提供全新的、创新的和优异的客户体验起步并发展壮大起来的，这跟它们所在的商业领域的竞争激烈程度或创始人以前是否取得过成功经验没有多大的联系。

1.3.2 创业竞赛

针对大学生的创业大赛越来越多，是否应该去参加，成为很多人关心和争议的话题。为了厘清这些脉络，获得深度的有关创业竞赛对人的成长和创业的有益支持的思辨和讨论，首先得从创业大赛的统计分析开始。

从参赛者的角度来说，有人通过创业大赛为自己戴上"企业家"的帽子，在简历上增添几笔，或通过创业大赛的过程学习和提升自己，获得某种人生体验和经历。也可能收获一些人生伙伴或友谊，甚至侥幸获奖还能得到物质奖励并赢得他人的艳羡。也有人通过比赛经历，认真思考市场需求、目标客户、盈利模式、运营方案，为今后的创业打下基础。到底该如何看待创业比赛呢？暂且分享对大学生参与创业比赛的几点想法。

1. 丰富体验

参与创业比赛，对时间精力充沛、没有未来计划或目标的同学，是一种有益的学习、体验和锻炼，从创业比赛中获得的收益也远远超过"创业"领域。创业比赛这种形式对大学生有一定的意义，大学生可以通过比赛认识到校园外的关注点、商业领域的主流走向、人类文明和科技正在发生的变化，每个人的激情和活力在竞赛中被点燃，他们也在竞赛当中发现自己的兴趣和特长，找到自己喜欢并适合的人生和职业发展道路。创业比赛需要注重的是针对不同群体的适应性和比赛的品质。

创业大赛并不只是为了让大学生创业而存在的。大学期间是进入社会的过渡时期，这时拥有较为低廉的投资成本，创业大赛是不错的试错和改进机会。创业大赛参与者的态度与努力程度对于创业大赛的意义会有更好的注解。参加创业大赛至少会有以下几方面的收获。

（1）帮助学生丰富经历，提升简历，开阔视野，多了解和学习商业过程。增加毕业后的就业竞争力和职业适应能力。

（2）了解分工：管理、运营、市场、技术、供应链、人事、行政。学会自主、时间管理、与人沟通、团队合作等。

（3）提升软实力，启发和判断自己在商业或其他方面的兴趣和能力。学会怎么寻找自己感兴趣的事情，并且在这件事情上发力。

（4）思想、格局、观念提升，理解竞争优势、定位策略、市场细分、投资回报、财务分析、商业计划、团队合作等。

（5）交朋友：在创业计划团队中同甘共苦，和伙伴成为莫逆之交，扩大人际交往的圈子。

（6）学会写商业文案、制作商业活动的 PPT、用简洁明快的方式做商业报告和讲解商业计划，提高临场表现能力。

（7）奖金和感情：通过努力获得一笔奖金算是不错的成就；还有一些人因为参加比赛，发展成了感情伴侣。

参加创业比赛，对于有将来进行创业的理想和计划，但是目前既没有合适的想法，也没有合作伙伴，还处于思考和探索、迷茫阶段的人来说，会有一些有益的帮助，如可以激活创业热情，刺激和发现可能的创意，收获将来的合作伙伴和商业资源等。

2. 商业思维模式的培养

Business Model（商业模式）与 Business（业务）的区别，简单点来说就是"Business is what you do，Business Model is how you make money"。商业计划书的书写或做商业分析也是培养训练商业思维模式的方式。

写商业计划书往往是各类创业比赛中一个必经的重要过程。虽然商业计划书仅有几十页，但是要求书写者能高度概括公司运营的核心思想，集中体现公司业务、部门间协调的本质。明确的商业思维模式可以更好地指导以后的创业实践，也有助于培养有条理地对商业问题进行梳理与分析的能力。

由于在校学生的身份限制，大学生往往得不到接触一个公司的所有部门的机会，但是通过创业比赛商业计划书的书写过程，不断地对一个实体产品或实际服务产品进行各个角度的挖掘与思考，能够更具体地将所学知识应用到实际中考量，能够全面地认识公司运营的各个方面。

此外，已经创业的公司参与创业比赛，撰写商业计划书也有裨益，它可作为一个商业模式、业务流程的自我审视、诊断的过程。创业公司在初创阶段容易患有"近视症"，过分关注实际眼前的事物与利益，但可能脱离了正常轨道。因此，要求从头梳理公司各个部门、财务、调研，并且通过指导教师、评委的指导，这就更像对创业公司进行了一次完整的、有利的企业咨询。对于已创业公司的经营者、参与者而言，立足于公司已有基础之上，深入地思考，也是对商业思维模式的再提高过程，并培养了一种商业思维的敏感性。

3. 跨界的合作与整合

互联网时代是一个多领域交叉融合的时代，领域之间的界限也更加模糊。而参加创业比赛，从团队组建到商业计划书的撰写，再到最后的答辩，需要不同的专业领域一起协作，横跨理工科到商科，纵跨市场营销到财务管理等。它就是一个团队合作的过程，或者说，就是一个跨界合作的过程。

通过创业及互联网的有关新闻不难发现，跨界组合广受追捧，是因为跨界是创新的一种重要渠道与方式。不同学术背景的学生在一起交流研讨，备战几个月，可以在短时间内拓展视野，碰撞思维的火花。例如，学习音乐的可以和学习 IT 的人一起交流，创造出一个电子音乐谱曲软件。学习心理学的和学习市场营销学的人一起研讨，创造一款指导销售者提高销售技巧的培训应用。

现实的创业比起校园里的创业比赛既真实又残酷，通过比赛学到的能力和方法不一定实用，因此应该警惕在创业比赛中为参与者设下的那些陷阱。过热的创业大赛让相当一些人错估了自己的能力，导致错位的职业预期。有一小部分人，他们有很强的技术和学习能力，创业对他们来说是一种激励，能够更大地激发他们的潜力。

对于没有太多创业经验的年轻大学生来说，参与创业比赛，不仅仅能够历练自我综合能力，也是紧跟时代、熟悉时代的一个有益体验。而大学生参与创业比赛，并不意味着就非要去创业，它培养的是一种创新创业精神、企业家能力及敏锐的商业视野与思维。

4. 比赛对于真实创业意义不大

真正决定开创企业或者已经开始创业的企业家应该远离创业比赛。近几年的各种创业比赛，无论是社会性质的还是大学里的比赛（每年中国创新大赛有上万项目参赛），其中绝大多数商业计划都不具备探讨价值。但是参加创业大赛有助于感受创业氛围，培养商业感觉，建立商业逻辑，理解市场思维，学会设计产品，如果有机会，就将这些可能转化为商业价值。实质的问题是，大赛真的能够区分好的创意或坏的创意，有价值的项目或没有价值的项目吗？

从各种创业大赛来看，评委和创业导师基本上是没有任何创业经验和相关领域背景的大学教授、投资经理、项目经理。更何况，根据前面关于经验部分的结果，大多数成功创造巨大价值的项目，在早期都是不被大多数人认同的想法。所以创业大赛并不能在众多项目中选优，当然也很难给予创业团队具有实际意义的指导和支持。

创业大赛不是为了创业，而是为了推广和娱乐。创业大赛作为一个活动体验是有价值的。但是认为创业大赛是为了创业，或者创业大赛成功的就是好项目，就太天真了。创业大赛是一场有规则的跑道赛跑，而创业是一场荒野求生。你跑得快，不代表你能活下来，荒野的环境要比跑道错综复杂得多。

创业大赛没必要经常参加，对创业的实际价值不大。创业竞赛的价值在创业之外，尤其是眼界和社交、综合素质和生活经历。真正的企业家应该谨慎跟随这种潮流。

1.3.3 风口理论

巴布森学院（Babson College）2012 年发布的《全球创业观察美国报告》（Global Entrepreneurship Monitor U.S. Report）凸显了这样一个现象：所谓的机遇型企业家越来越多。例如，有不少美国人完全是凭借着自己对未来机遇的感知而走上创业之路的。这个趋势跟起始于 2008 年的经济衰退期的"生存型企业家"形成了鲜明的对比。

用了不到两年的时间，雷军带领团队创造了一个成功神话——小米手机。他在主题演讲中提出这样一个比喻："站在风口，就是一头猪都能飞起来。"这一时成为科技业界 2014 年最为时髦的流行语，频频出现在各种场合和媒体上。在科技新兴产业蓬勃发展的今天，凭借计算机方面深厚的功底，"小米"飞上了天，还一直保持着飞翔的姿态越飞越高。

听着雷军的故事是不是陶醉了？有几个问题，雷军是"猪"吗？你见过真的"猪"在风口上飞起来吗？假如"猪"真的能够飞起来，那么风过后会是什么样的惨状？其实这个话题，无非是用来测试人们认知水平和智商的一个话题。讲给认知度极低，以为无须思考和行动被风一吹就会飞的"猪",当然也只有他们才会信并且到处寻找风口。

假如成功源自运气,那些企业家也许就不会存在了。但是像史蒂夫·乔布斯、杰克·多西和埃隆·马斯克这样的企业家,他们连续成功创建了几家价值数十亿美元的公司。可能这些人出于交际策略或多或少有些谦虚,但是这种连续创业的企业家精神是对"机遇创造成功"理论的质疑。

一时的成功靠运气,一世的成功靠认知。一个人不可能永远有好运气,运气是不可控的,所以唯一能做的事,就是不断地提高认知,确保胜算概率。运气不可量化、不可预测、不可复制,认知可量化、可提高,还能带来好运。正确的认知才能指导正确的行为,正确的行为才能产生正确的结果。

如果你有了一个好点子,可能这个世界上还有很多人在和你都在考虑相同的问题。现在的创业圈子已经很少有全新的、前无古人的创意了。要使企业脱颖而出,主要还得靠迭代执行。迭代才是使企业进入高度系统化的唯一方法。即使你认为自己的产品比市面上的任何解决问题的方法都好,这也不是让其在市场脱颖而出的关键因素,因为执行和迭代才是。在创业过程中,只需要关注两件事:第一,打造人们想要的产品;第二,拉到客户。只有这两件事对企业家是最重要的。不做任何与吸引新客户或改进产品无关的事。现在这种执行方针已经显现出了明显的效果。

创业作为复杂系统,一定是多因素共同作用的结果,而不是单因素推动系统的发展和作用。从文艺复兴、启蒙运动到20世纪中期,运气是可以被掌握支配的。大家都认为一个人应该做力所能及的事,而不是纠结于做不到的事。拉尔夫·瓦尔多·爱默生捕捉到了这种社会思潮,他写道:"浅薄的人才会相信运气和境遇……强者只相信因果。"难道比尔·盖茨只是中了智力彩票?当我们讨论像这样的历史问题时,已经不会将幸运作为说辞。更重要的问题是关于未来的:未来是靠机遇还是行动呢?想必你已经有了自己的答案。

1.3.4 发展人脉

美国著名成功学大师戴尔·卡耐基曾经说过:"专业知识在一个人成功中的作用只占15%,而其余的85%则取决于人脉。"但是很多人不知道,其实15%的知识是这一切的基石,如果缺失了知识,那么人脉将毫无价值。

让我们先思考一下,你愿意与什么样的人成为朋友?在我们小时候,每个人就已经建立起一些择友的标准。实际上,资源分布的不均匀,一定会造成人与人之间的某种依附关系。观察一下,就可以看到事实:幼儿园里玩具多的孩子更容易被其他孩子当作朋友。那么,玩具最多的孩子朋友最多吗?

答案并非肯定的。假如你有机会,也恰好乐意多花一些心思与那个玩具最多的孩子交谈,你不难发现,在他的心目中,与所有成年人一样,朋友被划分为"真正的朋友"和"一般的朋友"。基于各种缘由,生活中总是只有少数人是大多数人想要结交的朋友。但是相对地,大多数人并不知道那些少数的人是如何理解他们大多数人的行为的。

在这里我们不讨论所谓的"心计"。的确有些人有很深的城府,至少比其他人更深,他们可以用常人想不出的,即便想得出来也做不到的手段达到自己的目的。在这里,我们只讨论最普遍的情况。

在某种层面上,即使绝大多数人不会承认,他们的所谓"友谊"实际上也只不过是"交换关系"。可是，假如自己拥有的资源数量有限并且质量平平，就更可能变成"索取方"，做不到"公平交换"，最后成为对方的负担。在这种情况下，所谓的"友谊"就会慢慢逐渐凋零。

友谊也有延续下去的情况，但更可能是另一方在耐心等待下一次交换，以便实现"公平"。电影《教父》里，棺材铺的老板亚美利哥·勃纳瑟拉决心找教父考利昂替他出气并为自己的女儿讨回公道的时候，亚美利哥·勃纳瑟拉就是"索取方"。若干年后，教父考利昂终于在一个深夜敲开了亚美利哥·勃纳瑟拉的门⋯⋯

不难想象，资源多的人更乐意，也更可能与另一个资源数量同样多或者资源质量对等的人进行交换，因为在这种情况下更可能实现"公平交易"。事实上，生活中随处可见这样的例子。即使在校园里，"交换"的本质没有体现得那么明显，但是，同样性质的行为也层出不穷。

承认自己能力有限，是心理健康的前提。认识到这一点之后人们开始挣扎着去学习如何做事量力而行。

可以说，有效的人脉往往属于优秀的人才。而且正因为这些人随时随地都可能要回避"不公平交换"的企图，他们才更加重视自身的质量，知道不给别人制造麻烦，独善其身是美德。

常言说，"事多故人离"，是十分准确的结论。而那些不优秀的人往往并不知道这样看似简单的道理，他们甚至没有意识到自己的情况只能使自己扮演"索取者"的角色，进而把自己的每一次"交换"都变成"不公平交换"，最终可能使交换失败，因为谁都不喜欢"不公平交换"。每次交换的失败，都进一步造成自己的损失，使自己拥有的资源不是数量减少，就是质量下降，进一步使自己更可能沦为"索取者"——不断地恶性循环。

还有一部分人，过分急于构建所谓的人脉，并全然不顾自己的情况究竟怎样。形容这样的人，人们常用一些专门的词来描述他们："奉承""巴结""欺下媚上"，甚至"结党营私"等。这样的人，往往也不是他们成心非要如此的。他们仅仅朦胧地意识到自己一个人的力量过于渺小，所以才希望可以借助其他的力量。

而一个人越是渺小，越是体现出他的欲望异常强烈。这样的人的特征非常明显，其中一个就是，在日常生活中他们常常有意无意地提及与众人所仰慕的人物的"亲密关系"，无论他们与"大人物"是否确实私交密切。

从整体上来看，人脉固然很重要，但是，针对某个个体来说，更重要的是他所拥有的资源。有些资源很难瞬间取得，尤其当这些资源的获得在很大程度上依赖身世和运气的现实世界里，如金钱、地位、声誉、智慧、知识、美貌等。但是有些资源从零开始慢慢累积很简单，如一个人的才华与学识。才华也好，学识也罢，是可以通过后天努力获得的东西。

一个人的心智能力一旦正常开启，就会发觉在这个信息爆炸的世界里，只要愿意努力，并且有耐心和时间做朋友，不难成为至少一个领域的专家。努力并不像传说中的那么艰苦，只不过是"每天至少专心学习工作 6 个小时"。耐心却远比大多数人想象得巨大，"要与时间相伴，温情地善待自己的领域和自己的爱好。短则至少 5 年，长则 20 年"。

若干年后人们会渐渐明白：当一个人周围聚集的都是优秀的人之时，不会有人请他帮忙，因为身边这些优秀的人几乎无一例外都以耽搁别人的时间为耻，并且这些人恰好是由于遇到问题可以解决问题才被认为是优秀的。

假如终于有一天，你已经成为某个领域的专家，你会惊讶地发现真正意义上的有价值的所谓高效的人脉会不请自来。你所遇到的人将来自彻底不同的层面，来自各种各样意想不到的不同的方向。而你自己也不再是昔日一无是处的你，你不再是"索取者"，你成为"乐于助人"的一方——很少有人厌烦善意的帮助，更何况你是被找来提供帮助的。

甚至，你会获得意外的帮助。假如你是一个优秀的人、能产生价值的人才，一定会有大量优秀的人、有价值的人成为你的帮助提供者。此时，这样的帮助往往的确是"无私"的。犹如不会有哪个医术高明的医生做到救死扶伤之后仅仅因为报酬太少而恼羞成怒一样，那些人格品质优秀到一定的层次、境界豁达到一定的层次的人，往往真的能够做到"施恩不图报"。

也许对他们而言，"验证自己的想法"本身已经成为最重要的追求，并且足以令他们满足和愉悦。其中还有一个有趣的现象，便是得到帮助的你也正因为拥有类似的思想境界，所以一定懂得"滴水之恩，当以涌泉相报"的道理。最终形成双赢局面，因为"沟通成本几近于零"，所以沟通的效果便是"交流收益相对无穷放大"，最终得到良性循环。

生活的智慧就在于，专注于解决那些有机会解决的问题，而暂时搁置那些不易改变的。专心做好自己，让自己成为一个独立的人、一个优秀的人和一个对社会有价值的人，这是非常重要的。在塑造自己的过程中，人脉便会自然凝聚——如果人脉正如人们谈及的那么重要。其实，人脉与成功之间的相关性并不明朗，正反例子均不胜枚举，人脉成功学只不过是臆造出来的假象罢了。

这也不意味着，应该减少对自己身边的任何人的关心，或者说从此就停止一切社交活动。善于与人交往也是一种要求学习，并且也需要耗费大量时间实践的能力。只是需要警惕，别错估自己，误以为自己有那么多的时间可以妥善地处理好与身边所有人的关系。不妨检查一下你手机通讯录里的名单吧，有多少人已经很久没联系过了？

实际上，真正的关心最终只有一个表现：甘愿为之花费时间，即使是"浪费"时间。这并不难理解，当你把时间花费到一个人身上的时候，等同于在他的身上倾注了你生命的一段——不管最终会得到如何的结果，那些参与的人和发生的事都成了你生命中的组成，无论喜恶。每个人的生命都是有限的，所以最终，"真正的好朋友"只是那些愿意为你花时间的。

在一个职业人的大量错综复杂的人脉关系中，真正能用于开拓商业的，仅仅是很少的一部分。更多的还是潜在的人脉：同学、朋友、同行、有相同兴趣的爱好者等，他们可以和你分享话题和喜好，可以交流信息，可以让情感变得牢靠，可以在愉悦中加强信任，进而能够分享人脉和资源。

在某种程度上，你是什么样的人，就会造就什么样的人脉。等到需要把人脉变现时，你也许就会发现那些未带有功利目的交往的朋友才会给予最大的支持。把友情人脉视为有利益关系的商务人脉是危险的，若不注意将友情人脉转化为商务人脉，很可能不仅生意做不成，连友谊也变质了。一旦这种人脉变现，交往就有中断的风险。

著名社会学家、斯坦福大学教授格兰诺维特在20世纪70年代进行了一个实验，找到282人，从中随机选取100人做面对面的访问。结果发现，其中通过正式渠道申请，如看招聘信息投简历，得到工作的人不到一半。100人中有54人是通过个人关系找到工作的——当有些人还纠结于怎么组织好简历内容时，半数以上的工作机会已经让那些有关系的人先拿走了。[14]

靠关系不新鲜，但靠什么关系是一个很有意思的问题。有一句老话叫作"多个朋友多条路"，那么怎么样的朋友可能会提供这些其他的路呢？格兰诺维特发现，实际产生价值的关系恰恰不是亲朋好友这种熟知的"较强的联系",而是"较弱的联系"。在这些靠关系找到工作的人中只有 16.7% 的人经常与"较强的联系"人脉每周至少见两次面,而 55.6% 的人用到的关系人脉只是偶尔见面,大概每周见面少于两次,但每年至少能见一次。另有 27.8% 的帮忙者则一年也难见一次。这意味着大多数你真正用到的关系,反而是并不时常见面的人。这些人也不必是什么大人物,他们可能是已经少有联系的老同学或同事,甚至可能是你根本就不熟悉的人。他们的共同之处在于都不在你当前的社交圈里。

产生这个现象的可能原因是与你有类似社交圈的人,很可能和你从事着类似的工作,拥有类似的想法,假如你不知道有某一个工作机会,他们也不太可能知道。反而"较弱的联系"有可能告诉你一些你不熟悉的事情。"较弱的联系"的真正意义是把不同的社交圈子联系起来,从圈外给你输送有用的信息。根据"较弱的联系"理论,一个人在社会上获得机会的数量,与他的社交网络结构大有关系。

如果你只跟亲朋好友交往,或者认识的人大多与自己背景类似,你大概就不如那些广泛交友的人机会多。人脉的关键不在于你正处于什么圈子,而在于你能接触多少圈外的人。实际上我们每个人认识的大部分人都是"较弱的联系","较强的联系"只是少数。

"较弱的联系"理论的实质不是"人脉",而是信息的传递。亲朋好友很乐意跟我们交流,但是话题聊尽了便也没什么太多的营养。最有效率的交流,也许是跟不太熟悉的对象进行的。这个假设怎么验证呢?谁能提供更重要的信息?

也许我们可以从网络中找到不少蛛丝马迹。在有了互联网后,研究人员可以更方便、准确地分析我们是通过什么联系得到新知识的。例如,你在各种社交媒体上常常阅读和转发来自网友的各种推荐,那么是亲密好友的推荐更有价值,还是"较弱的联系"的推荐更有价值呢?

Facebook 的数据团队 2012 年针对这个问题进行了一项很巧妙的研究。研究者用一个简单的模型判断你跟各个网友之间的联系强弱,如果你们之间经常互相评论对方发的状态,你们就归属于"较强的联系",否则就归属于"较弱的联系"。

将研究对象转向人们在 Facebook 上分享的那些网页链接,这种分享有两种可能的途径。一种是朋友(无论是"较强的联系"还是"较弱的联系")先发了这个链接,你看到以后继而转发,另一种是你独自发现这个链接并转发。Facebook 的研究通过随机试验的办法来追踪一组特定的网址,结果发现别人分享出来,我们看到以后再转发的可能性,比我们自己看到这个地址直接分享的可能性大 5 倍以上。这也就是网友分享的放大效应。

我们的转发行为在不同亲疏程度上的区别是非常明显的,人们更愿意转发"较强的联系"分享的信息。统计发现,如果"较强的联系"发给我们一条信息,我们转发它的概率大约是"较弱的联系"发过来信息的 2 倍。因此,有人可能担心,社交媒体加剧了"物以类聚,人以群分"这种情况。

其实不用太过忧虑,研究通过比较两种不同联系的放大效应,发现"较强的联系"的放大效应是 6,而"较弱的联系"的放大效应是 9。这意味着面对同样一个网址,你看到一个"较弱的联系"分享给你你再转发的概率,是你自己发现这个网址再分享的概率的 9 倍。也就是说,较强的联系发送给你的有用信息,自己原来也有可能发现;而"较弱的联系"传递给你的有用信息,如果他不告诉你你大概就发现不了。

从"较弱的联系"获得灵感乃至于与"较弱的联系"合伙创业,有助于提高一个公司的创新水平。社会学家马丁·吕夫问卷调查了 766 个从斯坦福大学完成 MBA 学位且至少尝试过创业的创业者，希望从中发现"较弱的联系"和创新的关系。他统计了这些创业者所创办的公司的成员构成和信息源头，并且采用各种办法评估这些公司的创新能力，如考察是否推出了新产品或者使用新的营销手段，是否进入国际市场、专利数量等。

结果表明，创业想法来自家人和朋友这类"较强的联系"的仅仅占 38%。而来自"较弱的联系"，如客户和供货商这类商业伙伴的，则高达 52%，另有少数人是受媒体或专家启发。可见"较弱的联系"产生好想法这个定律从创业之初就生效了。

从社交网络来看，社交网络越多样化，创新能力就越强。那些拥有极度多样化社交网络的企业家，他们既有"较强的联系"也有"较弱的联系"，还接受从未打过交道的人的意见，其创新能力是那些只有单一社交网络的人的很多倍。

即使这样，大部分创业团队依旧由家人和朋友构成。"较强的联系"团队和"较弱的联系"团队的数目对比差不多是 5∶3。而创新评估模型发现，"较弱的联系"团队的创新能力大概是"较强的联系"团队的 1.18 倍。寻找创业伙伴，甚至仅仅是找人了解什么信息的时候，"较弱的联系"才是最好的选择。现在社会学已经有了充足的证据说明，对工作来说，同乡会和校友会不是扩展人脉的好地方。

许多人误以为所谓的"人脉"是要"设法结识有用的人"。有成就的人，都是在实现自己的理想的过程中，顺便建立了人脉。从来没有谁会为了建立人脉而选择性地结交朋友。所以别急着要建立人脉，重要的是先想想要成为什么样的人，然后努力去做你想成为的人。当你成为内心想成为的人，自然会有优质的朋友出现在人脉圈中，所有人脉都会在你努力的过程中逐渐形成。在人脉的积累过程中，有几个简单的，但实践起来并不是那么容易的建议：

专心做自己的事情；学习并丰富和提高自己；成为一个值得交往的人。
学会独善其身，以不给他人制造麻烦为美德；用独立赢得尊重。
应该尽量避开那些在物质生活上不能独善其身的人。
更应该回避那些精神生活不能独善其身的人——尽管甄别起来比较困难。
对于朋友真正的关心是，你愿意在他身上花费甚至浪费更多的时间。
人的幸福程度往往取决于在多大的程度上可以脱离对外部的依赖。

1.3.5 创业失败

如何判断创业企业是否成功？较为普通的目标是：业务开展常态化，客户稳定，产品和服务已经定型，管理者和员工熟悉业务，管理者和企业家不再忙于解决各种具体问题，事业发展按计划推进。用一个简单的方法就可以判断企业是否进入了正常的发展轨道：如果你可以不在现场、用电话或网络指挥企业正常运转，基本就可以证明企业已经进入了业务开展常态化的状态。

更高一些的成功判断是，做到行业的数一数二。如果不能做到行业先锋，可持续成长，何谈成功？昙花一现不算成功，得不到消费者和同行的尊重。创业成功的人是少数，失败则是常态，失败的原因也不胜枚举。一次对初创企业创始人的调查显示，创业失败的原因有缺乏足够的资金（29%）、项目团队的人员组成问题（23%）及竞争激烈（19%）。除此之外，创业失败的原因还有侥幸心态、拍脑子想点子、想问题没有深度、堆叠商业模式、无法区分真需求和伪需求、过分偏执、低估创业难度、不诚信、窃取他人项目等。

创业失败并不意味着一无所获，最新的研究表明，创业失败的人虽然放弃了创业生涯却得到了意想不到的回报。当关于 90%的创业都以失败告终的统计换一个角度，不是从企业存续统计，而是以创始人职业生涯统计的时候，可能会浮现出另一种景象。

加州大学伯克利分校的金融学教授古斯塔沃·曼索在一份调查研究中指出，经历独立创业的人确实是有所收获的[15]，当此人重新去另一家公司任职时，往往会获得更高的工资收入。

古斯塔沃·曼索的研究结果显示，在职业发展当中，曾经独立创业的人的经济状况要优于没有独立创业的人。在经过一两年创业尝试之后放弃创业的人，假如选择去其他公司就职，他的经济状况不会受到负面影响。而那些创业时间超过两年的人，其收入反而会比同行高 10%～20%。

信息技术人员招聘公司罗致恒富的高级执行董事约翰·里德发现，近几年来创业型人才的市场需求越来越大，尤其是在大公司。

大卫·布卢姆就是很好的佐证，他创办的电子商务软件初创企业 Ordrx.com 从谷歌和 Techstars 获得了 250 万美元的投资，并且得到了行业的普遍好评，公司聘请了 40 名员工，但 2017 年公司倒闭了。对他而言，失败是再好不过的结果了。事实证明，为员工的工资而无数次地熬夜，日日夜夜地编写软件，从事客户研究让他获得了巨大的提升。

在创办 Ordrx.com 之前，他曾经在美国运通公司（American Express）担任产品指导。当他在 2017 年年底重新开始找工作时，道·琼斯聘请他担任副总裁，其收入几乎是上一份工作的两倍。"与留在美国运通相比，选择离开让我获得了更加丰富的职业技能。"大卫·布卢姆说，"创业就好像每天以超常的速度对你进行经商教育。"

大卫·布卢姆说："创业的经历还让他充满自信地去更多行业的大公司申请更高的职位。猎头公司经常打电话告诉他新的求职机会。"他表示，对于大部分的招聘经理来说，如果你坦诚地说明失败的原因，以及从中汲取的教训，那么失败的经历无关紧要。"只要承认即可。"大卫·布卢姆说，"因为你从中走了出来，而且你做到了。"

一位曾经创业失败的媒体人分享了他关于继续选择创业的心得和经验。在首次创业失败之后，他相信创业比想象的更难，所以，他决定与一个全新的团队携手创建另一家公司 Jaywalk。创造的欲望是一种难以熄灭的热情，他一辈子都满怀这种热情——不论是与发小里克制作漫画书和音乐，还是著书立说，以及过去几年为自己创建的项目写东西，他始终充满渴望，这是支持他继续创业的根本原因。

现实远比想象的有意思。首先，美国大部分创业公司的创始人的平均年龄是 39 岁。从新闻报道中，我们常常听说一些年轻的创始人横空出世，但很少听说哪位年长的创始人多年来怀揣着一个绝妙的创意，准备去颠覆他们熟知的那个行业。事实上，最优秀的创业公司创始人并不是想着去"颠覆"，他们只是想着去改进。"颠覆"其实是聚合式改进的副产品。

再多的计划也不能保证创业想法在实践中会得到成功。有价值的产品都需要一个成长和迭代的过程。有疑惑时，先开始再在路上调整，不要停下脚步，不用永远去等待一个更好的时机。

1.4 创业的启蒙

启蒙就是敢于思考，用理性的光芒照亮蒙昧的心智，激活独立思考的能力，从而摆脱被愚弄的命运。

1.4.1 认识挫折，面对风险

亚历山大·考尔德的雕塑装饰了那么多博物馆、银行广场和公司的大厅，但他在54岁之前从未能吸引人和买主购买他的作品。农民的儿子松下幸之助54岁之前从日本备受战火蹂躏的废墟上站起来，开始生产无线电收音机，他的梦想后来成就了松下公司。还有本田宗一郎，一个辍学学生，他的发动机工厂被盟军的轰炸和地震毁坏了，他后来成为亨利·福特之后的世界上最杰出、最成功的机械工程企业家。许多人梦想成功。成功只能通过不断的失败和反思才能获得。事实上，成功只代表了工作的1%，这1%仅仅是其他被称为失败的99%的结果。

创业是一场马拉松，而不是短跑，你的目标在于增加成功的机会。创业之路非常艰难，创业者需要有所牺牲。不要以一夜暴富为梦想，大部分成功者背后的故事，都要比我们想象的更加跌宕起伏，成功不会一蹴而就。更常态的是，创业者会经历上下起伏，会产生动摇，会有前进也会有后退。实现目标的方式应该是以日夜为计量单位，并清楚必然会遭遇挫折。如果将创业比喻成爬山的过程，那么成功的攀登者往往不会去想峰顶，他们只关注接下来的20英尺，就这样一步一步地向上攀爬。创业需要时间，你必须能够经受住狂风暴雨的侵袭，也能抓住偶然间遇到的好运气。

创业带来了技术创新，创造了大量的就业机会，也为社会创造了新的物质财富，得到了社会各界的认可。作为企业家既要有足够的信心创业，又要有良好的心理素质和专业技能，通过对主客观条件的分析，把握机会，实现成功。

你愿意承受多大的风险？这是任何一个想创业的人需要提前考虑的问题。在你真正为创业付诸行动之前，请认真考虑一下，自己是否真的拥有创业的决心和迫切渴望。因为在生活中，为荣耀所需付出代价的向来不菲，而在这个特殊的竞技场上，对于大多数人而言，代价也许更为昂贵。毕竟，当你不惜一切代价投身事业时，"一切代价"不只是说说而已——它很可能成为现实。

一般而言，如果一项创业计划失败，创始人就可能会失去他们投入的全部资金，几乎无可避免，他们是首当其冲的一批人。但除此之外，亲朋好友等支持者的资金也可能遭受损失。更有甚者，供应商和银行也可能跟着赔钱。随之而来的还有员工被解雇、写字楼业主的房屋被闲置等，这些都是相当大的间接损害，而它们还仅仅是财务上的损失。

创业的风险绝对不能单纯地以自己的资金的多少来衡量。企业家要细致分析创业过程中可能会遭遇哪些风险，这些风险中哪些是可以控制的，哪些是不可控制的，哪些是需要极力避免的，哪些是致命的。一旦这些风险出现了，你应该如何应对和化解。尤其需要关注的是，一定要清楚最大的风险是什么，最大的损失可能有多少，自己是否有能力承受并渡过难关。

有相当多的时候，提高资讯的丰富程度、更多的思考维度能够有效地降低甚至减少风险。提高认知水平是减少和控制风险的最好的方法之一。

另外，在创业初期，还可通过合作和协作、部分出让权益、利用外部资本和资助适当地分散和转嫁风险，提高创业者对风险的承受能力。利用杠杆提高资金和资产效率，也是减少风险损害的有效途径。

1.4.2 别轻信大佬和导师

虽然按照教育部的规定，从2016年开始，我国所有高校要求开设创新创业课程，但真正可以教授创新创业课程的教师人数稀少。师资力量的培养仍是挡在高效创新素质教育面前的一座大山。这里的"师资"，特指高校内的专业教师资源，并非校外聘请的创业导师。此外，大多数教授创业课程的教师并未经历过创业过程。

舆论曾争议，让一群自己都没有创过业的教师来给学生上创业课，究竟有没有效果。当时，很多高校以"兼职创业导师"来回应质疑——教师本人尽管没有创过业，但是聘请了一大批社会上的企业家担任创业导师。"知名科学家、创业成功者、企业家、风险投资人等各行各业优秀人才"都被纳入人才库。

很多人说，创业导师的作用很大，但通过各种教育现状看，创业导师的启示并没有实质性的帮助。"那些来头很大、名气响亮的创业导师，虽然能在媒体宣传和对外展示方面显现出优势，但在实际指导方面，作用很小。不要轻信成功人士的传教，轻信导致的不计其数的悲惨故事，都在揭示一个真理：人生之大敌，莫过于轻信。

对大佬、导师和亲人的轻信根源于一个人内心的自卑、天真和无知。对自己信心不足的人，最容易轻信他人。有一种最常见也是最容易被忽略的导师，就是自己的亲人。正常来说，亲人自然是最值得信任的，但这种信任一旦超过了一定的限度和失去了应有的监督，或者超出了亲人的能力范围，这种绝对的信任所带来的后果往往是不可挽回的灾难。

每个人都难免有知识上的"盲点"和阅历上的"死角"，成功人士也不例外，甚至这些"盲点"和"死角"在他们成功人生的映衬下，变得更有迷惑性。人具有社会性，需要与他人合作，相互信任，齐心协力，互相补充，才能完成个人达到的成就。对一个人要听其言，观其行，经过较长时间地了解和深入地交往，才能逐步建立起信任关系。但在任何情况下，都不能把全部希望寄托在别人身上。盲目地相信和一厢情愿地感情用事，都是十分危险的。

贪欲是轻信的最大内因。世界上的骗术五花八门，无一不是利用人心的贪欲。千万不要相信天上会掉下馅饼，恰巧又砸在自己头上的美事。如果真的被你碰上了，那也是千年等一回的巧合而已。贪欲会蒙蔽一个人的智慧，利令智昏，让人不可理喻。要铲除轻信，必须先戒除非分之想，确立自立、自强的信念。要相信自己，凭借自己勤勤恳恳的努力，积累阅历，勤思慎行，提高智慧，如此这般，就能坚实地走向人生的康庄大道。

想靠听成功的故事来效仿成功很难，因为每个人的成功之路都不一样。创业成功的大佬和演艺界的新星，总是要提当年是多么艰难，这成了一个固定模式。这简直是一个阴谋，吓唬未成功者，通往成功的道路非常艰难曲折，你最好不要开始。其实即便局外人认为很难的事情，当事人也不一定觉得难，如果他/她全身心投入工作。

别人做了失败的事情，你去做未必失败，别人做了成功的事情你去做也未必会成功。要铭记在心的是，很多成功人士的所谓成功是不可复制的，包括成功者自己。以下理由解释了为什么轻信成功人士和导师存在潜在的危害。

1. 证据不可靠

多数建议都是个人的主观认识，而非系统、科学的分析。除非对建议进行过基于证据的评估，否则无法判断其有效性。需要警惕的是，如果未能对证据进行深入的分析也容易模糊因果关系。有些人成功是因为不开会，还是因为他们是成功人士所以不用开会？成功人士分享的多数经验——不在意别人的看法、不开会、分清轻重缓急、对大多数事情说不清，更像非常成功的人才能享受到的奢侈品，而且他们必须在别人眼中是成功的。所以，这些东西是成功"带给"他们的，而非成功的原因。

2. 适用性有限

有些内容确实来源于研究，如《哈佛商业评论》中的文章。但是，学术研究通常是针对某些特殊环境的。心理学家安琪拉·达克沃斯认为，决心是预测一个人能否成功的最重要的因素。当安琪拉·达克沃斯的研究和TED演讲受到极大的欢迎时，一份元分析的研究对其广泛应用的有效性提出了质疑。就复杂的问题而言，解决方法及操作方式通常与它们呈现的样子有细微差别，而且深受人们所处的环境与情境影响。

3. 失败者是沉默的

在纳西姆·塔勒布所著的《黑天鹅》（*The Black Swan*）一书中，古罗马政治家西塞罗曾给希腊诗人哥拉斯讲述了米洛斯岛的故事。当被告知祷告过的水手不会溺水时，哥拉斯产生了怀疑。那些祷告了却还被淹死的水手呢？活下来的水手们让祷告看似发挥了作用。但假如那些淹死的水手也祷告了，那么祷告其实毫无价值。如果所有水手都祷告了，却只有部分水手活了下来，那么祷告并不重要。它只是"看似"对那些幸存者和遵守它的人有帮助。

这就是社科学家说的幸存者偏差（Survivorship Bias）。纳西姆·塔勒布认为，那些死去的人是"沉默的证据"，这些结果是我们无法知晓的。[16]这种缺失致使我们对特定行为的有效性进行了错误的估计。我们可以从容易观察和体验的事物中学习（如广泛宣传的成功案例），但对自己无法见到的东西（如大量鲜为人知的失败案例）无能为力。这种现象导致我们易受到带有偏差的直觉的影响，高估了成功的确定性。

实际上，在若干次尝试均失败的情况下，提出的建议越具体、越有针对性，那些没有成功的人越会被看成幼稚的或不够聪明的。基于成功的分析，忽略了许多人使用相同策略却有人失败的可能性。

4. 成功是个人的

任何成功都是讨论特定环境下某个具体的人的描述，而与成功学相关的建议往往把成功看作普适和不变的，独立于时间与空间，是一种可以简单概括的东西。

如果想让建议具有参考性，分析者就应该给出与接受建议的人相对应的基础、目的和条件。然而，每个人的职业愿望、成长背景、人际圈子、生活环境，往往与那些被某个专家认定的成功人士有很大差别。想一想他们为获得成功必须做的事和放弃的东西，也许就不是所有的人都想获得如此的成功了。

世间的得失似乎总处于一种平衡之中。如果过于执着于成功之道，有些人会做不必要的取舍，或者采取不符合自我个性的行动。如果因为一些人早上5点起床，你也打算这么做，而实际上你最好的工作时间是深夜，那么你其实是在伤害自己独有的成功机会。当然，很多成功人士的人生理念、学习、思考、生活和工作的方式，坚韧不拔的执着精神，以及高尚情怀等，是值得我们借鉴和学习的。

求证精神，就是让我们始终要有一个怀疑的态度，追求实证，凡事都要经过实践检验。在日常学习、生活和工作中，不但要看人家是怎么说的，更要看是怎么做的，不要盲目相信，不要随波逐流，不要跟风，不要生搬硬套。如今的高校学生中有不少人正是缺少这种实证精神，对谣言轻信，对权威盲从，对权势唯命是从，缺少批判精神。也许这也正是几千年封建社会专治后遗症。

凡事需要经历调查和研究之后，并且几经调查和研究确认无误之后，才可以发表自己的见解。凡事都要有自己的看法，凡事都要多追问几个为什么，凡事都要有较真的精神，我们才可以透过事物现象看到其深层次的本质，才可以避免自己少走弯路。

思想的启蒙是每个企业家必须经历的过程和行为。

康德曾经写道："启蒙就是人类脱离自己所加之的不成熟状态。不成熟状态就是不经别人的引导，就对运用自己的理智无能为力。"[17]任何个人要从几乎已经成为自己天性的不成熟状态中解放出来，变得独立自主，都是很艰难的。甚至难以运用自己的理智去克服它，因为环境从来都不允许我们做这种尝试。条例、经验的误用就是对长期存在的不成熟状态的一种桎梏。要想抛开它，也不过是在极狭窄的沟渠上做了一次受限的挣扎而已，因为我们并不习惯于自由地运动。只有很少数人能通过自己精神的斗争而脱离不成熟的状态，从而走向启蒙。

启蒙自己并不是没有可能。总会有一些有独立思想的人，他们在自己抛弃了不成熟状态的羁绊之后，就会传播合理地评估自己的价值以及每个人天生就应该独立思考的精神。企业家就是典型的一群启蒙者，他们总是特立独行，想众人之不敢想，做众人之不敢做。

"我们目前是不是生活在一个启蒙了的时代？"实际的答案为"并不是，但确实是在一个启蒙运动的时代"。目前的状况是，人类总体而言已经处于，或者说已经被置于一种不需别人引导就能够准确地使用自己的理智的状态了，但是那里面还缺乏许多东西，"要有勇气运用自己的理智！"这就是启蒙运动的口号。

企业家如果不能洞悉创业的真相，就无法做正确的事。如果不能独立思考，就很容易被外界左右，当外界都在赞美的时候飘飘然不知所以，当外界不再关注的时候又倍感失落和打击。开始企业家几乎都会偶尔给自己加油打气，发一些创业感悟，现在看那些感悟还挺有道理，但成功的企业家后来越来越少做这事了。因为创业进入正轨之后，就是日复一日地运营，没有那么多新鲜事，也无须给自己加油打气，踏踏实实地做就好了。如果创业几年之后还在慷慨激昂，还在调整商业模式，可想而知他还在艰难摸索，甚至可以说已经陷入困境。从忙碌的节奏中解放出来，观察周围的世界和人，深度思考世界和人性，就会有很多全新的视角，并对企业有全新的认识。企业家是企业最大的驱动力，也有可能成为最大的瓶颈。要突破这个瓶颈，最好的方法就是阅读和思考，让自己的思想成为驱动企业转型和成长的推动器。如果能够特立独行，勇于思考，去追求创业的本质，那么任何外界的环境变化和影响都不会干扰创业进程。

1.4.3 不依统计数据决策

当面临决策时，无论是改变生活的选择，如选择哪个外科医生，或者更平凡的事情，如午餐吃什么，许多人都需要验证做出的选择是否正确。如果他们正在考虑花钱，他们就可能会在网上查看评论或评分。选择最好的比萨与选择医生有什么共同点？它们都是基于数据的决策。

即使绝大多数受访者发现数据在做日常决策中很有价值，但大多数人并不真切地理解。64%的人对数据感到不舒服，而且只有 21%的受访者有信心使用条形图和其他简单的数据呈现。人们信任数据并依赖它来通知他们的决定，但他们不一定了解它。

在很多情况下，预测基于统计方法做出。衡量一个预测是否正确不是一件简单的事情，因为预测都是在某种前提或者背景下做出来的，而预测本身有可能改变这种背景。所以有可能我们看到的正确或者错误，都是预测本身带来的，而和预测结果无关。

自证陷阱是很多预测的一个特性。如果基金委员会通过某种方法试图预测未来哪些研究方向中国学者能够做出系统性的贡献，这就是一个典型的自证场景。如果基金委员会处在正常的逻辑下，采信了这个预测，就必然会大幅提高对这些"重要方向"的支持力度，那么我国学者更可能在这些方向做出更多的贡献。但事实就是如此——而这反过来证明了预测的正确性。

自否偏差是很多预测的另一个特性。例如，通过对治安事件时空特性的分析，预测出了接下来一段时间最容易出现犯罪的地点，于是公安部门在相应的时间和地点增加了巡逻的警力，结果街头犯罪量大幅度降低。请问，这个预测本身是准确的还是错误的呢？

简单来说，在实际的场景中判断预测是否准确不是一件容易的事情，尤其当我们会基于预测结果有所行动时。

在绝大多数预测场景中，精确性都是评价预测效果的唯一指标。以精准广告或者个性化推荐为例，系统的核心指标是用户对广告的点击概率和推荐商品的购买概率。虽然每个人的兴趣都有不同，但显而易见的是，推荐那些原来就表现出众的产品，有更大的可能性获得用户的青睐，从而使曾经好卖的产品越来越好卖，而初期滞销的产品越来越找不到出路。

遗憾的是，对于机器或者生产商而言，最优的世界可能并不是我们最期望生活于其中的世界，因为我们的世界需要一些意想不到的变化。我们再回到上文提到的预测未来重点研究方向的问题。如果基于数据做严肃的预测，那么曾经成果斐然的研究方向更有可能进一步提升，而那些冷门的研究方向，甚至可能因为某种颠覆性发现而涌现的新方向，是不会被聪明的生产者相中的。如果科研管理机构利用某种预测结果分配学术资源，那么这些预测很可能会扼杀创新，而且如上一节所言，它们还会被证明是正确的。

预测不代表深刻理解，预测也没有感情，预测甚至无法规避自身的影响。我们可以把预测当作劈开问题的一把利剑，但不能把问题的解决押宝其上。因此，不能依据统计数据和预测进行决策，创业就是一个创新和涌现的行为过程。选择和开放导致的偶然性是创业最有价值的行为之一。

1.4.4　做自己喜欢的事情

创业不是紧跟风口，要做自己喜欢的事。

企业家做事情需要在一个浪潮和趋势上，否则你会发现自己将承受太多的阻力。"打开一扇门光有蛮力是不够的，得有一把钥匙才能很轻松。"下一个创业风口的预言不绝于耳，在下一个风口来临时，企业家应该做好哪些准备？追风口多少有一种投机的意味，我觉得创业和打工、投资相比其实更像是一种生活方式。如果企业家总是追着风口走，那可能真不是最好的。

企业家之所以创业，是因为一个人单干解决不了要解决的问题，所以要通过公司的形式来做这个事情，我们不希望企业家去追风口，更希望企业家不管有没有投资公司做这个事情，都要从内心想做这个事情,这样成功率会更高。发自内心地去做,不是为迎合风口或者为了赚钱,赚钱基本上都是顺带的结果。如果你一直盯着一个点追着风口来赚钱就是一种投机,这种投机成功的概率很低。企业家要成熟一些,你可以判断未来的方向,不要去追风口。

半真半假通常比谎言更有毁灭性。它将我们的渴望裹住,放在一个有一定的可信度的温暖的篮子里,然后阻止我们做理智的选择。无论在哪里这都比源于兴趣的商业神话更真实。

深入研究时,我们发现"做你喜欢的事情"只是创业的几大必需条件之一。这非常重要,但这还有更深层次的意义。

1. 做你所爱的真正意义

创业是艰难的。不管是你计划成为一个自由职业者,还是加盟连锁店,或者独立开发一个完整的产品,前面的路都要比你预想的更长。完全不同于你可能在书上看到的"一周工作4个小时",大部分新公司的创建非常缓慢,一点也不轻松。如果对工作没有天然的兴趣,那么基本上已经失败了。

2. 对工作真正感兴趣会提高成功的概率

做喜欢的事情很重要的第二个原因更实际。做一桩成功的生意需要对这个市场很了解。一些最好的想法都来自那些想要做一些不可能的事的人。

3. 做你所爱是否给了其他人需要的东西

已有很多努力的艺术家和作家以亲身的经历证明,有一技之长和赚钱并不是等同的。人们只会为想要的或需要的东西付钱。秘诀是要找到你的爱好和多数人的需求一致的地方。这可能需要更深入地考虑自己的爱好。如何将爱好转变为商业?这里有一些问题可以自问。

- 人们已经购买的什么产品和你喜欢做的事情有关?
- 你的爱好或者梦想哪些地方让你沮丧?
- 你准备怎样解决这些问题?
- 为了追求梦想,你培养了什么技能?
- 能否在不同的但紧密相关的领域运用你的这些技能?
- 谁在和你的爱好类似的活动中赚了钱?
- 有没有与你的爱好有关的特别的技能是别人想学习的?

4. 做自己喜欢的事才能坚持

以自己喜欢的方式,去做自己想做的事情,对未来充满信心,竭尽全力去实现目标,才能给人生带来快乐。这种快乐能够使困难的事情得以坚持。

摩西奶奶在纽约州格林尼治村中一个普通的农场里长大,她的生活跟同时期所有的女孩子别无二致。27岁时,她结婚生子,每天重复做着照料家庭和农场的事情,业余时间做些刺绣活,平淡无奇的日子一直持续到她77岁。这一年摩西奶奶得了关节炎,不能继续拿针刺绣了,于是,不甘寂寞的她找来颜料和画板,开始自学画画。

若干年后,80岁的摩西奶奶竟然在纽约办了自己的个人画展,这个新闻震惊了全美国。有一年,摩西奶奶收到一封来自日本的信,来信者已经30岁了,他很喜欢写作,他现在的工作是一名医生,但他并不满意如今的生活,他觉得非常苦恼,所以他对摩西奶奶说,自己不知道该不该放弃那份很令人羡慕的工作,去从事自己喜欢的写作。

"做你喜欢做的事,上帝会高兴地帮你打开成功之门,哪怕你现在已经80岁了。"这就是摩西奶奶给那名苦恼的年轻人的答复。

选择学什么专业、做什么工作，既是一个关乎未来发展的问题，也是关乎个人喜好的问题，是影响人一生的大事。如果因为各种原因，你并未如愿做着与个人喜好相关的工作，是可以理解的。因为迫于生存压力，你需要先存活，才有条件去追求更多的东西。但是只要不忘记初心，就有希望做成自己想做的事。

那位收到摩西奶奶回信的年轻人，后来鼓足勇气放弃了医生的职业，投身于热爱的写作生涯，他就是后来大名鼎鼎的作家渡边淳一。

不要仅仅遂家人的期望去勉强做某份工作，在深思熟虑之前，绝对不要贸然从事某个行业。你有必要认真考虑父母的建议，但要坚持最后的选择必须由自己做出。不论年龄有多大，你心里想做就大胆地去做！创业的大部分时间是要做自己该做的事，而你该喜欢上这样的选择。

许多人创业，原本是因为想做自己喜欢的事，能够自由支配自己的时间，以及可以定义自己的工作内容。然而，许多人创业当了老板之后，才发现每天得当校长兼撞钟，做的大多不是自己喜欢的事。工作时间无限延长，再也没有假期。而工作内容则是由客户及市场要求来定义，没有自己说话的空间。

选择自己喜欢的事作为创业题材固然很好，但多数的时间，我们得做"该做的事"，无论喜不喜欢。而往往要成就一件大事或建立一项专业，整个过程的大部分，若不是劳其筋骨的重复锻炼，就是磨人心性的挫折试炼。若心中老想着喜不喜欢，大概就熬不过那一项项试炼，跨不过那一道道坎了。

况且，喜好是会变的，随喜好做事，肯定做不长，习不深。唯有耐得住寂寞，忍得住无趣地反复做同一件事，经得住细节的折腾考验，做该做的事，当有一天自己喜欢的事到面前来时，我们才有能力紧紧抓住。然后第二天，又得继续做该做的事了，不管喜不喜欢。做你喜欢的事情，能使你忽略其他环境的影响，不断地做得更多更好。专注于创业，就会有不可思议的人给你投资。

1.4.5　不要忽视品牌建设

许多初创企业一心扑在产品和服务上，而忽视了品牌的建设，值得注意的是，虽然品牌并不能决定销量，但是品牌决定利润率。

苹果太成功了，所有人看着苹果从几十亿美元涨到了几千亿美元。但那只是繁荣的表象，那么到底苹果是如何从起初的备受挫折，到如今的如日中天、生命力旺盛的？到底是什么使其完成如此的转变的？

其实之前苹果不做品牌，是讲企业文化的。过去一想到苹果，立刻就联想到乔布斯，苹果所有的表现都跟乔布斯紧密结合在一起，极客精神、打破旧世界，诸如此类。但是对于消费者而言，大多数人觉得苹果这个品牌与自身并没什么关系。状况就变成了，你知道这个品牌，也许还知道一些津津乐道的故事，公司的创始人很具有传奇色彩，但是这个品牌跟你没关系。放眼当今，出现同样问题的一个企业叫特斯拉。

乔布斯回归苹果以后最大的变化在于，苹果开始真正做品牌，苹果的企业文化仍在延续。一个很突出的特征——品牌先于产品。乔布斯把 Apple Computer 变成了 Apple，这时候品牌就不一样了。苹果的广告再也不讲革命了，也不讲乔布斯了，回想一下苹果做的广告，从那个时刻开始到现在基本是一致的。流行音乐、轻松的画面、舒适的体验，这么多年以来，画面氛围都是一样的。

乔布斯回归以后，做产品的思路也发生了变化。以前的苹果计算机还是透明壳的，五颜六色的。而如今，苹果所有的产品都变成了黑、白、银、灰，没有人会讨厌的颜色。

有人说苹果的成功归功于天才乔布斯的产品理念和设计，其实想想不完全是这么回事。我们看到最大的变化，在产品之上、开店之上、服务之上，是苹果真正做的品牌，是品牌支撑了一切，才有了后续所有的产品，是品牌开始让它这么打广告的，企业的宣传是那么宣传的，所以这是苹果的最大一个改变。

苹果是所有的计算机品牌中唯一一个以建立账号体系起来的，也是把品牌呈现得最明确的。如果一个人具有普通人的喜好，那么基本上不会讨厌苹果。可以说苹果是转型到新商业模式下最成功的企业，没有之一，只有第一。企业品牌、用户账号体系、销售模式，缺一不可。

无论是市值的飙升还是用户数量的增长都只是结果，品牌的建立才是最大的转折点。苹果的品牌真正变成亲民的，让每个人都喜欢。这个世界上任何一个科技产品，能够做到这个程度的，仅此一家。随之这个品牌又运用了新商业模式，跟着品牌同步存在的是新商业模式，因为这是对消费者最好的商业模式。所以你买任何手机，下载了多少软件、消费了多少软件，苹果都了如指掌，所以他想把产品改进好，几乎没有难度。这是我看到的苹果的一切。

所以很多公司发展到一定的阶段时会遇到瓶颈，它们拥有很好的企业文化，但是没有品牌，缺少品牌定义，因此产品和服务缺少一致的核心指导。

最好的做产品的方式分为 3 个级别：最高级是品牌，能给消费者勾画出品牌形象；第二层定义的是需求，但是如果两个企业同样满足相同的需求，一定是品牌决定消费者的选择；第三个层面是功能，是一层一层分解下来的。

苹果之所以把手机电池变成不能拆卸的，一个原因是它的第一层品牌需求。品牌内涵中要求产品设计足够漂亮，如果要满足漂亮的设计，就很难将手机设计为可拆卸后盖的。因为决定消费者是否购买手机的因素中，美观的设计需求要强于电池的更换需求。

当企业以功能的视角设计产品时，你去调查询问大多数人对电池更换的需要时，得到的答案总是需要。此时大部分的企业会考虑，如果消费者需要换电池，就满足他们的需求。团队越专业，就越容易犯错，调用大量的人做功能，做很多功能。

他们单独考虑每个功能都觉得是合理的，因为他们缺少上一层的衡量标准。他们如果有上一层的衡量标准，就会发现很多功能其实是不必要的。这些问题的根源在于企业做产品时，是从最初级的功能角度出发的。更优的思路是，是自上而下，从顶层的品牌角度出发。

再举一个例子，智能硬件有没有需求？回答是一定有需求，因为过去的硬件做得不好，做硬件的人又犯了第二个错误，总想着成本价，回头赚数据的钱。用户不会在意你的成本是多少钱，你的成本是多少钱对于用户而言并无价值。很多人对外宣传定价的时候只在乎了自己，但是没有考虑到什么对用户是重要的。

1.5 本章小结

随着"大众创业，万众创新"的新时代大幕的拉开，创业成了人们争相讨论和追逐的热点话题。一时间，创业者的创业故事、各个媒体的创业节目、各类创业服务的宣传，将所有人都卷入与创业相关的热潮。但就像以往的所有人类历史一般，狂热下可能的是"淘金"，也可能是动荡。因此，科学认识创业的元素，建立理性的思辨，重新审视听闻的观点和结论对于有意愿加入创业大军的梦想家显得尤为珍贵。

把过去10年创业数量和质量的分析对进行比发现：中国的创业活跃程度远远超过欧美国家，不只是高于所有创新驱动的国家，在效率驱动经济体中也数一数二。但是，活跃的表象之下，被动生存型创业占有多数，而高成长、高创新、国际化等高质量创业活动较低。创业质量有待提升，创业结构有待优化。

本章首先介绍了创业教育的起源与发展，对我国创业教育的现状进行了深入分析，明确了创业教育的目的和任务。在此基础上，对创业的动机、创业的内涵、创业主体等创业教育中的关键问题进行了讨论和解答，梳理了直观的创业动机来源，并依照马斯洛的人类需求理论印证其理论支撑，举例说明每一种动机是如何形成的；从认知过程、创新、商业活动和生活方式4个角度阐述了创业的本体含义；以归纳总结的形式提出了几点创业者身上的优秀品质。最后，本章批判性地分析了流行的创业观点，涵盖了经验、创业竞赛、风口理论、人脉和创业失败等热点问题；对创业过程中可能涉及的风险挫折、前辈告诫、决策方式、行为动机和品牌建设等要点，提出了一些建议和指导。

正如文学巨匠查尔斯·狄更斯在《双城记》的开篇所说："这是最好的时代，这是最坏的时代，这是智慧的时代，这是愚蠢的时代。"当狂热与浮躁重归理智，当创业质量高于数量，也许才是真正的创业活动更大发展与突破的时候。

1.6 讨论和实践

讨论：

1. 从创业的发展中，如何理解创业的本质？
2. 用具体实例来说明创业教育对社会发展的重要作用。
3. 举出两三个常见的创业观点，并对其中一个进行分析。
4. 什么动机最可能驱动你创业？什么动机最可能使你持续创业？
5. 如何看待经验在创业过程中的作用？
6. 你如何看待校内外的创业竞赛？特别是从大学生的价值角度出发。
7. 说说你对创业失败的定义，对比连续创业者对创业失败的定义。
8. 请从你的角度出发对本门创业课程提出要求和建议。

实践活动：

利用本章的知识，设计调查问卷或者直接采访8～10位不同专业和方向的大学生，向他们询问关于创业问题的看法和认识，梳理出普遍存在的创业误区。

第1章 绪论

主题（快速检索）：	
线索：	摘录：
开篇：	讲义内容：
提示：	学习内容：
思考：	简要阐述：
图形和表格：	课堂记录：

总结（快速检索）：
关键要点：
复习总结：

主题（快速检索）：	
线索：	摘录：
开篇： 提示： 思考： 图形和表格：	讲义内容： 学习内容： 简要阐述： 课堂记录：
总结（快速检索）：	
关键要点： 复习总结：	

第 2 章 创业系统和价值评估

本章学习目标

1. 建立创业过程的系统观
2. 理解创业过程的动态系统长期演化的特征
3. 理解企业价值评估模型及其中的关键要素

要从科学上理解创业过程，首先必须建立创业过程的系统观。从对创业的认知、人类行为学和社会学特性上进行系统分析，得出创业过程是一个典型的动态系统的结论。无论是企业家、早期联合创始人还是在中早期有重大影响的关键员工，在整个创业发展的过程中，认知、情绪、能力、精神、使命感都在不断地迭代和发展，在价值载体的创新和发展环节，并不是提供的产品或服务内容越多，就能获得用户的喜爱，也不是仅仅做得比竞争对手更好或更便宜，就能获得用户青睐。长期迭代过程导致的复杂性使局部过程环节无法准确度量和预测。而商业模式因为涉及众多要素，其多元高阶迭代的特性使创业过程系统的长期复杂性进一步放大。要深入了解创业过程中的特性和长期发展的规律，首先要从了解动态系统的长期发展过程的复杂性和规律特征开始。

2.1 动态系统的长期演化

创业过程是一个行为和认知不断地迭代和发展的过程，是一个由初始条件（企业家、一个问题、一组解决方案、一系列实现解决方案并促成交易的条件和设施）通过一系列的认知和行为发展不断地迭代实施的过程。具有典型的动态系统长期演化特征，而创业过程发展的结果就是动态系统长期演化的结果。这就意味着，创业过程这个动态系统具有复杂性特点，针对创业过程属于动态系统的发展过程这个系统认知，由复杂性的一般规律可以推断创业过程的长期局部无法预测特性，但在宏观发展过程和结果上仍然具有明显的规律性可循。

为了更深入地认识创业的复杂性和系统性特征，下面对复杂性和动态系统的一些基本特征做一些介绍，因为复杂性是新兴的物理学或系统科学范畴的知识和理论体系，尚未在大学或者研究生阶段进入通识范畴，因此志在对创业的过程和系统进行研究和探索的读者需要进行相关领域知识的扩展和探索，一般性读者只需要了解动态系统长期发展过程的一般规律，并了解复杂性、混沌系统的一般特征，并用于对比观察，或者针对创业过程和系统进行数据分析后的解释即可。

2.1.1 复杂性和动态系统

1. 复杂性和复杂系统

复杂性科学（Complexity Sciences）于20世纪80年代兴起，是系统科学发展的新里程的标志，也是当代科学发展的前沿领域之一。自20世纪系统论、控制论和信息论、耗散结构论、协同学、超循环论和突变论等学科的创立和发展，各门学科之间的鸿沟被极大地填补了，但是，随着这些学科在解决问题的过程中遇到了越来越复杂的情况，混沌学、分形论等的产生也引起了复杂性科学的产生，探索事物的复杂性成为一个重要的主题。

复杂性科学是指以复杂性系统为研究对象，以超越还原论为方法论，以揭示和解释复杂系统运行规律为主要任务，以提高人们认识、探究和改造世界的能力为主要目的的一种"学科互涉"（Inter-disciplinary）的新兴科学。[18]著名物理学家普朗克早就指出："科学是内在的整体，它被分解为单独的个体不是取决于事物的本身，而是取决于人类认识能力的局限性。实际上存在着从物理学到化学，通过生物学和人类学到社会学的连续的链条，这是任何一处都不能被打断的链条。"复杂性有可能成为一条沟通各个学科的桥梁。

复杂性问题的研究将帮助我们提升对真实世界的整体认知，揭示其规律、本质与控制机制，并以全新的自然观和方法论推动科学与新兴学科的发展，促进科技、经济与社会的协调发展，更好地实现人类社会的可持续发展。

复杂性是指系统或事物具有复杂的性质或特性。如果仅仅用某一种性质来表征复杂性，我们就无法认识复杂性。复杂性表现为许多形相，每个形相都反映了复杂性在某个方面的本质性质，复杂性就是这些形相的整合。

复杂性包括了若干基本属性，如非线性、混沌、分形、突变、组织、约束、随机性、开放性等。当然还可以包括一些其他属性，但并不能保证每一个具有复杂性的事物或过程都具有这些属性。系统的动态演化时期与复杂性之间有某种联系。静态系统基本上没有复杂性，规模很小的系统谈不上复杂性，人们总有办法把它的结构和特性描述出来，只有长期演化的动态过程。

在多层次系统中，尤其不能要求通过最低层次的情况直接了解整体的情况，有些系统甚至连有哪些层次也不清楚，如大脑、人体、生物机体、社会、认知、行为、创新、地理环境、整个宇宙都是复杂系统。系统开放的方式和程度，系统与环境相互作用的方式，都直接影响或规定着系统的复杂性。一个系统从封闭转向充分开放，其复杂性必定显著增加。

混沌过程是复杂性的一种类型，它看起来经常是无序的、随机的。混沌的早期研究可追溯到1963年美国气象学家洛伦兹对两无限平面间的大气湍流的模拟。在用计算机求解的过程中，洛伦兹发现当方程中的参数取某些值时，解是非周期的且具有随机性，即由确定性方程可以得出随机性结果，这与几百年来统治人们思想的拉普拉斯确定论（确定性方程得出确定性结果）相违背。[19]

混沌系本身处于混沌状态，在某一部分中好像并无联系的事件间的冲突和联系，会给另一部分造成不可预测的后果。混沌理论是对不规则而又无法预测的现象及其过程的分析。混沌理论是系统从有序突然变为无序状态的一种演化理论，是对确定性系统中出现的内在"随机过程"形成的途径、机制的研讨。

科学家们对系统的 3 种不同形态做出了重要区分：稳定均衡系统，其中各要素处于均衡状态，即便这种状态被打破，它们也很快就会回到均衡位置上；有条件不稳定状态混沌系统，它是有序与无序共存的系统，该系统内部具有很多不可预测的突发事件，但决定各要素行为的基本规律是能够分析和掌握的；爆炸性不稳定状态混沌系统，顾名思义，这种系统处于完全无序状态中。过去接近稳定均衡状态的一些企业现在可能会发现，它们正处在有条件的不稳定状态混沌系统之中。

混沌理论中有 3 个基本概念：蝴蝶效应、分形与奇异吸引子。

蝴蝶效应在 1963 年由美国气象学家洛伦兹在《大气科学》杂志上发表的《决定性的非周期流》中提出，它发现了小的初值在经过迭代后可能发展为巨大的变化，描述了"对初始条件的高度敏感性"的混沌基本观点，对初始条件的高度敏感性，说明了系统的不确定性与不可预测性。

分形由美国 IBM 公司的数学家曼德勃罗提出，它突破了欧氏几何的规则图形，发展出分形几何，用递归、迭代等算法生成自然形态图形。其分形具有不规则的比例自相似性和自我复制特性。

奇异吸引子也由洛伦兹首次发现。吸引子是系统的收敛表现，对行为运动范围的控制和限制体现出 3 种不同的吸引子：吸引不动点、极限环和奇异吸引子（也称混沌吸引子或洛伦兹吸引子）。吸引不动点是将系统的行为收敛为一个静态的平衡点，极限环是将系统的行为收敛为一个周期性的行为，而奇异吸引子则趋向不同于前二者的收敛行为，它是具有分维特征的吸引子。[20]

近年来，近似方法、非线性微分方程的数值积分法，特别是计算机技术的飞速发展，使人们可以深入研究混沌理论，混沌理论研究取得的巨大成果，也使人们能够更加全面透彻地认识、理解和应用混沌理论。像许多其他知识一样，混沌和混沌行为的研究产生于数学和纯科学领域，之后被经济学和金融学引用。

因为人们想知道在某些自然和社会现象背后是否存在着未能被认识的规律和联系，这个原因激发了人们对于混沌的研究。科学家已经注意到了某些现象，如行星运动是有稳定规律的，但其他的，如天气变化之类的，则是反复无常的。

超循环理论是关于非平衡态系统的自组织现象的理论。由德国科学家曼弗雷德·艾肯在 20 世纪 70 年代直接从生物领域的研究中提出。在生命现象中包含许多由酶的催化作用所推动的各种循环，而基层的循环又组成了更高层次的循环，即超循环，超循环还可以组成更高层次的超循环。超循环系统即经循环联系把自催化或自复制单元连接起来的系统。[21]

生命的发展过程分为化学进化和生物学进化两个阶段。在化学进化阶段中，无机分子逐渐形成简单的有机分子。在生物学进化阶段中，原核生物逐渐发展为真核生物，单细胞生物逐渐发展为多细胞生物，简单低级的生物逐渐发展为高级复杂的生物。生物的进化依赖遗传和变异，遗传和变异过程中最重要的两类生物大分子是核酸和蛋白质。

各种生物的核酸和蛋白质的代谢有许多共同点，所有生物都使用统一的遗传密码和基本上一致的译码方法，而译码过程的实现又需要几百种分子的配合。在生命起源过程中，这几百种分子不可能一起形成并严密地组织起来。因此，在化学进化阶段和生物学进化阶段之间有一个生物大分子的自组织阶段，这种分子自组织的形式是超循环过程。

超循环使借助于循环联系起来的所有群体稳定共存，允许它们相干地增长，并与不属于此循环的复制单元竞争。超循环可以放大或缩小,只要这种改变具有选择的优势。超循环一旦出现便可稳定地保持下去。

总之,超循环的组织形式贯穿于生物大分子的形成和进化的逐步发展过程。它既是稳定的又是变异的,因此导致普适密码的建立,并在密码的基础上构成细胞。超循环理论为生物大分子的形成和进化提供了一种模型。对于具有大量信息并能遗传复制和变异进化的生物分子来说,其结构必定是十分复杂的。

超循环结构是携带信息并进行处理的一种基本形式。这种从生物分子中概括出来的超循环模型对于一般复杂系统的分析具有重要的启示,如在复杂系统中信息量的积累和提取不可能在一个单一的不可逆过程中完成,多个不可逆过程或循环过程将是高度自组织系统的结构方式之一。

超循环理论已经成为系统学的一个组成部分,对研究系统演化规律、系统自组织方式,以及对复杂系统的处理都有深刻的影响。

2. 动态系统的长期演化

洛伦兹利用流体力学中的纳维叶-斯托克斯方程、热传导方程和连续性方程,处理贝耐特对流,推导出描述大气对流的微分方程,在一定的参数下,方程的解表现出了非常复杂而又有趣的现象,即著名的洛伦兹方程,如图 2-1 所示。

$$\begin{cases} \dfrac{dx}{d\tau} = -\sigma(x-y) \\ \dfrac{dy}{d\tau} = rx - y - xz \\ \dfrac{dz}{d\tau} = -bz + xy \end{cases}$$

x——对流的翻动速率
y——比例于上流与下流液体之间的温差
z——垂直方向的温度梯度
σ——无量纲因子
b——速度阻尼常数
r——相对瑞利数,$r=R/R_c$

图 2-1 洛伦兹方程

其中,$\sigma=10$,$\beta=8/3$,$\rho=28$。t 为从 0 开始的时间变量,积分初值为 $[x(0), y(0), z(0)] = [0.1, 0, 0]$。在此初始值条件下,得到图 2-2(左右两个状态),这是一个典型的混沌状态。

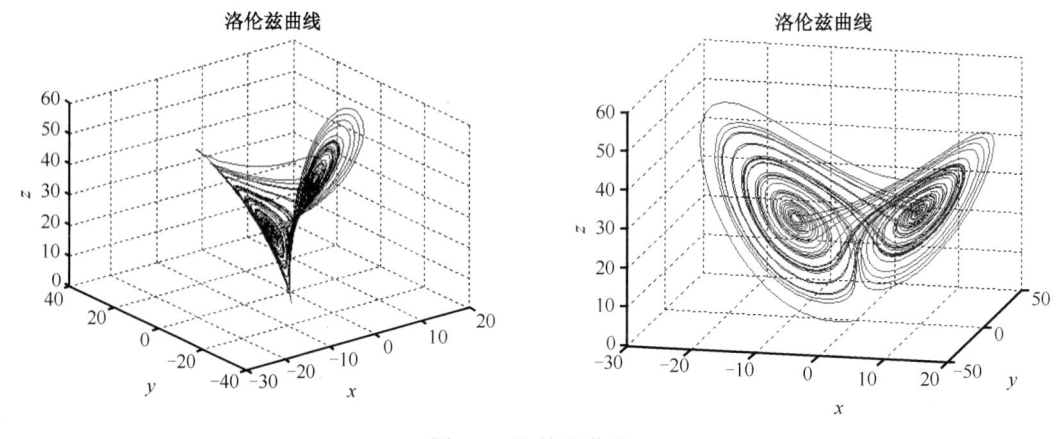

图 2-2 洛伦兹曲线

如图 2-2 右图所示,有两个不稳定点,事物一旦受到外界的扰动就有可能从一个状态转移到另一个状态,正如一句新格言所讲,在巴西一只蝴蝶拍打几下翅膀,可能有助于在美国得克萨斯州产生一个龙卷风。这就是常说的蝴蝶效应。

一切混沌系统都呈现出类似于随机运动的特点,但混沌运动的随机性与普通的随机性有原则上的不同,混沌是确定性系统的内在随机性,一种自发随机性,或动力学随机性。就像打台球,当母球击中其中一个,在它撞击另外的球之后,未来的运动轨迹必将发生改变,变化方向是不确定的,即存在随机性。

2.1.2 貌似随机性的秩序

混沌现象给人们的第一印象往往是混乱不堪,毫无规则,但是混沌不等同于混乱,它是一种貌似无序的复杂有序。混沌是整体的确定性与局部的不确定性的结合,是整体的有序性与局部的无序性融为一体的现象。有序性也称混沌序,是一种貌似无序的有序性。对无序的混沌现象经过长期及完整分析之后,可以从中理出某种规则,这便是有序的体现。

目前在不同的学科领域里对混沌有不同的理解和表达方法,体现出混沌理论在各自领域中的应用特点。创业的过程也是随机不可预测的,同时创业的前期准备越充分,越有可能成功,也与混沌系统的定义相吻合,我们将从混沌系统的特点出发,剖析创业过程,建立创业系统观。

混沌把表现的无序和内在的决定论机制巧妙地融为一体,不仅在静态关系上说明有序和无序的对立统一,而且在动态关系上有助于阐明事物发展"呈螺旋式上升"的否定之否定的规律。[22]决定性和非决定性的矛盾直到 20 世纪 60 年代后兴起了混沌理论才得到解决。混沌把偶然性和必然性集于一身,它通过吸引与排斥的对立统一,说明了非稳定性的起源,以及和稳定性相互协调的机制,进而揭示了事物运动的原因。

以混沌为基本观点的系统科学,提倡横向的跨学科研究,探索远离平衡态的、非线性的、不可逆的、自组织的客观过程,创造处理复杂性、不确定性、演化特性的新方法。而混沌决不是一堆有趣的数学现象,它是客观存在的理论依据。如表 2-1 所示,混沌系统的主要特点体现在它所表现出的非线性和随机性、敏感性、分形分维、局域性、熵增加的特点和奇异吸引子。

表 2-1 动态系统与创业系统长期过程特性的对比

| 动态系统演化过程-混沌-超循环-创业过程特点对比 ||||
对比特征	混沌	超循环	创业过程
初值敏感	√	√	√
局部随机	√	√	√
局部不变	√		√
内部稳定	√		
分形分维	√		
自我复制	√	√	√
对外竞争	√	√	√
选择优势	√	√	√
开放迭代	√	√	√
涌现跃升	√	√	√

1. 初值敏感性和局部随机性

系统的长期行为对初始条件高度依赖是混沌区别于其他运动的本质特征。动力学系统的长期行为取决于系统的动力学规律（由系统的数学方程表述）和初始状态。对于给定的数学方程，如果运动轨道由初值决定，就称为轨道对初值具有依赖性。如果初值相差不大，轨道的差别也不大，就表明轨道对初值不具有敏感的依赖性，或具有不敏感的依赖性。如果初值相差不大，初值的微小差别在后来的运动中被不断地放大，就说明轨道对初值具有敏感的依赖性。[23]

1979 年 12 月，洛伦兹在华盛顿的美国科学促进会的一次演讲中提出：一只南美洲的蝴蝶，偶尔扇动几下翅膀，在两周以后可以引起美国得克萨斯州的异常龙卷风。蝴蝶效应说明，事物发展的结果，对初始条件具有极为敏感的依赖性，初始条件的极小偏差，将会引起结果的极大差异，甚至会呈现一种混沌状态。

通过对创业系统研究文献和大量创业案例的观察和研究，发现创业是典型的动态系统，具有较为典型的动态系统长期演化特征，动态系统的初值是企业家的特性，不同的类型、不同的成长经历、不同的性格特质、不同的社会属性或文化背景的人，在长期的创业过程发展之后，会呈现出巨大的差异特征，具有典型的对初值高度敏感特征。在企业家发现和养成的过程中，具有个体的不可预测性，即随机性，这与人的生命过程的发展和社会经济的发展属性相一致。

混沌的非线性动力学特性决定了混沌的局部不可预测的特性，混沌对初始值的敏感性说明对其进行预测存在一定的难度。混沌是由确定性系统产生的，它的短期行为是可以预测的。但是对于一个混沌过程，对初始值的敏感性导致了每次预测就会丢失一部分信息。当预测若干次后，丢失的信息越来越多，剩余的信息不足以进行合适的预测，因此混沌体现出局部不可预测性和随机性。

即使为创业做好了完全的准备，选择了好的行业和产品，找到了非常好的合作伙伴，并筹集到了足够的启动资金，创业成败依然无法确定。因为无法确定选定的方向是否真的能够在资金充足的期间实现既定的目标，或者合作伙伴是否能一直跟你保持一致的目标，当出现各种困难和意外事件时，是否能抵挡各种其他的诱惑。不确定性的过程势必将导致创业成果不可预见。

商业计划中的产品设计、财务预算、市场营销、人力资源等内容，在半年或更长的时间之后再次审视的时候，会发现内容与实际大相径庭。因此，创业过程是局部和长期结果不可预测的过程，跟创业之前所做的准备工作密切相关，也跟创业过程中每一个环节的选择和执行有关，创业过程是一个动力系统的长期发展过程，这个过程的核心内涵是迭代的影响。而各个环节的自我选择和开放式的信息和能量干预也创造了更多涌现和跃升。

2. 局部不变性和内部稳定性

局部不变性又称区域性原则，认为一个特定物体，只能被它周围的力量影响。根据经典物理学的场论的看法，某一点的行动，影响到另一点，在中间的空间，如场，会成为运动的中介。要对另一个点造成影响，一个波或者粒子，必须先行经两点中间的空间，之后才能造成影响。

超循环通过循环联系起来的所有物种使它们稳定共存，允许它们相干地增长，并与不属于此循环的复制单元竞争。

在高度关联的组织中，由突变体组织成的循环逐步地自我稳定。经过因果的多重反馈循环，自我选择和组织，在新的稳定秩序中，系统的整体功能不断地完善，信息不断地积累，并层层转换传送，最终使系统整体得以稳定生长，实现向高度有序的宏观组织进化。

超循环生成的过程必然是一个远离平衡的过程，即与外界虽然进行物质、能量、信息交换的过程，但是在此过程中，只有信息相对稳定。而作为信息载体的质料则是不断地生灭的。超循环一旦出现就可以稳定地保持下去。

超循环机制决定了生成性系统的超稳定性，由于通过自复制自组织生成的每一部分（如突变体）都携带着某种整体信息。因此，一旦系统的物质结构被破坏，乃至毁灭的情况下，只要信息尚存，其每一部分或"单元"皆有可能成为"种子"或"生成元"，被破坏的系统便可能通过超循环机制再次生长起来，重新修复系统。但是可修复决不意味着原系统可逆或可还原。这里，修复是再生，是信息对质料的重新选择和组织，修复的系统乃由新的载体实现。在宇宙长期的进化过程中，经常性再生的无序则是对组织有序不断地进行再生构建的必要部分。[24]

3. 分形分维和自催化自复制

分形是一种具有自相似特性的现象、图像或者物理过程。也就是说，在分形中，每个组成部分都在特征上和整体相似。它突破了欧氏几何的规则图形，是用递归、迭代等算法生成的自然形态图形。

除了自相似性以外，分形具有的另一个普遍特征是具有无限的细致性。即无论放大多少倍，图形的复杂性依然丝毫不会减少。但是每次放大的图形并不和原来的图形完全相似。分形并不要求具有完全的自相似特性。

分形一般有以下特质：在任意小的尺度上都能有精细的结构；太不规则，以至于无论是其整体或局部都难以用传统欧氏几何的语言来描述；具有（至少是近似的或统计的）自相似形式；一般地，其"分形维数"（通常为豪斯多夫维数）会大于拓扑维数（但在空间填充曲线，如希尔伯特曲线中例外）；在多数情况下有着简单的递归定义。

分形理论将分形产生的维数定义为"分维"，用来定量地描述客观事物的"非规则"程度。一般而言，"分形"的产生有4种方式：逃逸时间分形、迭代函数系统、随机分形及奇异吸引子。

分形和混沌动力学之间的联系很快就被发现了。混沌的奇异吸引子都是分形。结构的复杂性使现实世界出现了大量分形几何形体，也使确定性动力学体系出现无规性。奇异吸引子都有层次的自相似性。无穷相似结构互相套叠起来，就相当于没有规则结构，所以"无穷嵌套的自相似结构"呈现出总体的混沌现象。

非线性动力学系统一旦进入混沌吸引子区域，就会随机地在吸引子内部四处游荡，但又不能充满整个区域，区域内存在着无穷多的随机空隙，从而使整个混沌区出现维数上的"空洞"，呈现分数维数。洛伦兹吸引子就是三维背景空间中的一张分形曲面，其容量维等于2.06；若斯勒吸引子也是三维背景空间中的一张分形曲面。所以，"分形几何学"和"分维"概念已经成为混沌学研究的重要工具。分形与混沌理论的关系密切，多是以自组织系统为其研究对象的，而含义又各不相同。[25]

自组织现象，常常是时空有序的结构，是复杂的系统，用传统的简化方法无法解决。所以，要依靠新的研究复杂性的方法来处理，混沌与分形就是首要的选择。混沌中有时包容有分形，而分形中有时又孕育着混沌。分形更注重形态或几何特性和图形的描述。混沌更偏重数理的动力学及动力学与图形结合的多方位的描述并且研究分形更看重有自相似性的系统，而混沌的涉及面似乎更广，对所有的有序与无序、有序与有序现象都感兴趣，特别是混沌中的分叉，分支现象与分形关系最密切。而有些混沌系统自相似性未必特别显眼，分形恐怕就难涉足了。分形可以是混沌研究中的一种手段或方法等。

混沌系统的分形性通常指混沌的运动轨迹在相空间中的行为特征，表示混沌运动状态具有多叶、多层结构，且叶层越分越细，表现为无限层次的自相似结构。

4. 系统外竞争和选择优势

考虑耗散系统的演化，所谓耗散系统，是指与外界有物质、能量交换的开放和远离平衡态的系统。耗散系统在演化过程中，各种各样的运动模式在演化过程中逐渐衰亡，最后只剩下少数自由度决定系统的长时间行为，即耗散系统的运动最终趋向维数比原始相空间低的极限集合，这个极限集合称为吸引子（Attractor）。吸引子可以分为两大类，一类是平庸吸引子（Trivial attractor），另一类上奇怪吸引子（Strange Attractor）。[23]

吸引子是系统的收敛表现，对行为运动范围的控制和限制体现出 3 种不同的吸引子：吸引不动点、极限环和奇异吸引子（也称混沌吸引子或洛伦兹吸引子）。吸引不动点是将系统的行为收敛为一个静态的平衡点，极限环收敛为一个周期性的行为，而奇异吸引子则趋向不同于前二者的收敛行为，它具有分数维的吸引子。所谓不动点，是指当 $t \to \infty$ 时，系统趋向一个与时间无关的定常态，即相空间中的一个特定的点。不动点是零维的吸引子。不动点代表平衡态和近平衡态行为。[20]

所谓极限环，是指当 $t \to \infty$ 时，系统剩下的一个周期振动。一维吸引子是极限环或环面，代表周期或准周期运动。只有二维以上的相空间中，才可能出现极限环。[23]通常极限环是由不动点发展来的。当某个不动点在参数变化过程中由稳定而失稳时，新的稳定状态往往是围绕着原有不动点的周期运动。在两维以上的相空间中就会出现极限环。如果流线近处向外，远处向内，两种流向统一起来就是在中间出现一条封闭曲线，成为两套流线的共同极限。这就是一个极限环，如图 2-3 所示。就如"围城"一样，城内的人想冲出去，而城外的人想冲进来。

图 2-3 极限环图示

奇异吸引子又叫分形吸引子，因为它们都是相空间的分形点集，所以不能用传统的规则几何图形表示。一个耗散系统的相空间当时间趋于无穷大时，如果收缩到一个非整数维的点集，这就是一个奇异吸引子，代表的是混沌运动。在奇异吸引子上的运动是吸引的一种稳定定态行为，同时在奇异吸引子上的运动具有回归性。

由于奇异吸引子是相空间的低维点的集合，从吸引域中任一点开始的运动在经过一定的过渡阶段之后，都会进入这些点集合。一旦运动进入，不论运动多么混乱，就再也不会走出去。可见，从整体来看，这些低维点集代表了系统的一种稳定状态。即奇异吸引子的运动在整体上表现为一种稳定的定态行为。[23]

但是，奇异吸引子不是周期轨道（或周期运动），也不是多个周期轨道的叠加（准周期轨道），而是不能分解为周期轨道之和的分形点集。与周期运动相同，在奇异吸引子上的运动具有回归性，每个状态都会一再地重复到原先状态的附近。

超循环使借助于循环联系起来的所有物种稳定共存，允许它们相干地增长，并与不属于此循环的复制单元竞争。

这是一种自选择现象。即具有进化优势的突变体作为偶然涨落而出现，并通过自复制来吸纳自我选择。这种自复制机制相当于"正反馈"放大作用。通过自复制，信息选择质料，功能相似的突变体越"生"越多，它们逐渐聚集起来，使进化信息得以积累。

超循环可以放大或缩小，只要这种改变具有选择的优势。

超系统：两个或者两个以上子系统因为重要环境因素互有联系的组合系统。

超循环：具有新陈代谢作用、自复制和突破性3种机制的循环。

超循环系统：具有超循环的机制和超系统的结合者。

超循环系统理论是德国科学家曼弗雷德·艾根在耗散结构论和协同学不断发展的同时，以分子生物学为背景提出的一种自组织理论。[26]这种理论突出了分子和超循环结构形式在生命的起源与演化过程中的作用。"超循环是通过循环关系联结多个自催化或自复制单元构成的系统。"如图2-4所示，在超循环系统中，每个自催化或自复制单元都具有双重催化功能：指导自身的复制和为下一步反应提供帮助。

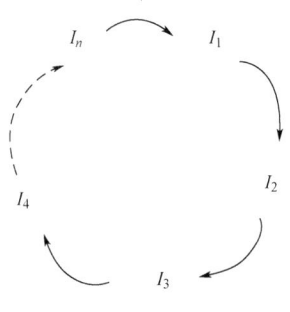

图2-4 超循环图示

超循环理论认为在非生物进化和生物进化之间必然有一个分子自组织阶段，完成从非生命向生命物质转化的质的飞跃。超循环不仅能够自我再生、自我复制，还能自我选择、自我优化，从而向更高的复杂循环形态进化。

在高度关联的组织中，由突变体组织成的循环逐步地自我稳定。经过因果的多重反馈循环，自我选择和组织，在新的稳定序列中，系统的整体功能不断地完善，信息不断地积累，并层层转换传送，最终使系统整体得以稳定生长，实现向高度有序的宏观组织进化。

自复制是生命活动的一个主要特征。无机物在其代谢过程中往往会瓦解溃散，生物则在其代谢过程中保存自身，其奥秘正在于生命活动中存在着自复制单元。

超循环从自我复制单元出发，自复制单元不是还原论意义上的"原子""分子"，它一开始就是整体，不是部分，因此，生成的过程是从整体到整体，而不是从部分到整体的过程。更重要的是，自复制单元是信息载体，具有某种排列顺序，而非单纯物质。信息（而非形式）赋予质料方为载体，载体离开信息即成死物。这里，信息是主动的，质料是被动的。

企业间竞争是典型的超循环与系统外竞争的实际例子。

5. 反复迭代促发涌现和跃升

当突变体自组织成为一个整体，并作为进化单元在更高层次使用时称为突变，亦可谓突变点上序参量的诞生。如果说涌现是一个"无中生有"产生新秩序的过程，或者是"可变结构的受限生成过程"，那么涌现本身就是一种生成现象，它使生成过程充满不稳定的突变点，而超循环生成过程就是一种层层涌现或突现的整体生长过程。这个过程明显地表现为变异性。

创新是生产过程中内部产生的。发展并非从外部强加于它的，而是从内部自行发生的变化。尽管投入的资本和劳动力数量的变化，能够导致经济生活的变化，但这并不是唯一的经济变化。还有另一种经济变化，它是不能用从外部加于数据的影响来说明的，它是从体系内部发生的。这种变化是那么多的重要经济现象的原因，这种经济变化就是"创新"。

创新是一种革命性变化。不管多大数量的马车或邮车连续相加，也得不到一条铁路。这种革命性变化的发生，才是我们要深入探讨的问题，是一种经济发展问题。充分强调创新的突发性和间断性特点，以及对经济发展进行动态性分析研究，这也是涌现和跃升的具体表现，显示为典型的变异性。

创新同时意味着毁灭。"新组合不一定由原来控制生产或商业过程的同一批人执行"，而由创新过程产生新的替代者。在竞争性的经济生活中，新组合意味着对旧组织通过竞争而加以消灭，尽管消灭的方式不同。例如，在完全竞争状态下的创新和毁灭往往发生在两个不同的经济实体之间，这也是典型的涌现和跃升的表现。新企业的产生和发展也是超循环过程中的变异结果。而随着经济的发展，经济实体的扩大，创新更多地转化为一种经济实体内部的自我更新。

创新必须能够创造出新的价值。先有发明，后有创新。发明是新工具或新方法的发现，而创新是新工具或新方法的应用。"只要发明还没有得到实际上的应用，那么在经济上就是不起作用的。"因为新工具或新方法的使用在经济发展中起到作用，因此才能创造出新的价值。

创新是经济发展的本质。可以把经济区分为"增长"与"发展"两种情况。所谓经济增长，如果是由人口和资本的增长所导致的，那么并不能称为发展。"因为它没有产生在质上是新的现象，而只有同一种适应过程，像在自然数据中的变化一样。"只有在质上产生新的现象，才符合涌现和跃升的特征，表现为经济活动的变异性，并从这种变异性中获得爆发式增长。

"发展是一种特殊的现象，与我们在循环流转中或走向均衡的趋势中可能观察到的完全不同。它是流转渠道中的自发的和间断的变化，是对均衡的干扰，它永远在改变和代替以前存在的均衡状态。发展理论只不过是对这种现象和伴随它的过程的论述。发展可以定义为执行新的组合。就是说，发展是经济循环流转过程的中断，这个中断产生了涌现和跃升的现象，通过这种变异性使经济活动进入一个全新的阶段。也就是实现了创新，这是经济发展的本质。

2.2 创业系统的价值评估

如何评估和预计、衡量一个公司的价值呢？更进一步说，如果这个公司是在一个月之前创立的，你还无法通过财务方法去评估这家公司，有没有合适的方法判断初创公司的价值呢？对大部分初创团队或投资者来说，特别是有融资需求的公司或天使投资人，这都是一个巨大的困惑。这个问题不仅仅关系到创始人自己对于项目的评估，更重要的是，在面对种子资金或者天使投资时，创业者需要对天使投资人的占股进行评估。所以，这是所有创业团队必须面对的问题。

初创企业各不相同，它是一个非常复杂的人员组织和事务之间的交错集合，因此对其做出非常精准的估值非常困难。在评估过程中，众多投资人都倾向于将创始人的自身因素作为最主要的考察基准，其次是产品和服务、商业模式等。在评估一家公司之前，投资人和计划融资的初创公司首先应该了解和建立企业价值评估模型。

通过对各种动态系统长期发展过程的归纳和分析，抽象出对创业发展和规律有深远影响的以下几个因素：企业家的素养和执行能力、价值载体和价值主张、交易和壁垒。其中交易和壁垒构成商业模式。

2.2.1 企业价值评估模型

从系统科学观的角度分析了创业的全过程，结合创业的成功案例，我们可以将创业过程中的种种元素提炼出来，从而得到影响创业成败的关键要素。无论是企业家素养（Individual）、产品和服务（Service）还是商业模式（Model），都是商业价值的重要组成成分，并且它们之间既相互独立又彼此关联，因此在评估创业团队创造的商业价值时，应该平等地考虑这3个要素，得到以下的创业系统的评估公式。

创业过程的基本法则同样也是天使资本投资的基础。天使资本投资的目标是，通过选择一个潜在的成功企业家以及他或她的合作者（Individual），去创造财富或实现高价值（Value）。这些成功的企业家已经确定了一个重大的产品和服务（Service），并且已经创造了一个他们打算通过一个新公司来加以实施的商业模式（Model）。这可以用公式表示，天使投资定律：

$$Value = Service \times Individual \times Model$$

公式中的 Value 是指企业家或者创业团队能够提供并将会实现的商业价值，即凭借产品和服务在公司的商业运转下能够赚多少钱。此处所指的价值并不是指直接获得的金钱，而是包括现有价值和未来可能带来的潜在价值。

在选择开创性公司作为投资对象时，风险资本家寻求有较大值的 Service、Individual 和 Model。这些值的乘积就得到实现的价值 Value，财富就由此产生。一般情况下 Service、Individual 和 Model 均为正值，在极端的情况下，其中之一或一个以上可能出现零值，那么投资就损失或浪费了。因为用其他数字与零的积总是零。

下面还会讨论天使投资定律，并将在实际运用环境中考察，以便解释为什么某些创业追求创造了就业机会和财富，并解决了重大问题，实施了巨大的创新，而另外一些创业努力开始就不应该进行。了解天使投资定律可以节省可能浪费掉的天使资本和创造巨大的投资收益，也许还会节省无数用于参与没有成就机会的创业的时间和精力。

硅谷这个盛产高价值创新公司的摇篮，已经形成了从天使投资到中后期风险投资的完整的、流水线式的体系。因此，只要初创企业表现出足够的潜力，都能获得所对应的帮助。如果创业者只想出一个好的创意，他就可以找到 5 万美元左右、专注于启动资金投资的天使俱乐部或天使投资人的帮助。如果他有了一个早期产品模型和创业团队，他就可能从天使俱乐部或天使投资人那里得到 10 万～50 万美元的种子基金。如果企业开始面向市场并有了正式客户，它可能从早中期风险投资基金那里获得 200 万～500 万美元的投资。再接下来就是中晚期风险投资。

在谷歌公司还没有成立的时候，谢尔盖·布林和拉里·佩奇仅仅凭借一个企业创意就得到了天使投资人安迪·贝克托斯海姆提供的 10 万美元的支票，而今谷歌市值已经超过 6 000 亿美元。在硅谷，投资人在财务投资体系之外还给不同阶段的企业提供不同的附加价值。早期的天使投资人往往是成功的企业家或前大公司高管、行业资深人士，他们可以给创始人带来经验、判断、业界关系和后续投资者等附加价值。在企业成长期，高附加值的风险投资还会协助带领创业企业采用更优的运营架构和管理模式，甚至帮助企业组建后续发展所需的专业团队。企业发展到上市或购并阶段，风险投资又会提供相应的助力。

因此，创业公司在不同的发展阶段，不同阶段的投资人就像接力一般，通过传承、培养，使一个概念生根、落地、发芽、茁壮成长、开花结果。因为存在比较完整的创新体系保驾护航，许多硅谷的人才也非常乐意在创始企业工作。不同类型的人才，根据自己的才能、喜好、风险承担预期的不同，可以参与创业企业不同阶段的工作。有专注于创建企业的连续企业家，也有喜欢在企业帮助企业扩张的管理人员和技术人才，也有擅长于将公司扩大到更大规模的管理人员。创业公司在不同的阶段，很容易匹配到不同特长的人才，甚至更换管理层。

以下将对天使投资定律中的关键因素进行更细致的讨论，团队素质——企业家、素养和执行力（英文简写为 Individual）、价值载体——价值主张、服务和产品（英文简写为 Service），以及商业模式——现金流、交易和壁垒（英文简写为 Model）。

2.2.2　团队素质——企业家、素养和执行力

企业家们通常非常年轻，也有一些年长但心智非常年轻的个例。他们不修边幅，衣着随便，不戴珠宝，对系鞋带的鞋不屑一顾，因为这需要花费时间。他们的语言、形象和用词都呈现着他们的个人色彩和人格魅力。他们是出色的领袖和交际大师，能够说服其他人追随他的目标或者执行他的蓝图，在这之前那些人从未想过要去做这些事。

他们外表上独有的特点包括他们身体的运动特征（他们走路、站立、起身和坐下的姿势）、他们的手势，以及他们特别富有表现力的面部特征。最为突出的是他们的声调：有节制、平静、充满自信。他们的声调不带任何痛楚，即使失败即将临头。他们以戏谑人生的态度认识到所有人都有缺陷。

任何好的创意、产品和服务都来源于人的思考和创见，只有那些具有远见卓识的人，才能够发现普通人难以觉察的视角、前人未曾介入过的领域，或完成前人无法实现的任务或目标，才能产生实质性创新，并产生巨大的商业价值。而能够产生这些思维和观念的人，是这个世界上最为宝贵的财富，他们像天神下凡般出现，在创新和企业开创方面成为英雄。而让我们迷茫的是，在成就巨大的事业之前，人们很难发现他们的价值和对未来的影响。

企业家的创新素养和执行力是创业领域最重要的因素。因为没有这些人，几乎不可能继续开展和进行这些传奇故事，也无法创造巨大的应用或商业价值。企业家的创新素养和执行力成为创业系统中最为关键的要素和初值。

> 强烈的欲望和激情
> 广阔的视野和同理心
> 超强的学习 Celtic 和适应能力
> 商业敏感性和洞察力
> 过人的胆识与特立独行
> 创新意识和自我批判

创始人是创业开始的根源，没有想创业的人，便不可能有创业的开始。创业过程的特点符合混沌系统的种种特性，因此，我们可以将创始人看成创业系统中的奇异吸引子，虽然创始人的性格类型可能千差万别，但是最终正是由于他们的存在，在整个创业过程中，所有创业行为均是围绕他们展开，他们是创业过程中的决定性因素。

企业家内在的独特性影响着价值的创造。创业者的心理素质是创业行为习惯和思维方式的内在特质，是难以衡量而又不易受到外界的影响而改变的部分，对创业行为表现起着决定性的作用，是成功企业家深层次的特征。

$$Individual = Desire_{Iter} \times Insight_{Iter}$$

公式中的 Individual 代表企业家素养，Desire 代表动机，Insight 代表洞察力，Iter 是 Iteration 的简写，代表自我迭代。动机与洞察力是构成企业家内在独特性的两个主要因素。在创业开始之前，企业家可以根据这个公式评估自己的优势和劣势，看看自己是否具备创业的素质和能力，不要盲目地投入，避免浪费自己的时间。通过企业家和初创企业相关人员之间的协作，建立协同系统，通过不断地迭代产生超循环，建立起企业特性的跃升。平庸团队不能成就伟大的公司。早期投资，投资人最看重的是创始人的实力。而在晚期投资时，投资人才会用心观察创始人所雇用的员工的实力。

怎样才能成就一个优秀的创始团队呢？创始团队最重要的品质就是不可阻挠的毅力、决心、坚强和足智多谋。智力和激情当然也很重要。这些，我们认为比"经验"或者"会×门外语"与"Y 型知识结构"要重要得多。很容易注意到，最成功的创始团队往往都是由一些共事起来没什么压力的成员组成的，因为你会有一种感觉："不管什么样的事，在团队中总能找到人解决。"

好的创始团队成员看似有很多矛盾的特质，最重要的例子就是刚性和柔性。例如，团队成员对公司使命核心异常坚定，但当事情涉及与此无关的其他任何方面，大家却十分懂得变通并愿意学习新东西。

对创始人而言，交流是非常重要的一个技能。实际上，我认为交流是在不被提及的创始人技能中最重要的一个。技术型公司中至少需要有一个创始人能设计公司产品或服务，也至少需要有一个创始人能（至少是能成为）销售。当然，这二者可以是同一个人。

联合创始人的选择是需要做的最重要的决定之一，但这件事经常被不加选择地做完。实际上，你需要一个很了解的人，而不是一个刚在什么会议上认识的人。通过你们之间的沟通交流来获取更多有价值的信息，帮助你更好地评价这个你将与之共事的人。在某些业绩低于预期值的时期，这是初创企业较为容易经历的。如果你和联合创始人之间相互熟知，那么你们都不希望让对方失望，这会给你们继续坚持下去的动力。毕竟创业团队解散是初创公司夭折的首要原因，这样的案例屡见不鲜。

创业团队中的股权划分不会随时间而变简单，这种事宜早不宜迟。在多个联合创始人情况下，最好是能多给其中一个一些股权，以避免当意见不一致时导致的僵局。

如果必须精炼创业团队成员的共同特质，首先肯定是"专注"和"狠劲儿"。几乎所有优秀的创始人都具有这两个特点。他们坚定不移地集中精力专注于产品和增长。一般而言，不要在还没把第一件事做好的情况下就转向第二件事。事实上，没有一家公司是同时做好几件事的。他们起初都是对一件事坚定自己的信念，持之以恒，一心一意。虽然好的创始团队不会同时做太多大项目,但他们在目标项目上非常专注,他们能很快把事情敲定。

对于初创人员的选择,团队应该坚持宁缺毋滥的原则。每个人都明白这个道理,然而在急需人才时,每个人都会或多或少地妥协,而之后人人都会为这种妥协而后悔。特别是,这种妥协将导致公司陷入巨大的困境时。良才和庸才都是极具感染力的,如果你一开始招募的就是一些庸才,那么公司的平均水平通常很难提升了。

不要选择长期消极的人加入创业团队。他们不符合企业创立之初的需要。因为在企业创立之初,除了企业以外的整个世界,每天都在预测你创办的公司倒闭,而你的公司最需要的是怀着积极的心态努力团结面对未来。要寻找性格契合的人,因为要一起度过很长时间,而且通常是在高强度环境下。对那些不熟悉的人,尽量在他们成为正式员工之前充分地给予实践能力的考察。

关于团队的使命和团队文化方面,没有得到重视,大多数初创企业只是拼凑出自己的企业使命,可能因为企业家在上一份工作时看到过,或者投资者说应该要有一个。大多数公司会花费大量的时间设计出一套亮眼的企业使命声明供外界消费,然而在内部却没有向着完成使命的方向前进。

即使是对于那些从开始就明白确定企业使命重要性的企业家而言,随着员工数的增长,部门的生产力可能不会持续增加,反而可能会快速下降。当组织还比较小的时候,早期员工分享的是同一个使命(为什么要来这里工作,工作的时候需要做什么,他们如何知道自己成功了)。但随着这些组织发展壮大,大家一度认同的共同使命和目的逐渐在繁复的人力资源调动和关键绩效指标(KPI)中被遗忘。

要想避免这样的事情发生,你需要引导/培训团队重新唤起公司的使命和目的。确定了使命意味着我们的团队就能着眼于解决最重要的事情而不是在意职业发展和绩效考核,使命的意义在于确定团队的工作推动整个部门朝着完成使命走了多远。

2.2.3 价值载体——价值主张、服务和产品

任何一个企业家在描述创业的时候,第一个问题是产品和服务是什么。如果这个问题都没有弄清楚,就无法承载价值实现的目标和过程,还完全没有进入创业的状态。任何一个企业都必须有自己的产品和服务用以承载提供给客户的应用或精神价值,并交换客户或第三方的付款,实现收入增长并实现商业价值,这是创业的核心任务和内容。

价值载体就是产品和服务,是由企业家创造出来并用来作为商业推广,能完美解决用户需求并容易被用户接受的产品和服务。所以产品和服务是创业价值的又一核心,也是创业在有了企业家这个初值和基本条件后,最重要的商业过程,它承载着交付给客户的具体实体功能和精神满足,或者实物或者虚拟的价值承载对象。

有时只要产品或服务很好地满足了用户的某一个迫切的需求,创业基于创新思想和活动展开,创业可能更容易成功。

产品一般是有形或无形的,具有明确的功能和内容承载的商品,如手机、计算机、机器人、电子书、视频光碟、音乐光碟等。服务是一个过程,投资或咨询本质上提供的都是服务。例如,帮助高成长性的企业家提供有关战略制定、政策实施、组织发展、领导力培养方面的咨询服务。服务跟产品的不同之处在于,它是为客户定制的非标准化的一个长期交互的过程,它的交互本身也是客户价值感知的过程。

无论你提供产品还是提供服务，都要有非常清晰的价值主张。价值主张是承载于产品和服务之上的具体内涵和描述，感受、心理反射或精神影响。这是价值载体的虚化的可增值要素，甚至价值主张的实际影响可能会超过价值载体本身。就是某些时候，产品和服务的价值是你赋予它之上的文化和精神价值。企业核心的目的在于创造客户。通过什么产品和服务，为客户解决一个什么具体的问题，在这个过程中客户能够得到什么，尤其是软性的文化和精神文化，值得客户付出什么，在客户付出意愿方面，文化和精神因素在某种程度上也要高于价格和财富的付出。这就是依附于价值载体的价值主张。

服务与产品就好比创业系统中的初值，由于系统对初值的高度依赖性，它成为创业成败的核心因素。

产品和服务作为价值载体，是商业价值的实体所在。产品和服务主要受到商业问题及解决方案好坏的制约，一旦在其中一个方面找到突破点，这个商业价值将得到质的飞越。产品和服务带来的价值可以用以下公式预估：

$$\text{Value}_{\text{Carrier}} = \text{Problems}_{\text{Iter}} \times \text{Solutions}_{\text{Iter}}$$

公式中的 Carriers of Value 代表价值载体，也就是产品和服务，Problems 代表客户的问题，Solutions 代表解决方案。

2.2.4 商业模式——现金流、交易和壁垒

商业模式的核心要点之一是形成竞争壁垒。可以想象一项非常赚钱的商业项目没有人可以和你竞争所带来的红利。以前邮政局遍布城市和乡村，建设邮递网络耗资巨大，这种垄断地位带来超强竞争能力和超额利润。随着通信技术的发展，大家开始使用电话而不是通信、电报等联络方式，坚固的壁垒迅速垮塌。而通信运营的高投入、高门槛又形成了新的壁垒，成为垄断性高利润行业。

随着互联网的快速发展，腾讯公司作为互联网即时通信服务企业，创建了新的时刻在线的即时通信方式，迅速地占领了互联网社交这个应用市场。到拥有巨大的用户数量以后，大家使用 QQ 和微信不只是为了通信，而是社交，用户对其有着巨大的依赖性，社交网络越大越离不开腾讯。此时腾讯再次颠覆了电信行业的壁垒，形成了新的垄断市场。

以下为常见的创造垄断壁垒和竞争优势。

1. 通过出众的技术或特色创造定位

这一点体现了差异性，持续保持出众的技术和特色才能立于不败之地，这也是产品服务的核心竞争力，通过品牌或声誉建立偏好或信任即为品牌效应。

2. 以更低的价格提供相似的产品和服务

能以较低的成本提供类似的产品和服务是非常强大的竞争优势来源。具有一定的规模优势或者垄断优势的大企业比较容易实现。但同时价格竞争很容易影响到自身的盈利空间和能力。

3. 通过创造高转换成本

用户改用新产品需要大量的时间投入，这会使消费者转换到竞争产品上蒙受很大的时间和精力损失。转换成本不一定是指金钱，可能包括时间、精力、认同、历史数据等。

4. 阻止竞争者进入

最明显的方法就是取得某些特许的专营权或专利技术，通过提高进入壁垒而维持超额利润，如烟草公司的专营权也可以实现垄断性和壁垒。

5. 利用网络效应

一个更持久的把竞争者阻挡在外面的策略是利用网络效应。例如苹果的 AppStore、腾讯的微信支付等，鉴于其优质的系统和闭环网络效应，海量用户也使其平台优势无法被替代。

当行业市场开始赚钱时，就会有众多竞争者进入这个市场，难以维持盈利水平。或者说在某个市场做到领先之后，下一个市场增长点在哪里？这时候考验的就是公司创建和拥有壁垒的能力。而动态的壁垒就是持续创新能力和认知定位。

营销通过发现、创造和交付价值以满足目标市场需求，同时获取利润。挖掘未被满足的需要，定义、量度目标市场的规模和利润潜力，找到最适合企业的市场细分和商品。必须把关注的焦点放在如何满足顾客的潜在欲求上。[27]企业家可以考虑从商业能力和认知的角度创造壁垒。

康师傅方便面和饮料有技术壁垒吗？王老吉、加多宝凉茶有技术壁垒吗？贵州茅台酒有技术壁垒吗？沃尔玛把超市做成世界第一是技术壁垒吗？它们大部分通过定位，建立或改变认知模式和认知框架，联结价值观和个人偏好因素。通过认知和文化形成了壁垒，并巩固了定价权。这些都不是技术壁垒，而是能力和认知建立与形成的壁垒及垄断性。

人是观念的动物，除了实际上的一些可用的壁垒之外，通过引导和激发认知，还可以建立价值观导向的人性或文化、精神壁垒。有时候这种壁垒比实际物质化的壁垒建立起来要更难，但是一旦建立，就可以维持相当长的时间，并且产生非常大的排他效应。品牌、定位、文化、商誉都是这种壁垒的表现形式。

商业模式不是战略制定工具，它是商业系统的分析和描述的工具，所以我们要明确它的适用性。商业模式需要清晰地阐述整个商业系统的关键过程和能力。根据前面的讨论，创业公司需要理清所承载的价值和成功的可能性。

交易与壁垒正好能实现这个特点，通过不断地交易实现自我复制、催化，利用企业所形成的竞争壁垒实现与自身企业循环以外的单元竞争。现金流是交易的核心目标。当时的产品实现初步的成功，你的第一个想法是加大投入，实现盈利，此时你需要现金流来帮你实现创业系统的提升。

企业之间的竞争，不仅仅是产品与服务之间的竞争。想要在这样的环境中存活下去，商业模式（Business Model）竞争越来越激烈。商业模式无所谓好坏，最主要的是适合你的产品和服务，让其价值达到最高。商业模式的核心要素，可以用以下公式表达：

$$Model = Transaction_{Iter} \times Valuation_{Iter}$$

公式中的 Model（Business Model）代表商业模式，Transaction 代表交易，Valuation 代表壁垒。

2.3 本章小结

本章简要介绍了复杂性、复杂系统及动态系统的长期演化过程。结合创业过程分析了混沌系统的主要特点。创业过程具有初值敏感性，初始创业团队的素质将对创业过程的走向产生巨大影响，本章指出了创业团队建设对于初创企业的重要性。复杂动态系统的局部随机性、分形分维和自我催化复制等特性，揭示了动态系统在局部随机性基础上的宏观秩序和规律特征，从而得到了能用于指导创业实践过程的行为模式和行为准则。

创业过程是局部和长期结果不可预测的过程，跟创业之前所做的准备工作密切相关，也跟创业过程中每一个环节的选择和执行有关，创业过程是一个动力系统的长期发展过程，这个过程的核心内涵是迭代的影响。

最后，本章从复杂系统和混沌系统的角度解读与剖析创业过程，通过对动态系统长期发展过程的归纳和分析，抽象出对创业发展和规律有深远影响的3个因素：企业家素养和执行力、价值载体和价值主张、交易和壁垒。提出天使投资定律，以公式形象地诠释创业的价值和要素，剖析创业过程中影响成功的核心因素，解释了为什么某些创业追求创造了就业机会和财富，并解决了重大问题，实施了巨大的创新，而另外一些创业努力开始就不应该进行。

2.4 讨论和实践

讨论：
1．如何理解动态系统的长期发展过程？请举例说明。
2．混沌系统的特性是什么？请举例说明。
3．如何理解创业系统的初值敏感性和局部随机性？
4．如何理解迭代在整个创业系统中起的作用？
5．什么是天使投资定律？请解释每个因素。
6．选择一个创业成功的案例，抽象提取出一个关于价值的构成模型，以这个模型为切入点，逐一介绍每个因素如何影响创业价值。

实践活动：
1．试利用天使投资定律对两三家企业的价值进行评估。
2．收集一些失败的创业案例，使用本章中的天使投资定律进行评价，分析这些创业者失败的主要原因，分析是否存在致命的缺陷。

主题（快速检索）：	
线索：	摘录：
开篇： 提示： 思考： 图形和表格：	讲义内容： 学习内容： 简要阐述： 课堂记录：
总结（快速检索）：	
关键要点： 复习总结：	

主题（快速检索）：	
线索：	摘录：
开篇：	讲义内容：
提示：	学习内容：
思考：	简要阐述：
图形和表格：	课堂记录：

总结（快速检索）：
关键要点：
复习总结：

第 3 章 欲望与激情——创始人

本章学习目标

1. 理解创业企业家的核心特质
2. 学会应用价值要素判断和评估创业企业家的价值
3. 理解迭代进化在企业家价值要素中的作用
4. 了解创业团队中的不同角色及其核心特质

法国经济学家理查德·坎特龙将企业家的创业精神定义为承担不确定性的过程，这就是对创业者的注解，他们以创业精神采取行动，他们抓住了机会，并且"决定了以后一系列事件的整个进程以及他们的'长期'结果"。

企业家与艺术家有许多共同之处，他们都是问题的解决者。艺术家和企业家都是个人主义者，他们敏感、复杂、富有想象力、热情洋溢、充满活力，而且极具创造性。艺术家与企业家都不期望从努力中获得乐趣。艺术家和企业家都面临着诸多的陷阱、质疑者、竞争压力和阻碍，所以，克服困难本身于他们而言是不胜喜悦之事，其存在的意义便是撕碎阻碍。创业精神是一系列随机的碰撞，开始时有一个计划，然后系统地按计划行事，直至成就这个事业或者承认失败。

企业家精力充沛，梦想坚定且有使命感。他们的目的是从个人的世界观中剥离出多数人的需求，并能创造出改善千百万人生活的产品和服务。即使企业家能通过有效地解决问题赚取大量的财富，但这并不是他们关注的重点。能让他们感到兴奋的是，不再感到不满和沮丧，而且可以每天高强度地为自己的理想和使命积极奔忙，并处于激情和兴奋之中。

承认现实的不足之处会给企业家带来决心，而不是沮丧、犹豫和茫然。接受现实，会使他们竭尽全力地依靠自己的努力去开拓事业，而不仅仅是口头上批判社会组织的弱点。他们知道想满足更好的需求，不能奢望他人来提供，所以决定自己成为提供者。

乐观主义和对自己能力的信任，使他们确信在自己的专业领域拥有别人无法匹敌的优势，这都使他们坚定地做出决定要依靠自己的力量行事，并且去争取成功。他们不害怕失败，尽管他们会小心翼翼地制订详细的计划来避免失败。好心的朋友和亲属向他们提供的关于新企业或小公司失败的统计数据被他们不予理睬。失败确实并不是唯一的可能性。他们已经看准了机会，并以跳跃的方式尽快地利用它们。

新诞生的企业家满怀信心、乐观、勇气、精力和决心。结果如何取决于他们是否具有另外两个素质，这与他们孩提时代家庭生活中的若干因素相关。为了建立成功的企业，想成为企业家的人必须能通过运用良好的判断来领导他的伙伴——知道在合适的时候做合适的事情。但由于他们也许没有关于如何做合适事情的线索，所以他们最终可能会在计划业务方面搞得焦头烂额而不能自拔。

在对于像战略规划、销售预测、市场调研甚至简单的会计业务这些实用领域所知甚少的情况下，他们便会挑选合适的经理来具体管理企业，自己则以企业家的身份来作为企业的首脑保持对企业的领导。企业家越是依赖经理，他们的企业便越可能成功。在确定何时要求成功者（这些人在企业发展的情况下已经表现出了一流的管理能力）加入他们的企业方面，企业家表现出敏锐的判断能力，这种能力被人们广为称道。

3.1 企业家的价值要素

人类动机推移层次理论说明，处于不同动机层次的人，最核心的动机是不同的，即欲望是不一致的。企业家的欲望也体现在对自我进行认知与定位方面。

企业家自我认知和角色定位，就是对自己的了解程度。性格、意识、行动、注意力等多方面的觉察和觉醒都是自我认知的范围，具体可以分为定位和能力两个方面。对定位的自我认知决定了企业家的发展空间，对能力的自我认知决定了企业家的工作效率。这些认知决定了企业家对创业的是非、重要性和必要性等的价值取向，以及对创业成果的预期等。

企业家是经济活动或经济过程的一个组成成分，企业家的创业精神指企业家在创业过程中承担不确定性的过程。企业家被认为是参与经济活动的成员，他们将所有的生产资料集中在一起，并对他们所利用的全部资本、支付的工资价值、利息和租金，以及属于他们自己的利润进行重新安排。

创新组合的实现称为企业。企业家的核心职能是创建新组合，而不是经营或管理。只有当其实际上实现了某种新组合时，才可以称为一个企业家。企业家并不是一种职业，一般来说也不是一种持久的状况，所以并不形成一个从专门意义上讲的社会阶级。对企业家的这种独特的界定，其目的在于体现创新的特殊性，突出创新活动的特殊价值。这种界定，非常清晰地描述了创业过程作为动态系统长期演化的初值。

企业家是在解决重要问题方面有意识采取措施的人，他们所创造的新组合，仅靠内容本身的发展，以及通过时代的趋势及倾向，都很难自发地形成。他们的介入使极不可能的事情得以发生，这个事实便已经能够使企业家被称为出类拔萃的人物。

企业家并不追求哗众取宠，所以并不广为人知。矜持是他们的基本特点，但他们的个性中隐藏着活力与狂热。许多人都看重的身份、社会地位和相对的经济地位对他们都未能产生影响。

通过使人相信关于未来的观点会成为现实，企业家吸引了一批批追随者，与他们共同为实现心中的理想而夜以继日地奋斗。在追随者心中，企业家是不惧怕未来艰难的强有力的、充满自信的斗士，企业家具有不灭的热情和巨大的力量。

企业家因创新和捕捉变化中的关键点而获得成功。不可预测的未来中包含无限可能，提供了无穷的机会使企业家可以调用过往的积淀而敏锐地做出反应，并采取富有想象力的大胆行动，最终形成改变历史进程的重要事件。

企业家的实力在于对于未来的洞见力和迅速组织出未来的图景。他们清晰地明白他们要实现什么样的目标，以什么方式去实现，以及为什么要实现这个目标。这种实力增强了他们的活力与动力。"要想压制长期以来对可怕的事情进行平衡所产生的内心激动是不可能的。"

哈佛大学的教授，奥地利经济学家约瑟夫·熊彼特指出，经济活动中有一群人因创业精神采取行动，他们抓住了机会，并且决定了以后一系列事件的整个进程以及他们的"长期"结果，他们就是企业家。因此，企业家可定义为：能够有效组织和管理土地、资本、劳动力等生产要素并且富有冒险和创新精神的高级企业管理人才。[28]

企业家是创新活动的人格化。企业家是一种特殊的人力资源，是先进生产力的代表。企业家推崇独立和自主决策，善于从环境的变化中捕捉机会，能够独树一帜，发现并使用前所未有和别出心裁的方式和方法。企业家群体是促进创新发展、推动社会进步的先决条件。在现代企业中，企业家是企业的核心，是企业经营活动的总指挥，也是商业的创新者。在企业的所有要素中，对公司走向最具强影响力的就是创始人。我们来看看当今世界上市值最高的5家科技公司和他们的创始人。

马克·扎克伯格在中学开始编程，在高中建立了智能音乐播放器 Synapse，使得 AOL 和微软开出了高达 100 万美元的价格要收购这一技术成果。在哈佛大学读书期间，扎克伯格建立了学生社交工具 Facemash，其受欢迎程度一度让哈佛大学的服务器瘫痪，涉及的安全漏洞使他险些被学校开除，后来他在这个基础上创办了 Facebook 并取得了巨大成功。

杰夫·贝佐斯原本想成为一名理论物理学家，因而进入普林斯顿大学学物理学专业，但最终以电气工程和计算机科学专业的几乎最高分毕业。在华尔街 8 年的职业生涯中，贝佐斯成为当时成立仅两年的对冲基金 D.E Shaw's 最年轻的副总裁。他后来创办的亚马逊成为全球市值最高的云计算服务商。

比尔·盖茨从 8 年级开始在湖滨中学使用学校的计算机编程，盖茨从编写简单的游戏到利用分时系统的漏洞（这个行为差点让他被禁止使用学校的计算机）为一家公司开发工资支付程序。在哈佛大学，他解决了一个很小的、开放的组合问题，作为一项针对计算机爱好者的概念验证，他还为 Altair 8800 微型计算机实现了 BASIC 语言的编译器。盖茨在大学期间辍学与保罗、艾伦一起创办了微软公司，在 1995 年之后长达 20 年的时间里成为福布斯世界首富。

谢尔盖·布林于马里兰大学计算机科学与数学专业本科毕业后，1994 年开始在斯坦福大学攻读计算机科学博士学位；拉里·佩奇大学在密歇根大学学习计算机工程专业，1995 年在斯坦福大学开始攻读博士学位。拉里·佩奇想在远程监控和自动驾驶方面做研究，他在斯坦福大学与谢尔盖·布林一起，决定专注于探索快速成长万维网的图结构。后来两人一起创办的谷歌成为世界上最大的搜索引擎，现在重组为世界上市值第二的 Alphabet.INC。

乔布斯从高中开始就兴趣多样，他在斯坦福大学高年级时选修新生的英语课，然后在 6 个月后从里德学院退学。后来他从 Atari 接了一个项目，找斯蒂夫·沃兹尼亚克帮忙为街机游戏构建了一个高度优化的电路板，通过这笔交易赚了 5000 美元。这成为他创建苹果公司的基础和开始。

注意到这 6 位创始人有什么特点了吗？其中 4 个人大学毕业，两个人大学辍学。6 人中的 5 人都是技术背景。6 个人中除了贝佐斯在创业时已经在华尔街工作过 8 年外，另外 5 人都没有任何职业经验。所有人都是一次创业成功，没有一个是连续企业家。他们都出生在对孩子十分支持的家境优渥或中产家庭，大多在很年轻的时候就有以下特质：强劲（Intensity）的个性，有雄心和企图心，有清晰的目标（Clear Passion），爱好广泛或专注于自己的爱好，在很早期就接触到后来自己投身事业的行业和环境。

值得注意的是，贝佐斯的 Blue Origin 还是与马斯克的 SpaceX 并列领先的太空探索公司，Alphabet 是无人驾驶技术领域的行业领导者。显而易见，贝佐斯早期对太空殖民的兴趣，还有拉里·佩奇对无人驾驶汽车的激情是深层次的抱负——对未来的执着，以及在机会到来时立即行动的决心。

贝佐斯一直都相信他将成为很有钱的人，从这一点可以看出贝佐斯非常相信自己。虽然他的着眼点不是钱本身，而是可以用钱去做的事情。乔布斯在大学待了一个学期后辍学了，他疯狂地认为大学里的学习对他没有有价值的帮助，在苹果公司早期自信的乔布斯经常和公司管理团队发生争执。比尔·盖茨竟然在哈佛大学法律专业辍学开始了微软的创业。这些人拥有的领域专业知识十分有价值，但不是绝对必要的。有时候作为局外人也是一大优势。马斯克创建 SpaceX 和特斯拉的时候，没有任何专业知识，而且太空探索和自动驾驶看上去有极高的技术壁垒。也许我们可能高估了聪明人想要快速掌握他们关心的相关知识的困难程度。亚马逊的创始人贝佐斯非常清楚积极思考的重要性。他以"每个挑战都是一次机会"为座右铭，今天亚马逊的年度营收已超过百亿美元，这很大程度上要得益于贝佐斯的积极思考。

通过结合众多案例分析企业家的特质，从看似不同的多种特质中挖掘本质因素和影响，总结出以下主要核心特质：强烈的欲望和激情、广阔的视野与同理心、超强的学习和适应能力、商业敏感性和洞察力、胆识和特立独行、创新意识和自我批判等。

3.1.1 强烈动机——欲望、冲动和激情

欲望可以成为一种生活目标，一种人生理想。因为有欲望，所以不甘现状，因而创业，行动，成功，这是大多数白手起家的企业家走过的相同道路。企业家的欲望与普通人的欲望的不同之处在于，他们的欲望往往超出他们的现实，需要打破他们现在的立足点，打破现实状况的束缚才能够实现。

他们充满激情，满怀斗志，目标明确，欲望强烈。一旦有了目标，无论遇到多大的阻力和压力，都会疯狂前行，为了达到目标可以全力以赴，不管对手多么强大。比尔·盖茨就是这种企业家，当微软被网景在浏览器市场领先的时候，微软不惜采用免费模式展开竞争，将浏览器市场格局重置。

企业家具有高度自我意识，相当有主见。他们其实很注重中间过程，但是他们不只是单纯地享受创业过程，他们更是为了达成目标，实现一个更好的结果。并非刻意为之，仅仅是单纯地为自己设立目标，满足自己的激情和使命感。这种使命感就是想把事情做好的动机，这激励和推动着他们。在强烈的欲望和激情的驱动下，他们总是全力投入，怀抱热忱，严格自律，充满使命感，不断地驱使自己前进。他们喜欢与有自我认知和独立思想的人合作共事，欣赏直率且认真尽责的人。

企业家的欲望往往要求其拥有行动力和牺牲精神。因为想得到更多，而凭借目前的身份、地位、财富、条件无法得到，就要通过创业改变身份、提高地位、积累财富、完成使命。这构成了许多企业家人生的"主旋律"。

"欲望"这个词在本书中并没有贬义，而是一个中性偏向积极的词汇。我们将企业家内心

对成功的渴望，对物资或者精神层面的实现的积极追求看作一种欲望，即原始动机。企业家享受达成目标之后的成就感，资本家极强的胜负欲望，追随者的目标承诺感均是欲望的一种表现。在能力素质冰山模型中，对人的行为影响最深刻的是处于冰山最底层的动机。

永恒的动机意味着永恒的动力，创业的艰辛在使命面前也会屈服，从而大大提升了创业成功的概率，这就是反复强调欲望重要性的原因。原始动机到底如何影响和作用于企业家及创业过程呢？主要表现在以下3个方面。

1. 面对不确定性和困境时的巨大能量

热情洋溢，对自己充满信心，是企业家与普通人明显的区别。其实很多时候，欲望让企业家无意识地在创业历程之前就开始做准备了。在他们还在受雇于人而辛勤工作时，关于他们将要开发的产品或服务，暴风雨般的占领市场的想法慢慢在他们的脑海中扎根时，对现状的不满足感就会不断加强。尽管最初的想法可能只是刚萌发的嫩芽，会夭折，但无论是和煦的阳光还是恶劣的风暴来临，根系总是牢固可靠的。由于对自己的工作具有巨大的热情并充满快乐，所以无论面对怎样的困苦，他们都能调用自己强大的潜能，以补充精神力量。他们还会表现出优秀的交际技巧和敏锐的判断力。

2. 使命感和强烈的动机最为关键

动机是产生动力的源泉，使命则是人的一种永恒的动机，无论人们在怎样的状况下，动机始终都会产生影响。何谓使命？使命是个体存在的价值。人有追求价值的本性，因此价值性是人性的必要组成部分。使命之所以重要，在于它明确了企业家的价值性。

世界上的很多重大发明与创造都是动机（使命）所驱动的，最经典的就是乔布斯以及他那句话"活着就是为了改变世界"，这个使命使人类的生活方式发生改变，如果没有这种动机（使命），世上哪里还会有乔布斯？很多中国企业家推崇乔布斯，对他的事迹津津乐道，然而虽然他们自己也取得了一些令人瞩目的成绩，却并没有看到他们自身的使命，没有使命的企业与企业家最终都会昙花一现。如果仔细观察不难发现，那些优秀的企业家，在阐述企业发展历程时，都会把使命摆在首位，其实这都是当时企业家自己的使命。

然而真正的使命并非挂在创业嘴边，而是深深地埋在企业家的内心之中，人们可以从企业家的行为上感知他们是否言行一致。很多企业家之所以没有明确的使命，是因为还没有发现自身的价值性，一旦找到了，就会愿意付诸行动，力争实现这个价值。

实际上，由于任何动机都是复合而成的，所以每个企业家都拥有使命感，只是其强弱不同而已，创业成功者的使命感非常强烈，这一点是企业家与一般创业者的显著差别。成功的企业家都能够坚守使命，始终不会偏离，尽可能把自身的价值性发挥到最大。很多企业家还只是处于有理想的阶段，还没有上升到使命阶段，理想与使命的区别在于实际行动不同，使命能够让人们看到具体的行动，而理想却没有这种效果。

3. 激情驱使全情投入

有趣的是，由一心想"成为企业家"的人创立的公司往往不是最顶尖的。最好的企业家通常对某个具体问题有见地并充满激情，有解决这个问题的动力，他们会全身心投入到公司建设，只想着让其发展壮大。他们很少会在技术会议上露面，在公司成立派对上也看不到他们的身影，他们也不会仅仅满足于被迅速收购。

为了筹集开创新企业所需要的投资资本，企业家必须使投资的过程简单，并一直保持简单。还要说服别人，使他们相信事实确实如此。在他人难以脱离的混沌和绵延的绝望的状况中，才能显现企业家的光亮智慧所在。在交杂错乱的情况下，企业家能从看似不可能的通路中获得必要的临时资金——通常是在银行贷款利息到期的日子；能用条理清晰、利益明确的游说打动投资集团；能与忠心耿耿的合作伙伴组成坚实的联盟；还具有充分的信心和决心拒绝想吞并资产的投资引诱者的诱惑。既有创意，同时又具有这些性格上的前提条件的未来企业家将会变得富有；没有创意也不具备这些条件的人将会被逐出市场。

哥伦布被众人熟知，以发现新大陆的伟绩而名留史册，但也许不会有多少人将其与企业家联系起来。但事实上，他算是史上最伟大的企业家之一。哥伦布属于一种非常特殊的企业家，我们称之为"神圣使命企业家"。不可阻挡的驱动力，肩负神圣使命的信念，成为他开启新世界大门的钥匙。略加一些非理性的狂热，一幅完美定义当代世界最有影响力的创始人的画面跃然眼前。这些"神圣使命企业家"认为，以己之力对世界的重塑才是首要事项，赚钱不过是物质层面的附属品。

当今的科技领域，"神圣使命企业家"另一个明显的例子便是埃隆·马斯克。SpaceX、Tesla还有SolarCity（已经与Tesla合并）都是从拯救人类的想法开始的，又碰巧变成了取得巨大成功（且赚钱）的公司。多数企业家对创建一家伟大的公司充满激情，人们始终满怀憧憬去设计和制造伟大的产品。除此以外的其他一切事情都是次要的。

利润对于企业的生存和发展非常重要，但利润的另一层意义，于企业家而言，不过是为伟大产品的创造而铺下的路。然而你内心深处的真正动机是产品，而不是利润。乔布斯回到苹果公司后将公司中心转回创造创新型产品上面，他曾经解释过："我的激情一直都是创造一个员工们想要的，创造伟大产品的持久公司。任何其他事情都是次要的。这与追求利润至上的公司有一个微妙的差别，而因此所有事情都将变得完全不同：你雇用什么样的人，谁将获得提拔，开会时讨论什么等。"

硅谷的创新活力和精神气质犹如精神遗产被一代代的杰出人才所传承。很长时间里，惠普公司是硅谷的榜样，到了半导体时代，仙童公司和英特尔成为硅谷的标杆，随后是苹果公司崛起。今天，多数人认为苹果公司和谷歌能够代表硅谷的创新精神和活力——苹果公司尤其如此。他们坚信苹果公司已经经受住了时间的考验，它依然是时代的弄潮儿，站在人类创新活动的最前沿。

企业家必须永远激励自己去创新，始终坚持不懈。以伟大的音乐家迪伦为例，他本来可以永远演唱那些具有反叛精神的歌曲，还可能因此赚很多钱，但他没有这么做。他激励自己必须勇往直前，必须持续改变和创新。当他1965年开始在音乐中融入浓厚的电子感，并以此为起点改变自己的音乐风格之后，许多人因此疏远了他。

迪伦从1966年开始转向摇滚乐，缔造了the Band乐队，他们开始一起发行电声摇滚音乐专辑，观众时不时会向他们发出嘘声。有一次，迪伦正准备演唱《像个流浪汉》这首歌曲，观众中有人尖声呼喊："你是叛徒！你是犹大！"迪伦立马告诉乐队："让我们演奏得更猛烈些！"乐队立刻大声演奏起来。甲壳虫乐队也是这样，他们的音乐艺术永远在不断地演化、前进和升华，从未停息。这就是企业家自始至终希望做的事情——充满激情，永远前进，否则，就会如迪伦所说，如果你不忙于新生，那就是忙于死亡。

究竟是什么激励企业家这么做的？

对领域的杰出前辈和同侪表达敬意和感激是绝大多数富有创造性的人所共有的特点，因为创造其实多数是基于现有理论的再创造。我们使用语言和数学，但我们从来没有发明它们。

我们所做的一切都必须借助其他人的贡献，都是站在巨人的肩膀上。

因此，大多数人都受惠于人类的绵延历史，所有个体生命交错实践产生的历史继而顺理成章地成为企业家的反哺对象。做出贡献的唯一办法，只能是依照自身力所能及的方式去做好自己的事，因为我们不能像迪伦那样谱写和演唱歌曲，或者像汤姆·斯托帕德那样写作和演出。我们挖掘我们所有的才能，努力表达我们内心深处的深刻情感，向所有伟大前辈的巨大贡献表达由衷的感谢和敬意，为人类的文明长河增光添彩。这就是激励所有企业家永远前进的根本动机。

3.1.2 抓住机遇——洞察、引领和协作

It's time to take risks, do something bold. ——埃隆·马斯克

心理学有一个著名的"冰山理论"，事物呈现给我们的，往往只是很小的一部分，绝大多数的存在都未被认识。要学会培养洞察能力，如我们阅读的过程中往往受限于文章表面的文字表达，而具有敏锐洞察力的人会进入作者思维理解深层次的元素：写作的背景、写作的动机、写作的手段、写作的策略等，掌握了洞察变革的能力，在创业的过程中才能把握住时机，达到事半功倍的效果。

如今可谓企业家的时代，人类社会正在进入发生巨大社会变革的时期。几乎每一个领域都放松了管制，彻底地对其合理性进行再审查，并重新建立新的规则。每一个机构几乎都进行过重新组合。大企业的变革很难从内部实现，希望从内部对其进行变革的雇员通常会遇到重大挫折而失望。大公司极力反对变革，以至于企业家不得不离开原公司以便能抓住他们未能看到的机会。观察消费者行为，洞察市场机会。机会不是问出来的，是洞察出来的。

系统变化的间隙穿插着或显性或隐性的机遇，因此机遇具有非恒常性的特点，而有些机遇转瞬即逝的特性，便是其时效性[29]，正所谓"机不可失，时不再来"。这就要求主体对机遇的把握必须反应快捷，决策果断。机遇的时效性甚至是瞬时性，对于商场或是战场如此瞬息万变的境地显得尤为重要，牵一发而动全身。在当前信息化的当下，各种信息快速传递，而对机遇，如果是集团主体，就必须建构自己反应灵敏、决策果断的决策机构，方能在机遇湮灭之前紧握。否则，机遇就会稍纵即逝，在战场上是失去战机，在商场上就是失去商机，就会变主动为被动、变有利为不利。所以，不论是在战场上还是在商场上，对机遇的把握都需要反应快捷，决策果断。

机遇的产生和消失均具有极大的偶然性，但并非所有的偶然性都是机遇，只有能推动主体发展的偶然性才能称为机遇。此时，企业家的商业敏感度和视野将决定是否能抓住机遇，把握住创业的先机。

企业家的敏感，是对外部系统变化的敏感，尤其是对商业机会的快速反应。有些人的商业感觉是天生的，如胡雪岩。更多人的商业感觉则依靠后天培养。假如成为一名出色的企业家是你的愿望，那么随时关注外界的变化，并对商业嗅觉进行长期的自我训练对你而言便很重要了。良好的商业感觉，是企业家成功的最好保障。

富有创新精神的企业家很留心身边的机遇。这些企业家在采取行动之前也预料到了潜在的挫折，但应该避免过度的分析。当时机来临时，他们能够即时改变，抓住机遇。思考公司中出现的各种挫折和问题，以变化的眼光看待商业世界。"福兮祸之所伏，祸兮福之所倚"，

反思自己曾经错过的机会。

机遇总是两面的，它提供给富有洞见的企业家无限的可能和财富，同时也吞没了一批又一批的追求者。因此，激情、冒险精神、勇敢、特立独行和应对变化的能力是企业家应当具备的。

全球每年都有超过60万个新公司诞生，它们中有95%存续不超过3年。这一残酷的事实并不能阻挡一批又一批新公司的诞生。作为企业家有一样东西是不可替代的，那就是激情。这种不实现心中的理想就会觉得"枉来人世一遭"的激情，可以在你身陷逆境时把恐惧转化为勇气，在你前途未卜时把无助转为好奇，在你遭遇突变时把无力转为兴奋。

冒险精神是企业家精神的一个重要组成部分，但绝不是赌博式的冒险。冒险目标是一种你经过努力有可能达成的，而且那目标对你非常重要且值得。而为了无法达成的目标努力只是冒进。但是二者之间很难清晰地区分，需要企业家辨别什么是冒险，什么是勇敢，无知的冒进会使行为变得毫无意义。

我们可以根据决策的速度和质量来进行评估。伟大的决策常常来自那些集智慧、理性和勇气于一身的精英。其中勇气的作用不可小觑，因为企业家做的每个决定都是基于不完整的信息的。根据哈佛商学院对某些个案的事后分析，在对某一问题进行决策时，掌握的信息通常不到总信息量的1/10，难以拥有充足的时间搜集所有的信息，再做决策。所以决定朝着一个不太明确的方向前进是一件非常需要勇气的事，即便最终发现这是个错误的方向。那些最艰难的抉择（往往也是最重要的抉择），难就难在它们往往会遭到最重要的支持者（员工、投资人、客户）的强烈反对。

在机遇中，洞见未来，并为了实现未知的愿景，就必须特立独行，努力去做自己希望做的事情，高度自信有时甚至到接近自负。正因如此，企业家才对自己的决定具有足够的确信，信任自己的直觉。面对他人提出的意见，只会选择性地听取值得信赖的少数好友的建议，但最终决策权仍在自己手里。

应对变化的能力，也即风险管理的能力非常重要。在这一点上，勇于创新的企业家比思想保守的企业家往往要做得好。当要实行新的企业成长策略时，创新型企业家是大胆而无惧前进的。在勇气加持的前进道路上，他们也会采取理性的行动，以规避可能的失败后果。合理预估风险，随时应对可能的风险。不要过于追求对事情百分百的掌控，不要等计划好了再去做，计划永远赶不上变化。当负面结果出现时，他们会快速采取行动，将伤害降到最低。

成功的企业家都极其重视公司的长远战略。这些企业家展示出对于行业趋势和组织的敏锐洞察力。他们深刻理解这个行业、市场及消费群体，而且善于分辨战略机遇或者不利环境。为了深刻认识外部环境，他们积极地融入各个群体、行业和公司，探索大的发展趋势，发觉企业潜在的发展之路。比尔·盖茨正是预见了"个人计算机时代"的到来，才决心创办微软，实现了个人计算机时代的引领。

想要增强自己的洞察力，就要积极了解公司的方方面面，了解公司不同职能员工的工作；整合获取的信息，制定自身发展的战略；时常交流对公司发展的观点（如为什么消费者买我的产品或服务），积极主动地创造学习机会。只有做到这些才能增强自己的洞察力。

总之，提高自身的综合素质和能力是对准确瞄准机遇提出的要求。著名学者贝尔纳说："机遇只垂青于有准备的头脑。"

3.1.3 迭代进化——能力、认知和行动

对于企业家而言，只有具有广博的见识，开阔的眼界，才能为成功提供更大的可能。那些辞去已有工作而选择创业的创业者，他们熟悉行业的运作规律、技术、管理、市场、涉业人员，其创业选择具有很高的成功率。读万卷书，行万里路。走出自我熟悉的圈子，去接受更多外界的信息是提升眼界的有效方法。眼界的作用，不仅决定了企业家的创业想法的来由，它会一直贯穿于企业家的整个创业历程。一个企业家的眼界有多宽，他的事业就会有多大。

具备适应能力是企业家应具备的最重要的特质之一。每个成功的企业家，都乐于改进、提升或按照客户意愿定制服务，以持续满足客户所需。

谷歌的创办人谢尔盖·布林和拉里·佩奇不仅对变化及时反应，还引领着发展方向。谷歌内部鼓励创新的企业文化孕育出一批批创新产品和服务，这些累积的创新促成了谷歌将互联网服务推向一个更体系化、更具便利性的阶段，并凭借对未来科技发展的展望，大力发展新兴技术，推动开源社区的建立和发展，共享技术成果，更快速地迭代技术。谷歌拥有的先锋精神帮助其不断成长，并深刻地影响着互联网科技的发展。

在这个产业快速发展，信息瞬息万变的时代，企业家需要能进行自身的快速迭代，不断学习、吸收，更新自己的知识储备，思维方式能弹性地转换。他们的学习方式，不仅限于阅读，也可以跟资深人士交流，更可以置身于一线切实地体会。

现在的信息获取方式多样，可能前人需要花费大量时间、精力才能获得的经验，在今天可能是因为互联网上的一个提问就能得到答案。对知识的快速学习是必然要求，企业家在高压中应对各种问题，没有足够的成长速度是很难立足于竞争中的。对于那些进入新领域，立志要改变世界的企业家来说，要对行业进行颠覆性的变革，必须要先充分了解行业。再思考怎么使用新商业模式、新技术来颠覆，首先需要理清这个行业固有的商业逻辑，原来的成本结构是怎么构成的，资金流是怎样的流动方式，供应链的组建等。

新知识和信息也帮助企业家保持有效领导，谦虚的态度也使得他们可以从员工身上发掘出新的公司管理办法。企业家对事物的接受度，比一般人快速敏捷，并能快速掌握当下的情况。同时，他们对自己的产品不断地思考，不断地创新。对他们来说，终结问题是一件很有趣的事。对于难题，他们总是跃跃欲试。实际上，他们也很擅长，一旦发现问题的症结，他们就会全神贯注去破解。

"认知"也可以称为认识，是指人认识外界事物的过程，或者说是对作用于人的感觉器官的外界事物进行信息处理的过程。在心理学中是指通过形成概念、知觉、判断或想象等心理活动来获取知识的过程，即个体思维进行信息处理的心理功能。

"迭代"是重复反馈过程的活动，其目的通常是接近最终目标或结果。每一次对过程的重复称为一次"迭代"，而每一次迭代得到的结果都会作为下一次迭代的初始值。人类认识到自己存在认知局限，让人的认知有了迭代的可能。如何迭代呢？

从定义上分析，迭代至少包括了3个过程：反馈、重复、把好的结果作为初始值。认知迭代是通过持续地收集关于自己认知的反馈信息，提升自己的认知到更优的过程。以上只是一个粗略的描述，还需要进一步地细化。

首先，认知迭代的前提就是承认自己的无知。企业家一开始可能根本对想创业的领域一无所知，所以敢想敢做。苏格拉底说过："我唯一知道的就是自己的无知。"

然后，收集反馈。这要求人深入地参与到某个行动里。行动是收集反馈的关键，只有行动才能产生反馈并反哺行动本身。人不能不下水，就学会游泳；没有行动，收集的只是想象。记住上一条，行动的第一原因是"我是错误的"，而不是"我是完美的"——为了试错去行动，而不是为了完美才行动。

最后，把行动转化为结果，并选择最优的结果作为下次的初值，并且重复以上过程。这一条的核心是结果与积累——行动就要得出一个结果，而有了结果就要转变为积累。这也就对应于企业家特质中的快速学习能力。

不断学习，激发自身的潜力。认知迭代的目的是通过学习拓宽和颠覆原来的认知。从低认知状态变成高认知状态，这时最关心的便是认知迭代的次数。

善于应对变化。迭代过程的本质就是通过学习适应当前的环境，不断应对变化，保持系统的稳定性。

对初入行的年轻人来说，你会发现一切都是新的——社会是一个完全不同的地方。学校教过的或者说学过的知识几乎用不上，工作3年之后同学、同事都会有完全不同的境遇……10年之后呢？

人们常说勤奋、可靠是年轻人必备的品质，其实勤奋之外还有更值得去认识的东西，它会成为个人的竞争壁垒，那就是知识结构。不断升级的、开放的、系统的知识结构，是事半功倍的竞争利器。碎片化的信息充斥在我们日常的生活工作之中，如何将其梳理成为体系，构建个人的认知体系呢？知识体系始于繁多的知识点，但其最终所发挥的作用其实仅仅是那些拥有非凡力量的少数。

在获取知识的起点上大家是一样的。年轻人获取信息的渠道主要有这么几个：各种社交平台、新闻资讯客户端、论坛、博客……但这些渠道所提供的信息和知识往往是碎片化的。纵使有持续阅读的习惯，要从海量的信息中选择、重组、构建自己的知识体系和逻辑框架，也是异常困难的事。

在着手建立自己的知识结构时，首先我们要找到一个科学且可靠的标准，如建立自己的知识图谱。图谱不是一成不变的定式，而是跟随建立者的不断思考与反省，不断修正其内容。获取知识最重要的是建立知识图谱，要保证这个知识库是行业领先的，并且有极高的可信度。这些信息应当包括自我判断、相应领域发展资讯、领域发展状况、行业领先者的最新发展成果和见解、横向对比、人际学习网络的建立等。当然，所有信息储备都需要不断学习和积累。

企业家之路便是一条布满荆棘的曲折之路，企业家遭遇挫折、面临打击、经历绝望都不是什么令人惊奇的事，在这种时候，自我反省精神和反省能力能够很好地帮企业家渡过难关。企业家的自我反省应当贯穿于整个工作和生活之中，只有这样，才能时刻保持清醒。善于学习，勇于进行自我反省是成功企业家的共通之处。

反省是一种学习能力。创业既然是一个不断探索的过程，企业家就必然会在此过程中不断地犯错误，反省是认识错误并改正错误的前提。于企业家而言，反省的过程便是学习的过程。是否具备自我反省的精神和自我反省的能力，决定了企业家是否能及时意识到自己所犯的错误，能否及时改正所犯的错误，是否能够不断地学习和领悟新的思想、理念和方法。

上述提到了一个创业团队需要具备的主要特质（不一定每个人都需要具备全部的特质），其中一些特质是相互关联、相互影响的，通过归纳提出企业家最重要的核心特质：强烈的原始动机（Desire）和洞察力（Insight），而且都存在每一个节点的结果都会成为下一个节点的初值，不断发展和演进的特征——也就是迭代（Iteration）进化。这表明企业家特质也具有动态系统长期演化的规律，具有强迭代特性。可以用以下公式表示：

$$Individual = Desire_{Iter} \times Insight_{Iter}$$

企业家需要的是综合素质，每一项素质都很关键。有些素质是天生的，但大多数可以通过后天的努力获得。如果从现在做起，时时惕厉，培养自己的素质，不断迭代自己的激情和使命感、视野和洞察力，创业一定能够成功。终生学习，不断调整方向，迭代和进化，才能在创业的路上走得更远，发展成为创造人类生活和精神世界美好生活的伟大企业。

3.2 创始人的合作机会

相近的价值观是人们相互吸引的主要因素，使得大家相处更为和睦，但若选创业伙伴，则是在目标与价值观一致的前提下，个性互补最好。不同风格的人相处虽然难度大于同种类型的人，工作效率会因讨论时间的延长而有所下降，但是创新能力与活力会更高，增加思考的深度，不容易走上极端偏颇的方向。因为两个人不同，互相才能冷静、清醒地看到对方的优缺点，不至于总是"惺惺相惜"最后却导致功败垂成。

这同时也意味着：会时刻有人不断提出反面意见，双方在争论和探讨中更成熟地考虑问题；在一个人感情用事时，另一个人能保持理智；当遭遇一个人不擅长的问题时，另一个人可能会轻而易举地解决。遇到良好的创始合作者是创业成功最关键的因素之一。

创始人可能的角色分别是：企业家，通常是新创企业的领袖和英雄；资本家，通常能够提供创业早期的资本，以及行业或商业视野和经验；联合创始人，通常提供早期小额的资本、补充创始团队的关键能力和资源；而早期追随者通常提供强力的技术或业务、营销能力，成为早期关键执行能力的核心，通常也是企业最核心的员工，随着企业的成长成为企业的高级管理者或策略制定者。

协作是人类发展为智慧生物的开始和前提，几乎没有人可以不依赖社会和其他人而生活，更不用说实现理想和做出成就。当我们对创业的机制理解越深，了解越多的时候，很可能带给我们的是悲观的视角：我们与一个理想的企业家是那么遥远。悲观的情绪笼罩着我们的理想世界。在这种时候，是否我们就与创业活动无缘了呢？是否我们就无法通过创业或从创业活动中获得事业上或财务上的成长？

了解创业过程可以减少创业中遇到的若干忧虑和不确定性。然而了解创业过程与妥善地去实行这个过程是不同的。不会每一个人都成为企业家，但是没能成为企业家的人能作为经理、联合创始人，作为助手的配偶或积极的天使投资人参与创业过程。

有时候跑赢一个比你跑得快得多的人的方法，就是骑上骏马。在我们的人生中，通过参与一个协作过程，实现自己的人生目标和财务目标是非常有效的方法之一，甚至是唯一的办法。

3.2.1 天使资本家——资金和视野

不具备天使投资环境的产业往往欠缺创造力和转型能力。当不断有产业经验丰富的天使投资者涌入，并且积极地寻找投资对象时，或许能从制造经济进入面向服务的创新经济。

天使投资（Angel Investment）是权益资本投资的一种形式，起源于19世纪的美国，是指具有一定财富的自由投资者或非正式风险投资机构，对具有专门技术或独特概念的原创项目或小型初创企业，进行一次性的前期投资，是一种非组织化的创业投资形式。它是风险投资的一种，基于天使投资人的投资数量以及对被投资企业可能需要的综合资源进行投资。天使投资和机构风险投资是美国的风险投资产业的两大部分。

天使投资人（Angel Investor）在欧洲被称为商业天使（Business Angel）或天使（Angels），是指提供创业资本以换取可转换债券或所有权权益的个人投资者。作为美国早期创业和创新的主要支柱，天使投资人自己组织成的天使团体或天使网络目前正不断成长，以共享经验成果和提高资金针对性。1978年，新罕布什尔大学教授、该校创业研究中心的创始人威廉·韦兹尔完成了一项开拓性研究：探讨在美国如何增加企业的原始资本，他第一次使用"天使"来描述支持这些初创企业快速启动的早期投资者。

1. 投资的基本认知

（1）核心竞争力是风险认知。投资要管理风险。如果对风险没有认知，那么投资一定会出大问题。企业家每天要做的一个重要的工作就是看透事物的本质。把各种本质看透了，你做的决策就更接近真理，离成功就更近一点。天使投资的策略是：以1/10的概率博取千倍的回报。

（2）项目源决定成功率和质量。如果接触到足够多的项目，你要有好的方法论来分选项目源。例如，接触各种有项目的人，传播理念、影响、偏好，做嘉宾，做演讲，让更多的人知道你。对于投资行业的很多新人来讲，足够的项目源才是首要的挑战，而非充足的资金。

（3）势能决定企业规模和投资回报。企业做多大是由行业势能决定的。企业家只能决定能否成为行业领先者，能否吃到整个行业的红利，但是行业天花板是行业本身注定的。微软、苹果、亚马逊、Facebook、谷歌、WhatsApp、腾讯、阿里这些企业的成就是行业领域规模决定的，而不只是企业。

（4）先发优势乃一切优势之源。就像我们身体里的干细胞，它可以变成各种各样的细胞，快速转化为优势壁垒：规模优势、价格优势、文化优势、效率优势、人才优势、制度优势、技术优势、牌照优势、品牌优势等。市场上的同质化对手不超过10家；已经有3000万元人民币的A轮融资谨慎投资；已经有1亿元人民币以上的B轮融资不可投资。这些都可以作为先发优势，成功率不是最重要的，收益率才重要。即使只有一个投资项目，但被投项目大获成功，也能快速在行业中站稳脚跟。这也是天使投资和VC&PE投资的重要概念区分。

（5）最难的是退出时机而不是投入。在投资过程中到底什么时间退出？经历了波折后是否值得等待？腾讯是典型的互联网公司，而且非常有代表意义。如果一个基金投了腾讯的天使轮，到了第十年卖掉，它还不如投一个传统企业回报更快。但是腾讯现在是中国市值最大的公司，MIH持有腾讯35%的股份，赚了8050亿元人民币。他做对了三件事：第一，他投了中国市值第一的股票；第二，他拿了35%的股票；第三，他到现在都没有卖。投资的真正目的是财富的持续增长，而不是频繁交易，所以要投不需要退出的企业。

（6）行业运势就是趋势和时机。时间窗很重要，前期事半功倍，后期是事倍功半，有时候错过了两年也许就错过了一个时代。机会成本才是最大的成本。趋势和时机，本质上是同一个概念。今天的小众，可能是未来的大众，借不到大势，可能因为时机太早。天使投资面对创业的高风险阶段,因此对于项目的成长空间和创业时机的看重要更强于对于团队的看重。

(7) 企业进步速度由迭代和进化决定。起点不重要,进化的速度更重要。无论是生物进化史还是商场规律,都不难看出其法则,并不是足够强壮或是足够聪明就能获得生存的权利,往往是对于环境具有快速的适应力的生物或是公司方能面对万变的处境,并屹立不倒。除了要进步最快外,还要不会遇到一个更强的对手。具有网络递增效应的公司就有可能做到垄断,把先发优势转化为规模优势成为用户转移门槛。用户转移门槛的最高境界是在用户心里成为一个宗教级别的品牌。

2. 成为天使投资人

现代资本家通常指近现代随着人类社会经济发展,劳动关系中提供资本要素的主导方,影响和控制生产过程。本书中的资本家主要为一些天使投资人或风险投资人。下面给出 7 项伟大投资人应该具有的特质。

(1) 制度性强制力。能够在他人惊慌失措抛售的时候投资,在他人欣喜若狂买入的时候抛售。所有人都觉得他们能够做到这点,但是在 1987 年 10 月 19 日市场崩盘的时候,几乎没人有胆量在那时买入股票。而在 1999 年时市场几乎每天都在成长,你不会在那时抛售股票,因为一旦那样,你将落后同侪。绝大多数资金管理者都拥有 MBA 学位和高智商,并且读过许多书籍。到 1999 年年底之前,所有这些人也都确信股票的价格已被高估,但他们并不能允许自己将钱从股市中撤回,其原因正是巴菲特所说的"制度性强制力"。

(2) 极强的取胜欲望。"对投资着迷并拥有极强的获胜欲望。不仅享受投资也有其他赖以维生的事业。当他们在早晨醒来时和半梦半醒间,他们思考的第一件事情是他们目前正在研究的投资,或者是他们考虑卖出的股权,又或者是他们目前投资组合面临的最大风险,以及他们要如何规避这个风险。他们可能在人际交往上会遇到困难,因为尽管他们很享受和他人一起的时光,但往往没有多少时间和他人交流。他们的脑袋里想的都是投资。这些对某项事物的格外着迷并不是你后天学习能够掌握的禀赋,这是与生俱来的特质"。

(3) 从错误中吸取教训。对于人们来说这点很难做到,让投资者脱颖而出的就是他们具有强烈的意愿从过往的错误中学习,从而避免相同的错误。大多数人会忽视自己在过去所做过的愚蠢决定,继续向前冲。如果无视犯过的错误,没有对它进行全面分析,在之后的投资生涯中,毫无疑问将会犯下相似的错误。即使分析了它们,有时候也很难避免重蹈覆辙。但更多的自我反省和反思会形成深度思考的习惯,并积累起一些有力而便捷的思想元素和工具。同时也会形成发现正确答案的直觉。

(4) 侦测风险的本能。基于常识的预测风险的本能。许多人都知道长期资本管理公司的故事,一个拥有 70 个博士的团队加上一个精密的风险分析模型,竟然无法察觉一个事后看起来显而易见的问题:他们承担了过高的风险,但是他们从没想过问问自己:"计算机显示可行的投资,在现实生活中真的可以正常运作吗?"这个能力的普及程度并没有想象中那么高。尤其在一些高学历的看似专家的心里。我相信一般的常识就能达到最有效的风险控管,但是人们已经习惯听从计算机的意见,对常识的忽视是投资界中看到的不断重复出现的错误。

(5) 超强的自信心。伟大的投资者即使饱受批评也会坚定地相信自己的选择。在别人都不看好的时候依然能自主地做出判断。即便巴菲特被公开批评忽视科技股,他也没有陷入疯狂的网络热潮。当其他人都放弃价值投资的时候,巴菲特依然坚定不移。《巴伦周刊》甚至为此在封面上刊登了巴菲特的照片,标题是《华伦,你哪里有毛病?》。事实最终显示了巴菲特的智慧，反而让《巴伦周刊》看起来像是一个完美的反向标。

（6）清晰的全面思考。让两边的大脑同时工作很重要，不要只用擅长数学和组织的左脑来思考问题。在商学院汇聚了许多聪明绝顶的人，但那些金融专业的人没有良好的写作能力，并且在看待问题上无法另辟蹊径。后来发现，这些非常聪明的人只用一半的大脑思考，虽然这已经足以让他们在世界上出类拔萃，但是想要成为一名与众不同的企业投资人，这是远远不够的。

另外，如果你是一个右脑主导的人，你很可能讨厌数学，那么你一开始就很难有机会遇到这些金融界的人士。因为金融专业的人士很可能是以左脑为导向的。一个伟大投资人需要两边的大脑一同运作。作为一名投资者，你需要用左脑来计算，也需要有逻辑的投资理念。

然而你也需要能够从细节中去评判一个管理团队。你要能够退一步好好观察大局而不是对枝微末节钻牛角尖。你要谦逊且幽默，并且拥有常识。还有最重要的，你也得是一个好的写作者。如果你无法条理清晰地表达，即使拥有天才般的智商，能够心算出债券或选择权的价格，你也无法清晰地思考，不能准确地对影响和趋势做出判断和把握。

（7）超强的抗压能力。最重要也是最少见的特质：在市场动荡时也不改变自己投资思维的过程。绝大多数人几乎不可能做到当股市下跌时在承受损失的时候不抛售股票，同时也很难买入更多的股票使成本摊薄，或者甚至直接决定不再将资金投入股票市场中。他们不喜欢短期的损失，即便这个损失能够带来长期的收益。只有极少数的投资者能够接受高回报所必须经历的短期波动。许多人不理性地将短期波动和风险画上等号。风险意味着如果你投资了错误的股票，你将会遭受经济上的损失。然而，短期波动并不会带来损失，因此它并不是风险。除非你在市场跌到谷底的时候陷入恐慌，因此而决定了失败的局面。但是绝大多数人无法看到这点，他们大脑中的恐慌本能阻碍了正常的大脑运作。

3.2.2 联合创始人——能力和资源

联合创始人通常指企业家在创业阶段的合作伙伴或共同创始人，投资或参与经营的组织和个人，是企业的主体。合伙创业团队比单独创业的企业家拥有协作能力和资源互补等诸多优势，他们增强了整个创业团队的智力和能力、资源的宽度和深度，从而构筑了团队协作组合。所有成长为行业巨头的创业企业，具有的一个共同点就是都拥有超级早期创业团队。是否愿意去发现和发展创业伙伴团队创业，成为对企业家的挑战，企业家也能扮演天使投资人。联合创始人是一种全新的创业形式。现在是一个传统不断被颠覆的企业家的时代，在未来10年甚至20年，企业家将不断制造创新产品或服务。而更彰显时代特点的是软件服务业。如果你有一个想法并且刚好也有一小笔资金，就可以很快推出软件服务到市场上测试顾客的反应。

1. 寻找合作企业家

参与性天使投资人对新创企业具有不可替代的价值。有非常多成功的天使投资案例，天使投资者和创业团队站在同一阵线，并且为创业团队提供自己的人脉与经验，成为联合创始人和新创团队协同工作共同创业，把自己变成企业家之一。找对天使投资人会对公司的发展有很大帮助，因为邀请了有影响力或丰富资源的联合创始人加入创业团队成为企业家之一。拥有联合创始人具有 7 个主要优势：①可以分担压力和责任；②完成你不擅长或做不了的工作；③提供更多的机会和资源；④带来知识、能力和渠道；⑤享受友谊和合作的乐趣；⑥利用协作配合提高效率；⑦实现优化决策的潜力。

很多人在选择联合创始人时，更倾向于找自己的同学、朋友等保持亲密关系的人，但是数十年的友谊并非选择联合创始人的重要条件。好的联合创始人应该与你在关键问题上能达成一致，这样就可以理解彼此的想法。你们有类似的判断标准，有相同的愿景。你不需要不断地解释自己的思考过程或做事方式，这样可以节约沟通的时间成本。更重要的是，你们能够足够安定地将精力放到创业过程的方方面面，为实现共同的目标而努力。

尽管如此，最佳联合创始人并不是与你完全一样的人。你希望获得1加1大于2的效果，那么团队的组成就应该足够多元化，多元化提供的是开阔的思维领域、多样的解决方案、更优的执行策略。如果你们都擅长宏观思考和布局，可能就会忽略那些烦琐的细节。如果你们都希望一直作为主导，结果可能造成冲突和怨恨。联合创始人的相容性通常取决于双方是否具有互补的性格和技能。如果联合创始人的性格和技能能够与你互补，你们就会像阴阳两面一样相辅相成。如果联合创始人和你出现情绪高潮和低谷的时间不同，你们便可以相互平衡，相互激励，保持团队稳定，为其他人带来更多力量。

要找到理想的联合创始人，首先要有足够的自我认知能力。首先必须知道自己的优势和劣势、偏好、不能容忍的事情和目标，再去寻找联合创始人。除了考虑清楚自己的需求外，也要考虑认识到联合创始人的需求，让双方能为实现创业的成功而合力。你必须诚实面对自己的不足，承认自己是找到完美匹配的联合创始人的前提。在寻找联合创始人时一定要慎重，尽量观察一下对方身上的特质是否与你相契合，最大限度地减少之后因为理念和性格问题产生矛盾。

连续创业也是一大优势，如马斯克甚至乔布斯。创业是如此困难的旅程，那些将毕生愿望和精力都投入到创业历程的人方能持续不断地走在创业的路上。曾经在非常成功的公司担任要职的创始人非常少见，但这是强有力的标志。Facebook 的共同创始人达斯汀·莫斯科维茨和 Facebook 的第一任首席技术官亚当·德安格洛就是两个很好的例子，他们分别创建了两家非常优秀的公司——Asana 和 Quora。达斯汀和亚当都是在大公司拥有一线经验的人才，而且真正渴望建立自己的公司。在大约 2008 年的 Facebook，他们想要做的事情在很大程度上必须要有专人去做才能实现。Asana 实际上是 Facebook 的内部项目衍生出来的。而亚当放弃股权离开 Facebook 创办 Quora，事实证明他们选择专门去解决的问题都是有价值的。

2. 成为联合创始人

优秀的团队合作伙伴通常要具备 4 个特质：理念志趣相合、能力卓越互补、行为风格匹配和相互信任尊重。

（1）理念志趣相合。成员志同道合是指联合创始人之间拥有相同的志向、志趣，相契合的理想信念，一致的价值观。孔子说："道不同，不相为谋。"的确，联合创始人的志同道合对创业团队的成功至关重要。正如苹果电脑的联合创始人乔布斯所说的："如果每个人都想去旧金山，那么大家多花些时间来一起争论选择哪条路前往是没有问题的。然而，若一个人想去旧金山，而另一个人背地里想去圣迭戈，则这种争论就是在浪费时间。"为建立优秀的团队，联合创始人必须树立合作精神，保持核心价值观一致，构建真正共同的创业愿景和目标，并立足长远目标，坚持不懈地为创业愿景和目标的实现而共同努力奋斗。联合创始人必须确保他们为创业企业构建的价值观与自己的个人价值观（主要包括审美追求、人道主义追求、个人主义追求、物质追求、权力追求、形式主义追求、精神追求和理论追求）相一致。

（2）能力卓越互补。优秀的团队，每个人都必须具备卓越的能力，并且他们的能力互为补充。因为能力卓越且互补的创业团队通常具有强大的创造力、创新性和领导力。创业，特别是高技术创业是一个高度复杂的、系统化的动态过程，只有具备各种不同的、互为补充的关键资源和能力，创业才能持续成功。

（3）行为风格匹配。行为风格是指联合创始人的行为方式——他们怎样思考、决策、沟通，怎样利用时间，怎样控制情绪应对紧张，怎样判断他人，怎样影响他人，怎样处理冲突等。为建立优秀的团队心智结构，创业团队需要具备多种不同行为风格的联合创始人，并且这些行为风格互相匹配。

（4）相互信任尊重。为建立优秀的团队心智结构，相互信任和相互尊重是建立和谐人际关系必备条件。只有在充满着相互信任和相互尊重的创业团队氛围中，联合创始人之间才能在创业的艰苦旅途中风雨同舟，相濡以沫，携手前行，坚定不移地为实现创业团队的愿景和目标而共同努力奋斗。联合创始人之间必须相互信任和相互尊重。

3.2.3 追随企业家——骨干和员工

那些更喜欢在实践中推动公司发展的人称为追随者。追随者具备与他人和谐共事的能力，没有个人英雄主义，能较好地平衡集体目标和个人目标，具有为了完成更伟大的目标而积极为团队贡献力量的能力。个体追随者既具有支持领导者实现组织目标的意愿，又具有依靠他的交际技能与他人保持一致和创造良好的氛围的能力。由领袖构建出具有一定规模，并经过制度设计为个人追随者提供角色定位的组织。追随者是领导活动中执行具体决策方案和实现组织目标的行动者。一个人可能同时扮演追随者和领导者两重角色。

在心理学领域，有一则关于人类决策时著名的效应——羊群效应，也称从众效应。这一点对于企业团队建设亦能产生有益的启发。优质人才组成的员工团队不仅能做出令人满意的成绩，还能吸引更多优质人才的加入。顶尖的员工团队就像一个羊群，内部的人员相互影响、相互竞争同时相互合作。你只要招到几个优质人才，就会有一大群优质人才跟过来。谷歌以顶尖的环境和设施而著称，但多数创意精英之所以选择谷歌，并不是看中了免费午餐、按摩补贴、绿油油的草坪，以及允许带狗狗进入办公室。他们之所以加入谷歌，是因为想要与顶尖的创意精英共事。要构建属于自己的优秀团队，让一群优秀的人才跟随你，成就一番事业，首先应该了解一些关于追随者的理论。

追随者通常分为两类，第一类追随者具有独立性和批判性思维、依赖性和非批判性思维对立的特点。独立而具有批判性的思考者，很在意人们为实现组织目标所付出的努力。他们能够认识到自己行为和他人行为的价值，他们可以站在领导者的角度上衡量一些决定产生的影响，给出有建设性的批评、创意和改革方案。相反，一个具有依赖性和非批判性思维的思考者，除了被告知的东西之外，根本不考虑其他任何可能性，他们对组织的壮大很难提供支持，只会全盘接受领导者的方针。

第二类追随者具有积极表现和消极表现对立的特点。积极的个人，一心一意地参与到组织中去，投身超出工作限制范围之外的事务中，拥有强烈的主人翁意识，积极解决问题，能自行做出决定。消极的个人则需要领导者们持续不断地监督和鞭策，消极常常被视为懒惰，除了被要求的事之外什么也不做，并且对附加的责任避之唯恐不及。

评价一个人是积极还是消极、是批判性和独立性思维还是依赖性和非批判性思维的思考者、决定了他是一个卓异出众的追随者、一个被动的追随者、一个因循守旧者、一个实用主义者还是一个效率至上的追随者。最新的领导学理论认为,追随者的类型包括以下 5 种。

(1) 异端型追随者是指那些喜欢提出批判性意见的人,他们往往会成为敢于指出组织目标、决策与程序上相违背之处的战士。一般来说,一个组织有 20%～30%的人属于异端型追随者[30]。异端型追随者被认为有能力却有点愤世嫉俗,他们会因此而限制自身的发展或者给人留下不好的印象。有趣的是他们的自我评价与领导者对他们的评价截然不同。

他们认为自己是有异议者、健康的怀疑主义者和真正的具有组织观念的人,而领导者则把他们视为麻烦制造者、愤世嫉俗者、败事有余者、我行我素者、怀有敌意的对手,而不是团队工作者。异端型追随者往往是勇于战胜障碍的榜样型追随者的前身,要想完成这一转变,必须依赖他们的自我检讨和经过有效地解决问题以降低他们的反叛程度。

(2) 顺服型追随者是那些倾向于严格服从命令的人,他们不会抱怨工作太多,或是工作太枯燥,只是认真地执行命令[30]。由于顺服型追随者过于积极,一旦他们执行的命令与组织行为和政策所设定的规定相违背,将会变得很危险。因为他们对其执行的命令没有任何批评性的个人看法,纵观历史的进程,顺服型追随者往往是与战争中的恐怖事件联系在一起的。缺乏对其上级的质疑是顺服型追随者的特点。

一般来说,一个组织有 25%～30%的顺服型追随者。一般对结果要求明确的领导者或刚性的组织结构适合他们生存。顺服型追随者是积极的参与者,他们把自己视为负责任的奉献者。但是同时,顺服型追随者应该意识到他们批评性的观点对于组织来说也是需要的。要想使其发生这种转变,就需要他们对其他人的观点(包括领导者的观点)进行质疑,并在形成自己观点的过程中获得自信心。

(3) 实用型追随者是那些对组织目标负责但不喜欢成为焦点的人。一般来说,一个组织有 25%～35%的人属于实用型追随者。[30]他们不喜欢出风头,他们倾向于在幕后勤勤恳恳地工作并支持组织的健康成长。他们与权力组织保持一定的距离,因此很难将他们的立场与观点辨认清楚,他们的观点总是徘徊在肯定与否定之间。

从好的方面说,他们做事情恰到好处,知道在组织体系中如何工作以顺利地完成任务,执行来自中层管理人员的命令而与更高层的领导者保持距离,是公司制度的执行者。不过他们容易被看起来是在玩政治游戏,通过交易使自己的利益达到最大化,不喜欢冒险并倾向于掩盖痕迹,是照书面规则行事而不是遵从精神指导的官僚。

(4) 一般来说,一个组织中有 5%～10%的人属于被动型追随者。被动型追随者擅长察言观色,如果没有对他们安排任务,他们是不会主动去完成某项任务的。因为缺少积极性和责任感,所以需要领导者不断地给予他们推动力,并且他们绝不会主动承担额外的任务。

领导者认为这一类型的追随者做事的特点是其性格所致的,在领导者的眼中,被动型追随者是惰性的、能力不足的、缺乏主动性的。被动型追随者喜欢从众,缺乏个人色彩和推动事业持续上升的朝气。被动型追随者应该努力摆脱依赖性,锻炼自己的独立性,成为积极向上的人。

(5) 榜样型追随者是典型的与他人保持密切联系的自我领导者和合作者。在其他类型的追随者看来,榜样型追随者是值得依赖的合作者,在领导者看来,榜样型追随者不仅具有独立、创新、创造的精神,而且是能应对组织变动的。即使在面对制度性障碍和来自被动型、实用型合作者的人为障碍时,他们也可以通过自己的才能建立更辉煌的业绩。

领导者欣赏榜样型追随者,领导者不仅可以借助榜样型追随者的领导力节省更多的领导成本，还可以从榜样型追随者这里获取有益的建议，因为他们知道如何与其合作者和领导者共处促进组织良性发展。不同于那些获取个人利益最大化的追随者，榜样型追随者关注组织中的"公共利益"。榜样型追随者能成为模范的原因，就在于他们把组织视为一个公共组织，并在承担多种责任的基础上，以自己的身体力行去影响他人。

领袖必须同时具备管理和执行的能力，好的领袖需要找到认同公司的理念和文化，有能力积极融入团队，同时还追随趋势力求革新的人才。但是当自己无法成为创业领袖人物的时候，寻找高潜能企业家，并成为早期坚定的追随者，是从创业中获得成长和财务收获的方式之一。

1. 成为战略追随者

最好的追随者应该是把提出建设性批判意见视为己任的人，最差的追随者是那些毫无创见和无所适从的人。在这两端之间的是那些自我行事但对领导或群体没有任何批判性意见的人。追随者在这两个维度之间的转变实际上也就是从"积极"向"消极"的转化。按照这两个维度，优秀的追随者应该是那些富有创新精神、对自身估价准确、积极参与、有主动性并能超越工作进行积极思维的人。而不好的追随者则是那些懒惰、需要刺激和连续的监督以及逃避责任的人。好的追随者具有以下特质。

（1）自我管理能力。很多人习惯了由上级给自己分配工作。而真正好的员工则不用督促，自己就能主动找到和承担任务。职场上难免磕磕碰碰。好的员工能积极乐观地看待困难并正视困难，能通过自我省查，发现病症，消除病根。好的员工能"刨根问底"，找到毛病的根源并做出系统性的改善以彻底解决问题。

所有人都会有犯错的时候，即使领导者亦如此。好的员工提供的知识能弥补领导的盲点，比领导更机智，在领导与服从之间自由切换。好的员工会鼓励别人提高并且愿意充当激情饱满的辅助者。未来通常"马上就来"，而且总有迹象昭示即将来临的是什么。好的员工对未来保持好奇并思考未来，随时在行动和思想上做好准备。

（2）有目标责任感。任何事情，充足准备。想法的提出是所有行动的起点，但不是每一个主意都是有益的或合适的。不当的提案会扰乱团队的思路甚至误导决策的方向。优秀的员工在提出想法之前就已经做了适当的研究，这样保证了浪费在无用功上的努力会很少，并且对团队负责。大多数人往往只专注于手边的工作。员工创造了价值是因为他们的视线总是超出当下，在问题发生之前就解决掉它们。最优秀的员工着力于提前解决问题。

心怀信念，立足现实。没有对现实进行足够充分的认识之前，贸然采取行动，一味地讲究实践只是在浪费时间，还可能会造成迷茫和恐慌。好的员工为自己的信念而奋斗，在投身一个项目之前会充分考虑现实情况。他们解决问题，而非抱怨问题，持续不断的抱怨情绪会在团队扩散。好的员工会把抱怨放到一边，帮助同事专注于解决问题。最优秀的员工遇到问题时不会自怨自艾，而是迅速地采取行动寻找解决方案，将损失降到最低。一个坏的代表能让整个公司的人都遭受非议。好的员工主动塑造了良好的个人形象，从而代表了所有同事。

（3）擅长沟通协作。工作场合总是压力不断，神经紧张的人释放的紧绷情绪也会影响共事者。优秀的员工能帮助缓和工作氛围，释放工作压力。好的员工能缓解冲突，帮助同事冷静下来，和同事互相学习。好的员工能帮助所有人的才能都获得长进，构建相互促进的工作关系。免不了有人会在别人认真工作的时候从中破坏，而好的员工会连接同事之间的友谊，努力创造共赢的局面。无效的沟通，表述不清令人困惑，这只会让工作环境弥漫着沮丧的气氛。好的员工在工作中会保证每个目标受众都被通知到，确保沟通一致、完整，让办公室适合工作。消极的员工会消磨掉整个团队的士气，好的员工会帮助营造一个任何人都乐于融入的积极乐观的环境。最优秀的员工可以让同事享受工作过程。

（4）真诚且有勇气，愿意与同事分享荣誉。把团队的成就归功于一人会疏远人心，让失望和怨恨在团队中生根发芽。好的员工愿意与同事分享荣誉，让每个人都获得满足和信心，愿意引导同事变得更好。职场上总有人老是闯祸，好的员工能改造麻烦制造者，带领他们成为解决问题的人。

（5）不逃避正常的争论。一家只有一种声音的公司正处于危险的边缘，好的员工能大胆地表达自己的意见，即使是在与大多数人相悖的时候。最优秀的员工勇于和同事争辩。

（6）具有良好的抗压性。抗压性也就是稳定性，创业公司要求人员要有足够的稳定性，包括工作状态稳定、情绪稳定，后者比前者更重要。在创业过程中，除了工作量巨大以外，基本每天需要解决的问题都是前所未有的，很容易失败，不断纠正错误的过程是令人沮丧的，并不能带来什么巨大的成就感，即使自己很乐观，压力也是在所难免的。所以良好的抗压能力不仅能提高工作效率，也将为生活带来好处。

（7）有创造性执行力。当大量工作堆积的时候，执行力是必然要求的，创造力则因人而异。越挫越勇，能提供持续的执行力的人才是创业公司真正需要的。创业公司一直是向前快速推进的，大到整个年度计划，小到一张急用的海报，都以最高效率完成，这才是创业公司所需要的员工。好的员工会周详计划，高效执行。毫无计划的想法和行动一般只会得到平庸的结果。好的员工能帮助建立完整的结构和流程，并驱动团队高效地前进。

2. 寻找高潜能企业

寻找一个创业早期的高潜能企业，加入其中并成为辅助力量和坚定的战略追随者，在没有较强的创业动机和心智的情况下是一种不错的选择，它可以帮助你实现创造价值和实现理想。在这个过程中要寻找和发现那些高潜能的企业，这通常由一些疯狂的企业家推动。

在寻找这些高潜能企业的过程中，一定要警惕三大误区：第一，被"勤奋"感动，战略的核心是知道什么该"战"什么该"略"，不能用战术上的勤奋掩盖战略上的懒惰；第二，被创始人的"激情"所感染，忘了要去判断和理智分析行业和时机；第三，被创始人的学历误导，学历的高低对创业成功率并没有决定性。以下法则有助于你发现和识别出高潜能企业家。需要指出，对于高风险活动的创业，失败并不会成为创始人或是员工的职业污点。而且作为创始人，去做你真正关心并想做的事情，哪怕最后失败了，你也不会后悔。

（1）认知水平——认知是最核心的东西，企业家的认知边界就是企业的边界，企业家的认知边界不成长了，企业也就止步不前了。过去越成功的人就越固执，越容易用原来的认知去判断未来的事物。而深度思考认知水平高的人，是高潜能企业家的一大特征。

（2）想象力——没有想象力的企业家不可能把企业做大。让产品成为一种文化和生活，让品牌成为一种潮流和信仰。激活一群人的共同想象，进而大规模高效协作。企业的定位和组织的价值观，本质上就是群体共同认可的互联主观。领袖要为企业组织编织一张意义之网，再搭建起共同的信念、文化和语言体系。玫瑰本身不代表爱情，是人类赋予了它爱情的含义。比特币本身只是一个虚拟的概念，信的人多了就有了价值。他们都是将公司品牌、价值主张等虚构的信仰建立在一个让人顺从的现实之上。

（3）自控力——没有自控力的人容易掉入短期目标替代长期目标的陷阱。什么叫自控力？

就是说到的都能做到。自控的本质就是牺牲眼前的欲望去满足未来的欲望,牺牲低级的欲望去满足高级的欲望。自控力的行动表现就是极强的执行力和信守诺言的品格。

(4)使命感——去做一个使命驱动的"偏执狂",创业不是为了自己,不是为了赚钱,而是为了某个使命,为了某个广大的人群以至人类。基于创始人过人的胆识、魄力和格局,特立独行,坚毅果断,他们为了事业可以放弃正常人的生活。企业家并不追求平庸的幸福,他们追求的是效率和能指点江山的人生。人性都是懒惰的,在逆境中不屈不挠地挣扎并抓住机遇往往成就了英雄,他们能在绝境中创造奇迹,而凡人选择了放弃。成功需要心性成熟的使命驱动的舵手。

(5)保持良知——跟随着内心的指引。良知使他们专注于知识,帮助他们恰当地运用知识,并驱使他们追求他们选择的目标。权力和财富并不是他们最终的追求,他们也不会花时间在克服对失败的畏惧上。他们不畏惧失败,因为他们深知创建的事业处在不断变化之中,在大量未知因素的条件作用下,失败和成功都是难以估量的。他们选择与有类似价值观的人共事,对自己做出的决策承担全部责任,从来不向别人提交备忘录以便在失败时保护自己。他们可以自由地选择命运,虽然失败会使他们丧失这种自由,但由于创业需要不停息地前进,以至于无暇顾及失败。

3. 加入独角兽公司

除了找到高潜能的企业家,并跟随以外,寻找"独角兽"初创公司,也是实现财务自由的不错方式。进入公司工作是一种投资,如果是投资人可能会用大量的资金和少量的时间进行投资,而作为员工投资的主要资产就是时间。员工得到的回报可以有多种——良好的职业晋升、个人成长和价值实现,以及财务回报。

但做出任何决定都存在着机会成本——放弃做其他选择可能得到的预期回报。像风险资本家一样,作为一名员工,你只能在一个地方工作,所以在时间上你只能进行一次投资。因此,硅谷著名的风险投资公司可能会设一个 1:10 的命中率,但你必须提高自己的标准。提高自己的"投资准确度"不是为了把决定复杂化,而是将其置于确定的背景下——作为潜在员工,你是一个投资者,你应该对企业的评估进行充分的评估。下面会有评估初创公司的一些基本标准,但有些很重要的事情是数字无法呈现的。例如,有多少用户喜欢这款产品?他们会推荐自己的朋友使用这款产品吗?这家公司建造的是什么样的产品?勇于开拓的研究人员和企业家追求两种问题:从无到有的系统,这些都是此前没有过的,开创性的产品;而更加优秀的系统至少应该比当前使用的产品要好一个数量级。

并不是说一家创业公司需要对比谷歌、苹果和亚马逊等超级巨头才值得加入。但是,通过统计挖掘真正成功的公司的特质,能给你一定的方向指导。当然,并不是每个创业都有一个光辉的开端,Airbnb、SpaceX 和特斯拉等公司早期都有过近乎破产的经历。更多的情况下,伟大是牺牲换来的。所以,即使你没必要将每家公司与 Instagram 进行比较(Instagram 在 2010 年 10 月推出后不到一周就超过了 10 万名用户),但是,这并不妨碍你去发掘成功的规律和特点,评估公司的发展前景,并且能让你做成一些事情。下面是评估一家初创公司的基本标准。

公司的品牌知名度、筹集的资本、投资者的声望,你朋友的意见——所有这些都可能很重要,但也都只是公司未来前景的次要信号。那么,你应该关注哪些地方,对每个地方又给予多大的关注呢?以下的内容也许会帮到你。

（1）企业的吸引力。评估初创企业特别困难，大多数关键指标不是公开信息。必须警惕公司可能会选择性地公开数据，移动应用程序可能会选择展示产品的总下载量，而不是每月的活跃用户，或者其惊人的高流失率。

（2）重视增长率。增长率比较麻烦。增长数字，特别是当仅测量两个数据点时（也就是今天的指标和去年的指标对比），通常很难评估，除非绝对值是已知的。但如果能加入一家正在以惊人的速度增长的公司，这将是你在职业生涯早期能够做出的最聪明的决定之一。这样的创业公司充满了能提升你职业发展的机会，你能得到足够的培养并担任领导角色，身边都是聪明且志存高远的同事——他们很有可能成为你未来的商业伙伴甚至联合创始人。正如许多人所说，在职业生涯早期取得胜利是非常有意义的，早期增长快速是公司在未来成功一个非常好的标志。

（3）在职员工数。很显然，员工的人数对公司质量的影响很小。但是，将现有员工人数与公司最新的估值相结合，你可以了解到如果你加入，你将获得多少钱。但是，这只是事情的一个方面。拥有多少潜在股份对你今后的职业发展实际上没有什么影响，0 的 100%或 10%、1%都是 0。

（4）投资人的背景。如果一家公司是由红杉资本投资的，你应该成为它们的员工，即使它们的创始人看起来并不吸引你。这里有一个红杉资本在 A 轮或 B 轮（或两轮都有）领投的公司名单：苹果、谷歌、雅虎、Stripe、Dropbox、YouTube、Instagram、Airbnb 和 WhatsApp。自 1972 年至今，红杉资本已经投资了 1000 多个项目，收购了 209 家公司，其中 69 家已上市。一般来说，这些顶级的风险投资公司能吸引到最好的创始人，赢得最好的交易，并展示出最高的回报。

然而，即使最好的公司也经常错过大宗交易，所以未能从顶级风险投资公司筹集到资金并不一定是缺陷，尤其是可能与硅谷联系较弱的创始人。另外，这些风险投资公司也会投资大量失败的公司，这是其业务的性质。它们并不保证所有投资的公司都是优秀的工作场所，甚至有些有前途的公司会以其文化或价值观为代价来实现增长。即使背后有红杉资本的支持，这样的初创企业也应该回避。

（5）融资情况。融资额是一个表明了该创业公司面临多大的风险，或在某种程度上体现了公司取得成功的可能性的指标（需要考虑领投 A 轮风险投资的声誉）。经过 B 轮融资的企业应被视为"低风险"，因为大多数公司都已经在创造利润了。这不总是意味着加入一个融资到 C 轮的公司比只融资到 B 轮的公司更好，因为存在着一个平衡，C 轮公司将提供较少的股权，因此潜在的上升空间较小，如表 3-1 所示。

表 3-1　不同融资阶段的情况

项　目	未曾融资	天使轮	A　轮	B 轮及以后
失败风险	极高风险	较高风险	中度风险	较低风险
创始股权	一定要有	一般会有	可能会有	很少会有
增长潜力	极高	较高	高	一般
创业评估	未曾评估	初步评估	严格评估	市场证实
职业成长			最佳	
财务提升			最佳	
估值中位数		<1000 万美金	5000 万美金	1 亿美金

在评估创业公司的融资历史时，考虑的一个重要因素是最后一轮融资。如果一家 B 轮公司成立 3 年后没有任何融资也没有公开上市，那么它或者是在利用营业收入维持，或者已经进入增长放缓的成熟期（不是创业），或者是接近死亡了。还要注意，之后的融资轮次并不意味着公司一定会免于死亡。硅谷历史上有很多估值超过 10 亿美元的创业公司，后来的收购价格远远低于估值，也有许多公司在经过多轮融资后仍旧没有走向正轨。

（6）个人适合度。优秀的公司发展方向不一定适合你。你可能对机器学习感兴趣，但认为企业对这一技术的应用非常无聊。你可能在一家围绕机器学习技术提供服务方案的公司找到了一份工作，而公司的业务是帮助基因组学研究人员更有效地构建数据管道，并可视化其结果，你却对此丝毫没有兴趣。你应该对兴趣所在的问题及目标工作种类保持开放的态度。不要仅凭一句话说明来判断公司的业务，相反，要花时间了解创业公司实际的工作在什么方面，他们要解决的需求是否足够重要，以及工作内容与未来的市场的衔接如何。有的创业公司使命宣言非常无聊，但工作非常有影响力（而且在所有其他标准上，得分都很高）。

3.3　本章小结

创始人是创业的发起者，从 0 到 1 搭建商业的关键角色。由创业过程的初值敏感性可知，一个出色的创始人能加速初创企业的成型和迭代过程。对创始人的研究是创业系统化研究的起点，本章重点探讨了创业企业价值评估模型中的企业家要素，以及如何与创始人合作，成为初创团队的一员。

企业家是需要对土地、资本、劳动力等生产要素进行有效组织和管理并且富有冒险和创新精神的高级管理人才。企业家追求独立和自主决策，善于从环境的变化中挖掘机遇，能够独出心裁，发现并使用前所未有和与众不同的方式和方法。企业家往往异乎寻常、敏感、富有想象力、热情洋溢、复杂、充满活力，而且富有创造性。通过对 Facebook、亚马逊、Microsoft、谷歌和苹果的创始人的研究，我们得出企业家的核心特质：强烈的欲望和激情、广阔的视野与同理心、超强的学习和适应能力、商业敏感性和洞察力、胆识和特立独行、创新意识和自我批判等。在其基础上进一步抽象和归纳，得出企业家最核心的价值要素：动机强度和迭代能力。

针对早期创业团队中的 3 种不同角色：天使资本家、联合创始人、早期追随者，本章分析了每个角色的特质及在创业过程中所发挥的作用，帮助创业者明确自身定位。天使投资人以资金的方式介入早期的创业团队，对具有专门技术或独特概念的原创项目或小型初创企业，进行一次性的前期投资，为早期资金匮乏的初创企业提供了启动的现金来源和广阔的视野。本章还列举了天使投资人的基本认知和特质，帮助创业者识别好的天使投资人。

联合创始人作为企业家在创业阶段的合作伙伴或共同创始人，投资或参与经营，增强整个创业团队的智力和能力、资源的宽度和深度，能帮助企业家拥有协作能力和资源互补等诸多优势。优秀的团队合作伙伴通常要具备 4 个特质：理念志趣相投、能力卓越互补、行为风格匹配和相互信任尊重。

追随者是领导活动中执行具体决策方案和实现组织目标的行动者。并非所有人均能成为创始者，但想实现财务自由等目标，你仍然可以作为一个好的追随者，助力企业的发展而实现自身需求和价值。本章介绍了 5 种追随者风格以及好的追随者的特质，帮助创业者寻找合适的追随者。同时指出了追随者实现自身价值的两条途径：寻找高潜能企业和加入独角兽公司。

3.4 讨论和实践

讨论：

1. 从讨论创业者的个性中我们能得到什么启示？
2. 你认为一个典型的创业者身上应该具备哪些品质？
3. 以你熟知的企业家或创始人为例，分析和理解企业家的核心特质。
4. 假设你要创业，最强烈的动机是什么？你同意强烈的动机是创业成功的主要因素吗？从混沌系统和超循环理论的角度阐述原因。
5. 如何看待机遇？创业过程中，如何抓住机遇？
6. 创始人有哪些合作机会？
7. 根据对自我的评估，作为创业团队的一员，你最可能担任哪一角色？说明理由。
8. 如何选择或识别好的天使投资人？
9. 试分析好的追随者有哪些特征。

实践活动：

1. 参加本地的创业交流活动，参与组织创业沙龙、书友会等活动，积极交流，寻找志同道合的伙伴。
2. 研究一个知名企业的天使投资人、联合创始人和优秀员工，分别说明其个人特质和在企业发展过程中的作用。

主题（快速检索）：	
线索：	摘录：
提示： 思考： 图形和表格：	讲义内容： 学习内容： 简要阐述： 课堂记录：
总结（快速检索）：	
关键要点： 复习总结：	

主题（快速检索）：	
线索：	摘录：
开篇： 提示： 思考： 图形和表格：	讲义内容： 学习内容： 简要阐述： 课堂记录：
总结（快速检索）：	
关键要点： 复习总结：	

第 4 章 价值载体——服务和产品

本章学习目标

1. 理解服务和产品作为价值载体在整个价值评估模型中的作用
2. 通过价值要素分析正确判断和评估特定服务和产品价值
3. 掌握商业问题价值判断法则
4. 能够发现有价值的需求并对其进行准确表述
5. 能够利用开源创新和螺旋迭代提供有效解决方案

价值载体就是满足了用户特定的需求，或解决了用户特定问题的产品或服务。在服务过程中，有交易过程参与其中，使产品或服务提供者能够获得收入、产生现金流并实现商业利益。价值载体的最核心要素是用户需求或问题，以及满足需求的解决方案集合。我们可以分别从问题和需求、解决方案、服务和产品的价值等方面深入进行思考和讨论。

产品和服务作为价值载体，是创业过程中最重要的创造物。它被创造出来用以达成交易，并承载价值主张，通过探索一系列可行的方法，帮助企业家科学思考，将想法一步步变成可行的产品和服务。这个过程首先需要了解价值如何构成，有哪些构成要素，以及如何对产品和服务进行价值评估。

4.1 价值载体的价值评估

发现商业问题，提出解决方案，最终便得到服务价值，只有企业能够提供服务价值时，才会被市场接纳。接下来，我们将根据第 2 章的内容，从混沌系统、超循环系统的角度出发，提出关于简单可行的服务价值评估公式。

4.1.1 价值构成的要素

前面提到的价值载体主要有两种表现形式：产品和解决方案。根据两者的构成成分不同，给出了不同的服务价值评估公式：

$$\text{Value}_{\text{Carrier}} = \text{Problems}_{\text{Iter}} \times \text{Solution}_{\text{Iter}}$$

$$\text{Value}_{\text{Carrier}} = \text{Problems}_{\text{Iter}}$$

公式中，Value 代表产品或服务的价值，Carriers of Value 就是 Service and Product of Value；Problems 代表待解决的商业问题或需求，Solution 代表需求或问题的解决方案。问题和解决方案都具有迭代发展的属性。而多级迭代正是看似普通的创意成为伟大商业的关键。

商业问题在创业开端极其重要，如何判断问题的价值，或者从哪些方面考虑能容易得到有价值的商业问题一直困扰着企业家。以下 5 个方面可以用于对企业家思考及对自己的想法进行修正。

1. 重要性

重要性是对商业问题最基本的要求。如果你解决的问题对于用户来说不痛不痒，就没有人会花钱买你的产品或者服务。所以产品和服务的重要性是最重要的评判标准之一。要找准关键问题，不拘泥于形式和过程，思考和辨析相关事物的本质，直接对应最重要的问题进入思考和创造环节。

2. 迫切性

根据马斯洛需求理论，人都潜藏着生理需求、安全需求、社交需求、尊重需求和自我实现需求这 5 种不同层次的需求，但对于需求的迫切程度在不同的时期表现得不同。人的最迫切的需求才是激励人行动的主要原因和动力。人的需求是从外部得来的满足逐渐向内在得到的满足转化的。[31]迫切性涉及许多关键点，如时机（Timing）、效率（Efficiency）等。因而对于企业家而言，努力去寻找目标用户的潜在迫切的需求会成为产品或服务实用性的重要支撑。

3. 普适性

有价值的问题必定是大家都关心和重视的问题，如果大家都不关心、不需要解决，那么一开始就没有潜在的用户，产品再好也没有人买，这也注定创业会失败。因此，在思考问题时，需要更多地考虑普适性，这样会提高成功率。

4. 角度

"横看成岭侧成峰"，当从不同的角度去看待同一个事物的时候，会产生截然不同的认知和需求，导致文化、精神需求的重新定位，对熟视无睹的大量立即消费市场，需要做更多的多元思考和转换角度探索。而特定的角度能够产生截然不同的，创新性的认知和精神内涵，创造出看似相同但内涵完全不同的产品和服务。

5. 难度

如何你想解决的问题领域是蓝海，那么恭喜你，至少在确定商业问题方面你与其他企业家相比处于领先地位。但是这也意味着，你所要解决的问题是有难度的，你没有任何资源和方法能够借鉴，但是一旦你找到突破口，你将形成自己的竞争壁垒。如果你很有自信，相信自己能解决很多别人还没解决的问题，那么你可以尝试着去寻找这些问题。

4.1.2　聚焦大问题法则

越大的问题会产生更大更深远的影响。这个用代数很容易理解，在人类的技术和能力没有更大的提升之前，假设人类平均解决方案的水平相当，那么面对越大的问题就会导致越大的价值实现的可能。在此我们称之为大问题法则。

通常一个伟大的创意，都会令人恐惧。一方面它极有可能是大量困难工作的集合；另一方面，它还会影响自我认知：可能会怀疑自己是否有足够的能力去实现它。以下问题都具有颠覆性的特征，具有类似的大问题潜质。[32]

1. 新的搜索引擎

一个好的想法往往与"不可能"只有一步之差。构建一个新的搜索引擎并与搜索引擎巨头谷歌竞争，这听起来不可思议，但这也许是个好的想法。当微软公司决定进军搜索引擎时，它们可能忽视了自身的长处。它们只是担心不能与谷歌分庭抗礼，而选择进入并不熟悉的搜索引擎领域。但这只是昭告天下，微软在模仿谷歌，而投入到自身不擅长的项目中去了。似乎新的搜索引擎已经难以超越谷歌，但不要忘记谷歌成立之初的那段时期。当时的谷歌只是纯粹且迅速地提供用户所需要的适当的信息，如今它变得教条化，搜索页面像大杂烩，有用和无用的信息同时充斥着页面。人们误点入其他的链接，真的是浪费时间和精力的事。

想要领军搜索引擎领域，就要建立一个所有黑客都会使用的新引擎，顶尖的黑客互相牵制，能力均衡，就像之前谷歌只是作为一个单纯的搜索引擎存在的时代。那些黑客中的任何一人都有能力创建这样一个公司，目标很简单：建立一个自己想要的引擎，使之开源，并不断进行产品迭代。这可能需要耗费较长的时间和较多的精力。如果成功建立了一个搜索引擎，并且朋友和同事们更倾向于使用它而不是谷歌，那么你已经踏上成功之路了，就像当年的Facebook吸引了所有哈佛大学的学生一样。

2. 取代 E-mail

E-mail 开始并不像我们现在这样使用，其开发者的目的也不是如此。最初它的作用是一个备忘录，收件箱就是一个备忘录，虽然使用体验很差。收到的信件总是无差别地存在收件箱中，整理自己的邮箱确实不是一件轻松的事，这是需要解决的问题，很多人需要一个新软件来记录每天的待办理事项。而今的邮件更像是一个消息传递器，可能某些人需要的只是阅读这封邮件而已。

作为备忘录，邮件应该具有更完善的功能：能够对留言者进行筛选和限制，只需要知道留言者想让我做些什么事情、什么时候完成，而不是看邮件。这个强烈需求面临着很大的阻碍，现有的一些软件暂时无法替代 E-mail。如果 E-mail 能够被代替，那就赶快行动吧，抢占先机是非常重要的。对一个每天要花好几个小时使用邮箱的人来说，即使改善邮箱的使用功能从而使生活和工作更加顺利需要支付一定的费用，也是值得的。

3. 取代大学

互联网时代，信息通路亿万条，对比旧时候知识主要由大学等机构传授，现在的情况已经发生了极大的改变。大到最新科技成果，小到日常生活，大部分的知识都散布于互联网的各个角落，被人创造和分享。也许大学不会消失，它们有自己不可替代的特性，不过它们确实在某一些学习方式上失去独有地位。现在有很多不同的学习方式，其中不乏与大学教育大相径庭者。例如，Y Combinator 的出现改变了人们固有的学习方式，而这必然会带来一些讨论，大学存在的必要性被许多人评论，不论结论正确与否，都是一种开放式的讨论。如果学习被划分为很多小块，那么大学学位认证将可能被小块的其他认证方式取代。或许将来的校园生活将被其他事物取代，Y Combinator 已经有此趋势了。你也可以尝试去改变高中教育，但肯定会碰到体制的阻碍，改革的脚步必然因而放缓，大学教育似乎更适合做改革的先行者。

4. 互联网影视

在过去，没有多少人看好好莱坞与网络的结合，但现在看来，在这场媒体传输战中，互联网是最后的赢家。对于传统的电视媒体而言，所有的剧集或是综艺都严格地服从着电视台的安排，而对此，观众并没有多少自主选择权。但互联网的松散结构促使这种局面被打破，你可以轻松地找到足够多的来源去观看任何一集影视剧，在任何时间、任何地点。计算机屏幕的不断变大，清晰程度不断提高，已经带来了比传统电视机更好的观看体验。人们在计算机前开始观看时，他们可以随意观看电视剧的某一集，或者是完整的一部电影，像 Netflix 或者和苹果一样，成为娱乐的 App Store。但如果这些应用商店并未能满足用户所有的需求，就是新的公司成长的沃土了。

5. 下一个乔布斯

正如微软公司一样，快速成长的苹果公司的业绩也不会一直增长，这便是商业过程，巅峰过后必然会逐渐没落，并最终被新晋者取代。所以，除了苹果公司之外，还有谁去开发新一代 iPad 呢？其他公司也不会再重复开发一个已经存在并有坚实基础的产品。引领新的硬件浪潮的公司必将需要有新的创意。创立与苹果公司媲美的公司，这听起来确实是一个让人心潮澎湃的想法。虽然苹果公司目前很难被超越，但新公司的优势在于多了一个可供参考的大公司，学习其留下的商业遗产，并助力自身的成长。乔布斯已经让世人看到一切皆有可能，这给其他企业家提供了方向和信心：你可以比前人做得更好。乔布斯用亲身的经历鼓舞着后来者。不断地打磨产品与服务的品质，为用户提供最好的体验，改善生活品质，这是乔布斯留给后继者的财产。

6. 恢复摩尔定律

摩尔定律提到"每过 18 个月，芯片的性能将提高一倍"，这像是半导体行业发展的金科玉律指导着近半世纪的行业发展。而如今高速发展的互联网无法再提供更快的 CPU，只会有更多数量的 CPU 出现，摩尔定律发挥的作用不如从前了。以前软件速度太慢时只能依赖强大的硬件补足短板，而如今软件速度变慢，你需要重写并完成一大堆烦琐的程序。如果能延续摩尔定律的辉煌将是非常喜人的事，通过改写软件程序，让多个 CPU 联合起来运行，进而减少程序运行时间，提高计算效率。可以通过多种方式解决这个问题，最好的方法是自动生成一个编译器来运行自己的代码。这个编译器可称为"超级智能编译器"，"超级智能"乍一看似乎不可能，但是你可以尝试去改进它，过程应该会有突破点。而且，如果某项工作只是很难而不是不可能，就更值得去做，它所能得到的结果也许会超过你的想象。你可以通过网站给软件工程师提供这项便利的服务，反过来你也吸引了所有的网站浏览者。试想有一个芯片制造商仍能够提供快速优质的 CPU，他们将占据最有利的市场。而凭借网站服务的优势，你可以与其他制造商区分开来，至少对于服务器市场来说是这样的。

你也可以建立起一个人工参与的半自动编译器。从表面上看，这项工作是由超级智能编译器完成的，实际上是由人工加上高级优化工具在处理问题。而参与其中的人员就是你的员工，你则是优化库的创造者。一个好的优化库将极大地助力超级智能编译器，它可以将编程过程变得轻松且快速，而只有你才拥有最完整的操作程序。也许这想法听起来是有些疯狂，不过这是对过去几十年中软件行业的整体发展趋势的总结。理论上编写一个超级智能编译器是一个错误，即便这是正确的，编译器也应该属于开发性资源，而不是被某一个公司独占。现在搜集到的所有信息还不具备开展这样一个项目的能力，因此才将它称为一个创意。

如果你想将以上任何一个想法变现，请尽量减少与现有模式的正面冲突。你只需要告诉他人你在制作一个新的备忘录软件，这是韬光养晦的潜伏过程，当 E-mail 完全被你的软件取代时，你的目标才会被世人所了解。千里之行始于足下，成功都是日积月累的过程，没有人能一步登天。你只是为了自己的梦想而奋斗,比尔·盖茨和马克·扎克伯格都没预料到他们会有如今体量的企业,他们只是觉得应该做点什么。太大的壮志雄心或许并不是好事,你付出了超乎想象的努力,而结果可能并不一定让你满意。为了更好地实现自己的理想,你需要像哥伦布一样确信自己的方向。规划自己的未来和按照图纸建房子完全不一样,因为你手上的蓝图或许是错误的。从你最熟悉的工作开始,扩展,再扩展。最常见的所谓有远见的人,都是对未来有着清晰规划的。

7. 实时诊疗

持续的自发的医疗诊断。构想创意的其中一个方式就是,去想象我们将如何落后于下一代。我确信对于50年甚至100年后的人们来说,当代人只有等到症状出现后,类似心脏病和癌症等疾病才能被确诊,这是多么愚蠢。

在未来,我们也许可以像称体重一样轻松地了解到身体内部的状况,包括难以诊断的癌症,用特定的医疗设备就可以检测出来。对此的一大障碍将会是患者对疾病的恐惧,对比起机器设备,患者往往更倾向于信任医生的诊断结果。很多医生担心在没有任何外部病症的状况下对病人进行扫描,会让病人恐慌并且花费大笔不必要的医疗费用。如果能经常进行身体扫描,人们就能更好地认识身体的各种症状,并区分各种病症的严重情况,避免不必要的担忧。

创意源源不断,创造的空间还有巨大暗藏的部分等待人们去挖掘。尽管有技术障碍和政府干预,创新甚至还需要与上千年的传统相抗衡,也无法阻挡创新成为社会发展必然的趋势。

4.1.3 专注新技术趋势

一位前麦肯锡顾问常常会问创业者"为什么创业是现在",这个问题可能是评估一家初创企业潜能最重要的问题之一。

时机对于初创企业来说显然很重要。也许最著名的例子当属苹果公司的 Newton 与 Palm Pilot。Apple Newton 的失败引人瞩目,但仅仅几年后 Palm Pilot 就取得了成功。原因是在1993年的时候,这项技术还没有成熟到让消费者接受,当时世界还没有准备好接受一台一体化的掌上电脑。几年后 Palm Pilot 却取得了成功,这便是顺应趋势的代表,站在苹果开启的趋势上顺流而下。这种策略是有效的,如果你对趋势有准确的预估并且有必要的手段,就能在潮起时抓住机会。

当前,全球新一轮科技革命和产业变革方兴未艾,科技创新正加速推动,并深度融合、广泛渗透到人类社会的各个方面,成为重构世界格局、引领人类未来的主导力量。我们只有认清趋势、高瞻远瞩,才能顺势而为、引领潮流。

从宏观视角和战略层面看,当今世界科技发展正呈现出以下十大新趋势。[33]

(1)颠覆性技术层出不穷,将诱发产业重大变革,成为社会生产力新飞跃的突破口。作为全球研发投入最集中的领域,信息网络、生物科技、绿色能源、新材料与先进制造等正孕育一批具有重大产业变革前景的颠覆性技术。量子计算机与量子通信、干细胞与再生医学、合成生物和"人造叶绿体"、纳米科技和量子点技术、石墨烯材料等,已表现出诱人的应用前景。先进制造正向结构功能一体化、材料器件一体化方向发展,极端制造技术向极大(如航母、极大规模集成电路等)和极小(如微纳芯片等)方向快速发展。

人机共融的智能制造模式、智能材料与3D打印结合形成的4D打印技术,将推动工业品由大批量集中式生产向定制化分布式生产转变，引领"数码世界物质化"和"物质世界智能化"。这些颠覆性技术将不断创造新产品、新需求、新业态，为经济社会发展提供前所未有的驱动力，推动经济格局和产业形态深刻变革，成为创新驱动发展和国家竞争力的关键所在。

（2）科技以人为本，绿色、健康、智能成为引领科技创新的重点方向。未来科技将更加重视生态环境保护与修复，致力于研发低能耗、高效能的绿色技术与产品。以分子模块设计育种、加速光合作用、智能技术等研发应用为重点，绿色农业将创造农业生物新品种，提高农产品产量和品质，保障粮食和食品安全。基因测序、干细胞与再生医学、分子靶向治疗、远程医疗等技术大规模应用，医学模式将进入个性化精准诊治和低成本普惠医疗的新阶段。

智能化成为继机械化、电气化、自动化之后的新"工业革命"，工业生产向更绿色、更轻便、更高效的方向发展。服务机器人、自动驾驶汽车、快递无人机、智能穿戴设备等的普及，将持续提升人类生活质量，提升人的解放程度。科技创新在满足人类不断增长的个性化、多样化需求，增进人类福祉方面，将展现出超乎想象的神奇魅力。

（3）"互联网＋"蓬勃发展，将全方位改变人类的生产生活。新一代信息技术发展和无线传输、无线充电等技术实用化，为实现从人与人、人与物、物与物、人与服务互联向"互联网＋"发展提供丰富高效的工具与平台。随着大数据的普及，人类活动将全面数据化，云计算为数据的大规模生产、分享和应用提供了基础。工业互联网、能源互联网、车联网、物联网、太空互联网等新网络形态不断涌现，智慧地球、智慧城市、智慧物流、智能生活等应用技术不断拓展，将形成无时不在、无处不在的信息网络环境，对人们的交流、教育、交通、通信、医疗、物流、金融等各种工作和生活需求做出全方位及时智能响应，推动人类生产方式、商业模式、生活方式、学习和思维方式等发生深刻变革。互联网的力量将借此全面重塑这个世界和社会，使人类文明继农业革命、工业革命之后迈向新的"智业革命"时代。

（4）国际科技竞争日趋激烈，科技制高点向深空、深海、深地、深蓝开拓。空间进入、利用和控制技术是空间科技竞争的焦点，天基与地基相结合的观测系统、大尺度星座观测体系等立体和全局性观测网络将有效提升对地观测、全球定位与导航、深空探测、综合信息利用能力。海洋新技术突破正催生新型蓝色经济的兴起与发展，多功能水下缆控机器人、高精度水下自航器、深海海底观测系统、深海空间站等海洋新技术的研发应用，将为深海海洋监测、资源综合开发利用、海洋安全保障提供核心支撑。地质勘探技术和装备研制技术不断升级，将使地球更加透明，人类对地球深部结构和资源的认识日益深化，为开辟新的资源能源提供条件。量子计算机、非硅信息功能材料、第五代移动通信技术（5G）等下一代信息技术向更高速度、更大容量、更低功耗方向发展。第五代移动通信技术有望成为未来数字经济乃至数字社会的"大脑"和"神经系统"，帮助人类实现"信息随心至，万物触手及"的用户体验，并带来一系列产业创新和巨大经济及战略利益。

（5）前沿基础研究向宏观拓展、微观深入和极端条件方向交叉融合发展，一些基本科学问题正在孕育重大突破。随着观测技术手段的不断进步，人类对宇宙起源和演化、暗物质与暗能量、微观物质结构、极端条件下的奇异物理现象、复杂系统等的认知将越来越深入，把人类对客观物质世界的认识提升到前所未有的新高度。合成生物学进入快速发展阶段，从系统整体的角度和量子的微观层面认识生命活动的规律，为探索生命起源和进化开辟了崭新途径，将掀起新一轮生物技术的浪潮。人类脑科学研究将取得突破，有望描绘出人脑活动图谱和工作机理，有可能揭开意识起源之谜，极大地带动人工智能、复杂网络理论与技术发展。

前沿基础研究的重大突破可能改变和丰富人类对客观世界与主观世界的基本认知,不同领域的交叉融合发展可望催生新的重大科学思想和科学理论。

(6) 国防科技创新加速推进,军民融合向全要素、多领域、高效益深度发展。受世界竞争格局调整、军事变革深化和未来战争新形态等影响,主要国家将重点围绕极地、空间、网络等领域加快发展"一体化"国防科技,信息化战争、数字化战场、智能化装备、新概念武器将成为国防科技创新的主要方向。大数据技术将使未来战争的决策指挥能力实现根本性飞跃,推动现代作战由力量联合向数据融合方向发展,自主式作战平台将成为未来作战行动的主体。军民科技深度融合、协同创新,在人才、平台、技术等方面的界限日益模糊。随着脑科学与认知技术、仿生技术、量子通信、超级计算、材料基因组、纳米技术、智能机器人、先进制造与电子元器件、先进核能与动力技术、导航定位和空间遥感等的重大突破,更多高效能、低成本、智能化、微小型、抗毁性武器装备将被研发出来,前所未有地提升国防科技水平,并带动众多科技领域实现重大创新突破。

(7) 国际科技合作重点围绕全球共同挑战,向更高层次和更大范围发展。全球气候变化、能源资源短缺、粮食和食品安全、网络信息安全、大气海洋等生态环境污染、重大自然灾害、传染性疾病疫情和贫困等一系列重要问题,事关人类共同安危,携手合作应对挑战成为世界各国的共同选择。太阳能、风能、地热能等可再生能源开发、存储和传输技术的进步,将提升新能源利用效率和经济社会效益,深刻改变现有能源结构,大幅提高能源自给率。据国际能源署(IEA)预测,到2035年可再生能源将占全球能源的31%,成为世界主要能源。极富发展潜能的新一代能源技术将取得重大突破,氢能源和核聚变能可望成为解决人类基本能源需求的主要方向。人类面临共同挑战的复杂性和风险性、科学研究的艰巨性和成本之高昂,使相互依存与协同日趋加深,将大大促进合作研究和资源共享,推动高水平科技合作广泛深入开展,并更多上升到国家和地区层面甚至成为全球共同行动。

(8) 科技创新活动日益社会化、大众化、网络化,新型研发组织和创新模式将显著改变创新生态。网络信息技术、大型科研设施开放共享、智能制造技术提供了功能强大的研发工具和前所未有的创新平台,使创新门槛迅速降低,协同创新不断深化,创新生活实验室、制造实验室、众筹、众包、众智等多样化新型创新平台和模式不断涌现,科研和创新活动向个性化、开放化、网络化、集群化方向发展,催生了越来越多的新型科研机构和组织。以"创客运动"为代表的小微型创新正在全球范围掀起新一轮创新创业热潮,以互联网技术为依托的"软件创业"方兴未艾,由新技术驱动,以极客和创客为重要参与群体的"新硬件时代"正在开启。这些趋势将带来人类科研和创新活动理念及组织模式的深刻变革,激发出前所未有的创新活力。

(9) 科技创新资源全球流动形成浪潮,优秀科技人才成为竞相争夺的焦点。一方面,经济全球化对创新资源配置日益产生重大影响,人才、资本、技术、产品、信息等创新要素全球流动,速度、范围和规模都将达到空前水平,技术转移和产业重组不断加快。另一方面,科技发达国家强化知识产权战略,主导全球标准制定,构筑技术和创新壁垒,力图在全球创新网络中保持主导地位,新技术应用不均衡状态进一步加剧,发达国家与发展中国家的"技术鸿沟"不断扩大。发达国家利用优势地位,通过放宽技术移民政策、开放国民教育、设立合作研究项目、提供丰厚薪酬待遇等方式,持续增强对全球优秀科技人才的吸引力。新兴国家也纷纷推出各类创新政策和人才计划,积极参与科技资源和优秀人才的全球化竞争。

（10）全球科技创新格局出现重大调整，将由以欧美为中心向北美、东亚、欧盟"三足鼎立"的方向加速发展。随着经济全球化进程加快和新兴经济体崛起，特别是国际金融危机以来，全球科技创新力量对比悄然发生变化，开始从发达国家向发展中国家扩散。2001—2011年，美国研发投入占全球的比例由37%下降到30%，欧洲从26%下降到22%。虽然以美国为代表的发达国家目前在科技创新上仍处于无可争议的领先地位，但优势正逐渐缩小，中国、印度、巴西、俄罗斯等新兴经济体已成为科技创新的活化地带，在全球科技创新"蛋糕"中所占的份额持续增长，对世界科技创新的贡献率也快速上升。全球创新中心由欧美向亚太、由大西洋向太平洋扩散的趋势总体持续发展，未来20~30年内，北美、东亚、欧盟3个世界科技中心将鼎足而立，主导全球创新格局。

4.2 需求问题和解决方案

　　创业逻辑的梳理的第一步便是明确自己的目标需求，这是创业逻辑成立的前提。创业的创造性来由便是弥补社会生活中遗失的需求满足部分，每个还没被满足的需求，每个满足需求的更好方式，都是一个创业机会。

　　服务和产品一定是为了解决某个问题，有价值的问题才能成为商业问题。问题从何而来？具有商业价值的问题并不是凭空想象出来的，只有遵循一定的规律去思考才能得到。

　　所有成功企业家都具有对问题进行准确表述的独特能力，并能为其找到适合的解决办法和市场。从经济学角度来说，这意味着确定一个市场或者确定一个待解决的问题。发现和表述问题，提供准确优质的解决方案，为用户提供满足和问题解决方案是创业过程中最重要的步骤和过程。

　　首先是发现。用户需求是天然存在的，而用户所能提出的要求只是基于现状的一种表述，所以用户的需求可以用各种方式表达，创业者需要做的便是挖掘用户核心的需求。以汽车为例，用户的需求是"快速、平稳、安全地到达目的地"，表述方式可能是"更快的马车"，而最终形成的用户需求则是一辆汽车。

　　确认你解决的是人们需要的而不是想要的。如果一个服务或产品仅仅是价值，是不足够好的，设想如果产品或服务带来的价值是可替代的，没有也不会有什么大的影响，那么不如去寻找一个空缺的需求，创造出能解决棘手问题的产品给客户很高的受益，客户一旦用过服务就不愿意停止使用。那些有意义、有价值的需求往往是重要的、迫切的、普遍的、创新角度的或具有较大难度的。

　　值得注意的是，"一千个读者有一千个哈姆雷特"用在用户需求上仍然成立，不同背景、不同受教育程度、所处不同环境的用户的需求都不尽相同，企业家创造产品时几乎不可能做到满足所有人的需求，这时，你还应有"专业的独断"。当你在某方面的研究了解已经很深，无论是理论知识还是对未来预测的感官都优于绝大多数人时，你便有资格成为用户的代表。产品开发者对于用户需求的理解比绝大部分用户所能表述出的需求更深入，所以开发者应该深入自己的内心，细致地剖析自己的情感。将外界的用户反馈视为避免你思维误区的工具，而不是修改你产品需求的决定性因素。给出意见反馈的用户不能代表所有用户，那些用户也无法表达出内心的声音，无法感受自己内心真正的需求与情感。所以你不需要刻意迎合他们的想法，只有听从自己的心，像乔布斯一样发掘内心深处的情感，才能使作品具有更强的情境感染力。

富有创新精神的企业专注于创造具有急迫性和实用性的产品，无论产品采取哪种形式。Netflix 的成功便是其专注于自身的工作使命——带给用户娱乐，该公司通过邮寄 DVD 和制作电视剧的形式完成了这项工作。虽然这两种形式并无干系，却服务于同一项工作。顾客要购买的其实不是产品或服务，而是让生活有所改善，才把那些东西（产品）引入生活中，这就是"需求"。

既然一切的商业问题均是聚焦用户，那么研究用户的基本需求便显得很有指导意义了。通常而言，我们可以将用户需求分为 3 种基本类型：基本需求、期望需求、兴奋需求[34]，如图 4-1 所示。

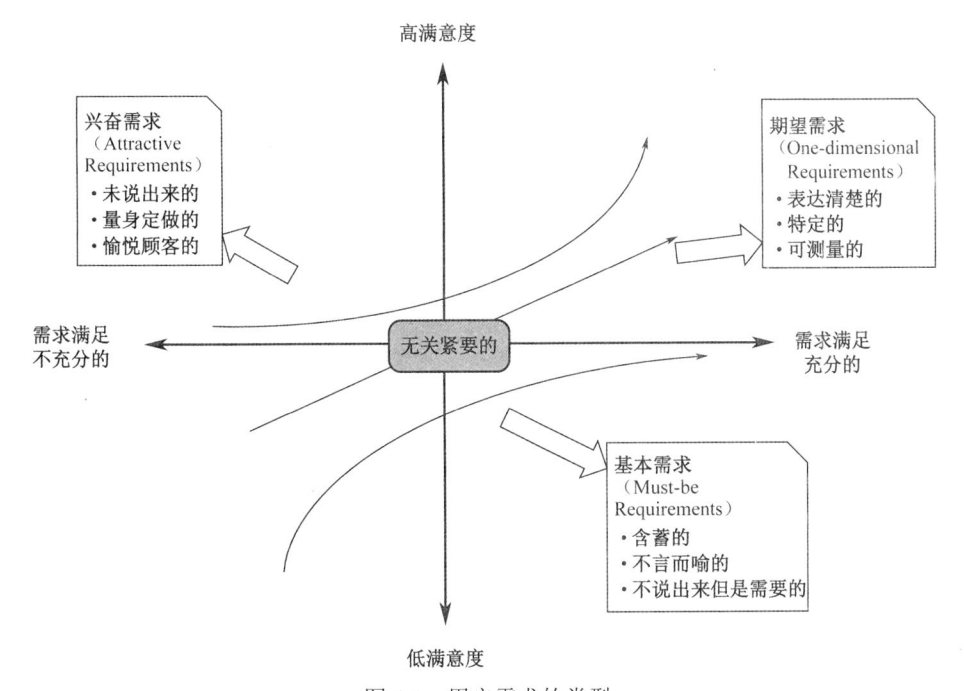

图 4-1 用户需求的类型

基本需求是指用户对企业提供的产品或服务的基本要求，也叫产品应有的品质。也就是用户认为产品或服务"必须有"的，如果此类需求没有得到满足或表现欠佳，用户的不满情绪会迅速增加，并且此类需求得到满足后，仅仅能够消除用户的不满，但并不能增加用户满意度。产品的基本需求往往属于此类，对于这类需求，企业必须高质量地满足，不可缺失或是质量低下。例如，牛肉面没有牛肉顾客会很生气，但顾客不会为牛肉面里有牛肉而表现出满意，因为这是必然要有的。

期望需求是指用户希望所提供的产品或服务比较好，也叫绩效品质。它不像基本需求那样严苛，期望需求与用户满意度之间成正比例关系，也就是说，企业提供的产品或服务水平越达到用户期望，用户满意度就越高。此类需求得到满足或表现良好，用户满意度会显著提升，当此类需求得不到满足或表现不好，用户的不满也会显著增加。这是处于成长期的需求，用户、竞争对手和企业自身都关注的需求，也是体现竞争能力的需求。企业在面对这类需求时,应该全力提升其质量,要力争超过竞争对手。

兴奋需求是指不会被用户期望的需求,此类需求一经满足,即使表现并不完善,也能得到用户满意度的急剧提高,兴奋需求和用户满意度之间不存在线性相关,当兴奋需求被满足时,满意度极度提升;然而如果没有得到满足,用户满意度不会受影响。这类需求往往代表用户的潜在需求,企业的做法就是去寻找发掘这样的需求,领先对手。

了解完用户的常见需求类型后,创业者还需要根据各自所处的行业和市场,进一步对用户进行需求分析。需求分析以技术视角去看待用户需求,还可以从沟通和心理角度去挖掘用户需求。换位思考(同理心)和黄金圈法则是核心。换位思考不仅需要从职位和角度替换,更需要从人的个性、习惯、人际网络等全方位互换,用同理心思考和行事。而黄金圈法则是一套表述准则,在表述事件和开创事业的思考和推动方式上,从目的和理念到具体措施和方法再及现象和成果的逻辑顺序,而非反向推动。发现需求的方法有以下几种。

第一,从生活中寻找。生活中有哪些依然存在的问题,从自己的生活体验入手,找出对自己很重要的事情,对其他人很可能也很重要的事。

第二,从"尚未消费"中寻找机会。从那些不使用任何服务和产品的群体身上寻找尚未符合其预期的需求。企业一旦把眼界拓展到同类竞争以外,可能会发现比传统的竞争规模还大的突破性创新市场。而这些潜在市场往往来源于"尚未消费"的消费者。

第三,变通与勉强凑合的做法。当看到消费者为了解决生活上的问题而采取变通做法,或是使用勉强凑合的做法时,就表示你发现了潜在客户。

第四,探究没人想做的事。自己不想做的事情的背后便是深层次的需求分析,找准问题所在,这些负面用途会成为最佳的创新机会。

第五,发现不寻常的用途。从观察用户的产品使用方式中也可以发现很多新的商机,尤其是用户的用法和公司预期的用法大相径庭的时候。

同时,在寻找用户需求的过程中,企业家还需要警惕以下误区,有一些甚至表面上看起来非常正确,但稍有松懈就会前功尽弃。

第一,只要我的产品够好,就肯定有人用。这个看法的问题是,错误地理解了补充性功能带来的价值与用户从原有产品转向新产品的成本之间的平衡,产品的完善更像是锦上添花之举,并不一定会让用户舍弃原有的产品,用户黏性起着关键的作用。假如有人做了一个新的微信,具有更优美的交互界面、更安全的信息保护、更少的流量消耗。但是大家一定不会去用,因为现在的微信的使用不仅仅是用户选择这种即时通信的工具这么简单,真正让用户使用微信且不愿离开的是每个人庞大的人际网络,弃用微信而转向其他软件会消耗用户太多沟通成本,比起优化所带来的益处,这并不值得。所以,并不是做一个完美的产品,就一定有人用。

第二,有足够的市场容量,巨大的目标群体,急切的市场需求,就足够支持产品的成功。火热的市场只能证明商业方向可行,但是具体要面对市场中的哪些用户?要解决他们遇到的什么问题?他们的问题反映出来的需求是什么?什么功能能满足这些需求?怎样的产品能实现这些功能?这些问题是环环相扣的,从问题到产品的逻辑链条必须是很完整的,不能在任何一个部分有漏洞。例如,有些帮用户境外旅游的应用,虽然它们的功能逻辑都很清晰,但是,具体在旅行方案的实施过程中,会遇到很多困难。当地的资源怎么协调?在它们的政策上会不会有风险?这些都是要纳入考虑之中的,并不是有足够的市场需求,就能保证产品的成功。

第三，面对用户需求差异性时，不加筛选地全盘满足。假如有人想做一个足球运动的 App，功能涉及比赛实况直播、约球平台、售票平台、买球商城。你如果问他，你的产品的核心竞争力是什么呢？他会说，足球爱好者的所有需求的满足便是产品的核心竞争力。然而，产品涉及的需求过多一方面难以给用户传递其核心价值，另一方面初创企业也难以保证每一项子项目的质量，从而给用户不专业的感受。好的产品核心价值是非常明确的，不需要过多的功能添砖加瓦，这样反而会使产品臃肿。

面对这些误区，我们应该怎么避免呢？

首先，理清商业逻辑。有的需求分析根本证明不了自身的逻辑合理性。例如，做家教 O2O，师生两端的需求足够清晰吗？学生有什么需求？可能是希望得到可信的高质量教学，可能是希望得到教师的精神支持等。教师有什么需求？合理的教学时间安排、可观的薪资酬劳等。之后将学生的需求与教师的需求挂钩，才能构成通畅的基本逻辑。

其次，学会用科学方法求证。研习可靠的需求理论最为基础，通过准确、高质量的调查研究发掘已有需求，进行产品模型试点，收集真实的用户反馈，重新明确需求。

4.2.1 问题表述的精准迭代

许多新企业的失败是对问题未能做出足够的明确表述的结果。在这一点上，企业家比小业主和大公司少犯错误。小业主可能会按照自己的喜好或是由现实境地所迫而经营起一家商店，却未深入调研用户、市场和行业趋势。而大公司则可能迫不及待地向市场抛出他们的解决方案，然后用庞大的资金和宣传力量将解决方案应用于市场，其结果是几年赤字以后才使产品打开销路。

企业家可以初步地对问题进行分类，粗略地判断其价值，尽量选择能力范围内，最高级的需求。因为潜在用户可能会为此付出更高的价格。无论商业问题的类型是什么，它们均有一个共同点，即一切的商业问题均是聚焦用户。用户需求才是所有问题的根源。如何聚焦用户的需求呢？

1. 发现问题——谨慎探索

人类文明的发展产生了创新的需求，人类价值体系存在两类不同的需要：一类是沿生物谱系上升方向逐渐减弱的本能或冲动，称为低级需要和生理需要；另一类是随生物进化而逐渐凸显的潜能或需要，称为高级需要。

低层次的需要基本得到满足以后，其对行为的激励作用会减弱，逐渐丧失其优势地位，高层次的需要的强度不断增加，进而成为推动行为的主要原因。有的需要得到满足后，便丧失对行为的任何激励能力，于是被其他需要取而代之。

人的需要层级如图 4-2 所示。

生存需要是人类维持自身生存的最基本要求，包括饥、渴、衣、住、行方面的需要。如果此类需要未能被满足，人类的生存就成了最大的问题。而生存需要是生物最本能的需要，生存需要是推动人们行动的最强大的动力。马斯洛认为，其他的需要要成为新的激励因素的前提是生存需要得到满足，一旦生存需要得以满足，这些已相对满足的需要也就丧失了激励作用。

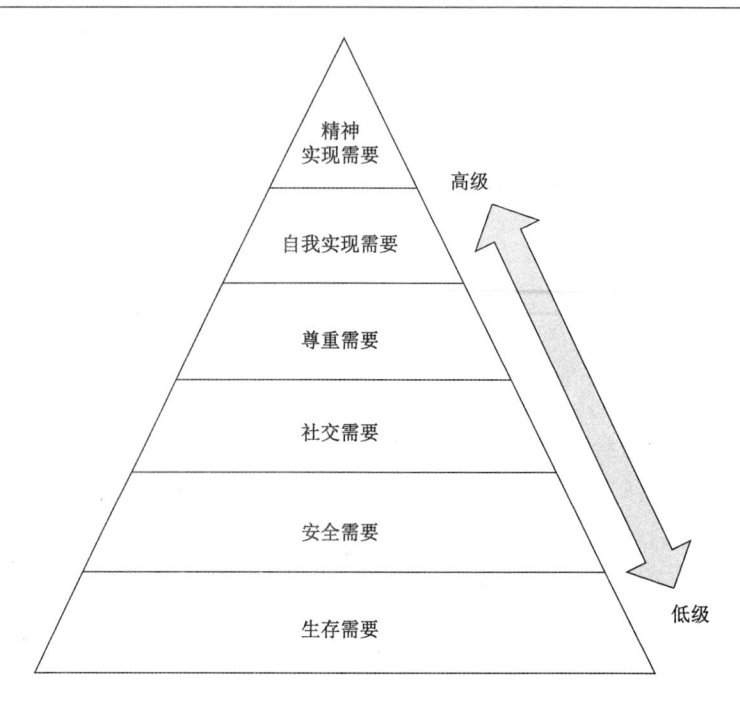

```
        精神
        实现需要
                    高级
      自我实现需要

       尊重需要

       社交需要

       安全需要

       生存需要
                    低级
```

图 4-2 人的需要层级

安全需要是人类要求保障自身安全,摆脱丧失事业和财产威胁,避免疾病的侵袭、接触严酷的监督等方面的需要。人类的生物个体是一个追求安全的体系,人的感受器官、效应器官、智能和其他能量主要是保障个体安全的工具,甚至可以把科学和人生观都看成满足安全需要而存在的。同样,当这种需要得到相对满足后,也就不再成为激励因素了。

社交需要是对友谊、爱情及隶属关系的需要,由两个部分组成:一是友爱的需要,即人人都需要伙伴之间、同事之间的融洽的关系或维持友情和信任,人人都渴望得到爱情,希望给予别人爱,也渴望接受别人的爱;二是归属的需要,即人都有一种归属于一个群体的感情倾向,希望成为群体中的组成,并相互关心和照顾。感情上的需要比生理上的需要更复杂,它取决于个体的生理特性、经历、教育、宗教信仰。

尊重需要由内部尊重和外部尊重两部分组成。内部尊重是指一个人希望在各种不同情形中有实力、能胜任、有信心、能独立自主,也就是人的自尊。外部尊重是指一个人希望有地位、有号召力、受到他人的尊重、信赖和高度评价。每个人都希望自己有稳定的社会地位,渴望个人的能力和成就得到社会的认同。尊重需要得到满足,能使人对自己满怀信心,对社会充满热情,感受到自己存在的意义和价值。

自我实现是高层次的需要,它是指实现个人理想、抱负,充分发挥个人的才能,完成与自己的能力相当的一切事情的需要。这意味着,人需要就任称职的工作,这样才会使他们感到最大的快乐。马斯洛提出,为满足自我实现需要所采取的方法是因人而异的。自我实现的需要是努力挖掘自己的潜能,使自己越来越成为自己所期望的人物。

精神实现就是当一个人的心理状态充分地满足了自我实现的需要时,所出现的短暂的"高峰体验",它通常是在执行或完成一件事情时,才能深刻感受到的体验,常常出现在艺术家或是音乐家身上。

2. 进行定义——表述价值

对用户的需求做出最精确的定义后,依照定义出来的需求再创造和选择产品,这样才能准确把握用户的真实需求,按照用户的需求来对产品的样式、色彩、功能进行组合设计,呈现给用户一件最称心如意的产品。

几乎没有用户对自己要购买的消费品形成了非常精确的描述,企业家需要对用户对产品的期望、用途、功能、款式进行逐渐发掘,将用户心里模糊的概念以精确的方式描述并展现出来,这就是用户需求定义的过程。在进行用户需求定义时要注意从不同的角度和侧面来分析,要坚持以下原则。[35]

(1)全面性原则。对于任何已被列入用户名单的消费者,我们要全面地定义其几乎一切的需求,完整掌握用户在生活中对于各种产品的需求强烈程度和满足状况。推荐要全面了解的原因是要让用户生活中的需要完整地展现在你的面前,而且根据用户的全面需要分析其生活习惯、消费喜好、购买能力等相关因素,更为重要的是这种"以全概偏"的调查往往会迷惑用户,塑造销售人员关心用户、重视用户的良好形象。

(2)突出性原则。要突出产品和用户需求的契合点,清晰地定义出用户的需求,甚至有的时候要给用户对本产品的需求命以一个"特别的名称"。例如,你是一个生产竹躺椅的企业,要尽可能地让用户形成对躺椅的独特认知,为它定义出一个别人都没有意识到的"提高生活舒适度"的需求等。

(3)深入性原则。认为用户需求仅仅是简单的购买欲望,或者是单纯的购买过程明显是受限于现实的表象,只有深入地了解用户的生活、工作、社交的各个环节,你才会发现他对同一种产品拥有的真正需求。所以说,要对用户的需求做出清晰的定义,事前工作的深入性是非常重要的。

(4)广泛性原则。广泛性原则不是对某一个特定用户的要求,而是要熟悉所有接触用户的需求情况,学会对比分析,差异化地准备自己的相关材料和说服方法。

3. 疑惑不解——具体表述

企业家的世界是相当广阔的,某些方面所需的解决办法与其他方面需要的解决办法会完全不同。据我估计,全球每年有超过一亿人在考虑成为企业家的可能性,中国大概有其中的1/10,这个估算是以面向企业家的杂志和网站的订阅人数及参加有关特许经营、小企业和新技术会议的人数为依据的。这些人也许正处于个人发展曲线的精力顶峰并对事业发展的现状心怀不满,然而他们对于如何应付这种处境缺少启发。一个可能的解决办法就是从创业或企业家杂志中留出一页:介绍成为企业家会遇到的问题以及可供他们利用的资源,如何获得这些资源以及何时去获取这些资源。

其中较少一部分未来的企业家有一组不同的问题,这样的人也许每年有100万人。他们想与别人共同处理他们的问题,讨论诸如如何招募经理、包装产品,以及与供应商打交道等具体领域的问题。这一组企业家喜欢在会议室这种环境里一起聚首。对这组人来说,解决办法就是建立风险资本投资俱乐部。

当然还有一些位数更少的企业家已经完成了在隧道中摸索的旅程,他们正准备制定企业规划,并筹集投资资本。估计每年达到这个阶段的企业家有10万人。最后,每年大约有10000名企业家会寻求投资银行家的帮助,帮助他们找到一个合作伙伴来筹集投资资本,或者给予其他形式的资金帮助。当我为创业投资服务市场阐明问题时,我看到了4个层次的对象,每个层次都对不同于其他层次的具有明显特色的产品感兴趣,每个产品都有各自的价格、支付条件和交付手段。图4-3较清楚地说明了这个问题。

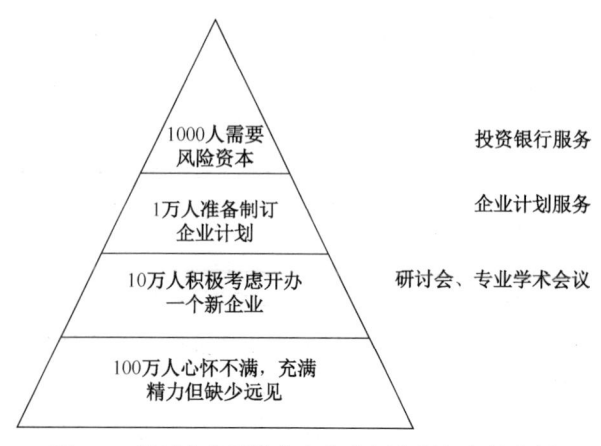

```
         /\
        /  \      1000人需要           投资银行服务
       /    \     风险资本
      /_____\
     /        \   1万人准备制订        企业计划服务
    /          \  企业计划
   /_____\
  /              \ 10万人积极考虑开办   研讨会、专业学术会议
 /                \一个新企业
/_____\
                    100万人心怀不满，充满
                    精力但缺少远见
```

图4-3　新创企业及潜在企业家创业服务市场分析

如果只注意市场的一个方面，如投资银行，就可能会忽视市场范围更广泛的方面，这些范围更广泛的方面不仅互相关联，而且从整体来考虑可以更容易地从盈利的方式得到服务。这种金字塔表述问题的方法似乎可适用于许多服务行业。

服务性公司在两个方面具有自己独有的特色：开办服务性公司的想法对许多企业家有吸引力；服务性公司要筹集到大量的资金非常困难。风险资本家怀疑服务性公司的问题在于，"资产"每晚都进了经营者的腰包，可能不会返还。所以，经营服务性公司的企业家不像其他企业家那样能够掌握大量开业资本，他们必须采用独特的筹资方法。

碰巧，资本来源于有问题需要解决的人们手中，这种筹资方法就称为客户筹资。过去50年中最伟大的企业家中大约有20%依靠客户筹资方法筹集他们的资本。获得成功的服务性公司中有许多都靠客户筹资，其原因是这些企业家认识到他们能够说服客户去冒资本风险。保险业就是通过客户筹资发展起来的。许多客户筹资的公司非常有名，其中包括新东方外语学校、21世纪房地产公司、计算机世界公司、慧聪商情、万通办公设备公司、房屋装修品供应公司、玫琳凯化妆品公司、马克西凯尔公司。

客户筹资的优点：能为创业小组保持权益，即保留V因素，客户直接参与寻找解决办法；与向投资者和他们的代理人提出集资申请相比，能够更快地筹集到投资资本。客户筹资的缺点在于：必须做到绝不拖延对服务或产品的提供；客户已经预先为这些产品和服务支付了费用，所以企业家必须预先准备好产品或服务，以便能在收到付款后60天内提供服务。

由于客户直接参与了寻找合适的具有成本效益的解决问题的方案，社会因而得到了裨益，这样做既节省了时间，投资资本也可以节省下来用于更加资本密集的项目。如果企业家对客户筹资的各种形式进行分析，在此基础上判断所需要解决的问题是否足够大、足够相关，并且据此判定是否要预先收取费用来为准备和发现解决方案筹集资金，那么对问题表述进行彻底处理的过程就不会那么痛苦和令人烦恼了。客户筹资主要有特许经营、设施管理、快讯服务、邮购营销等。

特许经营通常由特许权拥有者通过向特许经营者出售特定区域的独家经营权筹集资金，特许经营者除了按照收入支付提成外，开始时还要支付一笔费用，称为特许权转让费。其计提按照销售量的大小，也可能是收入的3%～10%。经常，但并不总是，特许权拥有者同意将每月收取费用的一部分用于购买国内广告。有些特许经营企业开始时，特许权拥有者没有任何资本投资，这是从非常具有创造性的新的想法中产生出来的。

确定特许权转让费的数额并不科学，其价格等于市场能够承受的幅度。过去半个世纪，法律不断加强对待特许经营企业"现在付款，将来交货"原则的限制。大多数特许权提供者适用最严格的法律且按这些法律行事，这样他们就可以也受到其他地区的法律保护。除了法律费用或者某些标志设计费用以外，开办一家以特许经营为目的的企业还存在创造整个体系的成本。

即使上述的商业上的例子会使你感叹"我怎么没想到这些办法"，商业上也从来没有容易的事。问题表述和客户筹资方法要求进行大量分析、讨论，以及尝试和失败。它们绝不是任何工商经济管理的硕士课程能够传授的，在真正懂得个中奥妙之前需要具备一些商业上的经验并经历一些严重的失败。

关于特许经营要注意一点，它是一种筹集资金的巧妙手段，却是一种难以团结在一起的组织形式。提供特许权者应当将经营得法的特许经营者兼并下来，并阻止他们反对自己，为了获得更多利益去提起诉讼，或者提出有关相对财富的令人尴尬的问题。一旦经营得法的特许经营者被特许权拥有者收购下来而变得富有起来后，经营较差的特许经营者就有了努力的目标。

设施管理的关键就是发现相当多数量的具有类似问题的大型组织，向他们提供价格相当于他们目前在这些问题上支出的解决办法。出售设备管理合同最为普遍的领域之一就是市政服务。企业家越来越认识到向国家和地方政府提供设施管理合同服务有赚取利润的机会。管理监狱、管理学校，以及管理其他新设施的公司正在迅速地建立起来。许多由政府管理的企业若由营利性公司经营会管理得更好，包括邮递系统、学校系统、卫生系统、街道清扫和保养，以及消防部门。

为了开办一家设施管理公司，一个企业家必须向第一位客户证明他具有提供解决办法的不容怀疑的能力，解决方案的价格等于该客户目前为存在的问题支付的代价，也就是说，等于管理这些部门所花的成本。为机关提供食品服务的公司，如萨迦公司通过承担这项任务成功地管理了公司的食堂。经营设施管理公司的企业家原先常常是为第一位客户工作的，或者是第一个客户的竞争对手。同样，保证工作像所答应的那样做好，再加上要得到设施管理公司中人员的认可，这两者是获得合同必不可少的条件。

合同常常是以试用的方式签订的，根据这种做法，企业家被要求先解决问题的一两个方面，在此基础上才签署整套合同。当然，两个或3个合同的执行过程中，一些设备便可合并或取消，还会节省下一些人力。假设一家新创办的设施管理公司在第一年赢得3个价值为200万美元的合同，并节省了30%的设备和人力，扣除间接费用之前它的营业收入将达到180万美元。这是一个十分可观的数目，以此为基础便可以开办一家企业。

当佩罗公司首次公开出售其股权时，市场对该公司的估值（V值）约为10亿美元。佩罗公司的问题阐述过程就是善于经营的缩影。电子数据系统公司愿意将公司的工资单和设备成本包括在公司的预算中，并提供数据处理的解决办法。如果电子数据系统的工作卓有成效，那么其结果就是他能将两者的差额作为利润赚取下来。佩罗公司在电子数据系统公司想解决的问题中找出了能导致新公司经济成功的8个最重要的因素。我把这些因素称为"DEJ"因素，其含义是"可显示的经济理由"因素，如表4-1所示。

表 4-1 可显示的经济理由因素

序号	可显示的经济理由因素
1	有合格的买主
2	有称职的卖主
3	买主的同质性
4	大量买主存在
5	制度上不存在销售障碍
6	"嘿，他真管用"现象
7	最优价格与成本关系
8	新公司的不可见性

企业家都应以这 8 个因素作为镜子，对照他们拟建的新公司，以衡量他们想法上的经济价值。他们的新公司具有这 8 个因素中的因素越多，他们创造出来的 V 值即财富就越大。设施管理是利用客户的资本开办新企业的更聪明办法之一。佩罗公司除了教给我们设施管理以外，还强调指出了他取得第二个创业成功所遇到的困难。

快讯服务。没有什么会比利用客户的预付款开办快讯服务更加简单。在一个新的产业中赚钱的第一个企业家通常是快讯出版商。出版商提供的服务是确定出该产业中新生的企业家打算解决的问题。快讯常常发展为媒体，或分支开办研讨会，把研讨会内容制成书面或电子资料集，或者召开大型学术会议，所有这一切都是由企业家来管理的。歇尔登·阿德尔逊开创的 COMDEX 是个人计算机主要的贸易展销会，该展销会每年的总收入达到 1.75 亿美元。

邮购营销。没有任何其他生意会比直接邮购营销更容易进入了，别人向你提供的所有那些邮购业务目录就证明了这一点。这项生意正在实现电子化，这样个人计算机拥有者就可以用电子手段储存下成百张目录，然后通过信函、邮政代理人或者联合邮包服务公司订购商品。直接邮寄或邮购订货是零售业中发展最快的一个部门。这项生意每年的营业额为 1500 亿美元，大约占全年总零售额的 15%。

在互联网风行世界之后，邮购营销借助互联网发生了质的飞跃，并催生出了 DELL、亚马逊、京东等一系列的商业巨头。

4. 审慎思考——严密观察

许多创业失败是未能做足够明确描述的结果，没有对问题分类观察。谨慎思考，运用逻辑和理性，切换问题的定位和角度，不断地挑战已有观念，从突破性和颠覆性视角，尽可能做更多的思考和探索。从不同的角度定位，探索不同的替代方案，对企业家非常重要；在早期自由地探索各种方案，逐渐向确定的一组方案靠拢；保持灵活性并保持可以随时可以改变。

对问题的阐述，会不断地遇到失败和挫折。如果对问题的阐述来得太容易，一些重要的组成部分就会被忽视。将所需要的全部资本都投入企业创造过程的企业家极少能获得成功。

企业家也能在公营而效率低下的服务业上发现问题。邮政和快递的不断发展就是范例。有些人需要快速，有些人需要方便，有些人需要可靠，而有些人需要细致入微的客服和态度，还有些人需要一揽子便捷的组合。这催生了联邦快递、UPS、顺丰速运、京东快递等多家提供物流和递送服务的公司。

关于邮局效率低下而创造新的物流和递送解决方案的想法可以在其他方面反复运用，应当为多市场渗透提供快速服务而得到专营权。如果这样做，美国邮政管理局的规模就会大大缩小，从而成为高效率、便于管理的邮政服务机构。

5. 思想创造——特立独行

关注、洞察和分析各个方面，然后进行定义和描述，进而可能形成解决方案。创造性与其说是一种能力，不如说是一种方法——组织能力去实现目标的一种方法。目标就是你所要创造的一切，对问题和方法进行思考、评价、修正，并且创造出新的方式。

企业家从形成思想或见解开始，并没对任何人宣告其变化，便变成一个执着的梦想追求者。他们常常逃避压制，逃避经济冲突，或者逃避强加在他们身上的痛苦，因为他们不同于周围的同事。在承受痛苦的成长历程中，企业家发现目标从来都不是能轻易实现的，全部人类也生活在这样的困境中。

凯蒙斯·威尔逊八年级辍学回家，因为母亲病得太厉害不能再工作。威尔逊十几岁时就开始了创业，他使用一系列日期填迟的支票买下花生零售机。为了偿还这些支票，年轻的威尔逊每天从所有花生零售机中把所有的硬币都收集起来，然后赶到银行去解付。在此过程中，与眼看着母亲死去以及不断挨饿相比，这种创业经历的艰难简直不算什么。他的主要创业成就是美国的"假日旅馆"。

杰克·R.辛普洛特在14岁时离开了他恐惧的父亲，他把负罪感和忧虑转变成一股无法抑制的成功欲望。他先是从农民那里购买孱弱的羊羔（同一窝生下的羊羔因为数量太大，母羊无法全部哺养，最终也只会被杀掉），几个月内，他共拥有了40头这样的羊羔，把它们喂养长大再卖回给农民，通过这种方式最终赚得140美元的利润。在1922年对于一个十来岁的少年来说，这是一笔非常可观的收入。辛普洛特之后又持续地创业，他是第一个对土豆加以速冻的人，他获得专利发明权的法国式炸土豆帮助麦当劳公司获得了巨大的成功。

成功的企业家一般都是从零做起的，他们承受着已经确立地位的权威们的轻视和打压，从痛苦的经历中学习到生存边缘不灭的希望。从学习中他们懂得思想里的东西是无法被剥夺的。他们还懂得个人理解、梦想是真实存在的且值得用一生去追求的，所以应当尽快为它们打下基础。通过追逐梦想，寻找解决办法，他们使自己尽量避免失败，并且解决会对许多人产生影响的问题。

创业牺牲是一种宗教式的经历。由于企业家坚信所有付出均会得以某种形式的回报，他们贡献了全部的自己，牺牲了一切——时间、爱情、资产及睡眠。他们投入大量资金，牺牲与家人和朋友相聚的美好时光，毫不怀疑地照计划行事，即创办旨在为重大问题提供解决办法的新公司。他们抓住每一个机会，不惜一切代价，常常面对顽固的生产阻碍，并与对他们造成最重要限制的银行家周旋。这样企业家开始引领潮流，起初只产生很小的影响，但足以表明他们的方向是正确的。[36]

样机旁、地下室、租来的阁楼上和废弃的仓库廊檐下是他们在艰难的创业中可能的居所。企业家日复一日地耕种理想，纵使创业环境恶劣，他们还是容易从工作中获得快乐。他们成功地应付债主，找出一个复杂系统的设计漏洞，说服客户预先付款，或者让银行同意用下星期一期望可以收到的款数来抵充星期五的透支，所有一切的小小胜利都是巨大快乐的来源。

经过几个月的摸索后，企业家看到他的想法是站得住脚的，他们的企业计划是有生命力的，他们看到一线光明。虽然真正的胜利还在远方，但在经历过如此之多的困苦之后，这缕光明承载着希望，使企业家朝着光明的方向更加迅速地阔步向前。

戴维·J.帕德瓦曾经在两个毫不相干的领域内成功地开创了自己的企业，一个是20世纪60年代创办的基本系统公司，另一个是80年代创办的农业基因公司，他将创业过程描述为"海军陆战队在海滩登陆，对着所有移动目标开火。如果射击的东西倒下了，他就朝着这个方向奔跑。"

在四周围墙、断崖的环境中，以及不知从何处冒出的障碍随时可能把人撞得头破血流的环境下，并不是每一个人都能透过黑夜盲目地朝着只存在于想象的目标前进的。这就是企业家的故事，每一个桥段都充满个人色彩，故事的结局没人知道，即使是走在路上的他们。也许开拓本身便是写下个性的人生长卷，生而不同。

6. 商业计划——表述迭代

问题在不断确认后，便应该进行实际表述。奇思妙想最终要书面化，更大范围地传播从而带动大规模协作，商业计划便是这一过程的最佳载体。

商业计划是商业模式的书面表达。商业模式的相关构成和特征等都要反映在商业计划中。以创业机会为起点，从商业模式到商业计划的过程中，创业机会的核心特征——市场和产品特征贯穿其中。商业模式就是围绕市场和产品特征所形成的价值创造体系。市场特征和产品特征作为商业计划的核心内容，通常需要使用大量篇幅论证市场定位和产品开发。

从创业机会到商业计划的过程中，创业机会识别和开发的边界在不断扩展。机会识别和开发的边界局限于机会市场和产品特征。商业模式是建立在创业机会基础上的系统整体，尽管在开发阶段，它仍然围绕创业机会的市场/产品特征，但如何通过组织设计和模式创新实现创业机会的手段已经成为重点。这就使得机会识别和开发的边界拓展到了以系统为单位的组织活动。商业计划书撰写则是上述过程的进一步深化，并且通过财务数据的分析以证明商业模式的现实可行性。因此，在商业计划书撰写中，机会识别和开发的边界拓展到了（虚拟）企业的整个运行范围。

随着创意开发、创业机会识别、商业模式构建、商业计划撰写这一过程的推进，创业机会的市场和产品特征不断被具体化。面临的实际问题是什么？需要冲破哪些限制条件？哪些可以改变或放弃？越来越多的问题又涌现在企业家的面前，不断锤炼着其创业想法。

在商业计划书的撰写过程中，由于需要展示创业机会的价值，通过数据和逻辑推理来证明创业机会的市场有利，产品符合用户需求，因此，借助创业计划撰写过程将会重新审视创业机会，创业机会与实质性企业的距离也更加接近。企业家从企业运行的真正情境中反思创业机会的市场和产品特征，这相当于对创业机会的一次模拟。

企业家很有可能发现之前所识别的机会存在一些问题，有时候，这种问题甚至是致命的。此时，企业家必须重新回到创业机会识别的最初阶段，反思对于创业机会的设定是否有误。这一过程构成了商业模式各要素和系统化的迭代，对于创业活动的推进非常重要且有利。从这个意义上看，商业计划撰写是不可或缺并非常重要的。

4.2.2 创造需求和洞察趋势

活在未来，然后开发缺少的东西。——保罗·格雷厄姆

1. 创造需求

如果愿意，请设想一下艺术家站在一幅巨大的空白画布面前聚精会神的神情，眼前的空白即将成为自我表达的天堂，狂热尽显。把对于追求的这种狂热与索尼公司的创办者之一盛

田昭夫最喜欢讲述的故事做一个比较：两个鞋子的推销员来到非洲的一个未曾开发的落后地区，一个推销员向总部发了这样一封电报："这没有销售前景，土著们不穿鞋子。"另一个推销员发了这样一封电报："这没有一个人穿鞋，我们可以占领整个市场，将所有可能的存货全部运来。"

盛田昭夫在索尼公司的指导思想就是创造尚不存在明显需求的产品，并且创造需求。这些产品包括无线电收音机、袖珍电视机、数字式照相机、便携式微型收录机，以及录像机。从形式上看，索尼公司在美国的发迹与安迪·沃霍尔或罗伊·利希滕斯坦一样。

如果渴望创造伟大的产品，能够改变人们生活的产品，最好先细致入微地观察人们当下的生活。和脑中理想的未来世界进行对比，并找出当下的产品的缺陷，试图去弥补这种缺陷，桥接现在与未来的产品可以称为伟大。

消费者并不清楚地了解自己需要什么，直到一个惊艳的产品被呈现在他们面前时，他们惊叹道：这是我要的东西。有些人说："消费者想要什么就给他们什么。"但那不应该是创业者的方式。创业者的责任是提前一步搞清楚他们将来想要什么。

乔布斯的离世没有带走他留下的故事和故事里孕育的商业观点和产品理念，他用一个iPhone重新定义了手机，开启了移动互联网的10年辉煌。乔布斯的伟大更在于他的商业理念，尤其是他对市场的认知。乔布斯最重要的商业观——我从不相信市场调研。

必须明确一点：调查问卷是不会帮你发现需求的。因为所有的调查问卷都无法脱离当前的技术和当前的市场，对于成熟行业这种做法也许是合适的，而对于大部分有创新业务特别是破坏性创新（Disruptive Innovation）的创业公司却没什么帮助，因为用户并不了解你的技术和想法，他们甚至无法理解你的意图。在iPod面世之前，绝大部分用户永远无法理解，为什么要在MP3播放器里面存放能听一个月的歌曲，所以市场调查问卷得到的结果只能是，绝大部分用户只要携带一天上下班路上能听的音乐就够了——如果乔布斯听从了调查问卷的结果，显然历史上会少很多苹果所留下的光彩。

记住，市场调查能告诉你消费者对于产品的看法，能帮助你改进已有产品，但消费者无法预测他们从未想象过的产品。对于有些事情，市场调查是无能为力的。只有让产品真正面向消费者之后，他们才能反馈有用的意见。

很多人会误以为乔布斯是在闭门造车，事实相反，他很注意倾听消费者的声音，他和消费者之间有很多交流，但是他最终选择按照自己的想法生产产品是有足够的理由的。"当然，我是相信倾听消费者的，但是消费者并不清楚现在科技的发展水平，他们并不知道科技可以干什么，他们也不能预测下一个改变整个行业的突破口在哪里。"

汽车大王亨利·福特的名言："如果我当年去问顾客他们想要什么，他们肯定会告诉我：'一匹更快的马。'"在汽车普及之前，马车是人们最熟悉的交通工具，此时的调查研究结果中自然不会有任何与汽车相关的结果能得出。顾客只对自己已知的事物有需求，并且需求主要表现在更好、更多、更快、更便宜等方面，这告诉我们：顾客的意见虽然重要，但颠覆性产品的出现从来都不是从消费者口中得出的。

2007年上网本曾经风靡全球，几乎每个笔记本厂家都推出了自己的上网本，上网本和笔记本相比更加便携，价格便宜，当时大有代替笔记本的势头。很多厂家也通过市场调研得出潜力无限的结果，所以厂家们纷纷投入生产。但唯独苹果不随大流，苹果坚持只做伟大的产品，并且认为上网本配置低、键盘小、体验差，一无是处，如果仅仅是为了上网，如浏览网页或收发邮件，完全有更好的解决方案，后来苹果发明了 iPad。

2. 黄金圈法则

当营销负责人需要执行一个营销策划，如果他从匹配用户需求到营销目的、方式、渠道把"为什么"说得非常清晰，并与公司整个战略指导方针相符，他往往能获得执行整个营销策划的授权，并且在执行这个方案的时候他总是目标明确、充满激情和动力。同样，如果你能将团队针对某一主营业务的营销策略向投资人解释得非常清楚，你获得投资的可能性将会大大提升。黄金圈法则就是一个很有效的表述准则，如图 4-4 所示，共分为 3 层：Why、How、What。

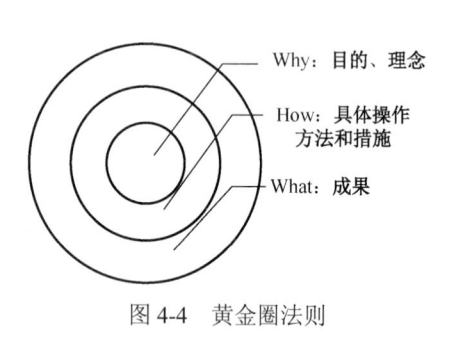

图 4-4 黄金圈法则

（1）"Why"应当清晰明确。

想要感召他人，激发他人的热情，需要从清晰的"为什么"开始。黄金圈法则的核心是"Why"。你必须把"为什么这样做"的问题想清楚。吸引人们购买的，不是"你是做什么的"，而是"你为什么这么做"。

（2）"How"要有行事准则。

将脑中的构想用现实的笔触勾勒成形，需要一套完整的行事原则去指引，防止与目标殊途。"怎么做"体现在组织的体系、流程和文化中。

要让价值观或行动准则真正见效，你必须用动词。不是"正直"，而是"永远要做正确的事"，不是"创新精神"，而是"从不同的角度看问题"。这会让我们清楚地知道该如何行动，衡量行动的效果，甚至围绕它们建立奖励机制。

（3）"What"要有一致性。

一言一行必须要和理念协调一致，"做什么"是行为的表现，是所说、所做的一切。真诚感构建了赖以生存的人际关系，人际关系也会带来信任，而信任带来忠诚。如果黄金圈失去了平衡，也就意味着失去了真诚、人际关系和信任。

黄金圈的表达方式有两种：由外而内和由内而外。大部分人在阐述自己产品的时候，采用的是由外而内模式，即 What-How-Why，如推销产品时，介绍这是我们公司的 X 型产品，采用最先进的 9AT 自动变速箱，有着良好的节油性能和操控性等。

而想让黄金圈法则发挥作用的模式是由内而外模式，即 Why-How-What，首先思考为什么要这么做，我们的目标、理念是什么；采用什么方法、措施去实现这个目标；我们的产品用什么表现形式能更好地呈现我们的理念。

以苹果公司为例，Why 层面是 Think Different，How 层面是极致用户体验和先进的技术，What 层面是具体的产品。例如，iPhone 拥有高清视网膜屏、超薄的金属拉丝外壳等，整个公司的产品都服务于 Think Different 这个理念，所以它并没有像其他手机厂商一样一味地追求通信质量，从而研发出了绝无仅有的 iPhone。

产品的设计实现流程通常也应以 Why 作为起点，深挖用户本质的需求，然后从 How 的层面考虑是用线上还是线下的方式实现，最后从 What 层面去决定采用什么材质、交互方式、工业设计。

3. 同理心激发共情

也许你会碰到这样的尴尬处境：脑海中构想出一个十分令人激动的想法，迫不及待地要将其应用到潜在客户群体,却收到十分失望的反馈——没有人对你的想法感兴趣,没人会购买你的产品。有时候客户需要的并不是产品,而是问题的解决方案及服务。所以一味地朝着新产品的方向思考是徒劳无功的,切身地体会用户的处境,找到生活中真正的不便,才是产品的开端。

同理心(Empathy)又叫换位思考、神入、移情、共情,是试图站在对方处境思考的一种方式,是进入并了解他人的内心世界,并将这种了解转述给他人的一种技术与能力。同理心是情商(EQ)的一个重要组成部分。[37]常用的说法有"将心比心""人同此心、心同此理"等,它可以初步理解为"换位思考",不过只是思考还不够,还需要"换位感受""换位行动"。

在产品设计和推销的过程中换位思考是十分重要而且实用的,特别是在紧张的工作环境下。例如,当有顾客反馈产品的不实用性时,生产者往往会倾向于从自己的角度看待此事。在这种状况中,有的人会默认对方是无知的或者带有敌意的。你的大脑会不假思索地认为:"他们怎么可以这样看我的产品?"面对这种情况,有建设性的方法是花一点时间了解对方为何做出了这样的结论,如他们是否具备做出准确判断的必要经验?问问自己,也问问对方这些问题,这样就能够将僵持的局面转化为协同合作的经历。

对于企业家而言,同理心最重要的目的是帮助他们更好地理解用户潜在的需求,开发和设计出令用户满意的创新产品和服务。做产品的过程中,我们要经常性地思考用户在什么场景下在想什么、做什么、希望得到什么、希望丢弃什么等。即常言道,要站在用户的角度思考问题。同理心是以人为本,符合人性,满足用户的需求与喜好的思考方法。

同理心的基础是细致的观察,企业家的目标是挖掘用户的需求以设计制造产品。同理心设计依赖于用户,而区别于传统的市场调研观察,能避免可能出现偏差的调查和问题。

4. 洞察文明发展趋势

在过去 20 年的时间里,互联网、社交媒体、移动通信、人工智能领域的创新已经让此前的创新变得过时。Salesforce 基于互联网的方案(SaaS)摧毁了非 Web 型的 Siebel CRM。像 LinkedIn 这样的社交平台击败了 ACT 和 SalesLogix。几个以移动为核心的平台现在正在挑战 eBay 和 Craigslist。这种跟上潮流并将趋势应用到改造现有技术上的做法是帮助新想法扩张的有效手段。能迅速把握这些潮流的公司可大获全胜。问问自己这些问题:

- 我注意到了哪些大趋势?
- 我预测未来会出现哪些趋势?
- 我能围绕着这些趋势做什么样的业务?
- 我如何才能把某种潮流应用到我的行业?
- 如何去满足用户的需求?(这是创业时最重要的一个问题)

企业家的大量涌现,极大地增速了经济的发展。

1975 年,正当世界的经济增长已接近停滞时,技术现实主义却认为经济增长可能正处于超乎寻常的加速增长的早期阶段。自 1776 年以来,全世界的实际总产值增加了 80 倍,这是以人类持续加强对物质和能量的控制力为基础的。1776 年以前的 1 万年中,全世界的实际总产值一直保持零增长,但在此后的 200 年中,每隔 10 年就要翻一番。在这个物质-能源革命的基础上,过去的二三十年又增加了信息技术方面的突破(如计算机)等,以及尚处于萌芽状态的信息分配方面的进展(如通过卫星进行远距离通信),开始出现拼装的、计算机化的"学习程序"的端倪，目前已经开始朝着了解人类学习过程本身发展，迎来人工智能的新时代。

除了能看到的经济繁荣外，企业也为劳动岗位提供了大量的机会。1970—1980年间，美国经济创造的2000多万个新职位中的大多数是由小型企业提供的，这再也不是新闻了。然而，人们通常并不了解的是，在目前的经济衰退中，这种趋势正在继续，甚至还会加快速度。事实上，在过去3年中，《幸福》杂志所列的最大的500家公司已经丧失了大约300万个职位，但创业不到10年的企业至少增加了75万个职位，增加了略多于100万的新雇员。

这种趋势与第二次世界大战以后的典型模式几乎完全相反。1950—1970年间，每4个国内的新职位中有3个是由大企业创造或由政府提供的，在任何一次衰退中，职位的丧失集中在新的和小型的企业中。1950—1970年，美国经济的增长动力存在于已经取得稳固地位的成熟企业中，但是1970年以来，特别是1979年以来，这种动力已经转到了开创性企业门类之中。

但与"人人都知道的情况"相反，高技术活动（即计算机、基因嫁接等）在开创性企业门类中只占了很小的部分。确实，在100家发展最快、开业时间介于5～15年之间的私人公司中，有1/4是与计算机有关的。但是这100家公司的抽样包括私人投资的新公司，很难代表整个开创性企业。他们十分偏重于高技术方向，即便如此，去年这一集团中仍然出现了5个连锁餐馆。

高技术公司比人们已经注意到的更受重视，因为它们比较时新，而且相当容易通过公开销售股票来筹措资金。相反，同样迅速成长的经营项目，诸如租赁公司、特种手动工具制造商、连锁理发店，以及继续教育机构，就大不如前者富有魅力，在公众心目中远不如前者那么受青睐。稍微明显的是，像联邦快递公司这样的运输服务公司，其成功迫使官僚机构美国邮政局开始了快递邮件服务，这是美国邮政局在70年前就宣称要投入包裹邮递服务以来的第一个真正的革新。

共有不足1/3的新开创的企业属于高技术企业，其余2/3相当平均地分布在人们通常所说的服务业（餐馆、货币市场基金及类似的行业）和创造生产财富能力的所谓的基础活动（教育、培训、医疗卫生和信息）之中。这一股创业之风不仅仅局限于阳光地带，事实上，100家发展最快的新公司中有20家在加利福尼亚，而同样数量的这些企业设立在人们认为其经济处于停滞状态的大西洋西区：纽约、新泽西和宾夕法尼亚。另外，明尼苏达有7家，科罗拉多有5家。

还要记住，上面提到的100家公司和其他类似的名单只列入了商业性公司，然而新的开创性企业绝不局限于商业性企业。它们在我们称为"第三产业"（非营利性但又是非政府性的活动）领域也很活跃。在政府一次又一次地研究医疗卫生方面的危机的同时，第三产业正在忙于创建新的医疗卫生机构有些由医院提供资金，有些与医院进行竞争，但每一个机构建立的目的都是把危机转化为创业机会。例如，出现了从事诊断和基本治疗的独立诊疗所、外科急救中心、精神病诊所治疗中心，以及装在汽车上的流动的产科医院。

软件企业家对目前的创业革命具有举足轻重的影响。成千上万的计算机软件企业家在信息技术时代引领着经济的发展和社会的走向。从统计数据看，其产生的经济效应是难以估摸的，但是具有爆炸性的创造力。

软件企业家加速了从工业社会向信息社会的过渡。1950年时，美国只有大约17%的人从事信息相关的工作，现在已有60%以上的人以经理、股票经纪人、律师、保险工作人员、官僚、秘书、会计、程序编辑员、教师、职员、银行家的身份从事信息工作。从事信息工作的人分析、转换、据以行动和测量的信息是由软件企业家创造出来的。[38]

4.2.3 开源创新和螺旋迭代

随着科技的不断进步，整个世界正在发生着日益深刻的变化，开源则是改变这个世界最为重要的一股力量。利用现有知识体系和开源基础，可以迅速建立知识体系和技术方案。互联网的日趋普及，生产工具的大众化和"云"化拉近了"发明家"与"企业家"之间的距离。开源创新作为互联网胜利的秘密所在，被看作下一次工业革命的引擎。

1. 开源创新和快速实现

开源（Open Source）又称开放源代码，其历史几乎与计算机发展史一样久远，如著名的Linux、Apache、Android都是开源软件项目，开源项目现已广泛地应用于各个领域，产生了巨大的社会经济价值。开源的理念来源于开发者之间的技术共享、打破技术垄断，是对信息和知识共享的理念，同时维护开发者与使用者的利益。开源的开放性，吸引了许多关怀社会问题的技术精英的参与，创造出许多实用的产品，并让全社会受益。开源不再只是技术分享的手段，更是成为一种兼容、互利的思想开始在各个行业领域发挥作用。以创客为代表的"自造"运动在世界各国如火如荼地展开，开源硬件、开源设计等，不同行业的不同学科的分享社区都是开源思想的延伸应用，可以说，开源极大地促进了各行业、学科领域的发展与融合。[39]

开源思想可以影响一切能够以信息交换方式呈现的社会的运行，而一切的社会运行几乎都可以以信息交换的方式呈现。从诞生到如今，开源已经全面被商业公司所接受，一些知名的商业公司还参与并推动开源运动的发展。开源软件与商业软件之间并无矛盾，开源软件在发展过程中也找到了独有的盈利模式，这些模式甚至对传统的商业软件的发展产生了巨大的影响，一些商业软件也不同程度地进行了开源。

进一步来说，开源软件发展也推动了商业模式的创新。到现在，基于开源软件的商业模式也逐渐成熟。例如，特殊功能模块定制、增值服务模式，基于免费软件提供升级、技术支持等的收费增值服务；免费软件＋收费硬件模式，如IBM、SUN在开源软件做了巨大的贡献，选择在配置的硬件服务中进行收费；以开源吸引流量模式，如谷歌、YouTube和Facebook提供开放源代码性质的协作平台，提供免费的基础服务，然后凭借网站的高流量来获取广告收入；企业特性软件收费服务，也即面向个人用户的软件免费，但面向企业服务的功能需要付费才能获得。

平台开放可以让成千上万人的才能为你所用。正如太阳计算机系统公司的创始人之一比尔·乔伊所说的："无论你是谁，世界上最精明的人才大多都在为别人效力。"开放可以促进产生更大的创意，因为人们不必再去重复已有的成果，转而专注地创造新的创意推动整个行业体制的发展。

在线影片租赁提供商Netflix就是一个典型的例子。2006年，这家影片租借公司改进影片推荐指数的计算方法，但公司内部没能讨论出好的方法。之前，Netflix曾将1亿条匿名用户的影片评分收集在一起，作为公司的私有数据。公司把这些数据发布了出来，并且公开招募能使用这些数据计算出比现行计算法准确10%以上的电影评分，这支团队或个人便可以获得100万美元的奖励。这意味着，这场竞赛本身也是开放式的：Netflix将各参赛组的结果公布在选手分数榜上，并在3年之内找到了问题的解决方法。

如何在一个陌生的领域通过开源迭代以实现螺旋创新？正确的方法应该是以兴趣为导向调动外界的资源为目的服务。可以参考以下几个原则。

（1）知识的本质是联系。

知识的价值蕴含在联系之中，孤立的知识点没有意义。在我们的记忆存储中，一个个知识点独立地处于各处，通过彼此间的内在联系（如相似性、关联性、因果性）连接到一起。这些点和联系，构成了我们的知识网络。

每一个知识点都通过许多小的枝丫与其他的知识点相连。这些枝丫就像一个个钩子，当你激活某个知识点，亦即让它进入到你的意识里时，这些钩子就会被调动，从而提取所连接的其他知识点。

可以看到，钩子越多的知识点，被提取的概率就越大，进而也记得越牢，越容易被用上。而孤立（钩子很少）的知识点，几乎不可能被提取到。同时，大脑每时每刻都在对记忆进行更新，提取得越频繁的知识，会被提到记忆的顶层，反之则沉降到记忆的底层，被我们遗忘。

因此，我们经常会从微博或朋友圈看到某个有趣的知识，但过不了多久就会忘记，正是因为我们没有将其跟已知的东西建立联系。

建立联系一般有这么几种方式：学到一种理论，试着找出几种现象去验证；看到一种现象，试着用已知的理论去解释；发现一种事物，试着回忆跟它类似的事物，找出其共通性；在大脑里搭建好知识结构，将学到的新知识纳入知识结构的某一处分支里，如你看到"纳什均衡"，能不能问自己：造成这一现象的原因是什么？怎样才能解决这样的问题？生活中还有哪些事情可以用它来解释？爱情里面是否也会有这一现象……

最重要的是先搭建好这个领域的基础框架，再进行拓展。

以经济学入门为例，最底层的可能是一些基本准则，如资源总是稀缺的、人总是希望利益最大化的等。再往上是基本的脉络，包括大致的发展史、时间线。再往上可能是一些基础概念，它们将是你学习和理解的工具。再往上就是通过利用这些概念对一些现象做出分析和推演等。

有两点需要注意。

第一，注意建立起任何一个枝叶与主干之间的联系。要通过你熟悉的方向，去理解和分析一个知识点。这个过程中如果有任何疑惑，立刻研究清楚，直到它可以跟你所掌握的东西合成一致的体系。

第二，暂时无法纳入知识体系（亦即你说不清楚前因后果）的知识是性价比极低的，不用花费时间去记忆它。

（2）反馈是认知迭代的利器。

你是否一开始踌躇满志地读书、做笔记，但是学了几天就坚持不下去？没关系，这是正常的。一方面，一开始就投入过多的时间和精力，很容易难以为继；另一方面，长时间的学习会造成效率的下降，从学习中得到的"回报"就会减少。

正确的方式是欲擒故纵——调动起大脑的积极性。漫长的进化过程让我们的大脑形成了一种功能：如果一件事情能清晰地看到回报，大脑就会鼓励我们去做；反之，大脑就会抑制我们的兴趣，从而保留精力，以投入其他事情。这个机制就叫作"反馈"。

以游戏来类比。当你按下攻击键时，你的游戏角色会做出攻击的动作，然后敌人受伤"掉血"，这就是一个"即时反馈"的过程。大脑偏好这种过程，因为在此过程中，我们能清晰地感受到每一个行为的意义。你刷了一个小时副本，只为等待掉落一件高级装备，这就是一个"预期反馈"的过程。你的行为并没有立刻催生出你想要的结果，但在你的期望里，它会在可预见的未来产生这一结果，这同样能予以动力。具体可以这样实践。

① 找到适合自己的时间长度。

每个人集中精力的时长都是不同的，有些人可以在一小时内心无旁骛，有些人只能持续半小时，这本身没有优劣之分。重要的是找到适合自己的时间长度，将每天的学习和工作任务控制在这段时间内，可以有效避免因为状态不佳导致的"反馈"降低。

② 设置反馈和奖励机制。

养成长期的习惯，需要让大脑尝到甜头。可以参考如下做法：每天使用一小部分时间去完成一些简单而确切的任务，如每天查阅 5 个术语，并记住它们，提高满足感和成就感；设立短期目标，如一周内读完某一章节，完成则给自己一个小小的奖励；每天做笔记，整理自己每日的学习内容。

2. 解决方案的评价准则

一般而言，好的解决方案应该遵循以下几点，当然并不是一定要满足所有的特点才能称这个解决方案足够好，不同领域对于解决方案的着重点也是不一样的。接下来，我们将逐一分析影响解决方案好坏的要点。在服务价值公式中，商业问题与解决方案的关系同等重要，如果你发现根据上面的方法评估你所提出的商业问题的价值不高，那么为了提高服务价值，你应该在解决方案上做更多的思考。解决方案的评价准则如下。

（1）普适性。虽然"一千个读者有一千个哈姆雷特"不假，这是每个用户都是独立个体而产生不一致的需求的表现，解决方案也很难满足所有人的需求，讨得所有人的欢心，但商业行为是被利润维系的，而解决方案的普适性会扩大目标群体数量，这显然是有利于产生盈利的。普适性越强，一定程度上可以说明找到的需求越基础、越重要，这对企业的长期生存越有利。

（2）便捷性。提出解决方案的目的就是解决问题，方便用户的生活。便捷性将成为解决方案竞争中重要的壁垒。设想，同样是点外卖，你的竞争对手是能送到指定地点，需要用户自取，而你提出的解决方案是能自己送到用户手中，此时毫无疑问，用户肯定愿意选择你的解决方案。

（3）可用性。很多时候，针对一个问题，你可能有很多完美的解决办法，但是为什么在竞争中输给了一个看似没有创意的方案呢？其实，不是你的方案不够好，只是作为企业，需要考虑成本、盈利等，如果你的方案需要 100 万元来实现，但是最后只有 10 万元的回报，我想你作为企业家也不会做这种亏本的买卖。因此，解决方案的可用性是所有要素的根本。

（4）时效性。在现在这个什么都讲求效率的时代，如果你的解决方案在时效性方面做到完美，你就比你的竞争对手领先一大截。因此，在互联网等高速运转的行业，时效性将成为解决方案的突破点。

（5）排他性。顾名思义，就是拥有其他方案所没有的东西，形成自己的壁垒，你的解决方案凭借这一点就可以在这个领域独占鳌头。

（6）扩展性。找到一个具体问题的解决方案，然后想办法对这个解决方案加以扩展，这种方法非常符合长久以来技术创新的历程。新科技往往是为了解决非常具体的问题而诞生的，且在刚刚出现时都非常粗糙。在成为蒸汽机车的动力之前，蒸汽机一直是人们从矿井里抽水的工具。20世纪60年代，贝尔实验室发明出激光技术，但并不看好激光的商业潜力，甚至曾一度想过放弃申请专利。即便是互联网，也在问世时被看成科学家与学者之间交流研究成果的工具。也许互联网的创造者从未想到互联网有朝一日竟能成为共享图片视频、沟通社交，以及学习各种知识的平台，更无法预见我们今天对互联网的其他诸多用途。

3. 产品开发计划和策略

产品开发是商业模式和商业计划书中的重要构成。这里的产品开发计划主要针对新产品开发。传统意义上的产品，是指那些由劳动创造的，具有使用价值和价值，并且能够满足人类需求的有形物品。不过，随着市场环境的不断发展变化、新技术的不断涌现，特别是互联网技术对于人类社会的不断改造，传统产品形态也在不断发展变化，甚至出现了一些虚拟的产品概念。在创业活动中，这些新型的产品概念尤其吸引了大量创业者和投资者的注意。

在创业范畴探讨产品开发计划，存在不同的概念内涵。很多创业者所识别和开发的创业机会面向的是非常独特的市场需求，或是尚未满足的利基市场，他们并没有推出与现有产品存在较大差异的创新产品。此时，产品开发的重点在于如何设计产品满足利基市场。不过，有相当一部分创业者致力于为用户提供有特色、差异化的新产品，此时，新产品开发计划将是创业计划的重点。

真正的新产品是技术上在所处产业中从未被用过，且很有可能造成产业冲击或产业转变的全新产品；渐进式新产品则是指对现有产品的改进、精炼或强化。从产品本身属性的视角出发，只要品质、价格、技术、品牌、特征等产品属性中的任意一项发生变化，这一产品就是新产品。

虽然上述定义角度不同，不过从创业活动的实践来看，一般而言，可以将新产品的定义分为狭义和广义两类：狭义的新产品是那些从未在市场上出现过的产品；广义的新产品则包括采用新技术、新构想、新设计、新材料，有新的结构和功能，技术达到领先水平，生产经营情况可靠，有经济效益的产品。

新产品的开发对于创业活动的发展起到了举足轻重的作用。因为在创业机会识别乃至商业模式开发阶段，有关产品的设计都还只是概念上的论证。只有通过实质性的产品开发活动获得真实可靠的产品，创业者才能从中获得极大的竞争优势和利润。

新产品开发是一个集产品规划、概念生成、系统设计、细部设计、测试和修改、规模生产等步骤于一身的全范围控制与管理过程。这一过程实际上反映了创业者对创业机会的重新审视，进而创造产品雏形直至导入市场的系列过程。

虽然新产品可能会给创业者带来巨大的成功和丰厚的利益，不过新产品本身具备巨大风险，一旦新产品开发失败将会为创业活动带来巨大损失。很多创业者在撰写商业计划书时，新产品开发还处于较初期的发展阶段。相对于在企业内部发生的新产品开发活动，创业行动中的新产品开发风险更高。因此，为了有效推进新产品开发，同时也是为了增强商业计划书的说服力，创业者有必要在商业计划书中阐明可行的新产品开发策略。

（1）新产品开发与创业战略。

新产品开发首先要服从于创业行动的总体战略。这是因为，首先，创业行动的战略决定了创业资源的分配。如果创业者在创业初期把经营重点放在了市场开拓方面，那么新产品开发的投入就会削弱。其次，新产品开发的进度需要与创业战略行动相匹配，尤其是不能够晚于战略行动的步伐，否则会影响创业目标的实现。战略对于新产品开发的指导性作用在一些研究中得到验证。

（2）新产品设计和成本。

新产品开发往往伴随巨大的投入，理性的创业行动必须考虑新产品的开发成本。在大公司内，新产品开发可以不计成本。而新创企业则必须把新产品开发的可能产出和巨额投资做一个平衡。这涉及新产品开发本身的范围界定和工作计划，同时也包括与新产品开发相关联的一些组织活动。

工业设计，即使用多功能团队和完备的市场规划建立竞争优势；成本工程，即一切以降低产品成本为目的的活动，如设计包装、供应链管理等。合并执行工业设计和成本工程两种方案时，会最大限度地减少新产品开发的时间和成本，单独使用工业设计和成本工程中的任意一种都会降低新产品开发的效率。

（3）与新产品开发相匹配的营销策略。

产品开发和市场开发是相辅相成的。营销策略创新是指与新产品相关的营销策略与传统竞争战略的差异程度，如使用新设计的包装、新的分销方法和渠道、新的广告媒体、巧妙的定价和付款方式等。

营销策略创新会影响新产品开发绩效，高管团队的外部关系（行业内与行业间关系、与政府和金融组织的关系）和环境动态性（市场与技术的动态性）会调节两者间的关系。

高管团队的行业间关系或市场动态性高时，营销策略创新与新产品开发绩效正相关，否则负相关；高管团队行业内关系、与金融组织的关系或技术动态性高时，营销策略创新与新产品开发绩效负相关。

4. 螺旋提升和高频迭代

（1）影响新产品开发过程的因素。

新产品开发过程受到众多内外部因素的影响，这也正是新产品开发带有高风险和高不确定性的原因。除了新产品开发的实施策略外，在产品开发部分，创业者还需要说明的是，创业者已经能够有效应对这些因素，并且筹集了充分的资源以推进新产品开发过程。一般来说，影响新产品开发过程的因素包括以下几个。

① 技术。新产品开发进程归根结底是与创业者所拥有的技术密切相关的。创业者本人或者创业团队拥有新产品开发所必备的技术，则能够迅速推进新产品开发。除了新产品开发本身外，创业者及创业团队的技术实力还能够进一步影响企业产品的市场表现，以及企业后续的成长能力。根据 204 个美国的重型建筑设备、电子器械和医疗仪器行业的有效调查数据，采用统计方法检验了新产品开发技术熟练程度、新产品开发进入战略、产品质量和产品感知风险四者的关系。技术熟练程度是指新产品开发项目执行过程中组织的研发、设计及制造水平。新产品开发进入战略是指新产品开发人员独自或与其他组织协作去开发新产品时所使用的方法，包括内部开发、合资企业、合作伙伴和许可等。产品感知风险是指那些可能导致企业无法成功推出新产品，赚取预期收入的因素。研究表明，产品开发团队对竞争市场和需要的技术熟悉程度越高，最终产品的质量就会越好，产品的感知风险也会越小。

② 企业的人力资源。企业的人力资源禀赋影响新产品的开发过程，尤其是以 CEO 和高层管理团队为代表的管理者，他们的管理能力及所拥有的信息资源会左右企业产品开发的发展轨迹。迪兹等（2000）的实证分析发现，在商业研究机构中从事过管理工作的 CEO，他的研究与开发经验会增强其企业新产品开发的能力，加大其新产品开发项目的成功机会。然而，

高层管理团队中研发博士人员占比过大会增加产品开发项目失败的可能性。换句话说，在组织管理方面过分依赖技术人员不利于企业产品开发过程的顺利开展。这是由组织的人力资本分配不当引发的，技术人员会重研发轻管理，所以将他们的能力从实验室中转移到公司治理上，效果往往适得其反。

具体而言，社会资本结构维度中的权力变量会促使具有工程研发背景的高管成员进行有效开发与探索活动，进而提高企业新产品的开发绩效；高管成员的行业内管理关系则有助于提高产品的开发绩效，行业间管理关系的情况与之相反；高管团队社会资本的关系和感知维度与企业产品的开发绩效正相关。

③ 行业的竞争程度。每个企业都或多或少地面对竞争对手的威胁，在创业活动中，行业竞争的影响尤其明显，因为创业者往往缺乏能够在竞争中制胜的资源。不过，对行业竞争程度对新产品开发过程能力的影响存在不同的观点。

高度竞争的市场环境加大了资源的稀缺性，因为企业对新产品开发所需资源的获取会变得尤为艰难，不利于产品开发绩效的提升。对250家3种所有制类型的制造企业（国有、合资/外企、私营）进行对比分析，发现竞争型的市场环境对企业新产品开发活动的成功没有阻碍作用，反而起到促进作用。

那些来自发达国家的企业虽然有技术和管理方面的优势，但其市场领导地位对于本土企业也不是什么威慑，反而可以促进追随者通过学习外企先进的管理思想和技术来提高自身的科研能力。

④ 企业的外部环境。这里的外部环境特指创业活动的发生位置。在什么样的地理位置进行新产品开发是每一位致力于研究与开发的创业者不可回避的问题，也是一个尤为重要的战略决策。

企业将地理位置选择在距离同行业其他公司较近的地方进行新产品开发，会受益于知识的溢出效应、供应商的专业服务、充足的人才供给，但是在此区域上激烈的资源竞争也是不可避免的，它会阻碍企业新产品开发能力的提高。所以在既定地理位置上，同行业企业的密度与企业新产品开发的能力存在倒U形关系。密度较低时，企业间的资源竞争相对较小，地理位置的优越性也越明显；密度较高时，既定区域资源分配负担过重导致企业新产品开发的能力降低。所以，对于研究型企业的管理者，地理位置的选择是一个需要慎重考虑的问题。

由于上述因素的存在和变化，产业没有可能创造出一种一劳永逸的产品或服务，产品的更新迭代是常态，是企业面对复杂多变的内外部环境的动态调整和更新过程。产品也从最初的原型产品不断添加、删除、修改功能和形态，不断提高其在市场中的竞争力。

（2）产品迭代。

产品迭代就是在一定时间内，对该产品一定量的新需求加以评估、筛选、开发、测试及上线的一系列行为的总称。产品迭代的周期化，是指固定产品迭代的流程，一般为1~2周。

周期化的产品迭代是否是必要的呢？答案是肯定的，固定的周期有助于为项目团队形成规范，从而提高开发效率。如果迭代被周期所限制，团队就会主动选择一个能与这个周期长度相适应的开发量，而不是盲目增加需求或放不开手脚。

周期的固定要求在确定开发量时，开发人员需要对一定量的需求进行甄选，固定不变的周期可以帮助他们找到适合自己的节奏，也可以帮助他们进行需求优先级排序。此外，固定的迭代周期还有利于在整个迭代过程中，项目团队的时间观念的形成，从而形成工作规范。

① 产品迭代的流程。

一般而言,一个固定周期中,产品迭代有以下流程。

第一,需求初定。

先由产品经理从需求池中取出部分需求,作为本周期内需要开发的内容,并进行优先级排序,一般分成 P0、P1、P2 三级即可。优先级分类太多,很容易导致在不同需求的优先级排序上造成不必要的时间浪费。排序完成后,产品经理还可以先预估一下开发成本,如果认为开发负担太重,就有必要砍掉一些优先级低或投入产出比低的需求。

第二,需求评估。

召集设计、技术和测试人员,进行本周期的需求评估,以确定最终的开发内容,以及各部门工作的进度安排。这部分流程最好能通过一次稍微正式的会议来进行。在会议这种正式场合上,大家表达意见一般都是经过认真思考的,给出排期时也会较为严谨,而且有利于形成规范。会议结束后,可以发一封邮件给整个项目团队,说明会议内容与排期确定情况,越详细越好。这样将项目流程初步落实到纸面上,在一定程度上可以防止迭代规划纸上谈兵。

第三,需求落地(设计与开发)。

这是最为重要的环节,直接决定着本周期内的需求迭代成功与否。在上一个流程即需求评估阶段,我们已经确定了最终的开发内容,在技术人员根据排期有条不紊地推进迭代进度时,还需要有人随时跟进产品的设计、开发进度,以保证产品能够在拟定的期限内开发完成,达到可测试水平。

第四,需求测试。

在这个环节,我们要将本周期内开发完成的需求全部提交测试。需求测试分为两部分,第一部分是产品经理自测整体逻辑,也就是说,不需要关注技术细节与极限问题,只要逻辑总体上没有问题,此部分测试便可通过。第二部分是提交 QA(质量保证)测试,简称"提测"。

第五,产品上线。

到需求测试为止的工作全部完成,即意味着本周期内需要开发的需求已经全部实现,且没有任何问题,产品可以上线。不过上线后,团队中的产品经理还需要进行一次线上回测,最大限度地确保产品不存在任何问题。如果测试出了在测试环节未能及时发现的漏洞,一定要第一时间提给技术人员去修复,未能修复的也需要告知运营人员,并协助运营人员做好对用户的解释与安抚工作。产品上线标志着一个迭代周期的结束,同时也意味着下一个周期的迭代内容梳理的开始。

② 产品迭代的注意事项。

一个产品的迭代实际上是循环往复不间断的过程。要在连续更替的迭代周期当中做好每一个阶段的工作不出错并不容易。以下是梳理出来的一些需要注意的事项,希望能在产品迭代过程当中对大家有些帮助。

第一,科学设置迭代周期长度。

产品迭代一般以周为单位,每个周期为 1~2 周。这样的时间设置是实践过程总结而来的,较为科学。短于一周,分配给各个环节的时间都太紧,无法保证工作质量;长于两周,各个环节的工作在时间上难以把控,不容易把控效率,很容易造成迭代不能如期完成,难以形成稳定有效的规范。

第二，将信息传达落实到位。

将绝大多数重要的工作都尽量落实到纸面上，并让大家周知。例如，每次需求评审都使用原型与文档辅助讲解，会议记录整理后用邮件发出，漏洞通过 JIRA 等项目管理应用统一提出等，一方面避免了口头沟通易忘的风险，可以帮助各部门同事记住重要信息，另一方面也可以借此规范迭代流程，明确各自的责任，防止出现问题时互相推诿的现象发生。

落实到纸面上的信息，如已经确定的产品策略、开发排期等，如非极其特殊的情况，尽量不要更改。即使只更改过一次，也可能让纸面上的规定失去效力。严重者甚至会引发团队间的信任危机，对以后的周期化迭代绝对是有弊无利的。

第三，适当地跟进项目进度。

对其他部门工作的跟进，不等于监督他们的工作，没必要整天询问设计和技术人员的工作进度。那么我们该如何做，既不让他们感到厌烦，还能随时把握项目的最新进度呢？以下两点可供借鉴。

一是将本周期内的需求逐条整理，归纳成一份列表，每晚用邮件分享当天的迭代进度，标注出当天该列表中需求的完成情况（当然要明确各项需求的责任人）。

二是绑定需求的开发环境，随时跟进最新的开发进度。这样如果开发上有漏洞，就可以第一时间获知并与技术人员沟通。

第四，建立应急机制。

迭代周期化需要有一套应急策略，如开发或测试工作没有如期完成，影响了下一阶段的工作，此时应该如何做，是砍掉部分相对不重要的需求，还是牺牲上线时间，视具体情况而定。

4.3 本章小结

价值载体就是满足了用户特定的需求，或解决了用户特定问题的产品或服务。本章基于价值载体的两种表现形式：服务和产品，提出了价值载体的评估公式。分别从问题和需求、解决方案、服务和产品的价值等方面深入进行思考和讨论，明确价值的定义与分类，度量和评估价值载体的具体参量。

为了帮助创业者确定有价值的商业问题，给出了重要性、迫切性、普适性、角度和难度 5 个方面的判断。分析了当今世界科技发展的新趋势。那些在全新的趋势中迎头而上的企业家往往最可能成为时代的引领者，如比尔·盖茨等。

一切的商业问题均是聚焦用户，那么研究用户的基本需求便显得很有指导意义了。本章介绍了用户需求的 3 种基本类型和寻求需求的基本方法。

除了迎合用户需求以外，企业还可以考虑深挖用户潜在的需求，创造用户需求。本章介绍了黄金圈法则、同理心激发共情和洞察文明发展趋势 3 种方式，帮助用户提炼出其未知的需求，并快速占领市场。

初创企业在构建解决方案时，不像成熟的公司那样拥有大量的技术、用户存量、资金，为此本章给出了应用开源创新快速实现解决方案，并通过螺旋迭代最终解决用户需求创造价值的方法。

4.4 讨论和实践

讨论：
1. 发散思维聚焦"大问题"，提出两三个大问题。
2. 挖掘和发现两三个你在生活中感觉头痛的问题并分析如何解决。
3. 每个学生提出两个不同类型（服务、产品）的有可能成为创业点的需求目标。
4. 试用黄金圈法则思考某一企业的产品构思。
5. 如何从重要性、迫切性、普适性、角度和难度方面来理解商业问题？
6. 如何在满足用户需求和创造用户需求之间平衡？

实践活动：
1. 关注新技术趋势，分组（5~8人一组）完成一项新技术报告。
2. 研究5~8个知名的开源项目，分析各自的应用领域、项目特点，形成开源项目分析报告。

主题（快速检索）：	
线索：	摘录：
开篇： 提示： 思考： 图形和表格：	讲义内容： 学习内容： 简要阐述： 课堂记录：
总结（快速检索）：	
关键要点： 复习总结：	

第 4 章　价值载体——服务和产品

主题（快速检索）：	
线索：	摘录：
开篇：	讲义内容：
提示：	学习内容：
思考：	简要阐述：
图形和表格：	课堂记录：

总结（快速检索）：
关键要点：
复习总结：

第 5 章 交易和壁垒——商业模式

本章学习目标

1. 理解商业模式的概念、内涵及其价值评估模型
2. 了解商业模式的迭代与创新的基本方式
3. 从交易机会、竞争壁垒和现金流量 3 个方面理解商业模式
4. 理解现金流在整个创业过程中的重要作用

商业模式是企业运营的重要概念,企业要理清其商业模式并不断迭代,才能在一定的时间内获得稳定或超额利益。对创业公司来说,商业模式是创业的基础,也是在争取融资时向潜在投资者展示的一个重要的部分,因此深刻地理解自己公司的商业模式是必不可少的。商业模式是描述商业"创造价值、传递价值、获取价值"的系统。商业模式不是一个战略的设定工具,它更像是一个商业系统的分析和描述的工具,所以我们要明确它的一个适用性。商业模式更多的是如何用简明的语言向别人清晰地阐述整个商业运营系统的过程。

商业模式是指在特定的市场中,企业战略、结构、经济等各方面相互关联的决策变量组合创造持续竞争优势的模式。交易行为则是商业模式的一个重要关注视角。基于这一视角,商业模式主要关注:如何与要素和产品市场相连接;将哪些利益相关者聚集在一起以开发商业机会,如何将这些团体与中心企业连接并进行交易;各利益相关方交易的产品和信息是什么;哪些资源和能力能促成这些交换;以及如何控制各方之间的交易等几个方面。

在 2010 年的一项研究中,卓德和阿密特又把创造价值和获取价值两个因素放进了商业模式的交易系统中,即企业通过交易系统促使外部合作者一起创造价值,并获取价值。

企业商业模式的 6 个核心问题:①企业怎么创造价值;②企业为谁创造价值;③竞争力和优势的来源;④企业与竞争对手的差异;⑤企业怎样赚取利润;⑥时间、空间和规模目标等。

商业模式的分析单位是围绕中心企业的整个跨边界协作系统。有关商业模式的探讨应该重视企业的组织活动,以及所占有的资源与客户、竞争对手、供应商和要素市场的相互作用。

5.1 商业模式的价值评估

商业模式的构成要素中只要不是每一个要素都相同,就意味着不同的商业模式。一个能对企业各个利益相关者有贡献的商业模式需要企业家反复推敲、实验、调整和实践才能产生。

度量商业模式的核心要素分别是交易和壁垒。只有通过交易，才能实现收入和收益，达成商业目标。而壁垒决定了企业的竞争优势，模仿者和竞争者进入同一市场的难度和付出的代价。下面进行分析和说明。

5.1.1 商业模式的构成

商业模式最核心的要素为 3 个方面：第一个方面是交易机会和消费的达成，即客户如何接收到产品和服务的信息并给予反馈和信任，达成交易并完成消费过程，这个方面决定了商业价值迅速扩大化的可能；第二个方面是竞争壁垒，即竞争者进入相同领域或市场的难度和需要付出的努力和代价，这个方面决定了在面对巨大利基市场的时候不会有竞争者轻易地蜂拥而入，迅速分散和摊薄利益并使行业进入充分竞争的状态；第三个方面就是现金流量，持续的现金流是一个商业能够更好地发展、扩大交易和建立优势的最有力的条件之一，也是面对竞争和侵蚀时最有力的反击武器，还是企业遇到问题时自我修正和进化、完善的必备条件。

交易行为过程中的关键要素分为以下几个方面：客户关系（客户细分和客户发展）、业务价值（关键业务和价值主张）、渠道通路（传播渠道、交付渠道和交易通道等）。如何细分你的客户群体？如何定位你的客户并创造和维系客户关系？如何为你的消费群体提供精准而完美的服务？如何将你的文化和精神内涵加于产品和服务之上成为客户消费的灵魂？如何向你的潜在用户传递信息并获得有效反馈和信任？采用什么样的销售渠道和营销活动？如何将产品和服务交付给客户或提供这些服务？这些都是在商业模式中需要明确的。

竞争壁垒又分为 3 个方面：权力壁垒（专利权、商标权、著作权、专营权、行政许可等）、协作资源（核心资源和重要合作）、竞争优势（技术、价格、效率、联系）。如何建立防止搅局者快速进入的权力壁垒？通过核心资源的占有使市场进入者无法顺利达成目标，通过重要合作关系形成生态系统级的协作网络，使初入局者无法进入市场或获得客户的认同，通过快速、高效、完美、低价和紧密的客户忠诚度，将后来者挡在细分市场之外，保持巨大的进入难度和高度的进入代价，形成长期的稳定利基市场。

壁垒永远是我们考虑商业模式的首要问题，壁垒往往是自然成型的。竞争壁垒可能由地方保护、技术标准、商业惯例和地域文化等因素的作用形成。具体到某一个市场来说，存在着各种各样显性和隐性的市场壁垒。

早期的市场壁垒主要集中于市场进入。事实上，因为厂商只能在特定时空以及相应市场环境和制度环境下运作，所以厂商进入到在位，再到发展或退出市场的整个过程，都会遇到以完全竞争市场结构为参照系的市场壁垒。这一度量参数决定了在相关市场领域的垄断强度。

商业模式的评价模型如图 5-1 所示，在其他要素在基本相同的情况下，单一要素的峰值越高，则商业模式越难以模仿和超越。高峰值的要素越多，商业模式的价值也越大。而现金流的大小即是商业模式的评价结果，同时又反过来影响商业模式的价值，是商业模式中最重要的迭代要素。现金流越大,商业模式的价值越高，而商业模式的价值越高，也非常容易形成高现金流。

客户定位	现	权力壁垒
业务价值	金流	竞争优势
渠道通路		协作资源

图 5-1　商业模式的评价模型

商业模式与创业机会有着密切联系。创业机会是对市场潜在发展机会的总体概括，创业机会识别主要针对机会的潜在盈利空间。不过创业机会的潜在价值能否实现带有很强的不确定性，所以很多创业者最终并没有实现之前的创业抱负。商业模式是将创业机会的潜在价值明确化的有力手段。通过商业模式的构建，创业机会的潜在价值与组织的运作流程得到了有效的配合，这就使得创业者能够通过系统的思维方式思考创业机会的开发过程。因此，从创业机会到商业模式，意味着创业者在明确创业方向、实现创业成长的过程中往前迈进了一步。

由以上的分析，我们将商业模式的评估建模如下：

$$Model = Transaction \times Vallation \times Cashflow$$

其中 Model 即为商业模式（Business Model），Transaction 为交易机会，包含客户定位、业务价值和渠道通路等要素，Vallation 为商业壁垒，包含权力壁垒、竞争优势和协作资源等要素，而 Cashflow 作为商业的产出要素，也是衡量商业模式价值的重要评判依据。

5.1.2 商业模式的迭代与创新

商业模式的起点是创业机会，终点是商业计划。商业计划是商业模式的书面表达。商业模式的相关构成和特征等都要反映在商业计划中。以创业机会为起点，从商业模式到商业计划的过程中，创业机会的核心特征——市场和产品特征贯穿其中。商业模式就是围绕市场和产品特征所形成的价值创造体系。

市场特征和产品特征作为商业计划的核心内容，通常需要使用大量篇幅论证市场定位和产品开发。随着创意开发、创业机会识别、商业模式构建、商业计划撰写这一过程的推进，创业机会的市场和产品特征不断被具体化。

特别在商业计划撰写阶段，由于需要展示创业机会的价值，通过数据和逻辑推理来证明创业机会的市场有利，产品符合客户需求。因此，借助创业计划撰写过程将会重新审视创业机会。创业机会与实质性企业的距离也更加接近。

从创业机会到最终商业计划的过程中，创业机会识别和开发的边界在不断扩展。在最初的创意和潜在创业机会阶段，创业者的机会识别更多的是借助信息搜索整理和自身的经验，以及对信息和变化趋势的洞察。

机会识别和开发的边界局限于机会市场和产品特征。商业模式是建立在创业机会基础上的系统整体，尽管在开发阶段，它仍然围绕创业机会的市场/产品特征，但如何通过组织设计和模式创新实现创业机会的手段已经成为重点。

这就使得机会识别和开发的边界拓展到了以系统为单位的组织活动。商业计划书撰写则是上述过程的进一步深化，并且通过财务数据的分析以证明商业模式的现实可行性。因此，在商业计划书撰写中，机会识别和开发的边界拓展到了（虚拟）企业的整个运行范围。

商业模式构建和商业计划撰写的过程也将会反过来作用于创业机会本身。特别是在商业计划书的撰写过程中，创业者从企业运行的真正情境中反思创业机会的市场和产品特征，这相当于对创业机会的一次模拟。

创业者很有可能发现之前所识别的机会存在一些问题，有时候，这种问题甚至是致命的。此时，创业者必须重新回到创业机会识别的最初阶段，反思对于创业机会的设定是否有误。这一过程构成了商业模式各要素和系统化的迭代，对于创业活动的推进非常重要且有利。从这个意义上看，商业计划撰写是不可或缺并非常重要的。

初创企业的资金及人力都相当有限，在商业发展初期及市场调查阶段，需要在短时间内达到扩张及快速成长。新创公司面临的是快速变化的命运，这就要求其能创造有别于一般公司的独特工作环境和创新的商业模式。创新的商业模式常常会让人眼前一亮，企业家的创新性思维很可能开辟一条阳光大道。这种商业模式的优势显而易见，它敢想常人所不敢想，为常人而不敢为，做得好就非常能够吸引用户博得众爱。

商业模式的创新方式有以下几种类型。[40]

1. 改良性创新

改良性体现在对商业模式所涉及的关键环节进行有针对性的改进，其主要目的是更加符合公司理念，使公司的效益达到最大化。少量改良不足以支撑持久的成功，特别是单纯的产品性能改良，很容易被模仿和超越。企业需要综合应用多种改良类型，才能打造稳固的竞争优势。常见的改良方案有以下几种。

（1）盈利模式改良。盈利模式改良指的是公司寻找全新的方式将产品和其他有价值的资源转变为盈利。这种创新常常会挑战一个行业关于产品生产、定价策略、盈利方式等问题的传统观念。

（2）结构改良。结构改良通过采用独特的方式组织公司的资产（包括硬件、人力或无形资产）来创造价值。可能涉及从人才管理系统到重型固定设备配置等方面。例如，建立奖励机制，鼓励员工朝某个特定目标努力，实现资产标准化从而降低运营成本和复杂性；构建企业大学为员工提供新知识和技能的培训。

（3）流程改良创新。流程改良创新涉及公司主要产品或服务的生产活动和运营。需要大规模地改动以往的业务经营方式，使得公司在快速变化的市场环境中高效运转，并获得领先市场的利润率。流程创新常常构成一个企业的核心竞争力。

（4）产品改良。产品改良包括两个方面，其中产品性能改良指公司在产品或服务的价值、特性和质量方面进行的创新。既涉及全新的产品，也包括能带来巨大增值的产品升级和产品线延伸。产品系统改良是指将单个产品和服务联系或捆绑起来创造出一个可扩展的强大系统。产品系统创新可以帮助企业构建一个能够吸引并取悦用户的生态环境，将产品构成一全套的服务体系，增大用户黏性，并且抵御竞争者的侵袭。

（5）服务改良。服务改良保证并提高了产品的功用、性能和价值。它能使一个产品更容易被试用和享用；它为顾客展现了他们可能会忽视的产品特性和功用；它能够解决顾客遇到的问题并弥补产品体验中的不愉快。

（6）渠道改良。渠道改良包含将产品与顾客和用户联系在一起的所有方式。即使电子商务在近年来飞速发展并逐渐成为主导力量，但是诸如实体店等传统渠道还是很重要，特别是在创造身临其境的体验方面。在这方面可以通过发掘出多种互补方式将产品和服务呈现给顾客。

（7）品牌改良创新。品牌改良创新有助于帮助顾客记住、识别你的产品，并在同时面对你和竞争对手的产品或替代品时最终选择你的产品。好的品牌改良能够传达一种"承诺"，吸引买主并传递一种与众不同的身份感。

（8）顾客契合改良。顾客契合改良是要理解顾客的深层愿望，并利用这些了解来建立顾客与公司之间深层次的联系。顾客契合创新开辟了广阔的探索空间，帮助人们找到合适的方式把自己生活的一部分变得更加难忘、富有成效并充满喜悦。

2. 补充性创新

补充性创新（策略性创新）是在运营性商业模式的基础上更进一步，表现了企业在变化的环境中调整自身以达到持续盈利的目的。运营性商业模式创造企业的核心优势、能力、关系和知识；补充性商业模式对其加以扩展和利用，主要涉及企业经营的业务模式、渠道模式、组织模式几个方面。

业务模式向客户提供价值和利益，包括品牌、产品、服务等。渠道模式向客户传递业务价值，包括渠道倍增、渠道集中等。组织模式建立先进的管理控制模型，如面向客户的组织结构，通过企业信息系统构建数字化组织等。确认补充性商业模式的步骤如下。

- 确定一个最重要的优势，包括能力、关系、知识和有形资产等。
- 列出计划要开发的其他辅助的优势。
- 扩展利用这些优势所创造的新收入来源、提供的价值和成本结构。
- 确认使企业能够在盈利的情况下创造这一切的关键因素。

3. 颠覆性创新

颠覆性创新是企业面对技术创新、市场突破、商业模式创新、产品创新时理想的选择，颠覆性创新常常把收费变成免费，但只要能够为用户创造价值，自然就会产生商业价值。大量的用户和流量很容易建立第三方付费市场，产生生态系统级的商业模式，之上可以构筑各种不同类别的盈利业务，颠覆产生的流量就开始具有了变现的能力。颠覆性创新分为3种。

第一，通过改进原有产品和服务的便利性，吸引大量用户。例如，对普通人来说冲洗胶卷太不方便，而且照片成像的当时不可见，而数码相机即拍即得，而且可以很方便地传播。这就是用户体验上的颠覆。

第二，科学技术革命的重大创新，如新材料、新能源的发现，能够极大地促进应用领域的发展，从而产生革命的力量。但这样的情况并不多见。

第三，商业模式的颠覆，将产品价格压低，甚至把收费的变成免费的。无论什么产品，一旦变成免费的，价格变成零，就从根本上改变了价格之间的竞争，改写了游戏规则，这个对竞争对手的冲击力非同小可。

4. 破坏性创新

破坏性创新往往提供一套差别较大的产品性能组合或者不同的性能实现方案，并将破坏性创新等同于竞争力破坏的创新。[41]从语义上讲破坏性创新与维持性创新是相对的概念。破坏性创新主要是从创新对市场及产业的影响来界定的，而其他的一些概念则从技术提升程度或技术的角度来对创新进行分类。

破坏性创新也指对现有主流市场的竞争法则和在位企业的主导地位的破坏。从破坏性创新的内容来看，不仅涵盖技术创新，也包括市场创新和商业模式的创新。就创新的程度而言，破坏性创新是程度较高的革命性创新。有学者将突破性创新界定为导致产品性能主要指标发生巨大跃迁，对市场规则、竞争格局、产业版图具有决定性影响，甚至导致产业重新洗牌的一类创新。破坏性创新紧扣创新与市场的关系，具有以下几个特点。

（1）非竞争性。非竞争性是指破坏性创新（无论是新市场的破坏还是低端市场的破坏）并不是与现存主流市场竞争者抢夺顾客，而是通过吸引新的现有主流产品的"非消费者"来求得生存与发展。[42]当破坏性技术发展到一定地步，新产品的性能提高就会吸引现有主流市场的顾客。这种破坏性创新不会介入现有主流市场，而是使顾客脱离这个主流市场，进入新的市场。

（2）初始阶段的低端性。一般而言，破坏性创新立足低端市场，这反映了破坏性创新的本质，如果破坏性创新一开始就立足于现有的主流市场，那么这种创新便无法称为破坏性创新而是维持性创新，即维持现有市场在位者的创新。也正因为其低端性，它被现有主流市场的竞争者所忽视，采用破坏性创新的新晋者才能够避开现有高端市场的激烈竞争，进而发展壮大。

（3）简便性。简便性使得产品的价格更加低廉，从而扩大消费人群，使目标用户更为广泛，这为破坏性创新的发展提供了良好的市场条件，是平稳度过高风险的发展初期的保障。简便也使得现有主流市场的竞争者对破坏性创新不屑一顾。简便性也为创新的市场扩张提供了良好的条件，操作如果过于复杂将不利于创新在产业中的扩张。这一特点实际上也是破坏性创新生存和发展的市场基础。

（4）顾客价值导向性。破坏性创新要能够帮助顾客更好地生活和工作，这表明了破坏性创新的价值所在，即帮助顾客创造价值，以顾客价值为导向。缺少这一点，破坏性创新就缺失了存在的价值。

5.1.3 企业发展的过程

创业不是突然出现一个想法，然后简单地实现就算结束，它是一个不断新陈代谢的过程。一批批企业由盛转衰的同时，一批批新兴企业茁壮成长；一批批行业专家经历过职业的高峰后，一批批新的技术人员又继往开来。社会正是在这种不断地新陈代谢的过程中不断进步的。过去几十年，经济的发展虽然有很多要素在其中起作用，如发展中小企业、数字化技术、智库的研究和一流商学院的建设等，但最根本的驱动力是创业的百家争鸣，特别是创新性创业。从各国的经验来看，创业的不断成功，是推动经济可持续发展的保证。

创业过程具有阶段性，通常可以划分为5个阶段，即种子期、初创期（启动期）、成长期（发展期）、加速期和退出期。创业企业在不同的发展阶段处于不同的发展状况，每一阶段在企业规模、资金需求、投资风险、市场开拓及公司成长等方面都有显著差别。

创业是一个由很多环节组合起来的过程，理解创业过程模式中的每一个环节对于理解创业具有重要作用。创业过程的每一个步骤都拥有一些关键要素，它们是创业过程成功进行的关键与推进力量，抓住了这些要素，才可以把握住创业过程的关键点，把握住了这些关键点就有利于全局性地理解创业过程的发展特征，有效推进创业进程。

1. 种子期

种子期是初创企业的初始阶段和萌芽期，是企业家成立企业的准备阶段。种子期企业家通过市场调研、市场分析、形成创意、确定项目、项目研发、进行产品或服务原型的设计和制作，撰写商业计划，注册成立企业。[43]

种子期非常明显的特点，就是依靠企业家的个人创造性和英雄主义。此阶段的工作重心是研发、市场和销售，组织结构是非正式的，管理风格崇尚个人主义和创业精神，管控体系以追求市场结果为导向，因此不需要太复杂的管理，就是企业家拥有所有权。通过企业家本人就可以控制整个团队。

种子期的关键是明确创业项目，注册成立企业。一般科技型企业的种子期，是科技人员通过市场调研，根据市场需求，提出技术设想，通过其创造性的探索研究，形成新的理论、方法、技术、发明，并注册成立企业的阶段。

此时企业尚处在构想之中，其主要特点有 3 个：一是产品或服务还没有完全开发出来；二是市场营销模式尚未确立；三是管理团队尚未正式形成。在这个阶段，创业活动主要涉及以下几项内容。

（1）确定问题需求。确定问题需求是种子期最重要的活动。找出关键业务方向，做有人愿意花钱来买的产品，或者有人愿意为之付费的服务，并且找到一种方法，能把产品源源不断地卖出去。做到这两件事就算是找到了方向，企业才可以腾飞。

（2）创造解决办法。创造解决办法即确定所开发的产品或服务的市场定位，思考问题背后的根本原因，思考的过程应当涉及技术和文明的发展，解决方案的组织和协作体系，需要考量系统因素。解决问题的方案有多个，需要思考和设计多个解决方案来应对未来未知的风险，以利益和风险均衡来选择解决办法。

（3）规划创建企业。规划创建企业是确定企业发展计划的路线和原则、灵魂与纲领，指引企业的发展方向，指明企业的发展策略及发展措施，明确企业的业务领域，指导企业的资源配置。同时制定企业发展规划有利于建立企业和员工的共同愿景，使员工对组织产生归属感和奉献精神，从而更加全身心地投入工作。

（4）组建执行团队，寻找一群才干互补、责任同担、愿为共同的创业目标而奋斗，并能做到利益平衡的人。团队中必备 3 种人：领导管理型、技术研发型、公关沟通型。同时除了互补的人才外，作为团队，更需要建立属于自己团队的共同理念，如凝聚力、团队协作等。

（5）产品服务实验。产品服务实验就是在产品推出之前进行小规模的用户测试，进一步确定最佳产品概念，明确产品和品牌的市场定位，减少产品投入市场时不被接受的风险。

（6）筹集风险资本。筹集风险资本是企业种子期最重要的活动。由于种子期进行投资不仅要面临管理风险、技术风险、财务风险、市场风险，最重要的是还要面临无法组建创业团队的风险，所以，在种子期通常只以少量资金介入。其主要资金来源有政策性创新基金，以及以激情和创造为目的的"天使资本"。

2. 初创期

在种子期后，企业需进行产品或服务的开发，在开发出任何产品之前，创业处于建立阶段，也就是所谓的创业耕耘播种期。其特点是：企业已经注册；商业计划确定；核心团队形成；产品服务迭代；尚无销售收入。

在这个时期，创业机会开始转化为真实的新企业。企业家需要整合资源和团队力量，将头脑中的创意或是创业计划变成实体企业，初步搭建新企业的组织架构以实现企业家的创业初衷。

企业家在这个时期没有销售和利润，需要早期产品或服务的开发资金，以进行产品或服务的开发，进一步打磨核心团队，建立和发展销售渠道，寻找商业合作伙伴等。到该时期结束，企业应完成产品或服务的开发工作，产品样本已成型，具备规模生产和产品上市的能力。在这一阶段，企业家就将面临创业失败的风险，不是所有企业都能够度过初创期。很多企业在这一阶段暴露出市场不成熟、产品无法成型等问题，从而被迫退出市场。

在管理上，经过两三年的发展，随着员工人数日益增加可能会出现剧烈人事震荡，更需要职业化的科学管理和控制，这时要么企业家亲自管理，要么委派职业经理人进行控制。困难的是需要企业家重新自我定位,有足够的勇气放弃一些东西。企业开始通过更多专业化的经理人去管理部门,建立管理团队去指导员工工作,引导员工执行决策层的决定。管理的重点是强调经营的效率,组织结构一般是集中式或职能型,指导型风格成为高层管理的普遍特征,控制体系通过建立责任中心和成本中心来实现。

3. 成长期

企业经历过艰难的初创期存活下来,客户群体逐渐稳定,开始步入正轨,进入成长期。成长期即规模生产,产品或服务上市,公司有了一定的生产能力和销售渠道,逐渐稳定下来。其特点是:产品或服务开发完成;产品或服务已推向市场;已有销售收入;尚未盈利或已有些利润。

在这个时期,企业需要发展资金以进行规模化生产和推广,维持迅速增加的库存和应收账款,以及促销产品和服务,而此时从销售收回的现金流量还不足以填补发展所需的资金。

企业初步解决了生存问题。企业家所推出的产品能够为企业获得一定的现金流,这为企业的下一步发展奠定了基础。很多企业因为市场有限或产品设计有严重短板而限制了其发展空间,甚至导致难以应对外部竞争的压力,从而退出市场。到企业成长期结束,企业应该有利润和较稳定的现金流,并占领一定的市场份额。

企业发展到一定程度,部分员工因为需要获得自主权又会出现一次波动。指导作用和员工的具体实践使其工作经验和水平不断提高,企业规模扩大,管理层次增加,这些因素都会激发员工对自主权的渴求,进而导致企业发展出现新的挑战,此时就需要授权,并建立一个更为规范的管理体系。[44]这个阶段的重点就是授权。这时大多数企业高速发展,产品面向由过去的利基市场,转向更为广泛的主流市场。随着员工人数迅速增多,部门快速分拆重组,销售地域和网络越来越分散,企业开始规范化发展,市场开始急速扩张,组织衍变成一种分散式和以地域为责任中心的结构,高层管理人员通过广泛授权,并采取定期报告和利润中心的手段考核下属机构。

4. 加速期

在加速期,生产销售有了一定的实战经验,在顶风冒雨中继续往前发展,逐渐壮大自己的规模。其特点是:获得了可观的销售收入;拥有一定的市场份额。

在这个时期,企业需要开拓新产品或新服务,扩大产品和市场规模,以此进一步占领市场和领导市场。有些企业需要进行第四甚至第五轮的融资。到加速期结束,企业应有盈利和有正的现金流量,并已占领了一定的市场份额。

此时,企业到了精细化运作的时期,企业需要更规范、更全面的管理体系和管理流程,或是更先进的管理信息系统作为支撑。通过组织的重新构建,把基层人员分成多个产品组,以产品为中心构建部门,高层管理者在广泛授权后又重新开始强调监督。企业控制体系由新型的利润中心、计划中心、成本中心、责任中心和投资中心组成,管理人员更加融入到企业,参与利润分成并拥有股票期权。[45]这一阶段组织会越来越庞大,也越来越分散,管理层次过多,决策周期拉长,企业需要有一种一体感,需要员工把自己当成企业的主人,很多公司都是通过股票期权这种长期利益方式来增强员工的主人翁意识的。

5. 退出期

经过种子期、初创期、成长期到加速期以后,进入成熟期,也即退出期。这个阶段企业扩张主要是采用多元化投资、战略投资、并购扩张 3 种模式,涉及投融资方案设计与法律风险分析，需要拟定"股权收购协议"或"资产收购协议"。在这个时期，企业家需要确定企业未来的发展方向是上市、被并购或是继续独立以私有形式发展。为了使风险投资价值化，获得高额回报，风险投资公司通常促成所投资企业走上市和被并购之路。

退出往往意味着企业的发展已经达到一定阶段，前期的投资者和企业家可以通过上市或者重组实现创业目标。但是在接管或重组的过程中，可能发生企业的管理层自愿或不自愿的变动，这种变动对企业的运营会有巨大的影响，可能会破坏企业已有的发展成果，出现发展倒退，甚至失败。

此阶段，企业规模迅速壮大，也许已经进入国际市场，成为一个全球性的公司了。管理的重点是要解决复杂化问题和发展创新。组织结构更多地强调团队和矩阵式管理，高层管理者的风格是参与式的，与下属共同制定目标，过程中不过多干预，合作的方式一般是充分协商，此时企业需要组织扁平化，需要恢复活力，因此要有小公司思维，通过适当拆分和多元化运作，并努力恢复创业阶段的创新意识和激情作风。

5.2 商业模式的关键要素

商业模式的关键要素分为3个方面。商业模式实质上可以看成创业机会边界的扩展，以及机会运作过程的实质化。下面就商业模式的7个具体部分做出解释和说明。

5.2.1 客户关系

客户关系（Customer Relationships，CR）是指企业为达到其经营目标，主动与客户建立起的某种联系。这种联系可能是单纯的交易关系、通信联系、为客户提供一种特殊的接触机会，或是为了双方的利益而形成的某种买卖合同或联盟关系。

客户关系具有多样性、差异性、持续性、竞争性、双赢性的特征。它不只能为交易提供方便，节约交易成本，也可以为企业深入理解客户的需求和交流双方的信息提供机会。[46]

为建立良好的客户关系，需要先进行客户细分，再在每一个客户细分市场建立和维系客户关系，也就是客户发展过程。

1. 客户细分

所有客户需求都不尽相同，由于客户需求、欲望及购买行为是多元的，只要存在两个以上的客户，客户的需求就会呈现差异化和异质特性。没有企业能单凭自己的人力、财力和物力来满足整个市场的全部需求，这不仅因为企业自身条件的限制，而且从经济效应方面来看也无法实现。企业应该利用有限的资源参与有效的市场竞争，分辨出能有效服务的最具吸引力的细分市场，谋划科学的竞争策略，集中资源和能力取得和增强竞争优势。

企业或机构在发展成熟后往往会服务多个客户分类群体。为了更好地满足不同客户的需求，企业可能把客户分成不同的细分区隔，每个细分区隔中的客户具有相同的需求、类似的行为和其他共同的特征。企业必须做出合理决议，到底该着重服务哪些客户细分群体，该忽略哪些客户细分群体。然后借助对特定客户群体需求的深入分析，设计相应的商业模式。

客户细分（Customer Segments，CS）是指根据客户属性划分的客户集合。它既是客户关系管理（Customer Relationship Management，CRM）的重要理论组成部分，又是其重要管理工具。它是对客户分类研究、进行有效客户评估、合理分配服务资源、成功实施客户策略的基本原则之一，为企业充分获取客户价值提供理论和方法指导。[47]

客户细分理论的原理是每类产品的客户群不应简单地归为一个群体，根据客户群的文化观念、消费收入、消费习俗、生活方式的不同细分新的类别，企业针对每类客户单独制定品牌推广战略和营销策略，将资源针对目标客户集中使用。

客户细分包括以下内容。

① 确定待分析数据集，以及收集方法。

② 统一组织原本分离、零散的数据。

③ 开发统计算法或模型，分析数据，将分析结果作为对客户细分的基础。

④ 建立营销和客户服务部门与 IT 部门的协作关系，保证所有人都能明确细分的目的，以及完成细分的技术要求和限制。

⑤ 构建强有力的基础设施，以汇聚、保存、处理和分发数据分析结果。

⑥ 拥有客户细分的准确分析模型，制定出有效的营销和服务战略。

当然对客户的细分某种程度上是一种有待验证的假设，需要通过后期的市场测试，然后不断地修正。在做定位之前一定要有假设，即便这个假设并不能保证其正确性，但至少它是用于修正的基础，并不是所有人都会成为企业的客户。

2. 客户发展

在竞争激烈的市场中，能否通过有效的方法获取客户资源往往决定着企业的成败。况且客户越来越清楚如何满足自己的需要和维护自己的利益，客户是很难轻易获得与维持的。因此，加强客户开发管理对企业的发展至关重要。

我把创业初期与客户相关的活动按目的划分成 4 个阶段：客户探索、客户检验、客户培养和组建公司。

(1) 第一阶段：客户探索。

客户探索的目的是根据现有的产品设计去寻找目标客户，衡量产品能否满足他们的需求。检验商业计划中关于产品、待解决问题，以及关于客户的各种假设是否正确。为此，纯粹的猜测是不够的，需要深入市场去挖掘最有价值的问题，弄清产品应该如何解决问题，弄清谁是你的目标群体（谁有权决定购买产品或影响购买决定，以及谁是产品的实际用户）。结束这些任务后，产品的特色便会易于确定。值得注意的是，客户探索的目标既不是从潜在客户那里确定产品功能，也不是不停地召开用户研讨会。对于一个创业公司而言，产品雏形的设计工作应该由公司创始人或产品开发团队完成。客户探索的任务是判断产品雏形是否能得到客户的认可（虽然听起来不可思议，但是最初的产品创意通常来自创始人，而不是需求调研）。

(2) 第二阶段：客户检验。

俗话说："是骡子是马，拉出来遛遛。"客户检验的目标是找出稳定、适合的销售模型，以便营销团队和销售团队的执行。销售路线图应当是经过早期客户验证的销售流程。也就是说，客户检验需要判断客户为产品消费的意愿强烈程度。

客户探索和客户检验共同验证商业模型。结束这两阶段后，企业可以找准客户，定位市场，确定产品的价值，制定定价策略和渠道策略，检验销售模型和销售流程。当创业者发现了稳定的客户和可复用的销售流程,以及基于两者建立的商业模型后,才能进入下一阶段。

(3)第三阶段:客户培养。

客户培养的目标是吸引更多的潜在客户,并把新的购买意愿引入销售渠道。这一阶段紧接客户检验,在首批客户的帮助下,进一步扩大客户规模。

客户培养的具体方法因市场类型可以动态选择。创业公司选择的目标市场极为广泛且差异性明显,有些公司选择的是有明确竞争对手的市场(现有市场),有些公司选择扎根于全新的市场,还有些公司采用折中的办法,向现有市场推出改良产品,希望细分市场。每种情况对应的客户发展方法都不相同。

(4)第四阶段:组建公司。

组建公司的目标是完成从学习探索型的客户发展团队向编制完整的正式企业的过渡,包括招聘营销主管、销售主管、业务拓展主管等。这些主管负责组建管理相应的部门,占领更大的市场份额。

5.2.2 业务价值

1. 关键业务

关键业务(Key Activities)又叫核心业务,即运转商业模式过程中执行的一些关键业务活动,用来描绘为了确保商业模式可行,企业必须做的最重要的事情。企业的核心能力要得到市场认可,必须经由企业的产品体现出来。企业是一种或几种核心能力的组合,虽然可以开拓出许多不同的分支业务单元,也可以跨越传统的市场界限和产品界限,但体现核心能力的仍是核心产品及其组合,也就是企业的核心业务。[48]

企业的核心业务是与多元化经营密切相关的概念,通常核心业务是指一个多元化经营的企业或企业集团中具有竞争优势并能够带来主要利润收入的业务,企业的核心业务在企业的业务组合中,一定是在该行业中最具有竞争能力的业务。核心业务可以给市场和消费者勾画出一个清晰的形象:本公司的主营业务为何。如果企业的核心业务能依托核心能力形成一种对内兼容、对外排他的技术壁垒,就能在交错纷繁的市场中保持持续的竞争优势。

而多元化经营与确立核心业务二者的权衡也是企业必须要正确面对的问题。在创业过程中,有许多企业未能准确及时地意识到培育核心能力的重要性,不能清楚、清晰地理解自身的核心竞争力,盲目地进行业务扩张而导致局面失控,导致创业以失败收场。与此相反,优秀的企业在确立目标市场和经营战略时,大多数都首要明确自己的核心主营业务,专注于某一个行业,并在这个行业里逐步培养自身的核心竞争力,以此为基础再逐步考虑多元化经营。

除了核心业务的确立以外,企业在做好本分的同时,还应面对环境变化,思考核心业务的扩张战略。企业的战略选择会受到诸多因素的左右,如企业内部或外部环境的变化及行业未来的趋势,应该不断考量自身的优势和行业的发展前景之间的动态变化,及时对核心业务进行必要的调整和扩张,以期实现平稳、高效、快速的增长。

常见的核心业务扩张的方向有品牌延伸和多元化经营。

品牌是企业的战略性资源中的无形资产,通过品牌的延伸,充分发挥品牌资源潜能并延长其生命周期,成为企业的一项重大战略决策。品牌延伸一方面可以将现有的品牌资产转移到新产品上,另一方面又以新产品形象延续了品牌寿命,因而它可成为企业核心业务扩张的有效方式。[48]

品牌延伸可以很直接地实现一些竞争优势。一是能使新产品尽快进入市场，缩小其导入期的成本。二是品牌延伸下的新产品开拓了原有品牌的产品组合方式，通过不同的组合方式更有效且全面地满足用户的需求，这样又进一步强化了品牌与用户之间的黏性，增强了品牌的整体竞争力。三是品牌延伸有利于集中资源，提高投资效益。

品牌延伸战略也存在一些潜在的风险，一旦出现失败也可能给企业造成巨大损失。一是品牌延伸会扩充品牌内涵，如果内涵扩充过大，可能致使个性淡化，品牌形象不够鲜明。二是品牌延伸必须确保成功，一旦失败就可能影响其他产品乃至核心产品的声誉。

贝恩公司的一项研究结果显示，最成功的中国上市公司都是通过有效发掘，发挥明确界定的核心业务的潜力，并凭借在核心业务中的优势，对核心业务的相关领域拓展这一方式，保持公司常年连续地增长的。多元化经营战略分为相关多元化和非相关多元化。

相关多元化经营是指企业新发展的业务与原有业务相互间具有战略上的适应性，它们在技术、工艺、销售渠道、市场管理技巧、产品等方面具有共同或者相近的特点。相关多元化可以借助企业在核心产品的市场优势，沿其主营业务向下或向上发展关联产品，以保持或扩大其竞争优势。一般而言，多元化会增加管理的复杂程度，但如果一个公司在多个战略上有相似的行业经营，公司总部可以凭借相关相同的管理理念和措施，来选择行业组合或者行业的核心业务，并且各行业遵照相同的战略导向，如此各行业就能受到公司总部统一有效的管理。

非相关多元化经营又称混合多元化或复合多元化，指企业新发展的业务与原有业务之间没有明显的战略适应性，所增加的产品是全新的，面向的市场也是全新的，如生产化学工业产品的公司同时兼营首饰、纺织、旅游业等。这种跨行业的多元化经营不应该没有核心业务，不应该没有层次梯度，并且在各项核心业务的发展时序上也不是同时发展的。相反，这种多元化是以一种或几种核心业务来支撑的多元化，只有在核心业务已具有优势，占有较大市场份额并形成稳定收入之后，才能去发展另一核心业务。选择非相关多元化经营战略一定要步步为营，因为这种多元化有效扩张不是多个行业的简单之和，而应该作为竞争力的集合。

在确定好核心业务的扩张方向后，还需要依靠内部开发、战略性并购或建立战略联盟等核心业务的扩张途径实现真正的业务扩张。

内部开发主要是通过企业现有资源的重组创新来扩张核心业务。内部开发的具体形式一般包括：垂直链裂变，垂直一体化企业利用其价值链环节中的某些环节再制造，生产出有别于现有产品的其他产品；独资新建企业和工厂；技术副产品的充分利用，研究与开发有时会产生技术副产品，可将技术副产品独立出来，形成全新的产品；充分利用人才，发现拥有能力涉足其他经营领域的人才，并且以这类人才为核心，组织资源从事新业务的开发。有了新的观点再到形成产品需要较长的时间，内部开发要求企业拥有充足的资源和能力。内部开发的优点是方便控制和对比，局限性是新产品的开发容易受限于企业已有的资源和观念，因此内部开发适合规模大、技术领先的企业。

战略性并购以及重组资产和债务。世界前100强的企业，没有一家是仅靠利润累积发展起来的，都要靠组织和协调社会资源来扩充实力。正如诺贝尔经济学奖获得者、美国著名经济学家乔治·斯蒂格勒所指出的："没有一个美国大公司不是通过某种程度、某种方式的兼并而成长起来的，也几乎没有一个大公司是主要靠内部扩展成长起来的。"实际上，世界大企业的并购行为在如今却愈加频繁，一是"强强联合"，组成更庞大的公司，形成市场垄断；二是"延伸触角"，涉足多个领域，争取更大的市场份额。

成功的并购应当考虑加强一家公司的整体战略优势和核心实力，并且能使公司获得并购前独立发展而不能达到的优势地位。企业在运用资本运营使其规模迅速扩张之前，在产品经营和技术创新方面都应是领先于市场同类的，如果缺乏产品经营和技术创新盲目扩张规模，甚至靠行政手段来形成庞大的企业集团，也无益于企业的健康发展，难免落到失败的境地。

战略联盟是指两个企业为了实现各自的目标而采取的任何股权或非股权投资的共担风险、共享利益的联合行动。战略联盟的具体形式有三类：一是松散关系，包括网络组织、机会性联盟等；二是契约关系，包括分包经营、许可证经营和特许经营等；三是正式的所有关系，包括联营、合资、合作企业等。[48]

采用战略联盟途径来扩张核心业务可以弥补企业自身在进入新行业时的资源匮乏，通过合作也可以获得乘数效果和可持续竞争优势。但战略联盟也存在潜在的隐患，主要源于联盟各方的动机并不相同，追求的利益不会完全相同，更重要的是有时缺乏信任。此外，联盟有时还可能培育出比自己更强大的对手。

2. 价值主张

价值主张是指企业或品牌需要达到市场消费诉求的兴奋点，在符合市场诉求的关注同时，企业还需要盈利。此处所提及的企业盈利，不是单方面的，而是市场、企业、个人三方面可以获得的价值主张，通过其产品和服务公司提供给消费者的价值。价值主张确定公司对消费者的实用性。

价值主张常常通过品牌渗透给目标群体。品牌是一种错综复杂的标志集合，它是品牌属性、名称、包装、价格、历史、声誉、广告等方式的无形总和。品牌同时也因消费者对其使用产品的印象，以及用户自身的经验而有所不同。品牌和产品全然不同，产品是工厂生产物，品牌是消费者购买的东西。一个品牌的存在肯定有产品对其的支撑，而一个产品的存在就不一定有品牌与之对应了。

品牌的价值主张是指基于产品或服务，不只能够满足消费者的需求，还包括品牌对社会、对人的态度和观点。[49]例如，麦当劳品牌的价值主张是用户使用过程中的愉悦体验，其精髓是对生活保持年轻的态度，故而它的广告语是"我就喜欢"；李宁品牌的价值主张是要为年轻消费群体的梦想创造无限可能，故而它的广告语是"一切皆有可能"；耐克品牌的价值主张是激励那些充满激情的人时刻进取，故而它的广告语是"Just do it"。

品牌不可以离开价值主张。品牌主张是能够把静态品牌动化、活化、人格化的一种关键策略。品牌主张是一种营销思想，它宣扬品牌的统一立场；品牌主张是一种市场许诺，它极力在满足人们的某种需要；品牌主张是一面旗帜，它让用户看到了它存在的价值；品牌主张也是一种文化，它展现着一种品牌的精神内涵。品牌主张在品牌的打造过程中有着十分重要的地位，品牌形象的建立在很大程度上基于品牌主张的诉求。

企业要将自己的核心理念和价值观有效地传达给消费者，需要明确一个价值主张，企业的一切传播和营销活动必须围绕价值主张进行。价值主张的确立对企业的用户形象非常重要，在目前产品同质化日趋严重的今天，关键在于寻找区别于甚至优越于同类产品的特点。

5.2.3 渠道通路

渠道通路（Channels，CH）是描绘公司如何沟通、接触其客户细分而传递其价值主张的方式，常见的公司对接客户的渠道有营销渠道、交易渠道、交付渠道。渠道通路的一端连接着用户，它很大程度上左右客户体验，能够起到显性公司产品和服务在客户中的认知；向客户传递价值主张；帮助客户理解公司价值主张；协助客户购买特定产品和服务；提供售后客户支持等作用。渠道通路的功能覆盖了一个完整的销售流程——售前、售中、售后，包括营销渠道、交易渠道和交付方式。

1. 营销渠道

美国市场营销学权威菲利普·科特勒对营销渠道的定义是："营销渠道是指某种货物或劳务从生产者向消费者移动时，取得这种货物或劳务所有权或帮助转移其所有权的所有企业或个人。"简言之，营销渠道就是产品和服务从生产者向消费者转移过程的具体通道或路径。

在交易行为发生之前，如何了解和收集客户的需求信息，了解客户属性，将产品和服务信息、价格和价值主张有效传递给消费者？常用的方式有广告、人际传播、事件传播、特定人群、活动推广等。信息传递的质量越高，越能够迅速扩大影响，商业模式的价值越大。

对于一般企业而言，技术领先和创新在维持企业在市场中的竞争力上扮演的角色渐弱，因此创新营销渠道系统对制造商的发展有弥补作用。

（1）营销渠道的特征。

① 以生产者为起点，以消费者（生活消费）和用户（生产消费）为终点。

② 参与者是商品流通过程中各种类型的中间商。

③ 前提是商品所有权的转移。

（2）营销渠道的效用。

正是由于营销渠道的 3 个特征，营销渠道在营销过程中可创造以下 3 种效用。

① 时间效用。即营销渠道能够解决商品产需在时间上不一致的矛盾，保证能及时满足消费者的需求。

② 地点效用。即营销渠道能够解决商品产需在空间上不一致的矛盾。

③ 所有权效用。即营销渠道能够实现商品所有权的转移。

网络市场松散、灵活、易于分发和传播的特点，增强了营销渠道的 3 种作用。在时间和地点上，营销渠道较为有效地解决了产需不一致的矛盾，消费者在家中能以最近的地点和较短的时间获得所需的商品。商家也能在较短的时间内，根据消费者的个性化需要进行生产、进货，并在最近的地点、以最低的费用将产品配送到消费者手中。

（3）营销渠道常见的策略。

① 直接渠道或间接渠道的营销策略。

② 长渠道或短渠道的营销策略。

③ 宽渠道或窄渠道的营销策略。

④ 单一营销渠道和多营销渠道策略。

⑤ 传统营销渠道和垂直营销渠道策略（垂直营销系统）。

（4）营销渠道未来的发展趋势。

营销渠道越来越受到企业的重视，其在未来的发展趋势主要有 4 个方面。

① 渠道运作：以终端市场建设为中心。

② 渠道支持：由机械化转向全方位化。

③ 渠道格局：由单一化转向多元化。

④ 渠道结构扁平化。

2. 交易渠道

交易渠道是企业将产品或服务传达给目标群体的媒介。常见的有供应链、零售商、实体店、上门推销、网络销售、第三方支付。

（1）供应链。

供应链是以企业产品输送为核心，通过对商流、信息流、物流、资金流的控制，从采购原材料开始到制成中间产品及最终产品，最后由销售网络把产品送到消费者手中的一个由供应商、制造商、分销商、零售商直到最终用户所连成的完整功能网状结构。

通常来说，供应链能实现以下 4 个功能。

① 在线订货。

企业通过企业资源计划（ERP）系统将产品目录及价格发布于订货平台，经销商通过在线订货平台直接订货并跟踪订单后续处理状态，通过可视化订货处理过程，实现购销双方订货业务协同，提高订货处理效率及数据准确性。企业接收经销商提交的网上订单，依据价格政策、信用政策、存货库存情况对订单进行审核确认，以及后续的发货及结算。

② 经销商库存。

通过经销商网上确认收货，自动增加经销商库存，减少信息的重复录入；提升了经销商数据的及时性和准确性。通过经销商定期维护出库信息，帮助经销商和企业掌握准确的渠道库存信息，消除牛鞭效应，辅助企业业务决策。

③ 在线退货。

企业通过在线订货平台，接收经销商提交的网上退货申请，依据销售政策、退货类型等对申请进行审核确认。经销商通过订单平台，实时查看退货申请的审批状态，帮助企业提高退货处理效率。

④ 在线对账。

通过定期从 ERP 系统自动取数生成对账单，批量将对账单发布于网上，经销商上网即可查看和确认对账单，帮助企业提高对账效率，减少对账过程的分歧，加快资金的良性循环。

（2）零售商。

零售商（Retailer）是指将商品直接销售给最终消费者的中间商，是相对于生产者和批发商而言的，处于商品流通的最终阶段。零售商的基本任务是直接为最终消费者服务，它的职能包括购、销、调、存、加工、拆零、分包、传递信息、提供销售服务等。它在地点、时间与服务方面，方便消费者购买。它又是联系生产企业、批发商与消费者的桥梁，在分销途径中具有重要作用。

在互联网普及之前，线下实体店基本是企业直接售卖产品和提供服务的最后终端。互联网时代的到来，使线下实体店受到了较大的冲击，凸显出线下实体店较弱的价格优势、门店对客户缺乏黏性、产品有限、租金成本较高、资金/人员/管理效率低下等劣势。

但即使线下实体店有以上的劣势，互联网也并没有将线下实体店完全地消灭，反而是越来越多企业使用线下和线上结合的方式售卖产品，这是由于线下实体店有目前互联网无法取代的 3 个优势。

① 为用户提供真实的产品体验，呈现更多的产品细节，提高用户对产品的满意度，这点对于价格昂贵、功能复杂的产品尤其重要。线下实体店还能通过实体店内的营销过程让用户接收到更多的产品文化和服务。

② 线下实体店中与人面对面的交互更容易让用户产生信任和安全感。

③ 线下实体店内的特色服务形式相较于互联网服务更加多样化。

(3) 上门推销。

上门推销是最常见的人员推销形式，此种形式是一种积极主动的推销形式。它是由推销人员携带产品的样品、说明书和订单等走访顾客，推销产品的销售形式。这种推销形式，可以及时地解答顾客的疑问，帮助顾客发掘其潜在的需求，并及时提供产品解释和现场展示的服务，简化顾客上手产品的过程，故为顾客所广泛认可和接受。

上门推销与顾客直接的接触便是人员推销的优势所在。顾客可以根据推销员的描绘而形成一定的看法和印象。上门推销具有以下优点。

① 顾客容易将推销员个人的良好形象映射为产品形象甚至是公司形象，更容易产生对产品的信任，甚至主动成为产品的传播者。

② 有机会把产品和售后服务直接销售给愿意购买或租赁它的顾客。

③ 能及时收集顾客反馈，帮助产品的改进，更加符合现实顾客的需求。

④ 能对顾客关心的问题进行及时解答，既能增强顾客的购买意愿，又能便利顾客的使用。

⑤ 可以从顾客那里得到明确的许诺和预购或预租。

(4) 网络销售。

网络销售是通过互联网把产品进行销售，实质就是以互联网为工具进行销售。

网络销售有交易成本的节省性和交易的特殊性两大特点。

交易成本的节省性体现在企业和客户两个方面。对企业而言，即使企业网络资源的部署依然需要一定的投资，但与其他销售渠道相比，交易成本能得到极大的节省，其交易成本的降低主要包括通信费用、促销成本和采购成本的降低。对于用户而言，互联网提供了极大的产品对比空间，增强了同类产品的价格透明度，降低了潜在的交易成本。

交易的特殊性包括交易主体和交易对象的特殊性。从交易主体来看，随着网民的增加和电子商务的发展，网上购物的人数在不断增加。但是网上购物者的主体依然是具有以下共同特征的顾客群体：年轻、比较富裕、比较有知识的人；个性化明显、需求广泛的人；知识广博、头脑冷静、擅长理智分析和理性化选择的人；求新颖、求方便、惜时如金的人。从销售对象的特征性来看，适用于网络销售的产品品类有限。

通常来说，实施网络销售有以下 3 个步骤。

第一步是快速部署企业服务和产品信息于网络。企业在建立自己的网络营销方案的时候，要以营销目的为核心考虑部署网络基础设施。

第二步是通过多种网络营销工具和方法来推广和维护自己的企业网站。任何的网络宣传和传播都需要以企业网站作为中枢，链接起所有售前、售中、售后服务。

第三步是网站流量监控与管理。通常我们采用流量监控与分析系统和在线客服系统来实现。营销型网站需要一套功能齐聚的在线客服系统，以此来帮助企业主动发出洽谈，能够及时将有效的流量（潜在客户或意向客户）转换为网上销售。

(5) 第三方支付。

第三方支付是具备一定实力和信誉保障的独立机构，采用与各大银行签约的方式，提供与银行支付结算系统接口的交易支持平台的网络支付模式。在第三方支付模式中，买方选购商品后，使用第三方平台提供的账户进行货款支付，并由第三方通知卖家货款到账、要求发货；买方收到货物，并检验商品进行确认后，就可以通知第三方付款给卖家，第三方再将款项转至卖家账户上。第三方支付作为目前主要的网络交易手段和信用中介，最重要的是起到了在网上商家和银行之间建立起连接，实现第三方监管和技术保障的作用。

3. 交付方式

你通过什么样的方式把你的产品和服务传递给客户？是采用线上线下相结合，还是利用线上的电子商务的渠道传递给你的客户，还是通过线下的实体零售店传递给你的客户？不同选择带来的效果可能千差万别。

一般来说，有3种常见的交付方式：虚拟交付、现实交付和按需交付。

（1）虚拟交付。

虚拟交付根植于虚拟交易中。虚拟交易随着网络游戏与网络购物的发展而出现，它是指在网络空间存在的数字化、非物质化的财产的流动与交易。它包括网络游戏点卡的账号和密码、话费充值卡的账号和密码、游戏账号、游戏货币、游戏账号拥有的各种装备，以及网民的电子邮件、网络寻呼等一系列只通过数字或字符发送的商品的交易，与之相关的是虚拟财产。

（2）现实交付。

现实交付是指出卖人将标的物直接置于买受人的实际控制之下，是一种将对动产的直接管领力现实地移转于买受人的物权变动。

现实交付依交货方式的不同，可以再分为3种情形。

① 送货上门：由出卖人将货物配送到买受人处，买受人接收货物后完成交付。

② 上门提货：由买受人到出卖人处取走货物，当货物被带离出卖人处即算完成交付。

③ 代办托运：由出卖人代理买受人与承运人制定运送合同，买受人或是出卖人承担运费的交付方式。此时出卖人将货物交给承运人即算完成交付。

（3）按需支付。

按需交付是指用户考虑到个人需求的变动性，根据自身实际需求从服务提供商那里获得定制化产品或服务，并只对已经使用的部分付费的全新交付模式。此交付方式往往应用于IT服务与应用，并被看作目前最经济的方式。按需交付允许企业根据不同发展阶段的差异化需求，渐进扩展IT系统的功能、应用及计算能力，再根据对计算平台当前的扩展部分进行成本支付。这种方式能够在满足用户体验的同时，提高成本收益。

5.2.4 权力壁垒

权力壁垒是指企业凭借在某一领域、行业所具有的独特优势，构建阻碍其他企业进入的某种法律或商业规范上的权力，进而掌握行业发展的话语权、主导权。典型表现就是专利权、商标权、著作权、专营权和行政许可等。

1. 专利权

（1）专利权的概念及特点。

① 专利权的概念。

专利权是指政府有关部门向发明人授予的在一定期限内生产、销售或以其他方式使用发明的排他权利。专利分为发明、实用新型和外观设计3种。

② 专利权的特点。

因为专利权是一种无形财产，所以它与有形财产相比，有其独特的特点。

第一，专有性。

专有性也称独占性，指专利权人对其发明创造所享有的独占性的制造、使用、销售和进口的权利。也就是说，其他任何单位或个人未经专利权人许可不得进行为生产、经营目的地制造、使用、销售和进口其专利产品，使用其专利方法，或者未经专利权人许可为生产、经营目的地制造、使用、销售和进口依照其方法直接获得的产品。否则，就是侵犯专利权。

第二，地域性。

地域性指一个国家依照其本国专利法授予的专利权，仅在该国法律管辖的范围内有效，对其他国家没有任何约束力，外国对其专利权不承担保护的义务。如果一项发明创造只在我国取得专利权，那么专利权人只在我国享有专利权。如果有人在其他国家和地区生产、使用或销售该发明创造，则不属于侵权行为。搞清楚专利权的地域性特点是很有意义的，这样，我国的单位或个人如果研制出有国际市场前景的发明创造，就不仅仅应及时申请国内专利，还应不失时机地在拥有良好市场前景的其他国家和地区申请专利，否则在国外的市场上就得不到保护。

第三，时间性。

所谓时间性，指专利权人对其发明创造所拥有的专有权只在法律规定的时间内有效，期限届满后，专利权人对其发明创造就不再享有制造、使用、销售和进口的专有权。这样一来，原来受法律保护的发明创造就成了社会的公共财富，任何单位或个人都可以无偿地使用。对于专利权的期限，各国专利法都有明确的规定，对发明专利权的保护期限自申请日起计算一般在10～20年不等；对于实用新型和外观设计专利权的期限，大部分国家规定为5～10年，我国现行专利法规定的发明专利、实用新型专利及外观设计专利的保护期限自申请日起分别为20年、10年和10年。

专利的专有性保障了专利拥有者的权益，因而能防止专利侵权行为的发生。

（2）专利侵权行为的概念、类型及应承担的法律责任。

① 专利侵权行为的概念。

专利侵权行为也称侵犯专利权的行为，是指在专利权的有效期限内，任何他人在未经专利权人许可，也没有其他法定事由的情况下，擅自以盈利为目的实施专利的行为。

② 专利侵权行为的类型。

第一，制造专利产品的行为。

第二，故意使用发明或实用新型专利产品的行为。

第三，许诺销售、销售专利产品的行为。

第四，使用专利方法，以及使用销售、依照专利方法直接获得产品的行为。

第五，进口专利产品或进口依照专利方法直接获得的产品的行为。

第六，假冒他人专利的行为。

第七，冒充专利的行为。

③ 专利侵权行为应承担的法律责任。

一旦发生了侵权事件，根据专利法及其有关法律的规定，侵权行为人应当承担的法律责任包括行政责任、民事责任与刑事责任。

第一，行政责任。

对专利侵权行为，管理专利工作的部门有权责令侵权行为人停止侵权行为、责令改正、罚款等，管理专利工作的部门应当事人的请求，还可以就侵犯专利权的赔偿数额进行调解。

第二，民事责任。

- 停止侵权。

停止侵权是指专利侵权行为人应当根据管理专利工作的部门的处理决定或者人民法院的裁判，立即停止正在实施的专利侵权行为。

- 赔偿损失。

侵犯专利权的赔偿数额，按照专利权人因被侵权所受到的损失或者侵权人获得的利益确定；被侵权人所受到的损失或侵权人获得的利益难以确定的，可以参照该专利许可使用费的倍数合理确定。

- 消除影响。

在侵权行为人实施侵权行为给专利产品在市场上的商誉造成损害时，侵权行为人就应当采用适当的方式承担消除影响的法律责任，承认自己的侵权行为，以消除对专利产品造成的不良影响。

第三，刑事责任。

依照专利法和刑法的规定，假冒他人专利，情节严重的，应对直接责任人员追究刑事责任。

（3）专利权质押。

专利权质押是指借款或第三人将其合法所有的专利权质押给担保公司以取得贷款的一种反担保方式。专利权质押应依法在国家知识产权局办理质押登记。

2. 商标权

（1）商标权的概念和转让。

商标权是商标专用权的简称，是指商标使用人依法对所使用的商标享有的专用权利。它是商标注册人依法支配其注册商标并禁止他人侵害的权利，包括商标注册人对其注册商标的排他使用权、收益权、处分权、续展权和禁止他人侵害的权利。

商标权是一种无形资产，具有经济价值，可以用于抵债，即依法转让。根据《中华人民共和国商标法》的规定，商标可以转让，转让注册商标时转让人和受让人应当签订转让协议，并共同向商标局提出申请。

在转让商标权时，应当按照《企业商标管理若干规定》的要求，委托商标评估机构进行商标评估，依照该评估价值处理债务抵偿事宜，而且要及时向商标局申请办理商标转让手续。

（2）商标权的特点。

商标权具有专有性、地域性和时效性等特点。

① 专用性。

所谓专有性，是指一个商标一般只能归一家企业、事业单位或个人在指定商品上注册并归其所有，而不能同时为多个单位或个人所享有。

商标权的专有性意味着其他任何人未经注册商标所有人许可，不得在与核定商品相同或类似范围内使用与该注册商标相同或近似的商标，否则构成商标侵权。

② 地域性。

商标权的地域性是指经一国（或地区）商标注册机关核准注册的商标，其所有人的专有权被限定在该国（或地区）领域内，其他国家对该商标权没有保护义务。换言之，一个国家的商标所有人如果希望其商标权在其他国家也能获得保护，就应该到希望获得保护的国家去注册。

③ 时效性。

商标权的时效性是指商标经商标注册机关核准之后，在正常使用的情况下，可以在某一法定时间内受到法律保护，这一时间称为注册商标的有效期。有效期届满后，商标权人如果希望继续使用注册商标并使之得到法律的保护，则需要按照法定程序，进行注册续展。如果不发生导致商标撤销的诉讼，商标注册人只要按时履行续展手续，就可以无限期地得到保护。在这一点上，商标权既不同于有形财产权，也不同于同属知识产权的专利权和版权。

（3）侵犯商标权的行为。

当有以下行为发生时，被视为侵犯商标权的行为。

① 未经注册商标所有人的许可，在同种商品或者类似商品上使用与其注册商标相近或者近似的商标的。

② 销售明知是假冒注册商标的商品的。

③ 伪造、擅自制造他人注册商标标识或者销售伪造、擅自制造的注册商标标识的。

④ 故意为侵犯注册商标专用权的行为提供便利条件的。

⑤ 给他人注册商标专用权造成其他损害的。

有以上所列侵犯注册商标专用权行为之一的，被侵权人可以向县级以上工商行政管理部门要求处理，有关工商行政管理部门有权责令侵权人立即停止侵权行为，赔偿被侵权人的损失，赔偿额为侵权人在侵权期间因侵权所获得的利润或者被侵权人在被侵权期间因被侵权所受到的损失。侵犯注册商标权，未构成犯罪的，工商行政管理部门可以处以罚款。

对侵犯注册商标权的，被侵权人也可以直接向人民法院起诉。

（4）商标权抵押。

商标权抵押是指借款或第三人将其合法所有的商标权抵押给担保公司以取得贷款的一种反担保方式。商标权抵押应依法在工商行政管理局办理抵押登记。

3．著作权

（1）著作权的概念。

著作权（在我国，"著作权"与"版权"为同一法律概念）是指文学、艺术、科学作品的作者依法对他的作品享有的一系列的专有权。著作权是一种特殊的民事权利。它与工业产权构成知识产权的主要内容。在广义上，它也包括法律赋予表演者、音像制作者、广播电台、电视台或出版者对其表演活动、音像制品、广播电视节目或版式设计的与著作权有关的权利。

根据我国的著作权制度，著作权是一种包含若干特殊的人身权和财产权的混合权利，行使著作权中的财产权往往涉及其中的人身权。例如，作者将他的作品首次交给出版社出版时，不仅是在行使出版权，往往也是在行使发表权。

著作权也是一种内容不断发展的权利。在世界各国，著作权包含的内容并不是永远固定不变的，而是随着社会文明的不断发展和使用作品的新技术的不断产生，在不断地发展和补充。总之，作者享有著作权不会影响作品的传播。

（2）著作权的表现。

① 享有著作权的作者可以决定是否对他的作品进行著作权意义上的使用。

② 享有著作权的作者可以决定是否就他的作品实施某些涉及他的人格利益的行为。

③ 享有著作权的作者可以在必要时请求有关的国家机关以强制性的协助来保护或实现他的权利。

（3）著作权的保护。

著作权在作者的作品创作完成之后，即依法自动产生，而不需要经过任何主管机关的审查批准。我国公民、法人或其他组织的作品不论是否发表，都依法享有著作权。外国人、无国籍人的作品首先在中国境内出版的，也依法享有著作权。外国人、无国籍人的作品根据其作者所属国或者经常居住地国同中国签订的协议或共同参加的国际条约享有的著作权，受《中华人民共和国著作权法》的保护。

但并不是所有的作品都能受到《中华人民共和国著作权法》的保护。例如，依法禁止出版、传播的作品，不适于著作权法保护的作品（法律、法规，国家机关的决议、决定、命令和其他具有立法、行政、司法性质的文件，及其官方正式译文；时事新闻；历法、通用数表、通用表格和公式），已过保护期的作品都不能受到法律的保护。

4. 专营权

专营权又称特许权，是由政府部门授予或通过协议由一方授予另一方行使某一特定功能或销售某一产品的权利。专营权包括专卖和专买权。

政府授予的专营主要是具有垄断性质的服务或某些特殊权利，如邮电等公用事业、烟草专卖、进口权等特许经营权。常见的公司间的专营权是公司授予另一公司使用商标、专利、专有技术，如饮食业的麦当劳、旅馆业的假日饭店。

从其他公司取得专营权时，首先支付初次专营权成本（Initial Franchise Cost），然后在专营权的使用过程中定期支付专营费用（Continuing Franchise Fees），核算时，将初次专营权成本资本化，将定期支付的专营权费用计入当期费用。

5. 行政许可

（1）行政许可的概念。

行政许可指国家行政机关对不特定的一般人依法负有不作为义务的事项，在特定条件下，对特定对象解除禁令，允许他作为的行政活动。行政许可法对行政许可的立法界定是"指行政机关根据公民、法人或者其他组织的申请，经依法审查，准予其从事特定活动的行为"。由此可见，行政审批是按审批主体所做的界定，即由行政机关做出的审批行为，面比较宽。而行政许可的主体是行政机关，对象是公民、法人或者其他组织，内容是准予申请人从事特定活动。

根据《中华人民共和国行政许可法》第二条的规定，行政许可是指行政机关根据公民、法人或者其他组织的申请，经依法审查，准予其从事特定活动的行为。

（2）行政许可的特征。

① 行政许可是依法申请的行政行为。行政相对方针对特定的事项向行政主体提出申请，是行政主体实施行政许可行为的前提条件。无申请则无许可。

② 行政许可的内容是国家一般禁止的活动。行政许可以一般禁止为前提，以个别解禁为内容。即在国家一般禁止的前提下，对符合特定条件的行政相对方解除禁止使其享有特定的资格或权利，使其能够实施某项特定的行为。

③ 行政许可是行政主体赋予行政相对方某种法律资格或法律权利的具体行政行为。行政许可是针对特定的人、特定的事做出的具有授益性的一种具体行政行为。

④ 行政许可是一种外部行政行为。行政许可是行政机关针对行政相对方的一种管理行为，是行政机关依法管理经济和社会事务的一种外部行为。行政机关审批其他行政机关或者其直接管理的事业单位的人事、财务、外事等事项的内部管理行为不属于行政许可。

⑤ 行政许可是一种要式行政行为。行政许可必须遵循一定的法定形式，即应当是明示的书面许可，应当有正规的文书、印章等予以认可和证明。实践中最常见的行政许可的形式就是许可证和执照。

（3）行政许可的类型。

从行政许可的性质、功能和适用条件的角度来说，行政许可大体可以划分为五类：普通许可、特许、认可、核准、登记。

① 普通许可。

普通许可是准许符合法定条件的相对人行使某种权利的行为。凡是直接关系国家安全、公共安全的活动，基于高度社会信用的行业的市场准入和法定经营活动，直接关系到人身健康、生命财产安全的产品、物品的生产及销售活动，都适用于普遍许可，如游行示威的许可、烟花爆竹的生产与销售的许可等。

普通许可有两个显著的特征：一是对相对人行使法定权利附有一定的条件；二是一般没有数量控制。

② 特许。

特许是行政机关代表国家向被许可人授予某种权力或者对有限资源进行有效配置的管理方式。主要适用于有限自然资源的开发利用、有限公共资源的配置、直接关系公共利益的垄断性企业的市场准入，如出租车经营许可、排污许可等。

特许有两个主要特征：一是相对人取得特许后，一般应依法支付一定的费用，所取得的特许可以转让、继承；二是特许一般有数量限制，往往通过公开招标、拍卖等公开、公平的方式决定是否授予特许。

③ 认可。

认可是对相对人是否具有某种资格、资质的认定，通常采取向取得资格的人员颁发资格、资质证书的方式，如会计师、医师的资质。

认可有 4 个特征：一是主要适用于为公众提供服务，与公共利益直接有关，并且具有特殊信誉、特殊条件或特殊技能的自然人、法人或者其他组织的资格、资质的认定；二是一般要通过考试方式并根据考核结果决定是否认可；三是资格资质是对人的许可，与人的身份相联系，但不能继承、转让；四是没有数量限制。

④ 核准。

核准是行政机关按照技术标准、经济技术规范，对申请人是否具备特定标准、规范的判断和确定。主要适用于直接关系公共安全、人身健康、生命财产安全的重要设备、设施的设计、建造、安装和使用，以及直接关系人身健康、生命财产安全的特定产品、物品的检验、检疫，如电梯安装的核准、食用油的检验。

核准有 3 个显著的特征：一是依据主要是专业性、技术性的；二是一般要根据实地验收、检测来决定；三是没有数量限制。

⑤ 登记。

登记是行政机关对个人、企业是否具有特定民事权利能力和行为能力的主体资格和特定身份的确定。例如，法人或者其他组织的设立、变更、终止，工商企业注册登记，房地产所有权登记等。

登记有 3 个显著的特征：一是未经合法登记的法律关系和权利事项是非法的，不受法律保护；二是没有数量限制；三是对申请登记材料一般只进行形式审查，即可当场做出是否准予登记的决定。

5.2.5 协作资源

1. 核心资源

核心资源（Key Resources，KR）用来描绘商业模式有效运转所必需的最重要的因素，是让业务系统运转所需要的重要的资源和能力，如实体资产、知识资产、人力资源、金融资产等。

实体资产包括实体的资产，诸如生产设施、系统、汽车、机器、不动产、销售网点和分销网络等。对于沃尔玛和亚马逊等零售企业而言，其核心资产就是实体资产，且均为资本集约型资产。沃尔玛拥有由庞大的全球店面网络和与之配套的物流基础设施组成的实体资产。亚马逊则拥有大规模的 IT 系统、仓库和物流体系。

知识资产包括品牌、专有知识、专利和版权、合作关系和客户数据库，这类资产是在信息快速流通的时代企业异常关注的。知识资产是人类智慧的结晶的体现，开发的难度高于实体资产，但成功建立后可以带来远超实体资产的巨大价值。例如，耐克和索尼等快速消费品企业主要以品牌为其核心资源。微软和 SAP 则以通过多年开发所获得的软件和相关的知识产权作为核心资源和壁垒。宽带移动设备芯片设计商和供应商高通（Qualcomm）是围绕芯片设计专利来构建其商业模式的，这些核心资源为该公司带来了大量的授权收入。

人力资源于任何阶段的企业而言都是非常重要的资源，在某些商业模式中，特别如此。例如，在知识密集产业和创意产业中人力资源是决定性的。制药企业，如诺华公司，在取得的巨大商业成功中很大程度上取决于人力资源，其商业模式基于一批经验丰富的科学家和一支强大成熟的销售队伍。

有些商业模式需要金融资产或财务担保，如现金、信贷额度或用来雇用关键雇员的股票期权池。电信设备制造商爱立信便是利用金融资产作为商业模式核心部分的典型案例。爱立信可以选择从银行和资本市场筹资，然后将部分融资作为其设备客户提供卖方融资服务的资金，因此赢得了多于竞争对手的订单数量。

2. 重要合作

重要合作（Key Partnerships，KP）用来描述让商业模式有效运作所需的供应商与合作伙伴的网络。

孤立的企业发展方式已经落后于时代的商业逻辑，因此在不同利益考量中选择合作伙伴便成了多数公司助力自身发展的策略，合作关系正日益成为许多商业模式的基石。很多公司利用创建联盟的策略来优化其商业模式、降低风险或获取资源。

我们可以把合作关系分为以下 4 种类型：在竞争者之间的战略合作关系；在非竞争者之间的战略联盟关系；为开发新业务而构建的合资关系；为确保可靠供应而构建的"采购商-供应商"关系。

采用竞争与合作两种策略支撑企业立足于变化莫测的市场环境似乎是有些奇怪的对立，但这实际上是企业保持清醒和维持发展的重要举措。一方面，企业之间的合作可以使企业专注于核心能力和获得必需的资源；另一方面，竞争能够使企业避免"大企业病"并使公司保持创造力。通过竞争与合作之间的平衡，来提升企业的业绩水平，并由此提出了"竞合"的观念。在竞合理论中，竞争关系得到的结果不再是零和博弈的悲惨境地，而是将企业的合作看作"双赢"或"多赢"的策略。

（1）企业竞争性战略联盟。

将企业竞争性战略联盟定义为：原本在市场中处于竞争地位的各方，为了各自的长远战略利益，而采取协同行动，在保持各自独立的状态下通过共享知识、生产、市场等各方面的资源相互结成的合作组织，其主要目的是增强联盟各方的竞争能力，维持合作企业各自的竞争优势。

竞争型战略联盟的合作者一般都处于相同或相关的产品或服务市场中，合作的各方可以是地位相同的企业，如丰田汽车公司和通用汽车公司；也可以是地位悬殊的企业，如20世纪80年代计算机领域的领导者IBM与创业之初的微软公司。

（2）非竞争性战略联盟。

非竞争性战略联盟内的合作企业往往并不处于同一产业，也不存在传统供应链上的上下游关系，因此非竞争的企业关系让企业之间有更强的合作意愿，双方的合作是基于资源的互补利用，通过核心资源的嵌入式共享实现两者的深度融合，从而使联盟各方取得共赢。

非竞争性战略联盟的概念内涵可以在以下几个方面得以体现。[50]

① 联盟内部的非竞争性。因为成员并不是来自同一产业或相关产业，所以不存在固有的竞争，成员间的利益目标不会背道而驰、相互影响，可以有效规避联盟成员为了自身利益而采取有损联盟关系或联盟目标的行为。

② 联盟的低风险与资源利用的零冲突。非竞争性战略联盟中成员的各类有形或者无形资源能被创造性地使用在其他盟友已有的产业，这种交叉型的资源重组能打破原有的资源利用模式，从而为企业带来资源在原有产业无法实现的新的收益。与此同时，资源的全新利用方式并未削弱原有企业对于自己资源的利用，因而也避免了成员间的资源利用冲突和暴露资源的风险。

③ 联盟结构的稳定性。非竞争性战略联盟的非竞争性以及资源利用方式的突破可以成功规避传统战略联盟内的学习竞赛、机会主义行为、合作的高成本等问题，成为一种合作收益一定大于不合作的组织形式，因此，这种联盟形式具有极高的稳定性和可持续性。

（3）合资。

合资是指由两家或以上的公司共同投入资本成立，分别拥有一定股权，并共同分享利润、支出、风险及对该公司的控制权。采用合资战略的原因有以下几个。

① 在生产经营上具有紧密联系的企业为了扩大经济规模和保持正常的生产秩序，而实行合资经营以便进入彼此的经营领域。

② 出于政治上的原因，许多第三世界国家规定外国投资者必须采取与国内企业合资的方式。

③ 在资源和能力方面存在着互补关系的企业为促进双方的发展和分担风险，也会选择合资的方式共同运营。

（4）"采购商-供应商"关系。

"采购商-供应商"关系是指采购商与供应商建立的一种亲密的战略合作关系。一种更亲密的关系（Close Relationship）意味着渠道伙伴分担风险，共享收益，以及保持一种长期的合作关系。

采购商与供应商建立的合作关系是以信息共享、长期协议、优势互补为特征的。企业用长期协议的合作方式把大量的生意交给少量的供应商将会获得收益，更有可能，通过一个发展较好的供应商关系，使得供应商成为良好管理的供应链的一部分。这将持续提升整个供应链的竞争力。

5.2.6 竞争优势

竞争优势是指企业在产出规模、组织结构、劳动效率、品牌、产品质量、信誉、新产品开发及管理和营销等方面所具有的各种有利条件，是这些有利条件构成的整体，是企业竞争力形成的基础和前提条件。企业竞争力是指企业设计、生产和销售产品和劳务，参与市场竞争的综合能力。企业利用自身的先发优势将企业的标准提升为行业标准，将整个行业纳入企业的发展框架从而建立行业生态系统。这种能力主要是由企业自身所拥有的竞争优势所决定的。企业竞争优势有以下类型。

1. 认知优势

认知是大脑的决策算法。认知水平决定你的时间分配；认知水平决定你的资产分配；认知水平决定你面对选择时的取舍；认知水平决定你面对风险时如何抉择；认知水平决定你关注什么，不关注什么……如果能建立认知上的优势，企业将在战略制定的起跑线上领先。

讨论认知优势时，首先我们对广度与深度这对概念要有一个认识。广度指一个人在单项行为中可以集中注意力的时间。长期保持注意力被广泛看作成功人士不可或缺的品质，而通常来说注意广度与这个人对所做之事的喜好程度成正比。从方向性上说，它侧重于横向，有面积的成分。深度是指触及事物本质的程度，方向上表现为纵深，从数学上而言，应该是高的概念。

在当不清楚目标或者学习的概念或对象时，可以先通过大面积搜集信息，积累广度为深度做准备；而一旦目标明确，便可以有的放矢地扩展知识的深度。

为了更清楚地表述对于知识的广度与深度的认识，使用沙堆模型来形容知识的广度和深度，以及两者之间的关系比较适合。沙堆的高度代表知识的深度，沙堆底面占的面积则代表知识的广度。

术业有专攻，真正能够代表核心竞争力和创造效益的是沙堆的高度，即知识的深度。正如沙堆累积的过程，知识的深度的构建需要有足够的基底，也就是知识的广度。在一定的沙堆底面积下，沙堆堆积到一定高度后就很难继续增加，此时必须重新回到最初的工作重点——扩大沙堆的底面积，即进一步拓展知识的广度，当广度扩大后才能够在广度的基础上进一步朝高度发展。

有了广度后，即沙堆底面积累到一定面积后，便拥有充足的材料进行深度的转换，深度的转换成功与否才是决定个人核心竞争力和创造效益的关键所在，一味地追求广度将无法将价值最大化。

思维的深度是指我们考虑问题时，要深入到客观事物的内部，抓住问题的关键、核心，即事物的本质部分来进行由远到近、由表及里、层层递进、步步深入的思考。可以将其形容为"层层剥笋"法。

商场如战场，战场中刀光剑影、血肉横飞，对生死的表达是视觉的冲击，商场则在乎运筹帷幄、千里而决胜，对成败的注解在于认知的深度。在创业的大潮推动下，群雄并起，逐鹿天下，主沉浮者，必然要有对商业更加深刻的见解。

2. 技术竞争优势

技术竞争优势是指既能够生产高级经济结构的产品也能够生产低级经济结构的产品的能力，因此具备技术竞争优势的国家对于一个处于低级经济结构的国家具有潜在的垄断、控制或威慑能力。技术领先竞争优势体现在许多方面，主要有高新技术竞争优势、核心技术竞争优势、常规技术竞争优势等。

（1）高新技术竞争优势。

高技术和新技术的领先地位，是在同类产品中脱颖而出的利器。在当今社会，以现代信息技术为主导的高新技术，已成为各国竞相角力的竞争关键和掌握竞争主动权的制高点。谁开发出了高新技术，并用高新技术开发出高新技术产品，通过专利、专有技术保护、商标权等手段保持高新技术领先地位，谁便拥有了技术领先优势，可以大大加强自己的品牌竞争优势和企业竞争优势。当20世纪80年代日本在家用电器领域占有巨大优势时，美国没有将研究中心放在相同的家电领域，而是在计算机硬件与软件的新领域探索高新技术，到90年代就超过了日本，并涌现出一大批诸如英特尔、微软等新的企业、新的品牌。当日本还将关注点和精力投放在电传时，美国却在加快高速信息公路建设，在网络时代的互联网领域处于领先地位，并涌现出诸如美国在线、雅虎等网络新品牌。当日本在完善模拟技术时，美国却在开发数字技术并处于领先地位。在这些高新技术领域不但涌现出许多新品牌，而且拥有雄厚资本和悠久历史的老品牌也在高新技术方面大力开发，使之在新时代保持着旺盛的生命力。例如，IBM在大型计算机领先的基础上，又在开发个人计算机新技术方面也获得成功，从而为IBM的进一步发展提供了动力。当然，日本也不甘落后，在高新技术领域迎战美国。欧洲一些发达国家也相继在高新技术开发与研究方面有新的动作。21世纪在高新技术领域的竞争，将是取得品牌竞争优势的焦点所在。

（2）核心技术竞争优势。

核心技术是决定技术领先程度的关键因素，是高新技术的灵魂。它是技术领先中最关键的并对整个新技术起决定作用的那一部分。例如，计算机中的CPU（中央处理器）技术、生物工程中的基因技术、汽车的新动力及环保技术、火箭发射中的新型燃料控制技术等。核心技术领先优势能帮助企业在一段时间内成为技术的先行者和市场的主导者。利用核心技术领先优势所创立的品牌（无论是新创立的品牌还是原有老品牌），将迅速在竞争中崭露头角，并处于明显的优势地位。在高新技术领域集中科技力量攻关，在核心技术方面取得突破性的进展，并使核心技术成为品牌竞争优势的动力，是目前中国的企业亟待解决的问题。

（3）常规技术竞争优势。

常规技术可能曾经也是高新技术甚至核心技术，但随着技术的传播、转移和更新，它已成为成熟技术，被行业内普遍掌握，就变成了常规技术。但是在常规技术方面取得竞争优势也是不可忽视的。一是要在技术上精益求精，二是在技术更新上仍应不断有所改进，从而在市场竞争中取得优势地位。持续改进常规技术，使品牌的技术含量不断提高，以应对消费者不断提高的新需求，这是市场进化过程对企业的要求。

要取得技术领先优势，在一定时期内需要较大的投入，可能会增加成本，但是在技术提高以后，又可以提高劳动生产率，有利于降低单位产品成本。长足而言，技术进步的结果往往是产品成本的降低。因此，技术领先从长远来看，也有利于成本领先，拥有更高品质的产品，又有更低的价格。技术领先竞争优势是品牌竞争与品牌成长发展的根本出路。

3. 要素优势

除去认知和技术优势以外，企业的运转过程还有一些基本的要素，建立企业竞争优势也可从这些方面着手。一般考虑成本要素、机动要素、速度效率要素和文化要素。

（1）成本要素优势。

成本要素优势能够使企业更廉价地提供同质甚至更高质量的产品或服务。企业通过降低自己的生产和经营成本，以低于竞争对手的产品价格，占据市场份额，并获得同行业平均水平以上的利润。

成本要素优势的来源因产业结构不同而异。它们可以包括较大的生产规模、自有的专利技术、原材料的优惠待遇和其他因素。例如，在电视机方面，取得成本上的领先地位需要有足够规模的显像管生产设施、低成本的设计、自动化组装和有利于分摊研制费用的全球性销售规模。在安全保卫服务业，成本优势要求低廉的管理费用、持续不断的廉价劳动力和因人员流动性大而需要的高效率培训程序。

如果一个企业能够取得并保持全面的成本领先地位，即使它使价格相等或接近于该产业的平均价格水平，也能帮助其获得高于同类企业的利润而得到快速的发展。当成本领先的企业的价格相当于或低于其竞争厂商时，它的低成本地位就会吸引非原有用户转化成自身产品的追随者。然而，一个在成本上占领先地位的企业不能忽视对产品个性的打造，一旦成本领先的企业的产品于用户而言除去价格以外并无其他吸引力，那么相较于其他充满品牌个性和文化的企业，其价格优势可能会被抵消，以至于用户愿意付出更多的成本也不愿意转向。

（2）机动要素优势。

机动要素优势表现在"推动"方面，它能提高企业对市场发展趋势的预测和反应能力，加强与客户之间的联系，能够使企业比竞争对手更快地适应变化及时满足市场的需求。

（3）速度效率要素优势。

速度效率要素表现在"拉动"方面，它能提高企业的快速响应能力，进行及时快速的生产和反馈，能够使企业比竞争对手更及时地满足生产交付过程和顾客需求。

（4）文化要素优势。

文化要素优势随着产品同质化竞争的趋势越发明显，企业逐渐代替产品成为顾客在做出产品选择时的考虑标准。物质生产极其丰富的今天，顾客不再过多地追求消费的实体利益满足，而是转为对消费的心理利益的渴望，更加重视以消费为载体宣扬与释放自身个性。心理利益的满足度已经成为决定目标消费者是否形成、实施购买决策的重要的、关键的变量。而企业文化的特点决定了其在一定程度上可以满足顾客的心理需求，而成为企业构建自身营销优势的重要一环。

文化优势的确立也能更好地凝聚和组织企业内部人员，对于收购情况下的"新员工"也同样奏效。现代管理培训大师余世维博士认为，收购一家亏损企业后，如果你不是为了收购而收购，而是要使企业盈利，首先要做的事情就是"换人"。因为一个有前途的企业之所以经营失败，首先就是"人"的问题，如果不换一批精明能干的人去做事，仍旧用"败军之将"去领导一支失败的队伍，收获也只能是失败和亏损。那么你所谓的收购行动，除了买来一个自寻烦劳的"包袱"令自己痛苦外，什么也得不到，那又何必"当初"呢？

难道企业文化的整合除了"换人"就别无它用了吗？其实不然，出路就在于如何建立起优势的文化。一个企业的内部文化之所以优秀，并不是因为它本身的完美无瑕，是道德上的"完人"，而是因为它内部能促进企业健康发展的优势文化处于主导地位，决定了企业文化的核心价值观主体部分。人无完人，是人就会犯错误，企业文化也是如此，有着健康积极的一面，也必然存在劣质消极的地方。我们看一个人时常说"小过不掩大节"，意思是一个品德纯良、诚实正直的人，虽然有着一般人的缺点和不足，但是他仍旧不失为一个品格正直的人，因为他品格高尚的一面远远胜过他品格中的缺陷，处于一种"强势"状态。同样的道理，企业要塑造一种良好的内部文化，其关键在于不断地强化企业文化中核心价值观的优势方面，将其培养为与企业组织精神灵魂一样的强势文化，而不是着眼于追求面面俱到的文化"完人"，将时间和精力浪费在消除或弥补企业文化的劣势方面。企业组织也是社会组织的一部分，适用同样的道理和伦理道德。企业中的优势文化就是"正义"的力量，需要着力培养，使之成为强势文化，让企业充满"正义的浩然之气"，这样企业才能"立于天地之间"而长盛不衰。

4. 价格优势

建立产品和服务的价格优势，吸引消费者的关注和购买，是许多企业都能想到的建立竞争优势的方法。在完全竞争或垄断竞争的市场结构下，市场中有较多的生产经营者，多数企业无法控制市场价格，市场上同质商品的可选择性强，市场信息透明易于获得，市场经营者对市场信息的反应灵敏，为争取更大的市场份额，企业纷纷采用多角度应对策略，展开价格大战。

但是打价格战始终不是一个企业长期发展的方法，利润才是企业生存的支持，如何平衡利润和建立价格优势？这需要企业用一套科学合理的定价策略。

定价是企业最重要的管理职能之一。企业定价策略是指企业在充分考虑影响企业定价的内外部因素的基础上，为达到企业预定的定价目标而采取的价格策略。企业除了需要对成本进行核算、分析、控制和预测外，还要根据市场结构、市场供求、消费者心理及竞争状况等因素做出判断与选择，才能制定合理科学的定价。价格策略选择得是否恰当，是影响企业定价目标的重要因素。[51]

竞争性行业的企业定价策略选择：商品和服务的价格形式不仅受价值、成本和市场供求关系的影响，还受市场竞争程度和市场结构的制约。

初创企业生产的产品在市场认知度上较低，建立新品的定价策略将决定企业"第一桶金"的质量和数量。

新产品与其他产品相比，可能具有竞争程度低、技术领先的优点，但同时也会有消费者认同度低和产品成本高的缺点，因此在为新产品定价时，既要考虑能尽快收回投资，获得利润，又要有利于消费者接受新产品。实际中，常见的定价策略有以下 3 种。[52]

（1）撇脂定价（Skimming Price）。

撇脂定价策略也称高价策略，指企业以大大高于成本的价格将新产品投入市场，以便在短期内获取高额利润，尽快收回投资，再逐渐降低价格的策略。索尼公司的新电器面市的早期大都采用了该策略，日常生活中的许多电子产品、高科技产品也都曾采用过此做法。一般地，撇脂定价策略适用于市场需求量大且需求价格弹性小，顾客愿意为获得更高的产品价值而支付高价的细分市场。或者企业是某一新产品的唯一供应者时，采用撇脂定价可使企业利润最大化。但需要注意的是，高利润必然会吸引竞争者纷纷加入，这将极大地增强市场竞争强度。

（2）渗透定价（Penetration Pricing）。

渗透定价与撇脂定价恰好相反，是在新产品投放市场时，试图以较低的价格首先吸引大量消费者，迅速提高市场占有率。采取渗透定价策略不仅有利于迅速打开产品销路，抢先占领市场，提高企业和品牌的声誉，而且因为价低利薄，所以有利于阻止竞争对手的进入，保持企业一定的市场优势。通常渗透定价适用于产品需求价格弹性较大的市场，低价能够促进产品销量快速地增长，并且对企业而言，能产生巨大的规模经济效益，成本能随着产量和销量的扩大而明显降低，从而通过薄利多销获取利润。

（3）试销价格（Trial Pricing）。

试销价格是指企业在某一限定的时间内把新产品的价格故意设定在较低的水平，降低消费者的购买风险，进而赢得消费者对该产品的认可和接受。例如，微软公司将建议价为495美元的Access数据库程序在最初的短期促销时定价为99美元。试销价格有利于鼓励消费者尝试使用新产品，而企业则希望消费者通过试用而成为企业的产品追随者，并为企业传播良好的声誉。该策略也经常被服务性企业所采用，如开业大酬宾之类的庆典活动等。但只有企业的产品或服务确实满足了用户的需求或改进了产品的用户体验时，此种策略才能收到预期的效果。

在选择定价策略时，应根据企业的不同资金和技术状况为出发点。采用撇脂定价策略和略有提高的定价策略的企业，必须具备较高的技术能力和先进的技术水平，产品的品质应达到国内较高水平，并得到目标客户的认可。该类企业多属于资金、技术密集型企业，或知名企业，属知名品牌的产品，其目标客户属中、高收入阶层，主要是满足客户追求高品质生活及追逐名牌的心理需要。

采用竞争价格策略的企业，特别是挑起或参与价格战的企业，要有一定规模的生产能力支撑，一般认为，生产能力达到整个市场容量的10%是一个临界点，达到这一顶点后企业的大幅降价行为就会对整个市场造成撼动性的影响，这一点也是企业形成规模经济的起点。企业运用竞争价格策略时，选择最佳的降价时机是举足轻重的，如果预测到必然发生的行业内价格战，一般应率先下手，因为首发者仅需较少的降价便能取得跟进者需花较多降价才能取得的效果。降价的幅度方面，应与商品的需求弹性相适应：需求弹性大的商品，降价的幅度可适当增大，通过销量的增加弥补降价的损失；而需求弹性较小的商品，降价的幅度要小些，保持企业的利润总价值。

对于规模小，市场份额少，劳动密集型的企业，在有效竞争的市场结构下，通常采取跟进价格策略，主要通过挖掘自身潜力，降低成本，达到增加效益的目的。

制定价格策略时还要考虑产品的市场生命周期。产品的市场生命周期可分为介绍期、成长期、成熟期和衰退期4个阶段。介绍期，新产品正式面向市场，其技术性能一般而言是优于较老产品的，而在企业投入上却存在批量小、成本高、宣传费期间费用昂贵等劣势。该类企业定价决策时要考虑企业面对的市场竞争状况和自身在同类产品水平的定位，若新产品具有高品质且不易模仿的特点，则可选择撇脂定价策略，即高价策略，通过高利润的回报，在短期内便收回成本，进而继续投入生产；若新产品的需求弹性较大，低价可以刺激产品销量的迅速提升，则可选择低价薄利多销的价格策略，利用较大的市场份额从而实现薄利多销，积累企业资本。成长期，产品销量增加，市场竞争加剧，产品的性价比仍然保持优势，企业可根据自身的规模和市场的知名程度选择定价策略，规模大的知名企业可选择适当提价的策略，扩大利润率，而规模较小的企业则要考虑由于市场进入带来的价格竞争风险，应以实现预期利润为目标，选择目标价格策略。成熟期，市场需求趋于饱和，市场竞争趋于白热化状态，企业容易面临来自多方的价格战威胁，该阶段应选择竞争价格策略，即采用降价的方法达到抑制竞争、保持销量的目的。衰退期，产品面临被更优品质、性能的新型产品取代的危险，因而企业选择定价策略的指导思想是尽快销售，避免积压存货，可选择适当降价，平稳过渡的价格策略，同时辅之以非价格手段，如馈赠、奖励等促销方式，最大限度地保证成本的收回；若面临巨大变革的新产品技术，则选择一次性大幅降价策略，迅速退出市场，但在运用降价策略时，要注意是否有损于知名品牌的企业形象。

5.2.7 现金流量

所有创业过程不可避免的是随企业成长而大量消耗的资本。如果年比销售额成两倍或3倍增长，公司很容易面对资金不足的尴尬境地。现金是众多商业活动发起的资本和推动力，所以企业领导者必须时时关注现金流情况。

现金流量是现代理财学中的一个重要概念，是指企业在一定会计期间按照现金收付实现制，通过一定的经济活动（包括经营活动、投资活动、筹资活动和非经常性项目）而产生的现金流入、现金流出及其总量。即企业一定时期的现金和现金等价物的流入和流出的数量。

现金流量管理是现代企业理财活动的一项重要职能，建立完善的现金流量管理体系，是确保企业的生存与发展、提高企业市场竞争力的重要保障。

在现代企业的发展过程中，现金流能决定企业的兴衰存亡，最能反映企业的发展状况，并且在众多价值评价指标中基于现金流的评价是最具权威性的。任何行业的形势变化都是极度复杂而难以预测的，因此建立强大的现金储备应该是第一要务。吉姆·柯林斯在《选择成就卓越》（*Great By Choice*）一书中给出的一条重要的经验是，在面对经济难关时，最成功的公司往往能够平稳渡过，是因为它们的现金资产比率和现金债务比率往往是竞争对手的3~10倍。

现金流量比传统的利润指标更能说明企业的盈利质量。第一，由于利润可以通过增加投资收益等非营业活动操纵的缺陷，现金流量只计算营业利润而将非经营性收益剔除在外。第二，会计利润是按照权责发生制确定的，可以通过虚假销售、提前确认销售、扩大赊销范围或者关联交易调节利润，而现金流量是根据收付实现制确定的，上述调节利润的方法无法取得现金因而不能增加现金流量。因此，现金流量指标可以弥补利润指标在反映公司真实盈利能力上的缺陷。对高收益低现金流的公司，特别要注意的是有些公司的收益可能是通过一次性的方式取得的，而且只是通过会计科目的调整实现的，并没有收到现金，这样的公司很可能存在未来业绩急剧下滑的风险。

对于一个创业过程而言，当创业项目价值足够大且紧迫时，价值就会在商业行为过程中得到兑现，但这种兑现不会是即时的，需要商业环境和过程来实现。能够成功地将价值公式变现的企业就实现了创业成功的过程。在这里，我提出一个价值公式：

$$\text{Success} = \text{Value}_{\text{Iter}} \times \text{CashFlow}_{\text{Iter}}$$

其中，Value 表示商业价值，CashFlow 代表现金流。当你创造出足够的价值，加上足够的现金流，创业成功就不再是一个随机的结果，而是可以预估的。我们将着重分析现金流是如何影响创业结果的。

1. 收入来源

收入来源（Revenue Stream，RS）产生于成功提供给客户的价值主张，用于描述企业在一定的时间内，通过经营活动所引起的经济利益的总流入。

企业经营活动的重要目标就是追求利润的最大化，销售收入就是企业利润的来源。对于传统的生产经营型企业而言，公司原有的收入主要应来源于产品的销售，以及伴随产品销售过程为客户所提供的服务方面。

以电子商务为例，电子商务企业的收入来源主要有以下 5 种。

① 商业——出售产品或服务给消费者或企业。

② 广告——销售广告空间给感兴趣的广告客户。

③ 收费——对消费者（个人或企业）收取订阅内容或服务费、参加拍卖的费用、交易和搜索的中介费、技术费用。

④ 销售消费者信息——汇总消费者的行为信息将它出售给有兴趣的公司。

⑤ 信贷——从开始第一天就收取费用，然后在很长一段时间里慢慢支付给供应商。这也叫作建立一个"漂浮"。

对于初创企业而言，除了销售产品和服务得到的收入外，筹资和融资也是重要的收入来源，保证了企业有充足的资金流，支持早期的大量资金投入。

创业初始，企业家更倾向于在创业团队内部筹资，这种筹资方式的优点是成本较低、资金来源渠道简单、容易操作、风险小；其缺点也显而易见，团队内部人员的个人资产往往不多，所以筹资量也有限，当企业高速发展需要大量资金支持时，过分依赖于内源式筹资可能导致资金流无法及时跟上，从而使企业存在发展停滞的风险。

外源式筹资则大大拓宽了新创企业筹资的范围，但企业家与企业外投资者的不断谈判，不仅会让企业无法专注于本身的业务，企业家也必须适当放弃企业的一些权益来赢得这些资金，筹资的成本相比内源式筹资无疑大大地增加了。

常见的外源式筹资方式有权益资金、负债资金、客户筹资。

权益资金由企业成立时各种投资者投入的资金，以及企业在生产经营过程中形成的资本公积、盈余公积和未分配利润组成。为设立而筹集的、进入企业的权益资金主要是实收资本。它是企业权益资金的主体。

负债资金又称借入资金，是指企业通过商业信用、银行借款、发行债券等方式筹集的资金，它属于负债，到期要偿还其本金和利息。一般来说，以这种方式筹集的资金，企业承担的风险要大些，但资金成本较低。

资本来源来自有问题需要解决的人们手中，这种筹资方法就称为客户筹资。过去 25 年中最伟大的企业家中大约有 20%依靠客户筹资方法筹集他们的投资资本。获得成功的服务性公司中有许多都靠客户筹资，其原因是这些企业家认识到他们能够说服客户去冒资本风险。

保险业就是通过客户筹资发展起来的。许多客户筹资的公司非常有名，其中包括阿瑟·默里舞蹈学校、21 世纪房地产公司、EST 公司、埃斯普利公司、计算机世界公司、CMP 通讯设备公司、房屋装修品供应公司、玫琳凯化妆品公司、马克西凯尔公司。客户筹资的主要形式有特许经营、设施管理、快讯和研讨会、直接邮购销售、许可证经营、咨询，以及代销网销售。

客户筹资的优点：它能为创业小组保持权益，即保留 V 因素，客户直接参与寻找解决办法；与向投资者和他们的代理人提出集资申请相比，能够更快地筹集到投资资本。

客户筹资的缺点：必须做到绝不拖延对服务或产品的提供；客户已经预先为这些产品和服务支付了费用，所以企业家必须预先准备好产品或服务，以便能在收到付款后 60 天内提供服务。

广义的融资是指资金在持有者之间流动，以余补缺的一种经济行为，这是资金双向互动的过程，包括资金的融入（资金的来源）和融出（资金的运用）。狭义的融资只指资金的融入。

大多数创业公司或早或晚都会开始融资。当你需要钱或融资条款对你有利时，你就该融资。但注意：不要丧失你的节俭意识，也不要开始用砸钱的方式来解决问题。没有足够的资金可能会很糟糕，但盲目地使用太多资金，通常也会很糟糕。

2. 成本结构

成本结构亦称成本构成，指产品成本中各项费用（如人力、技术、能源、原料、信息、通路、土地、政商关系、机器设备、资金、管理素质等）所占的比例或各成本项目占总成本的比例。

成本结构可以反映产品的生产特点，不同的生产状况有极为不同的成本构成，占有最大比例的成分可能是人力成本、原材料成本、设备购入成本及设备折损。成本结构在很大程度上还受技术发展、生产类型和生产规模的影响。

分析产品的成本结构，可以寻找进一步降低成本的途径。研究产品成本结构，首先应对各个成本项目的上年实际数、本年计划数、本年实际数的增减变动情况进行观察，了解其增减变动额和变动率；其次应将本期实际成本的结构同上年实际成本的结构和计划成本的结构进行对比，结合各个项目成本的增减情况，了解成本结构的变动情况；最后应结合其他有关资料如产品各类、工艺技术、消耗定额、劳动生产率、设备利用率等方面的变化情况，进一步分析各个项目成本发生增减及成本结构发生变化的原因。[53]

3. 现金支出

现金支出是企业生产经营活动的常规性业务，是为了达到特定的目的而由经济主体的支付行为而导致的资源减少，包括偿债性支出、资本性支出、收益性支出、权益性支出。损失虽然也导致企业的资源减少，但损失不能叫支出，因为损失是边缘性的、偶发性的、被动性的资源减少，它不是管理当局能够控制的事项。损失是与支出并列的企业资源减少的形式之一。因此，企业资源减少有两种形式：一种是支出，另一种是损失。

对于初创企业而言，财务的管理是企业的生命线，日常的运营、产品的生产、人员的工资等都需要现金的支撑，因此管理好支出和损失是极其重要的。以下给出一些现金支出管理的方法。

（1）出纳与会计岗位必须分设，相互制约。

（2）出纳办理现金支出业务，必须取得或填制合法的原始凭证；原始凭证经单位法人或有授权权限的人员签字批准，由领款人或经手人签名。

（3）支付现金的原始凭证，必须由稽核人员或会计主管人员进行复核后方可支付现金。

（4）出纳清点付出的现金，必须由其他会计人员进行复点后当面交给领款人；在付款后，出纳应在付款的原始凭证上加盖"现金付讫"戳记。

（5）支付现金后，出纳应当依据原始凭证所涉及的经济业务事项的内容，及时填制付款凭证，并登记现金日记账。现金日记账每日都应当进行结账。

（6）严格执行现金清查盘点制度，保证现金安全、完整。出纳人员每天盘点现金实有数，与现金日记账的账面余额核对，保证账实相符。单位会计主管人员必须定期或不定期地安排对现金进行清查盘点，及时发现或防止差错，以及挪用、贪污、盗窃等不法行为的发生。如果出现长、短款，必须及时查找原因。

5.3 本章小结

商业模式是企业运营的重要概念，企业要理清其商业模式，并不断改进，才能获得持续的竞争优势。本章首先介绍了商业模式的构成、迭代与创新，分析了企业发展的阶段性。在此基础上，本章从交易机会和消费的达成、竞争壁垒、现金流量3个方面，讨论了商业模式的关键要素，即客户关系、业务价值、渠道通路、权力壁垒、协作资源、竞争优势和现金流量，对商业模式进行了系统而全面的剖析，帮助创业者更好地理解商业模式的构成，并使创业者能借以审视自己的创业进程，同时也为其创业实践打下坚实的理论基础。

5.4 讨论和实践

讨论：
1. 讨论商业模式的核心要素有哪些。
2. 试分析两个商业模式迭代和创新的案例。
3. 讨论企业发展的不同阶段的重心有何不同。
4. 如何理解客户关系对企业商业模式的影响？
5. 如何提升业务价值？
6. 渠道通路的功能是什么？渠道通路的形式有哪些？
7. 分析一两家企业建立壁垒的方式。
8. 以谷歌、Tencent的商业模式为模板，加深理解，思考不同产品适用的不同的商业模式。

实践活动：
1. 5或6人为一个小组，以小组为单位，思考某一现有公司的商业模式可以从哪些方面进行创新，提交分析报告。
2. 分析驴妈妈、途牛或携程等旅游网站的商业模式，提交分析报告。

第 5 章 交易和壁垒——商业模式

主题（快速检索）：	
线索：	摘录：
开篇：	讲义内容：
提示：	学习内容：
思考：	简要阐述：
图形和表格：	课堂记录：

总结（快速检索）：
关键要点：
复习总结：

主题（快速检索）：	
线索：	摘录：
开篇： 提示： 思考： 图形和表格：	讲义内容： 学习内容： 简要阐述： 课堂记录：
总结（快速检索）：	
关键要点： 复习总结：	

实践篇

第 6 章 焕发激情和欲望

I want to put a dent in the universe！我想在宇宙中留下一个坑！

本章学习目标

1. 建立正确的自我认知和自我定位
2. 激励内在创业欲望并进行自我迭代
3. 迈出创业第一步，组建创业团队（小组）
4. 正确认识和预估创业风险

缺失企业家和企业家精神，经济就不存在。企业家创造了经济并使经济活跃起来。经济学家通常不能精确地测量或预测经济变革，不可以在他们精制的静态图表里反射出企业家在创新方面至关重要的作用。但是不难发现，企业家创造了人类的科技、生活方式和经济发展的主要部分和内容——自从 20 世纪中叶开始，几乎每隔 90 天就有一个全新产品被创造出来。

全新的工业革命始于 20 世纪 60 年代后半期，由微集成电路的发明引起，计算机软件则起了催化作用。这比 20 世纪初的工业革命更加重要。软件企业家编写出发挥计算机能力的程序，得以完成以前不可能的任务，完成之前相同任务的能力也变得越来越强，成本更低，速度更快，规模更大。

人类开始广泛地将生产和生活与计算机结合起来，而产生巨大影响作用的就是计算机软件。根据职业和生活习惯的不同，软件最明显的作用是传递信息，如文字处理、数字通信、联机数据库和远距离通信。计算机辅助设计（CAD）和计算机辅助制造（CAM）是软件的分支，对所有设计细节进行模拟，然后对模拟结果进行试验，结果可以省略成本昂贵的原型制造步骤，这样计算机辅助设计和计算机辅助制造就可以使几乎每一种可以想象得出的产品的生产成本大大降低。计算机辅助设计的另一个分支应用领域是医疗器械，以便能在相当早的阶段发现癌变肿瘤，以拯救生命。计算机的辅助设计工业和计算机的辅助制造工业几乎完全为开创性企业所支配。

互联网使人类的通信、知识和资讯传播、跨越时空的多任务协同方面扩大到前所未有的规模。大规模数据库的发展使人类对于数据和信息的分类和管理效率大幅度提高。搜索引擎的发展给人类了解资讯带来了前所未有的快捷和方便。而大型社交网络的崛起给予了人类跨族类和国家的便捷协作的机会。电子商务使人类的商务活动可以跨越半球瞬间完成。而视频网站的崛起使知识和信息传播进入了前所未有的生动而丰富的阶段。自媒体完全颠覆了报纸和电视的媒体生存方式。传播和讨论的方式进入了个性化及多元互动的层面。而大规模云计算的发展提供了数据计算基础上的复杂性系统分析和预测的可能,新一代算法的不断发明推动着机器前所未有地在很多智能任务上超越了人类。

企业家带动着科技、经济甚至人类社会的前进,这个群体中的每个人都独特而鲜明,具有创造性且不惧风险。这就是企业家,所有创业者的理想。

6.1 自我认知和启蒙

你将成长成一个什么样的人是由每天做出的各种选择决定的。我们的将来不是由其他人决定的,而是靠我们自己选择的。

生活里每天都存在让你选择的机会,每天都赋予你改变人生轨迹的机会,你能够选择赖在地上撒泼打滚,或是咬牙站起来。有些选择不是立竿见影的,需要累积。生活不可能给你一沓人民币,亦不可能无故送你一栋房子,但事实上,它向提供了你赚钱和创造的机会。各种各样数不清的微小的选择经过迭代,就决定了最后我们会成为怎样的人。

你选择相信什么,你选择和谁交朋友,你选择做什么,你选择怎么做,除了这些,你还可以选择时间和环境。你有机会选择进入到温室里成长,也有机会选择到野外磨砺,你有机会选择在办公室吹冷气的工作,也有机会选择在 40℃的酷热环境中会见你的客户,但是这所有的选择最后都会累积起来,指引你到你该有的未来。

职业生涯首先要关注的是自己想要什么,想清楚自己要什么很重要。请先忘记所有的生存压力,思考自己最期望的是什么,最要紧的事情是先想好自己想要什么。我们每天做的最多的事情,其实是选择。

大部分人都有生存压力,有生存压力就会有许多焦虑,积极的人就从焦虑中获取动力,他们想开展自己的事业,以各种方式解决一些问题,以开创性企业的方式来影响变革。同时,他们开始寻求可以疏导他们的不满的积极渠道。他们同时做几件事情,他们的精力水平正在于此:解决社会问题、避开企业的束缚,以及获取个人利益。

企业家是那些不满足于现状的人(尽管他们并不对他们所选择的领域失望),对现在的工作很不开心,觉得自己没有得到应有的待遇,觉得自己入错了行或每天上班都很痛苦,觉得自己的才华没有被雇主很好地重视。最后,他们决定通过开发和销售能使许多人的生活更加便利和满足的产品和服务,在世界上留下他们的痕迹。

直到他们对寻求解决办法的大问题获得深刻的认识之前,企业家完全在社会传统价值观念范围内行动,也许为一家企业工作,或为政府、实验室或者咨询公司工作。他们认为他们之所以被雇用是因为他们有创造潜力,他们也受到过奖赏,那是因为他们做出过创造性的贡献。但这种满足不会持久。

开始时,企业家对于重视他们并主要因为其创造性产品而给予嘉奖的组织是信任的。未来的企业家加入这些组织部分是因为其名声,然而当他们的精力变得更加旺盛,需要更大的行动自由和更多的资金进行其发明创造时,组织对他们发挥个人创造潜力的承诺就变得小于他们的要求,小于他们原先的期望。起初他们会感到惊奇不解,然后就会越来越不满意。

同时,随着对工作机构的信任感消失,企业家们没有哀叹世事不公或者生不逢时,他们表现出对自己能力的强烈关注。他们越来越关注个人在事业上的发展方向，他们内心的声音向他们提出关于个人价值、表达自我尊严和自我满足的问题。

企业家热情洋溢，不想要寄人篱下，想让自己充满信心。在一段时间内，当他们继续为其雇主做事时，关于他们未来开发的产品或服务（它们将如暴风雨般地侵占市场）的想法开始在他们的脑海里扎根时，不满足感就会进一步加强。

由于对自己的活动抱有非常大的热情并充满快乐，企业家就会受到非凡潜力的保佑，用来补充精神力量；而且，为了取得成功，他们还会表现出杰出的交际技巧和敏锐的判断力。

许多处于成长阶段的企业家，在这个阶段都希望与一位"老手"讨论他们的想法。他们全都是复杂老成、饱含热情、踌躇满志、充满想象力的人，对自己充满信心，其精力就不会由于满腔愤怒、痛楚或失望而耗竭。对工作机构一直满意，自己最珍惜的东西没能得到奖赏，这些目前尚不活跃的企业家已经投入了大量的时间，试图做出最大的贡献。

他们已经变得不满意，已经在某种程度上失去了幻想。他们在政治上不内行，所以他们对人类潜能的单纯关注往往会激怒管理人员。这使得他们不可能以其他人使用的方式去操控预算和影响方式，以使组织的动力为自己所用而不是反对自己。

尽管如此，虽然对原有的机构和制度不满，但他们开始丢弃幻想并继续创造自己的现实。所以，真正的企业家并没有受害者的感觉，他们并不策划或打算报复，相反，他们接受这样的事实。这些组织不会让他们想怎么干就能怎么干，所以他们决定依靠自己的努力去创造一个这样的组织。

一直作为最强大的力量出现的个人目标和需要很快就主宰了他们，操纵着他们的行为。他们将精力和创造力引导到以感情上的自我满足为基础，而他们则慢慢地、从容地控制着这种感情上的自我满足。他们胸有成竹地做这些事，这使认识或听过他们的人大为震惊。

企业家曾经带到雇主企业中的创造性智慧已被引导到设计产品或服务，以及为他们在市场上寻找机会方面。也许因为尚不具备申请执照的条件，他们可能会作为独立咨询专家或为咨询公司工作一段时间。在这段时间内，企业家继续关注他们已鉴别出的需要，最后决定创造自己的机会。

企业家们此时已经做好了破土的准备，开辟和建立起自己的领地。他们在规划和追求自力更生，为创造型产品做出质量得到控制的准备。他们谈论的是一个人们不会迷失方向的组织，在这种组织中，创造力会得到奖赏，工资和福利待遇将是公正的，在这种组织中参与式管理将是企业的基本法则，而不是例外。令人惊异的是，他们通过将愤怒、精力、失望和不满转变成将焦点集中在个人创新方向，并开始体验到巨大的愉悦和快乐。

具有对服务过的上司或雇主不满意经历的年轻男女，不仅洞察了问题并获得了解决这些问题的独特想法，而且有开始追求的精力——建立能使解决办法应用于解决问题的企业。许多人对上司或雇主不满意，但是缺少开始追求的行动和勇气，这些人则可能沉迷于将发明创造作为一种嗜好，或开始从事一种副业以创造一个宣泄沮丧之情的渠道，做一些可以使他们身心投入的事情。

企业家经历痛苦，看到了重大问题并找到了特有的解决途径，而且具备精力来建立公司，以提供解决问题的途径。通过如此行事，他们的良知使他们的知识集中于一点，驱使他们向共同的目标努力：为许多人解决一个重大的问题。

有些人说只有那些注定成功的人才能成功，普通人创业只能失败。有些人确实具有惊人的领袖魅力，他们是真正的远见家，但并不是说其他人在这一点上都一无是处。事实上，每个人都具有透视未来景象的能力，都可以激发自己的创造力，实现伟大的想法。

6.1.1 自我认知和定位

在决定创业早期，企业家更多关注的应该是自我定位和使命，而不是具体的商业创意。创业者需要一个正确、客观的自我认知和判断——搞清楚个体的兴趣所在、职业规划、核心竞争力及其局限性等。

很多人听闻有人创业，都会为创业者欢呼和祝福，但是他们并不会自己选择创业。究其原因，繁复多样，因人而异。但普遍而言，创业是具有较高风险的这一认知深入人心。人们愿意相信创业者定有过人之处，可能具备某种稀缺的资质，具备殷实的背景，能提供创业所需的资金，或者才思战略眼光过人，而只觉得自己平凡普通，在定位时，便将创业的可能性扼杀。

不过，创业其实并不可怕。就如软件公司 Silktide 的创始人奥利佛·恩伯顿所说："你不需要具有怎样的资质，不一定需要大量的资金，也不需要有一个超级大脑，甚至不需要一个十分好的创意。企业家需要做的，就是创造出某个可以长期赚钱的东西。"把自己的公司幻想成一台自己设计制造的机器，让你的机器拥有特定部件。假如你可以设计、建造、拥有与照料这样一台机器，你就可以变得十分富有。自然，这并不表示创业非常轻松，但你认为能阻碍你的许多阻碍实际上并不会变成拦路虎。感兴趣吗？

你年轻，没有钱，没有资历，是一名学生或者厌烦当下的工作？或者有些许叛逆？棒极了。你没有不良的习惯，愿意日夜不分，不辞劳苦地工作。欢迎来创业。但假如你现在有一份稳定的工作，有房屋抵押贷款，还有几个孩子，创业之路一定会愈加艰难。尽管创业有可能成功，但过程会像倒退着穿过流沙一样艰难。

创业初期，失败的概率最高。你的目标是制造一台神奇的赚钱机器，但你也许还没有备齐全部的零件，或是你所需的零件的成本可能超过了你的承受能力。你的创意也许有一半是错误的，但你尚不清楚错在哪里，这些情况都是正常的。创业精神不只是指创立一家公司，它是指以不一样的方式发展自己的职业。接受对创业精神的理解，也有利于你发掘自己的潜力，使你对自己的职业生涯产生最大的影响。创业前需要牢记和思考以下几点。

（1）选择自己的商业模式。

你已经从很多人那里获取了无数的建议，这时，你就该决定商业模式。商业模式不一定要严格划分，可以借鉴不同商业模式的长处，从中寻找灵感。

（2）挖掘自己的差异和长处。

一个人要有所作为，只能靠发挥自己的长处，创业者进行的多是前人未曾涉及，或者没能做好的领域，对个人的能力要求更高。准确地找到优势，并有意识地训练和完善它，这会帮助你创造出具有个人色彩的差异性产品或服务，对创业大有裨益。

（3）保持相关性，适应市场的变化。

事情发生的速度常常令人措手不及。这是计划和谨慎的有趣组合。要想顺利解决问题，一定要学会安排事件的优先顺序，事无巨细。创业不是精密的科学，而是一项艺术。将有限的资源平衡不同的变量，与此同时安排好事件的优先顺序，企业家一定要尽快学会这项技能，以减少风险。

事件一定要保持相关性，保持和创意、业务部门、竞争对手、生态系统，以及与你自己的相关性。及时了解与创意有关的时事。

同时你需要提出适当的问题，使对方给出准确的答案。例如："我该如何使用数据分析？"或者"Facebook、Twitter 和其他公司如何使用数据分析？"你觉得哪个问题可以给你带来更精确的答案？前者太模糊，很难回答。而后者（假如和你的公司相关）就能给你一个更精准的答案。因此，你应该准备该类问题，以便有机会时能够提出来。

（4）关注领域相关的大牛和新锐。

行业大牛和新锐们是你所关注领域里最领先的那群人，他们的思考将开阔你的视野，激发出你意想不到的创造力。应该多关注国外的动态，因为国外的分享氛围相对浓厚，并且分享者经常擅长简洁地定义与阐述问题，或者说他们有一些可供借鉴的尝试。

除此之外，个体的学习资源在一定程度上也是无限的，但事实上又是有限的——性格、兴趣与专业领域因素，直接导致信息来源不够广泛与发散。所以，在人际交往过程中要勤于向优秀的人学习，扫除自己的知识盲区与短板，才能在以后的职业道路中避免不必要的弯路。

（5）保持新闻敏感度。

寻找优质的、适合你关注领域的媒体，维持阅读习惯。注重"非常规"资讯获取渠道，掌握一个公司或一个行业的具体情况，该渠道是多元的，如公司财报。当你持续不断地关注，就会有一个大概的了解，新资讯的出现不仅不是负担，更是一种动力。

（6）考虑周到，但不害怕风险和失败。

创业有风险，成功者少之又少，要做好失败的准备。如何知道自己是否愿意承担风险？考虑一下更令你烦恼的问题：我如何支付每月的开支，或者我如何组建团队。

在公司发展的各个阶段记录下不一样的风险和问题十分重要。例如，在早期，你需要和人们见面，要提出合适的问题，因此，你要记录对话内容与心得，方便随时翻看。使用恰当的工具，如笔记软件 OneNote，不仅可以你省去大量的资金与时间，还可以保证工作效率。

（7）平衡直觉和理性。

创业过程的决策通常是在两种思维方式的快速交替下产生的，一种是直觉思考，一种是理性思考，两者都十分重要。

直觉是下意识的反应，可以快速地使你躲避危险。理性思考是什么呢？理性思考是我想一想，再做决策。

有些时候你会发现直觉十分管用，这正是由于经验的碰撞——你有充足的经验，之后再迅速地做出决断。但是假如该经验获取得少，你就会发觉失效了。要不断地经过理性思考分析去增强直觉，并且要克制直觉对知识获取的阻碍。在下列 4 个方面重点提升对知识构造有所帮助，对职业生涯也是有意义的。

① 专注：明确兴趣所在，把兴趣落实到所关注的特定领域里。

② 勤奋：所有行业优秀的人都十分勤奋，"提高与充实自己"已经成为一种本能。

③ 视野：广阔的视野可以使你见到将来行业的水平与潜力，找到前行的方向。

④ 运气：虽然成功人士很多时候将自己的成就归功于那些看不见摸不着虚无缥缈的"运气"，但事实上运气是能够挣来的，那就是不断地去实行正确的事情。当然如何定义"正确"，每个人的标准可能都会不同。但到最终，你也许能够发现，只需你的付出充足，养成正确的行为方法，就能有好运常伴身边。

6.1.2 自我激励和迭代

马克·扎克伯格在哈佛大学的宿舍中推出了 Facebook；Twitter 的杰克·多西和谷歌的拉里·佩奇及谢尔盖·布林全部都是在 20 多岁时就创立了自己的公司。这些人开始创业的时候都十分年轻，SV Angel 的罗恩·康韦与大卫·李发布的一份报告确认这并不是巧合。

康韦和大卫·李在 15 年前就投资过 500 多家初创企业。在那些潜在或实际退出价值高于 2500 万美元的初创企业里，47%的创始人都在 30 岁以下。潜在退出价值越高，创始人的年龄就越小。例证：能以高于 5 亿美元售出的公司 67%的创始人的年纪都小于 30 岁。显然，创始人初创企业时的年纪越小，在这个竞争日趋激烈的行业里获取成功的可能性就越大，目前在这些领域里高估值已经成为常态。

如果你还年轻，就赶紧抓住时机，释放你的激情，激发你的欲望。

1. 激发欲望

"欲"实际就是一种生活目标，一种人生理想。佛经里有句话："无欲则刚"，但想要做到"无欲"是一桩十分困难的事。创业者的欲望和普通人的欲望的不同之处是他们的欲望通常会超出他们的现实，通常需要打破他们现今的立足点，打破眼前的牢笼，才可以实现。因此，创业者的欲望通常会伴随着行动力与牺牲精神。创业者的欲望是不安分的，是比现实高的，需要踮起脚才可以摸到，有时甚至需要跳起来才可以触碰到。

为什么要创业？因为创业者心中有欲望。想要得到专家认可、想要获取利润、想要依靠自己成功、想要受到其他人的尊重、想要取得胜利、想要成为优秀的人这 6 个要素组成每个人的成就需求，人们在每个要素方面的成就需求可能不一样，人们有时会集中精力获取某一要素方面的成就需求，该要素方面的成就需求就比较大，其他方面的成就需求就相对较小。

有强烈成就需求的人并不像艺术家一样敏感，他们通常想要不停提升效率的创业者（如想找到到达办公室最近的路或更快地阅读报纸），但他们不是赌客，他们想要靠个人努力来获得成功而不是靠运气。

创业者都是些做事积极主动的人，他们内心中那股想与他人竞争、超越现有标准追逐更具挑战性的目标的强烈欲望驱动着他们去创业，成就需要是创业者身上往往会体现出的一个重要特质。

如果你也有种种成就需求，那么不要畏惧，去激发你的欲望，并去实现它吧。

2. 自我迭代（自我激励和检验修正）

创业是一个不停探索的过程，创业者在该过程中难免不停地犯错误。但创业者都需要很强的自信心，他们往往都具有控制内生观念。

对个人进行控制的力量的源头分为内生与外生两种，控制内生观念是指个人认为可以掌控自己的生活，自己做事的后果要么取决于自己的行为，要么取决于自己所固有的特质；秉持控制外生观念的人认为自己的成败取决于命运、运气，或是其他不可控的活动。内生控制观念是与学习相关联的，因而可以激励与鼓舞人们去积极地奋斗；但是，外生控制观念妨碍学习，促使人们消极行事，内生控制观念往往与创业者特质联系在一起。

成功的创业者都十分相信自己，他们不相信创业冒险的成败是由命运、运气或者相类似的力量所主宰的，成就与挫折都在他们的控制与影响范围里，他们可以影响自己行动的结果。他们常常会忽略个人关系，主动迎接挑战，能创造性地解决问题，在压力下做出较好的反应，不停地自我激励和修正过失。

创业者可以使用以下方式实现自我激励。

（1）调高目标。

真正能激励你奋发向上的是确立一个既宏伟又具体的远大目标。许多人惊奇地发现，他们不能完成自己孜孜以求的目标的原因是他们的主要目标不够宏大，并且太过模糊不清，从而使自己丧失主动力。假如你的主要目标不可以激发你的想象力，目标的实现就会遥遥无期。不停寻求挑战，体内就会产生奇妙的变化，进而获取新的动力与力量。

（2）慎重择友。

对于那些不支持你目标的"朋友"要敬而远之。你所交往的人会改变你的生活，与那些希望你快乐与成功的人交往，你在人生的路上将获取更多裨益。对生活的热情具有感染力，所以和乐观的人为伴可以使我们看到更多的人生希望。

（3）正视危机。

危机能激发我们竭尽全力。无视该种现象，我们常常会愚钝地营造一种舒适的生活方式，使自己生活得风平浪静。当然，我们不可以坐等危机或是悲剧的到来，从内心挑战自我是我们生命力的源泉。

（4）精工细笔。

创造自我，就像描绘一幅巨幅画一样，不要畏惧精工细笔。假如把自己当作一幅正在创作中的杰作，你就会乐于从细微处做出变化。一件小事做得特立独行，也会令你兴奋不已。总之，不管你有多么小的改变，处处都于你很重要。

（5）敢于犯错。

有时候我们不做一件事，可能是因为我们没有把握做好，对自己的评估过于保守，没有很好地认识到自己。同时知识的局限性和脆弱性也导致我们经常处于一种认知局限当中，无法真正的判断出事情的发展过程和结果。而在这种时候"犯错成为了一个突破认知局限性的机遇和工具，也促使我们突破自己行为惯性的局限，进入一个迭代发展过程。通过高频迭代和不断试错，进入动态系统的长期演化模式，从而产生早期无法预测的巨大的成就和发展。

（6）加强"排练"。

先"排练"一场比你将要面临的局面更复杂的战斗。如果手上的事十分棘手，并且自己犹豫不决，此时不妨挑一件更困难的事先做。生活挑战你的事情，你定可以用来挑战自己。这样，你就可以开辟一条成功之路。成功的真谛是：你对自己越苛刻，生活对你越宽容；反之亦然。

（7）迎接恐惧。

世界上最秘而不宣的体验是，战胜恐惧后获取的是某种安全有利的东西。哪怕克服的是极其微小的恐惧，也可增加你对创造自己生活能力的信心。如果一直想要躲避恐惧，它们就会像疯狗似地对你穷追不舍。这时，最恐怖的就是紧闭双眼假意它们不存在。

（8）把握好情绪。

人在开心的时候，体内会产生奇妙的改变，从而获取新的动力与力量。但是，不要总想在自身之外寻开心，令你开心的事不在别处，就在你身上。因此，要找出自身的情绪高涨期并用来不断激励自己。

激励是创业者最大的动机来源，而强大的自我激励能保证创业者始终具有征服欲和使命感，通过不断地迭代产生源源不断的能量和成就。

3. 打破陈规

瑞典斯德哥尔摩大学的研究人员发现，男性青少年适度的反社会行为是一个未来创业精神的积极指标，也就是说不遵守规矩、离经叛道的青少年长大后更有希望成长为企业家。[54]

需要说明的是，该种相关联的特征是行为表现，并不是信念。研究发现，假如反社会的态度没有致使打破规则的行为，则态度与创业精神是无关的。这些结果并不会因此描绘出一幅太过消极的画面，表明企业家存在反社会的倾向。它只是表明，在男性群体里，企业家较之不是企业家的人，在青少年时期表现出的行为也许会更加叛逆与桀骜不驯；在该时期，他们也许会"倾向"反社会行为，但是并不会成为不法分子或堕落成臭名昭著的罪犯。

从企业家的定义上来说，企业家大都倾向于采纳以某种方式颠覆现状的冒险行为。然而与此同时，他们往往被视为有利于社会的人（经过创造就业机会等造福社会）。这些人把打破陈规的倾向用到了更具建设性的地方，而不是逃课这种行为。他们也因此赢得了社会的推崇。

曾经帮助开创精益创业运动的硅谷创新大师史蒂夫·布兰克说过，企业家有着几乎疯狂的动力，渴望把脑海里的想法转变为现实。当然他们必须如此，原因是从无到有需要付出艰辛的努力。创始人就像在一块白布上创作，他们更像是艺术家，既不是工程师，亦不是商人。

但是我仍然要强调，成功有章可循，但没有定式，无数企业家借由自己的个性、能力加之社会背景提供的机遇取得了成功。而对成功的研究也更多地像"事后诸葛"，以成功的模板描述成功。所以自我激发和迭代是适用于每一个期待创业成功的梦想者的，不同初值的个人，在迭代后会有怎样让人震惊的潜力，亦是难易估量的。所以，奋起吧，斗士！

6.2 现在就付诸行动

要想成为企业家，必须要从自身做起。现如今，假如你已经拥有了自己的初创公司，不要幻想能构思出一个可以改变世界的巨大创意，先从小的创意开始，原因是这样的创意每天都会出现。

许多有意创业的人都为什么时候跨出第一步而感到十分挣扎，理由是他们要走出自己熟知又舒适的领地，踏入一个未知的新领域。他们一次又一次地咨询创业顾问，此时的时机是否适合创业。事实上根本不存在所谓的完美的时机。这就像与他人建立私交一样，假如一直等待着那个所谓的合适的时机，永远都不可能迈出第一步。

有关怎样的个人特质及怎样的商业环境有利于投身创业，众说纷纭。正在复苏的经济对于创立新企业来说正是成熟的时机，但企业是否可以成功，更多地取决于企业家本身，而不只是依赖于商业理念或大环境。所以需要反观自身是否符合以下条件。

（1）经营公司是你一直以来梦寐以求的事。这一点对于现在创业来说很必要，但只有这一点还不够。这一点与"我想改变世界（甘愿投身某项事业）"或者"我已经受够了公司的折磨（去休假）"很不一样。创业意味着一定要拥有一个十分有吸引力的生意点子，并且欣然准备直面风险。

（2）你知道该采取什么行动而且不惧做出决定。能做到这一点的人就很适合给自己当老板。这样的人可以从克服困难的过程中获取非常大的满足感，并且完全可以对自己决策的后果承担责任，不管是对或错。制订并实行计划对你来讲一直以来都不是难事。

（3）你面对赚大钱的机会时感到非常兴奋。你一定看过谷歌与苹果公司的故事，这些创始人起初灵光乍现，想出了非常棒的点子，同时打破常规，在几年里就获取了丰厚的利润。你非常喜欢这点，原因是获取的大多数利润大多是归自己所有，而不是计入公司的利润。

（4）你相信当前的经济形势对你有利。近时期的萧条的经济已经为新产品敲开了新世纪的大门，此时用人成本低廉的熟练技工也有一大把人可供挑选。过去有许多伟大的企业家全都在经济萧条与衰退刚刚结束的时期开创企业。

（5）你擅长制定最终期限，自行编排事件的优先顺序。你一直认为假如可以根据自己的规划一步步做事，最后的结果将高于老板的预期。自我激励对你来讲比额外的嘉奖乃至涨薪都要有效。

（6）你希望改变口味，从事更加有意思的事情。首先，创业是你自己的梦想，并不是其他人的。在这个前提下，你能够委派或寻求联合创始人去执行那些你认为无趣的事，如行销，你无须亲自上阵做自己不感兴趣的事。

（7）各式各样的挑战可以充分使你的能力得到施展。假如你热衷于学习新事物，可以接受变革的鼓舞，你就能十分喜欢一个崭新的商业环境。每天都是不一样的，包括处理创新性的事务、完成财务目标、市场营销与销售，以及面临各式各样的客户。

（8）拥有称心如意的办公地点。许多企业家喜欢在家里工作，他们感觉更加自在，与此同时还可以和家人有更良好的互动。还有些人喜欢地处市中心自由隔断的阁楼空间或是当地的咖啡馆，这样可以使通勤路程最短。在如今的时代全球化程度非常高，你在地球另一端开办企业也是没有问题的。

（9）你的创业构想实现起来并不难。事实上，在近来这20年里，进入大部分行业的门槛成本已经下降了很多。如今用100美元就可以创立一家电子商务网站，或是用几千美元来进行智能手机应用软件的开发。假如你已经做好了充分的调查，相信自己的技能与学识能够轻松胜任，你就适合创业。

（10）你确实已经为第二职业做好准备。这极其适合婴儿潮一代，以及那些事业有成、现如今已经做好准备迎接新挑战、同时又拥有空闲时间的人士。对于这群人来说，创立自己的公司还有一个好处：你甚至不用放弃现有的工作。

假如你的情况符合上面10条里的若干条，那么现在就是创业的大好时机。特别是当你周围的人还在犹豫不定的时候，这表示你面临的竞争者将会更少。你还在等什么？你已经到达了实践的阶段，行动起来吧！你已经学习了关于创业的许多理论了，从人到产品和服务，再到商业模式的具体内容。创业本就是实干的过程，商场不接受纸上谈兵，是时候将理论运用到现实中去了！

6.2.1 发现联合创始人

决定你将与谁一起开始创业，这个决定至关重要。选取联合创始人就好比结婚，而创始人间产生矛盾就好比吵架一样使人不高兴。假如创始人间有不能调和的矛盾，公司就会深受其害，导致你的事业也许还没开始就已经结束。

PayPal 的联合创始人麦克斯·莱夫齐恩创建的首个团队在硅谷以"PayPal 黑帮"著称，很多前同事长期以来互相帮助，开办、投资了成功的技术公司。2002 年，他们以 15 亿美元将 PayPal 卖给了 eBay 公司。从那以后，埃隆·马斯克创建了太空探索技术公司，并和其他人合办了特斯拉汽车公司；里德·霍夫曼和其他人一起创建了领英公司；陈士骏、查德·赫尔利和贾维德·卡里姆共创办了 YouTube 视频网站；杰里米·斯托普尔曼和拉塞尔·西蒙斯成立了 Yelp 点评网站；戴维·萨克斯与其他投资人共创了 Yammer 企业社交网络服务公司；而麦克斯·莱夫齐恩与别人合作创办了帕兰提尔公司。现今这 7 家公司的市值均超过 10 亿美元。

麦克斯·莱夫齐恩曾说过："现在，我考虑投资一家初创公司时，会考察其创立团队"。技术能力和才华互补固然重要，但创始人之间的了解程度和他们合作的默契程度也同样重要。假如你是刘备，你有关羽、张飞这样的兄弟吗？假如你是马云，你有你的十八罗汉吗？如果你没有自己的核心团队，那你拿什么去创业？因此，创业初期，联合创始人的选择，团队的组建非常重要。

随着经济的发展，投身创业的人越来越多。《科学投资》的调查研究表明，国内的企业家基本可以分成以下几种类型。

1. 生存型企业家

生存型企业家大多为下岗工人，失去土地或因为种种原因不愿困守乡村的农民，以及刚刚毕业找不到工作的大学生。清华大学的调查报告指出，这一类型的企业家占中国企业家总数的 90%，是中国数量最大的创业人群。

2. 主动型企业家

主动型企业家又可以分为两种，一种是盲动型企业家，一种是冷静型企业家。盲动型企业家大多极为自信，做事冲动。这种类型的企业家，大多是博彩爱好者，喜欢买彩票，喜欢赌，而不太喜欢检讨成功概率。这样的企业家很容易失败，但一旦成功，往往就是一番大事业。冷静型企业家是企业家中的精华，其特点是谋定而后动，不打无准备之仗，或是掌握资源，或是拥有技术，一旦行动，成功概率通常很高。

3. 赚钱型企业家

赚钱型企业家除了赚钱之外，没有什么明确的目标。他们就是喜欢创业，喜欢做老板的感觉。他们不计较自己能做什么、会做什么，可能今天在做着这样一件事，明天又在做着那样一件事，他们做的事情之间可以完全不相干。甚至其中有一些人，连对赚钱都没有明显的兴趣，也从来不考虑自己创业的成败得失。奇怪的是，这一类企业家中赚钱的并不少，创业失败的概率也并不比那些兢兢业业、勤勤恳恳的企业家高。而且，这一类企业家大多过得很快乐。

4. 创新型企业家

创新型企业家的个人素质很高，创业成功往往形成独角兽企业，有时甚至形成新的业态。

6.2.2 团队执行力迭代

创业公司和大公司相比在团队执行力方面既有优势，也有劣势。

创业公司由于团队人数较少、信息交换速度快、灵活，可以及时调整公司方向、团队、产品方向。因此，创业公司最大的优势就是执行速度。

但同样因为人数有限，创业公司的员工不可能一个萝卜一个坑，每个人可能都需要担当多个角色，或者随时变换角色；随着公司发展阶段不同和产品方向的变动，要及时调整人员架构和配置。这对初始创业团队人员的选择提出了极高的要求，每个人都需要有多面的能力去应对随时变化的任务要求。以下就是一个团队人员相互不够理解的案例。

在一个初创企业，问团队的所有成员同一个问题："是什么在驱动公司的发展？"技术人员说："这是互联网时代，当然是技术，科学是第一生产力。"市场人员说："没有市场，哪来的业务，要技术有何用。"运营人员说是他们自己。人事说是"人"在驱动着公司的发展。应该说他们都是正确的，但不够全面。这引发了不少的争论，也直接或间接地导致了技术与业务的矛盾。

技术人员对业务人员的抱怨常有：需求不明确，搞不清楚想要什么；什么功能都想要，没有优先级。同样，业务人员对技术人员的抱怨常有：我们明天就想要，技术部却说要开发两个月；功能这么少，别人有的我们没有；速度那么慢，竞争对手那么快。而其他的跨部门沟通如人事、财务、法务，或多或少都会存在诸如此类的问题。

很容易看出团队中不同职能的岗位对于同一问题的看法不尽相同，这既是创意产生需要的多元化基础，同时也可能演化成团队合作的障碍。在提出团队建设建议之前，我们需要先了解创业团队中可能形成的团队结构。

1. 团队的类型

假如没有团队，创业将变得十分困难。艾伦（2006）认为，创业团队大概可分为以下几个类型。

（1）中心型。

在中心型的团队中多数情况下都会有一个核心人物。这个核心人物在团队形成之前就已经有了一些想法和构思，之后依据这些想法来组建整个创业团队。所以团队人员的选择都是根据这个核心人物的想法来进行的。这种类型的团队通常具有以下特点。

① 核心人物负责所有决策。
② 结构紧密，效率高。
③ 权力越大，决策失误的风险就越大。
④ 当其他团队成员与主导人物产生冲突的时候，理由是核心主导人物的特殊权威，致使其他团队成员在冲突产生时常常处于被动地位，在冲突比较严重时，常常都会选择离开团队，此时对组织的影响比较大。

这种组织的典型例子是 Sun 公司，创业起初就是由维诺德·科尔斯勒建立多用途开放工作站的概念，接下来他找了乔伊与贝克托斯海姆两位分别在软件与硬件方面的专家，和一位拥有实际制造经验与人际技巧的麦克尼里，于是，组成了 Sun 的创业团队。

（2）网状型。

在网状型的团队中，成员彼此之间在之前就有着密切的联系，如同学、同事、朋友等。成员经常互相交流，有着相似的理念和价值观，在讨论中都认同某个创业想法，于是达成了创业共识，开始共同创业。在该类型团队中，往往没有明确的核心人物，团队成员都各自充当着重要角色。这种类型的团队具有以下特点。

① 没有明显的核心。
② 结构较为松散。

③ 一般采取集体决策的方式，需要通过反复沟通和讨论，所以效率低。

这种创业团队的典型例子：微软的比尔•盖茨与他的发小保罗•艾伦，HP 的戴维•帕卡德与他斯坦福大学的同窗比尔体利特等。许多家著名企业的创建大多是因为创始人的关系与结识，创始人通过些许互动萌发出创业点子，之后再合伙创业，这样的例子无处不在。

（3）虚拟星状创业团队。

虚拟星状创业团队是经网状创业团队进化来的，几乎是以上两种创业团队的中间形态。在团队里，有一位核心成员，但该核心成员地位的确定是团队成员协商的成果，所以该核心人物从某种意义上来讲作为整个团队的代言人，而不是主导型人物，其在团队里的行为一定要充分考虑其他团队成员的意见。

和企业巨头不一样，早期的初创公司十分小，所以创始人同时拥有所有权与经营权。初创公司的矛盾大部分出现在所有权与控制权间，也就是董事会的创始人与投资者间。因为利益不一样，潜在的冲突伴随着时间的推移会不断增多：董事会成员也许渴望公司尽可能早地上市，为公司获取利润，但创始人则宁可维持私有，拓展业务。

因此，在创业初期，团队人数越少越好。团队规模越小，联合创始人越容易沟通，达成一致的目标，除此之外还可实行有效监督。但是，该种"有效"可能意味着在任何的冲突里，小型董事会都能够将管理层赶下台。这就是慎重组建创业团队至关重要的原因。一般而言，创始人为 3 个最为理想。除非你的公司已经上市，否则董事会的人数应该保持在 5 个以内。

2. 如何协作

在之前的例子中，业务人员和技术人员在沟通上出现了问题，这必然会影响协作的效率和质量。那么对于业务和技术人员而言，怎样才能更好地协作呢？我们可以用以下几个问题一起探究。

第一个问题是业务和技术存在谁更重要的问题吗？

这是一个奇怪的问题。原因是一开始的时候，业务与技术本该是结合于一体的。仅仅是因为专业的分工，熟悉业务的人不是特别了解技术，而搞专业的 IT 人员，又不是特别熟悉业务，所以两帮人就有可能萌发重此轻彼的想法。

关于业务与技术，其概念产生的时候，其关系也就诞生了，就一定是紧密联系的。业务的发展少不了技术的支撑，而技术的发展又一定落实到具体的业务上。当我们把眼光放在业务与技术上时，应该想到，为公司创造价值才有意义。否则，再美好的业务前景也只能停留在规划师的脑海里，再精湛的技术也不能发现前进的方向。换句话说，业务与技术一起创造出价值，业务与技术都重要。从这点上出发，反过来思考业务与技术的关系，不是绝对的谁决定谁，关键的一点是两者有无可能很好地结合在一起并为公司获取巨大的价值。

没有配套的市场推广与运营计划，产品几乎不能成功。没有技术支撑的市场推广与运营管理，就是劳动力，不是生产力。因此，只有技术与业务的匹配及融合，公司才可以实现大的发展，科技才可以转变为生产力。

第二个问题是业务与技术的矛盾是否可以彻底解决？

正如上面分析的，技术和业务的矛盾解决应该从技术人员和业务人员的理念上着手。

就技术人员来讲，应当建立只有业务发展了，研发才可以发展的理念。淘宝成功的一个原因就是庞大的体量与业务场景。应该把服务作为导向，强调技术价值的输出，产品无人使用就没有用，原因是不生产价值。研发人员需要主动了解公司业务，学习公司业务。

同样，业务人员也需要了解技术，虽然可以不会写代码。业务经理也需要知道研发的基本流程，整理并表达好自己的业务逻辑。知晓怎样向研发中心提需求以及反馈问题，知晓怎样通过技术来提升市场的推广效果与运营管理。业务经理及以上级别的领导希望可以每月到研发中心走动一次，至少每季度执行一次。

第三个问题是各部门多配合就一定好吗？

配合＝匹配＋融合，配合有配合不够、配合过度和配合适当的分别，过多的配合将会致使职责分不清，交互频率过高，效率降低，可能出现 3 个和尚没水喝的情况。配合不够可能会有缝隙。恰当的配合就是每人做好自己的，再向前半步。

3. 管理逻辑

对于初创期的企业而言，团队执行力的迭代和团队的建设与企业的管理逻辑休戚相关。

较之成功的故事，我们更容易记住也喜欢分析和吸收其战略的借鉴意义，而失败的案例，我们不好的人性也喜欢传颂，但翻来覆去的故事都是融资失败，资金链断裂，创始人落寞退场。我们没有一种显微镜可以观察到企业的内部管理，进而观察到成功与失败背后的真正动因。事实上，在战略相似，模式接近，环境基本一样的细分市场上，不同公司的管理逻辑几乎就决定了其成败。

公司在规模转换的关键过程中，在组织与管理方面需要应对的主要变化，可总结成直观好理解的 5 个基本管理逻辑。[55]

（1）强力推动坦诚透明的沟通文化。

19 世纪 90 年代，韩国的民航业发生了极其少见的高事故率，调查者非常不理解，相同的先进飞机，相同的训练与认证，为什么会在一个国家不断地出现伤亡惨重的空难。有几次空难发生在美国后，主体调查机构 NTSB 有机会解开了这团迷雾。在韩国，等级与阶层观念是十分深重的，这乃至影响到了飞行业。假如机长坚持是对的，副机长连挑战一次的胆量都没有。但航空业是将沟通透明度当作安全基线的，在许多空难调查里，都挖掘了机组沟通极其不充分的证据，许多经过反复沟通可以避免的灾难最后变成了悲剧。

迅速成长的公司好比起飞爬升中的飞机，所有的特殊情况都一定要沟通清楚。隐瞒、忽视、回避都会带来灾难。

史玉柱曾提到他在巨人集团初期的沉痛教训。在巨人迅速发展的几年里，管理层养成了报喜不报忧，当面奉承领导的坏习惯，即使是史玉柱这样的人也不能够逃脱喜欢听好话的人性，无法避免地高估自己，高估局面，最后发生了 19 世纪最出名的企业失败案例。因此，在他东山再起后，严令禁止所有人称赞上司，发现一次即刻罚款 500 元。有意思的是，竟然有人宁愿交罚款也要奉承领导。由此可见，企业要营造一个坦诚透明的沟通文化是非常困难的。

在高速成长时期，企业内部沟通的频度应该是非常高的，一般性工作进度的沟通往往并没有保持透明与真实性的压力，但以下这些就不同了：竞争对手的举措，无论他们是智慧的还是愚蠢的；竞争对手的市场成效，无论他们是厉害的还是平庸的；特别是当竞争对手比我们表现优秀时，我们能否讲出长他人志气，灭自己威风的话；员工的心理和情绪，无论是高涨的还是低落的；成员的绩效表现，不管他们是优秀的还是差强人意的；最难的是，领导有没有犯错误，领导有没有忽视不该忽视的问题。

这里的每种沟通想要保持绝对的透明与坦诚都是非常艰难的，人非圣贤，不是所有人都喜欢讨论负面的内容，愿意听到别人对自己不好的评价。问题是，假如企业要进入真正的快车道，将竞争者甩在身后，需要解决的问题一定要解决，需要克服的困难也回避不了。这不仅考验管理者的智慧，也依靠成员沟通的透明度。即便是管理层自己意识到的问题，假如一直没人谈论，大多数领导最后也都会选择性忽略。伟大企业的倒下无非都是这样的原因。

李沙琳是美国的一位华裔咨询专家，她在《开放领导力》一书中具体阐明了企业内部开放沟通的行为特征，这些行为是十分具体与可实践的，假如我们越多推动这些沟通行为的发生，就让沟通文化建设不至于流于空谈。

① 解释说明（Explaining）。

企业目标与计划的沟通有多少是伴随着解释说明的，还是只限于由上至下的单向沟通？解释说明战略、目标与执行计划可以使全体员工的行为更加对齐，也可以帮助发现目标与计划的问题。解释说明后的目标与决策还可能带来更多的反馈。

② 日常工作知会（Updating）。

日常工作的沟通多大程度上是主动的群体知会，而不是管道式的汇报？成员定期知会自己的工作进度、下一步工作计划和遇到的问题。

③ 自由对话（Conversing）。

成员与成员间到底是否可以针对工作问题直接对话？不能轻视了这一点，考虑跨部门、跨层级的情况，如一位基层员工能否与企业家直接对话工作。自由对话一定会带来越级沟通，封闭的沟通文化会即刻阻止这样的行为发生。

④ 公开发表意见（Open Mic）。

不只是企业家与人事，其他管理者与基层员工是否拿起"话筒"，向全体员工发表公开意见及建议？不只是是否允许，还涵盖他们是否有充足的意愿。假如员工公开发表的意见没有被采纳，我们是否继续鼓励这样的沟通行为？

⑤ 内部众包（Crowdsourcing）。

当有明确的繁重任务时，有哪些情况是员工愿意主动认领任务，而不是依靠指派或者外包的？

⑥ 统一信息平台（Platform）。

全员能否使用统一的信息平台进行沟通与记录内部信息，还是各自随心所欲地使用各种工具与形式？

以上每一项行为特征均可以用来进行内部评分，你可以估算一下自己的企业在开放透明度方面的得分。

除了李沙琳给出的这6项行为指南外，开放透明的文化还与创始人企业家的行为密切相关。领导的带头是所有的基础。只带头还不够，还需要明确地鼓励透明的沟通行为，及时矫正习惯驱动的封闭沟通行为。不久你就可以从开放中受益，原因是只有开放，才可以发现问题，只有发现问题，才可以解决问题。

我们在设计及运营明道平台时，往往有企业提出一些产品修改意见，建议提供更加复杂的分权机制，目的是控制信息的流动层级，往往我们都不会采纳，不只是因为它破坏了简洁规则，还因为它容易破坏透明沟通文化。

（2）业务前后台团队紧密联结。

这是一个有违直觉的举动。当规模化扩张时，我们常常十分重视业务团队的建设，管理的层次与精益度随着人数的增多而增多。我们由于本能，力图把业务团队的管理做到极致，美团的阿甘有篇热文就描述了该过程。

但一家公司的产品与服务可以迅速被客户接受与采用，除了业务前台以外，也少不了产品、研发、交付等后台团队的努力。在业务团队扩张的进程中，管理者很容易厚此薄彼，或是陷入产品较之销售究竟谁重要这样的哲学问题中。实际上，真正重要的既不是产品，亦不是销售，而是它们之间的连接。孱弱的销售业务依赖强大的产品建立团队信心，不完美的产品依赖大量客户的反馈与磨合来迅速完善。这其中的沟通量与复杂度往往超越我们的想象。

一般情况下，企业会设置一些"中台"岗位，如客服中心、售前支持等，为了打仗，也必定会动员全体，要求各个部门不分你我，不要有本位主义，将公司看作一个整体，将客户满意度视作一致的目标。但是实际上，这些都十分容易流于空谈，产品研发还是依据自己的开发节奏，客户的反馈通过层层传递，即便到了后台，也已经彻底丢失了上下文，更不要说迅捷的反应了。

在客户满意度方面彰显卓越的产品与服务可以得到口碑回报，这就是免费广告，也就是我们常说的很高的 NPS（Net Promoter Score，净推荐值），一个不满意的客户假如可以得到解决与弥补，不但不会影响口碑，反之还有可能获得一个更忠诚的粉丝。问题是，我们如何在迅速的扩张里实现前后台的强烈连接。

答案就是，把他们"放到一起沟通"。许多超过100人的公司都有一个全员微信群，基本上全体员工都在一个群里。但是，我们不可能依赖即时通信工具去完成前后台连接。这样的微信群通常只能用于开联欢会及发红包，工作是基本上不能被有效讨论的，更不要说执行跟踪了。

有两个有效的解决方案。

① 建立一个统一的群组，将前后台人员放在一起，有意使用同一个群组沟通。所有的沟通内容对于两个部门的员工均可见。

这两个部门有 80 多人，你也许会担忧所谓的信息过载，事实上完全不需要，除了@你的消息，其他的都静静地躺在时间线里，等你有空闲的时间了再去刷。事实上，对于跨边界的信息知会，接收者大致地浏览就可以了，看到有意思的及有用的，他们自然会停下。

有无必要规定用固定的日报或周报格式去共享信息呢？没有必要。除了定期的工作汇报以外，该沟通应该可以随时随地地发起，不限定于某个特定的模板，特别不需要用填表格的方式，这样就不叫沟通，叫记账了。

② 建立后台支持群组。

有两个重要群组，分别是"建议"与"Bug"。显而易见，它们是接受前台人员的反馈的内部支持群组，但这两个组里的成员能够迅速地把后台成员加入相关沟通里，并且保留之前的上下文。某前台人员汇报了一位客户建议，支持群组里的某一名成员为此建立跟踪任务，并把相关后台人员加入任务。一旦这样做，就同时实现了几个关键效果。

一是前台人员可以轻松地反馈客户意见。

二是中台人员实行必要的分类分拣，但没有额外的沟通负担，上下文一直跟随。

三是后台人员实行一个跟踪任务，不会随意遗漏与拖沓。

还有一个意想不到的效果：当该任务被完成与更新的时候，当时的前台汇报人员能够一样得到知会。

前后台协作是企业协作中至关重要的一环，能够解决好这个问题，产生的收益也最为显著。假如你在企业扩张中面临激烈的竞争，这种协作的力量会让你默不作声地领先。

（3）聚焦重要的项目和任务。

过早地摆出职能方阵，祭出绩效大法并不是高成长企业的逻辑，相反，它更多出现在那些成熟稳定或增加乏力的企业内部。从 0 到 1 是创新的成果，从 1 到 10 事实上也依赖的是关键路径的突破。就像 1944 年的欧洲战场，尽管盟军针对纳粹的战略优势已经非常明显，攻占柏林的愿景也已非常紧迫，但依然离不开艰难困苦的诺曼底登陆。高成长企业在真正跨进高速成长的前夜都发生过自己的诺曼底战役，也就是那些被称作重要的项目与任务。

① 消除成长制约。

高成长的首要制约肯定是需求趋势，假如市场需求的增长缓慢自然非常难造就高成长企业。这就是我们常说的取势问题，但这并不是本文要讨论的内容，理由是有大量的企业在需求的大潮下并没有踏上高速成长之路。

假设市场需求的存在与发展不存在一点问题，竞争就是能够预期的。趋势越是明朗的领域，竞争的激烈程度也就越高。在互联网产业的发展历史里，每个细分市场在迈入高速发展时期的时候，往往都引来成千上万家企业的参与。在这个过程中，企业有非常大的压力来对标竞争对手，进而把关注点移到了自身与客户之外。

事实上，每家参与竞争的企业都有不同的出身与基因，在构建出基本可销售（Marketable）的产品与服务之后，往往必然存在一些关键的瓶颈。这些瓶颈也许与竞争对手一点都不相同，假如我们在成长启动的初期过多地关注竞争对手，企图模仿超越，就容易被那些轻视的瓶颈问题所拖累。

② 大力投入到增长动因。

在瓶颈问题被解决后，高成长基本就是囊中之物了，但从实践经验中我们发现，许多企业做不到手起刀落般的痛快。纵使我们不考虑资金限制，许多企业甚至没有找出关键的增长动因到底是何物，自然也就不能做到大力投入，最起码不是有效的大力投入。

多数的增长内部动因是营销的投入，这个很容易理解，也是大部分企业依赖本能都可以着手执行的关键项目。但是多数的营销投入不能带来有效客户的状况处处存在。这个原因也许是我们太早地开始了职能化的作业，轻易地以为市场部可以独自承担起增长的重任，我们往往过早地就把成长的 KPI 抛给业务岗位。

从 1 到 10 并不是简单的量化扩展，而是经过关键路径的突破去实现的。因此，即便针对缺少增长投入的企业来讲，全员的协同依旧不能缺少。业务的增长也许出自一个独特有效的广告渠道（这个可能性很小，所以它很容易被竞争对手复制，进而使它快速失效）；也许来自一个或一类渠道伙伴；更可能是真正产生业务绩效的产品与服务是完美计划的一个角落；我们也许还会发现只有一类客户大量地购买，仅有特定类别的客户可以为我们带来利润，我们乃至发现只要找到最佳互补品，就可以跟随它一并高速成长。我想表达的意思是，大部分企业在高速成长起来后才发现，速度的真正来源与最初的计划往往都有巨大的差异。这种差异在业务执行的过程中是十分微妙的，这使我们不容易发觉，假如背负着业务 KPI，则更加容易蒙蔽我们的双眼。有的时候机会明明就出现在眼前，我们却无法察觉，原因是我们想象成功就和爬楼梯台阶一样，每级都是同样高的。因此，太大的挑战及太小的缝隙，都轻易被视作与增长无关。

无论增长的来源是什么，只要握紧了，我们就可以本能与产品、研发等不一样的职能直接协作去增强该效应，发掘增长的真正动因后，我们就可以毫不畏惧地投入了。例如，BD（商务拓展）部门也许发现一个互补品可以迅速带来高黏性的客户，那么整个公司也许都要在某个季度全身心投入在这个特性的加强上，乃至最后影响到产品的定位。PayPal 的成功路径在初期就是强烈地与 eBay 商家联系在一起的。

在追逐增长动因的道路上，我们也许侥幸，一出手就找到了助推器，也有更大的可能需要消耗更多的时间，接连寻找，不停验证。假如不能把寻求增长动因作为全公司上下重要的项目，让全部人为此达成共识，我们就有很大的可能性在找到这个点前弹尽粮绝。

（4）不要重复发明轮子。

在我们发现了快速增长的途径后，落实了战略资源，准备大量投入时，高成长的风险从战略转向执行。假如说前 3 个部分讲的是高成长的前夜，那现在就是曙光初露，集合大部队行军的时刻了。

在量化扩张进程里，许多企业本能地着眼于绩效考核，为不同部门制定了 KPI，企图对结果进行管理，潜台词就是"给我结果就可以了，我不用管你怎么做"。

事实上，真正的高成长企业绝不可能建立在该逻辑之上。首先，在低成本时代的粗放管理大概还可以给企业带来增长与利润，而现在基本全部的行业都面临着增加数倍的人力成本，想要用过去应验的管理思维斩获未来的成功是不可能的。再者，在瞬息万变的市场上，想要设定一组科学的 KPI 都十分困难，更不要说设立起严密的考评系统。最重要的，不应该仅仅盯牢结果管理的原因是我们不能等到结果出来再计划下一步该如何做，你可以问问设定 KPI 的企业有多少是在事后完美达成结局的。

我们历尽了困苦的试错，消除了增长的瓶颈，获取了投入的资源，就是要把过去实践中的有效方法全力种植到扩大的团队里。真正的挑战在于怎样把无形与有形的方法与知识传递到不停增加的新成员的大脑中。该过程不会自发产生，招兵买马之后，胜利不会随即到来。为了解决成长问题，我们的重要任务是把企业的知识显性化，策展成能够让成员迅速、准确理解与应用的知识库。

我们要让方法与工具有效地留存与传递，不要让成员消耗无谓的精力重复发明轮子，原因是那样不仅低效，而且低质。

（5）分散决策能力的养成。

"将在外，君命有所不受"，意思就是在迅速变化的环境里，决策一定要分散化，否则得到的结果一定是迟缓或错误的。我们在前一部分强调的是怎样让应该固化的"方法和工具"原样地传递给全员，但在开疆拓土的过程中，同时还要建立随需应变的能力。

分散决策讲的是在企业扩张中，事先确定决策单元，不同的单元有不同的决策人，只要彼此没有冲突，决策人就能够自治；而假如存在潜在的冲突，某个决策也许会影响其他的决策单元，那么双方有义务沟通并达成共识。这听起来是一个非常美妙的决策模式。它没有简单地归纳为充分授权，而是在分散与效率的基础上，设立沟通的灵活度，保证决策的质量。

不一样的战略下，分散决策的框架与原则如何确立是需要深入探索的，没有一个绝对单一的模式能够应用在每个企业里。Cisco 在高速扩张的年份主要依靠行业委员会决策模式，把决策权授予面向特定行业的小型组织，而不是安排在分散的产品部门，如能源行业委员会能够依据本行业的特点来决定产品线组合、特性、价格等内容。Firefox 浏览器的开发者 Mozilla

基金会则将软件产品划分成100多个模块,让这100多个模块的负责人自主决策。

当不同的决策单元有上下属关系时,上级决策单元一定要主动征求下属的意见,理由是下属也是一个独立的决策单元。究竟是产品说了算,区域说了算,还是销售总监说了算,都不是最重要的,关键是这个决策是否会直接侵犯他人的决策领域。假如是,要确保团队有开放与坦诚的沟通文化,让需要发生的讨论可以发生,否则我们会退化到中心化决策模式中。

透明沟通、前后联结、筛选任务、沉淀知识、分散决策,这20个字就是对上面5个部分的精要总结。你能够设法深入观察一些典型的高成长企业的内部,经过与成功企业管理者及成员的沟通,你必定会发现他们的高成长过程都与这20个字密切相关。我们耳闻过各种管理思维,如"放手管理""目标导向""狼兔论"等,这些无所谓对错,只是容易片面。

4. 高潜能陷阱

在团队发展过程中,少不了正确的领导者的任务分配、方向指引、人员管理,可以说好的领导者对于一个还未建立完善的管理体系的初创企业而言是起决定性的作用的。而在领导者的提拔使用中却容易出现一些误区,如高潜能陷阱。

高潜力员工往往是企业中前5%的顶尖人才。通常认为在企业里这些员工最具能力,工作最积极,而且最有希望晋升到职责及权力更高的职位。为了恰当并有效地帮助这些员工做好领导力方面的准备,企业往往会实行正式的"高潜力人才计划"。然而在一项针对"高潜力人才计划"员工的调查报告中发现,在"高潜力人才计划"参与者中,12%的人的领导力位列公司倒数1/4。总的来说,42%的所谓的"高潜力人才"的领导力比公司平均值低,这和名列前5%的定位距离非常远。[56]这是因为企业在考量员工时陷入了以下误区。

(1)过于重视技术和专业技能,而忽略了领导力。一般情况下,最有希望升职的人,常常是那些优秀的工程师、化学家、程序员或会计师。假如想被发现与重用,拥有扎实的专业知识及技能是大有帮助的。就管理者来讲,掌握技术一般非常重要。然而,需要知道的是,扎实的专业知识及技能可以使你受到重用,但它并不能够使你不断被重用。

(2)以结果为导向,不重视领导过程。当一个人工作积极高效的时候,纵使他的领导力不强,企业高层也会愿意提拔。这一发现并不让人感到意外,我们问了8.5万名管理者"直接下属取得成功的关键是什么",他们的首选答案是"结果导向"。结果自然十分重要,但是有时候一名优秀的员工可能更适合始终做一名优秀的员工,而不是成为老板。

(3)只关注到个人的执行力,而忽视任务的分配能力。对于言行一致的员工,领导者一定会相信这样的下属,也可能宁愿忽略该类员工身上的不足之处。"言行一致"并无过错,不过假如这名员工一旦升职,他承诺完成的工作就会多得让他喘不过气。我们发现,缺少领导力的人常常对直接下属信任不足,所以不可以有效授权,造成自己的工作量太大而难以承担。

(4)过于契合企业特质,而忽视领导力。"高潜力人才计划"中表现不佳的人身上常常明显地表现出了企业所强调的特质。例如,一家公司倡导与人友善,这样一来,一些知道体贴、关心他人的员工,即便缺少领导才能,也会被选入"高潜力人才计划"。除此之外,还有些公司看重积极主动、自愿参加新项目的员工。具有以上态度的员工即便在工作的其他方面表现不好,也能被公司列入"高潜力人才计划",以示嘉奖。因此,真正的问题的根源是,受到重视的员工常常仅是那些具备企业重视的特质的人。

（5）缺少战略视野和激励他人的能力。这两个技能对于升职的员工十分重要。公司在选拔高潜力人才的时候，应该挖掘拥有以上两种才能的人，而不是过分看重员工能否融入企业文化、个人成绩怎样等因素。

假如企业选择不具有领导力潜能的人入选"高潜力人才计划"，这将面临一些风险。企业高层也许会在人才储备严重不足的状况下误认为拥有足够的人才。更不幸的是，公司也许会因为一些员工与高潜力领导者的刻板印象不符，从而丧失了真正优秀的人才。

5. 团队执行力

团队执行力是指整个团队贯彻执行战略目标的能力。就企业团队执行力来说，其执行力的强弱，直接与企业整体的运营效率及对市场的反应速度有关，关系到企业战略目标是否可以顺利实现。

企业想要提高团队执行力，确定共同的目标是首要条件。一般来说，团队执行力弱的一个重要原因是团队缺失一个清晰且专注的目标，缺失统一的团队思想，今天想一个方案，明天想一个战略，使执行力大大受挫。高明的团队领导者可以用目标去引导，并可以使团队成员对完成自己的子目标做出承诺。即围绕企业整体战略框架，建设共同的团队目标，并经过有效的途径，使团队成员可以为了共同的目标承担责任、一起奋斗。有了统一的目标，团队成员就有了相同的努力方向，有助于激发团队执行力的提高。

合理的组织结构与工作流程是提高团队执行力的基础。团队的组织结构各式各样，归纳总结起来，最主要的类型涵盖简单型结构、职能型结构、事业部型结构、子公司型结构、矩阵型结构等。就企业团队而言，使用最多的是职能型结构，其优点是可以使团队的每位成员各司其职，责任明确；团队内实行专业分工，有助于提升工作效率，强化专业管理；管理权力高度集中，方便管理者对整个团队的有效控制等。但也要看到其横向协调差、团队领导的负担重、不有益于培养素质全面的管理人才等方面的不足。

初创企业对管理并不用太过注意，但当企业逐渐稳定下来时，建立严格的管理制度才能保障团队执行力的提高。严格的管理制度是团队的行动准则，亦是团队全体成员共同遵守的法则，其重要性不言而喻。团队的发展和环境的改变对领导者的管理能力发出了挑战，而制度是一类对团队管理最有效的控制方法，是团队领导者能力的延展，可以保证团队依照高效经济的方式运行。假如团队内部管理制度不完善，员工行为方式是否正确与工作的完成情况就缺失了衡量尺度，时间久了，就会形成团队的内耗，降低团队的执行力。

制度对团队管理来讲具有十分重要的意义。一是要制定具有权威性、科学性、可操作性的规章制度，使团队中的每位成员都明确自己的岗位职责与工作标准，经过制度整合团队目标、组织与人力资源等要素，杜绝推诿、扯皮等不好的现象。二是要维持管理制度的严肃性。作为团队的领导者，不仅要有制定制度的权力，更要有惩治不遵守制度乃至破坏制度的权力。在团队建设进程中，有的团队领导者过分追求团队的亲和力与人情味，认为"团队之内皆兄弟"，这在某种程度上可以激发团队成员的积极性，但对制度的不严格遵守，或者说没有严明的团队纪律，就长期来看，会导致团队纪律涣散，各自为政，进而降低团队的执行力。

提升士气是提高团队执行力的重要方法。团队的士气，也就是团队的氛围，能否拥有昂扬向上的士气，对团队执行力有着重要的影响。假如一个团队的士气低落，其执行力也不会强。例如，团队死气沉沉，氛围压抑；员工心神不宁，频繁跳槽；劳资关系紧张，上下级严重对立，即便没有形成帮派，也存在明显的隔阂等。假如团队出现这样的症状，管理者就要高度重视，通过激励引导的策略与方法提高团队士气，活跃团队成员。

激励团队要讲究策略，这中间至关重要的是从语言、行为、心态等方面在团队营造氛围。团队的领导者应发自肺腑地把团队成员视作"家人"去对待，多些表扬与鼓励，少些埋怨与批评。在沟通协调过程中，团队领导者要抱着一颗真诚的心和一份美好的感情，达到和团队成员充分交流及有效激励的目的，与此同时，也需要科学有效的方式方法，如随时随地地肯定和赞美团队成员，对团队成员的建议先是表达肯定；积极主动地关心团队成员的生活和家庭等。

一个真正拥有高效执行力的团队，必定是一个高满意度、适度的人力成本与高效率的团队，同样也是一个不停培养优秀人才的团队。对于怎样建设高执行力的团队，每一个团队的领导者都要注重总结研究，企业也要花费大量的金钱和人力对中层管理者实行有关的培训，此时，要给业务骨干以培训的机会与成长的时间，让他们实现从业务骨干到团队管理者的变化。

6.2.3 规避创业的风险

创业环境的不确定性，创业机会和企业的复杂性，企业家、创业团队和创业投资者的能力及实力的有限性，是创业风险的根本来源。因为创业过程常常是把某一构想或技术转变为具体的产品或服务的过程，在该过程中，存在着几个基本的、相互联系的缺口，它们是以上不确定性、复杂性与有限性的主要来源，换句话说，创业风险在确定的宏观条件下，常常就直接来源于这些缺口。企业家可以通过以下方法，降低自身和创业团队可能面临的风险。

（1）分析风险。经商做生意，投身到市场经济的汪洋大海里，一定要考虑家庭的所有正常开支，一定要考虑到假如你卧病或发生意外致使收入来源中断的风险。所以，你一定要学会分析你所处的环境，做好风险预测。

（2）评估风险。经过客观分析，预测风险可能带来的破坏程度的大小，做到心中有数。例如，失火会造成的危害的程度，货款回收的程度，资金周转也许会出现的非良性循环程度等。

（3）预防风险。必须采取措施降低风险发生的可能性，如对客户实行详细的信用调查；设定周密的收款措施；增强保安措施，把当日收入现金及时存入银行；对周围环境进行调查，对可能发生的问题进行预防。总之，要预防和避免风险的发生。

（4）转嫁风险。有些风险是不可避免的，如公司有大量价格昂贵的设备、仪器，纵使你做了安全防范，依旧面临着设备、仪器遭到毁损的风险。现下，许多人还不太习惯加入保险，但是，加入财产保险的确是一个转嫁风险的良策，设备、仪器的意外失盗或由于洪水、地震、火灾、房屋破坏等造成的意外损失，全部可享受保险公司的赔偿，这种转移也正是避免风险的良好对策。

创业面临的风险各式各样，根据其风险的内容与创业企业的重要程度划分，主要可将创业风险划分成市场风险、缺乏技能、资金风险、资源风险、管理风险、竞争风险、团队分歧、竞争力缺乏、人才流失和认知风险。

1. 市场风险

市场风险是指市场主体从事经济活动将面临的盈利或亏损的可能性和不确定性。

创业时假如缺少前期市场调研与论证，仅仅根据自己的兴趣与想象来决定投资方向，就非常容易出现研究缺口。研究缺口主要存在于只依据个人兴趣所做的研究判断与依据市场潜力的商业判断间。当一个企业家最开始证明一个特定的科学突破或技术突破有机会成为商业化产品的基础时，他只是停留在自己满意的论证程度上。但是，这种程度的论证之后不可行了，在把预想的产品真正转变为商业化产品（大量生产的产品）的过程中，即拥有有效的性能、低廉的成本与高质量的产品，可以在市场竞争中生存下来的过程中，需要大量复杂并可能耗资巨大的研究工作（有时需要几年的时间），进而形成创业风险。

例如，现下炙手可热的太阳能光伏产业已经进入产能过剩阶段，但仍有很多投资人不断进入，这时一定要考虑自己怎样在供大于求的情境下获取更大的竞争优势。

许多的重复建设项目，正一步步地消耗着资源与资金。以航运作为例子，纵使外贸出口维持了6%的增长率，但船运的增长率达到了25%，致使利润减少严重，仅有2%。该类情况在许多行业也在发生。假如我们在创业时选错了行业，就可能出现自身再努力也无力回天的情况。假如此时你正好进入汽车销售领域，那么这有很大可能会失败，今年的汽车销售量持续不断下滑，除了一些中高端车型外，整个行业都处在下滑过程中，有的地方的4S店即便赔本甩货也很难拉动销量。

许多企业家并不清楚，表面看似正确的决定，或者凭借以往的经验做出的判断，常常是一个巨大的陷阱与误区，这就是证券股市上经常说的合成谬误。就局部来讲是正确的东西，只是由于它对局部来讲是正确的，就说它对总体而言也一定是正确的，这便是合成谬误。大学生企业家在创业早期必须要做好市场调研，在了解市场的前提下创业。通常情况下，大学生企业家资金实力较弱，选择启动资金不多、人手配备要求不高的项目，从小本经营做起比较合适。

2. 缺乏技能

许多初创企业家缺少实践，当创业计划转变成实际操作时，才发现自己根本不具有解决问题的能力，这样的创业就是纸上谈兵。

最好的解决方法是：假如你没有见过职业工作场景，首先，应该去企业打工或实习，积累相关的管理与营销经验；再者，积极参加创业培训，积累创业知识，接受专业指导，提升创业成功率。

3. 资金风险

资金风险在创业初期会一直伴随在企业家的身边。能否有充足的资金创办企业是企业家遇到的第一个问题。企业创办起来后，就一定要考虑能否有充足的资金维持企业的日常运作。就初创企业而言，假如接连几个月入不敷出或是由于其他原因致使企业的现金流中断，就将给企业带来非常大的威胁。大量的企业会在创办早期由于资金紧缺严重影响业务的拓展，乃至错失商机而不得不倒闭。

在创业最初时期，企业家将创业想法实施于真实市场的过程中，可能会出现融资缺口。融资缺口存在于学术支持与商业支持之间，是研究基金与投资基金之间存在的断层。其中，研究基金往往来自个人、政府机构或公司研究机构，它不仅支持概念的创建，还支持概念可行性的最初证实；投资基金则把概念转化为有市场的产品原型（除该种产品原型有令人满意的性能，还要对其生产成本有足够多的了解及识别其能否有充足的市场）。企业家能够证明其构想的可行性，但常常没有充足的资金将其实现商品化，进而给创业带来一定的风险。一般情况下，仅有特别少数的基金愿意鼓励企业家跨越这个缺口，如富有的个人专门进行早期项目的风险投资或政府资助计划等。

在企业运营阶段更容易出现现金流动性风险。调查数据显示，73%的人认为创业一定会面临存货积压。在处理存货的问题上，71.5%的人会选择赊销，32%的人对熟悉的往来企业不实行信用评估，乃至8.5%的人对全部的往来企业都不评估，这在某种程度上影响了企业的变现能力，增大了现金流动性风险。

与此同时，较高比例的负债也有可能导致流动性风险。当一个企业不能偿还到期债务时，企业就会面临夭折的风险。现代企业家在实际创业过程中不能很好地应用财务知识，不能对成本实行全面的控制和预算。调查显示，仅有33.5%的人可以准确地辨别成本的类型，51.5%的人只能分清部分成本，15%的人几乎不能区分。

避免资金风险的有效方法就是前期对资金的合理使用，做到合理预测，钱花费在必要的环节。除了银行贷款、自筹资金、民间借贷等传统方式以外，还可以充分利用风险投资、创业基金等融资渠道。

4. 资源风险

资源和企业家间的关系就像颜料、画笔及艺术家间的关系。缺少了颜料与画笔，艺术家纵使有了构思也不能实现。创业亦是如此。没有所需的资源，企业家将十分苦恼，创业也就不知从何谈起。在大部分情况下，企业家几乎不能够拥有所需的全部资源，这就形成了资源缺口。假如企业家没有能力弥补相应的资源缺口，要么创业无法起步，要么在创业中受制于人。

企业创建、市场开拓、产品推介等工作都需要调动社会资源，大学生在这方面会感到十分吃力。所以大学生平时应多参加各类社会实践活动，建造有效的人脉。创业前，可以先到相关行业领域工作一段时间，通过该平台，为自己日后的创业积累人脉。

5. 管理风险

斯蒂文森等指出："创业是一种管理方式，就是对机会的追逐，和当时控制的资本没有关系。"并且进一步指出："创业可由以下6个方面的企业经营活动进行理解：发现机会、战略导向、致力于机会、资源配置过程、资源控制、管理与回报政策。"[57]

总而言之，从上面的创业概念来看，创业可以说是企业管理过程中高风险的创新活动。创业失败者中的大部分都是管理方面出了问题，其中涵盖决策随意、信息不通、理念不清、患得患失、用人不当、忽视创新、急功近利、盲目跟风、意志薄弱等问题。

因为创业者有可能不是出色的企业家，不一定具备出色的管理才能，所以容易出现管理缺口。实行创业活动主要分成两种：一是企业家利用某一项新技术实行创业，他也许是技术方面的专业人才，但有可能不具备专业的管理才能，进而形成管理缺口；二是企业家常常有某种"奇思妙想"，也许是新的商业点子，但在战略规划上不具有出色的才能，或不擅长管理具体的事务，进而形成管理缺口。尤其是大学生知识单一、经验不够、资金实力与心理素质显著不足，更会增大在管理上的风险。[58]

大部分第一次创业的企业家在理财、营销、沟通、管理方面的能力很弱。想要创业成功，企业家一定要将技术和经营两手抓起，可从合伙创业、家庭创业或从虚拟店铺开始，锻炼创业能力，又或者聘用职业经理人去管理企业的日常运作。

6. 竞争风险

寻找蓝海是创业的良好开端，但并不是全部的新创企业都可以找到蓝海。更何况，蓝海也仅是暂时的，所以，竞争是必然的。怎样面对竞争是每个企业都要随时考虑的事，而对新创企业来说更是如此。

"物竞天择，适者生存"这句话对企业依旧适用，若企业家选择的行业是一个竞争十分激烈的领域，那么在创业初期就有很大概率遭受竞争对手的排挤。一些大企业会通过低价、政策压力等手段把小企业吞并或挤垮。打铁还需自身硬，对于竞争对手要在战略上藐视，战术上重视。认识并了解竞争的残酷才可以在行业领域中占有一席之地。

7. 团队分歧

现代企业越来越重视团队的力量。创业企业在诞生或成长过程中最主要的力量来源通常都是创业团队，一个优秀的创业团队可以使创业企业迅速地发展起来。这时候，风险也就蕴含在其中，团队的力量越大，产生的风险也就越大。

在创业过程中，存在两种不同类型的人：一是技术专家；二是管理者（投资者）。这两种人接受不一样的教育，对创业有不一样的预期、信息来源与表达方式。技术专家通晓哪些内容在科学上是有趣的，哪些内容在技术层上是可行的，哪些内容是彻底无法实现的。在失败类案例中，技术专家要承担的风险通常表现为在学术上、声誉上受到影响，以及没有金钱上的回报。管理者（投资者）往往比较了解将新产品引进市场的程序，但当涉及具体项目的技术部分时，他们只能相信技术专家，换句话来讲就是管理者（投资者）是在拿别人的钱冒险。假如技术专家与管理者（投资者）不能充分信任对方，或者不能进行有效的交流，创业团队的核心成员在某些问题上产生分歧不能达到统一时，很大概率会对企业造成强烈的冲击。

事实上，做好团队的协作并非易事，尤其是与股权、利益相关联时，许多初创时很好的伙伴都会闹得不欢而散。

8. 竞争力缺乏

对于具有长远发展目标的企业家而言，他们的目标是持续地发展壮大企业，所以，企业能否具有自己的核心竞争力就是最主要的衡量风险的因素。一个依靠别人的产品或市场来打天下的企业是一直不会成长成优秀企业的。核心竞争力在创业的早期也许不是最重要的问题，但要谋求长远的发展，就是最不能忽视的问题。没有核心竞争力的企业一定会被淘汰出局。

9. 人才流失

一些研发、生产或经营性企业需要面向市场，大量的高素质专业人才或业务队伍是该类企业成长的重要基础。防止专业人才和业务骨干流失应当是企业家无时无刻不能忽略的问题，在那些依赖某种技术或专利创业的企业中，拥有或掌握该关键技术的业务骨干的流失是创业失败的最主要风险源。

对于由高素质人才或业务型人才组成的公司来说，防止技术或业务骨干流失是企业家无时无刻不能忽略的问题，有时一个人也许就是一个公司的核心壁垒，鸡蛋放在一个篮子里对于企业来说是致命的威胁，处理人力资源问题除了规章制度外，更重要的要会打友情牌，创业早期，在不能满足人才高工资的要求的情况下，要通过给予人才充分的尊重以挽留人才。

10. 认知风险

"人们总是说创业风险大，大学生创业的成功率很低，所以不鼓励大学生创业。我认为这是一个悖论。"朱军曾在在接受记者采访时说。2015 年，共青团和青联界别组织了一次大学生就业与创业的调研，分别在杭州、武汉和西安进行现场考察，朱军参与了西安的调查后感触很深。

认知的风险是创业团队最内在的风险。这种风险来自无形之中,却有强大的毁灭力。风险性较大的意识有投机的心态、侥幸心理、试试看的心态、过分依赖他人、回本的心理等。

6.3 本章小结

企业家创造了人类的科技、生活方式和经济发展的主要部分和内容,从互联网到如今的人工智能,企业家创办了无数公司,并产生了无数财富,企业家对经济社会的贡献使其如今受到了全社会的极大尊重和推崇。

本章通过自我认知和定位、自我激励和迭代等内容讨论,帮助那些摩拳擦掌的梦想者,带着无限激情和欲望,去成为受人敬仰的财富价值创造者,去实现个人的人生理想。

千里之行始于足下,创业不该是纸上谈兵,付诸行动才是创业的起点。

本章通过发现联合创始人、提升团队执行力、规避创业风险3个环节,为创业实践做好前期准备,通过划分企业家类型帮助创业者寻求互补的联合创始人。通过介绍团队类型,提出相互协作和好的管理逻辑,重点在团队执行力的迭代。因为团队创业环境的不确定性,创业机会和企业的复杂性,企业家、创业团队和创业投资者的能力与实力的有限性,学会规避风险,能有效地避免创业过程中的不确定性,避开陷阱,最终帮助团队提高执行力,提高创业成功率。

6.4 讨论和实践

讨论:

1. 分享自己的职业规划。
2. 假设你已经是亿万富翁,不再为生计发愁,请思考自己最想要的是什么?最想做的事情是什么?
3. 分析你的个人兴趣与职业规划之间的关系。
4. 7或8人为一组,组建成一个团队,提出团队的分工和执行计划。
5. 在小组内部进行分工,认识各自的角色和定位。
6. 分析、思考如何提升团队的执行力,以及创始人在其中的作用。
7. 请思考团队可能会遇到的风险以及如何克服这些风险。提出你的方案。

实践活动:

1. 列举出中心型、网状型、虚拟星状型创业团队的实际案例,并分析各个类型的优劣。
2. 自选某一领域的初创企业,分析其风险,完成风险评估报告。

主题（快速检索）：	
线索：	摘录：
开篇：	讲义内容：
提示：	学习内容：
思考：	简要阐述：
图形和表格：	课堂记录：

总结（快速检索）：
关键要点：
复习总结：

第6章 焕发激情和欲望

主题（快速检索）：	
线索：	摘录：
开篇：	讲义内容：
提示：	学习内容：
思考：	简要阐述：
图形和表格：	课堂记录：

总结（快速检索）：
关键要点：
复习总结：

第 7 章 创造产品和服务

本章学习目标

1. 学会从新颖性、专业性和重要性 3 个方面科学地构思创业想法
2. 掌握价值载体设计和推广的基本方法

1999 年和 2014 年，美国发生了两次创业潮，很多人突然发现他们"想成为一名企业家"。原本可以加入高盛或麦肯锡的刚毕业的 MBA 学生选择前往旧金山。甲骨文或 HP 等大公司里的元老突然辞去其安稳的高薪职务，原因是他们希望成为新一批的"掘金者"。

这些拥有创业想法的人往往很快就能找到志同道合的人，他们都怀揣创业梦想，通过对市场和技术的洞察，挑选出一个绝妙的点子，并着手将其实践为真正的产品，之后便开始书写个人的创业故事，并被后世传为佳话。

通常创业的点子是被"发现"的，而不是被"发明"的。最优秀的企业家，往往能够从其个人经历中凝练出创业灵感，他们的想法往往不同于直觉，最初看来似乎不可能实现。从创始人自身经历当中自然产生的灵感叫作"内生的"创业灵感。最成功的创业公司几乎都是从这里开始起步发展的。

如何构思一条绝好的创业点子？你首先必须清楚哪些机会能让以下 3 个因素实现最大化：一是你的技能和价值；二是你有热情去解决的问题；三是盈利潜力。这种分析实质上也是一种产品与市场的匹配研究，这种思考模型通常用在企业里，但对个人创业来说，效果也是很显著的。

7.1 构思创业想法

如果对创业的整个过程要素进行难度排序，新颖、健壮、有生命力的创业想法一定属于最为困难的等级，每个人每天脑中都进行着千万个思考，但真正有价值的，能脱颖而出的想法，不过凤毛麟角。

世界上有两种人：一种是不擅长想出商业点子的人；一种是不擅长想出好商业点子的人。那些认为自己不具有"创造性思维"的人往往也无法提出好的商业想法。而那些认为自己具有"创造性思维"的人虽然每天都有新想法，但事实证明大多数想法都很糟糕。

从市场上对独角兽企业的统计中，我们不难发现，独角兽的创业想法中最大的一类是基

于行业专长的，如图 7-1 所示。

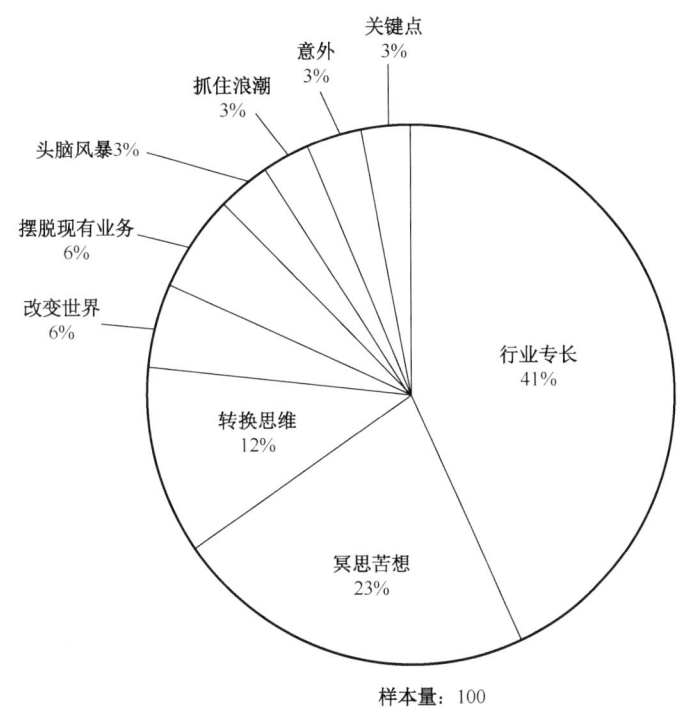

图 7-1 独角兽的创业想法来源

由图 7-1 不难看出，行业专长对于创业的启发是大部分的创业来源。将自身的专业领域作为创业领域是通往创业成功最快捷的路径。要想找到基于专业知识的创业点子，问问自己以下问题。

- 我具备哪个领域的专业知识？
- 在那些领域中，需要解决什么样的问题？
- 我想看到什么样的解决方案？
- 该领域的需求是不是足够大？
- 我能不能从目前从事的业务中拆分什么东西出来？

利用行业专长来想出好的创业点子这个话题太大了，有可能你对科技感兴趣，但是你并不属于这个科技行业，这时你是不是就没有办法了呢？当然不是。科学地构思创业想法，使其不缺乏生命力，可以从以下方面入手。

7.1.1 突破信息屏障（新颖性）

突破自我信息屏障的创新并不容易。知识和习惯一旦拥有，就深入地植根于我们的意识行为之中。它通常通过遗传、教育、培养和环境压力，几乎是没有摩擦地传递下去。并且，相对于传统的思想观念，观念创新是一个否定自我、超越自我的过程，是一件最痛苦和最艰难的事情。

但是假如你想创办一家初创企业，你需要的想法就必须足够新颖了。一个新颖且没有竞争的创意是初创企业成功的关键要素。突破性的思维将撕裂呈现在世人面前的市场样态，想人之不可想，行人之未行，用产品和服务定义新的常态，破坏、再生。

（1）构思——创造性思维。

写一篇有关创业的文章而没有提到创意就像画彩虹只有黑白两色。创意是每一个创业点子的核心，创造性思维能准确捕捉创意中对于想出伟大创业点子最重要的部分。

（2）定义创造力。

大多数专家把创意定义为制造出某种全新而且实用的东西。创造力的核心是新颖性和实用性的混合。[59]

任何又新又有用的想法都可以成为"创业"想法。哪怕这个想法是有关书籍或者房地产交易的。任何基于个人独特体验而孕育出的独特视角和想法，都是创业点子的种子，如果你独具慧眼并细致呵护它，它会爆发出惊人的创造力。

（3）创造力的阶段。

1926年，格雷厄姆·沃拉斯进行了开创性的创意研究，他提出创意可分为4个阶段。维基百科中对于创意阶段的描述如下。

① 准备。对问题的准备工作聚焦在对问题的想法并探索问题的维度。
② 酝酿。问题已经内化为潜意识，但从外部看没有任何事情发生。
③ 暗示。创意者"感觉"解决方案已在路上。
④ 启发或洞悉。从浅意识进入到自觉意识的创意迸发。
⑤ 验证。想法经过有意识的证实、阐述然后应用。

维基百科的解释基本涵盖了创业产生的所有环节，想强调的是准备阶段的重要性。1939年，詹姆斯·韦伯·扬出版了他有关创造力的力作：《创意的生成》（*A Technique for Producing Ideas*）。几年后，他在该书再版时又发表了一篇附录，在里面他强调了准备阶段的重要性："其实在创意产生过程中，有一点需要特别强调，就是创意制造者的池子里面一定要存够一般性的材料。把你的所有创业点子都保存进一本创业点子杂志里面，这一点比任何其他东西都能增加找到好的创业点子的概率。同时，收集这些替代性经验的最好时机并不是在你出于直接目的专心钻研它的时候，而是为了积攒材料而积攒材料的时候。"

（4）"注意"VS"想出"。

任何足够先进的技术于世人而言都像是某种魔法催生的产物。而试图凭空想出创业点子可能是想出好的创业想法的办法中效率最低的一个。

找到合适的创业点子并不是人人都能做到的，所以前赴后继的创业大军中只有少数挺到了看到企业成长。成功的初创企业创始人几乎是从自身经验出发挖掘出有生命力的创业点子的。随着对创业过程的理解逐渐加深，企业家也会慢慢能够"想出"好点子。

以下3种思维框架可以帮助突破信息屏障，让创意过程变得更加明显，它们分别是 BVSR（盲目变异，有选择保留）、概念整合及有效惊喜（Effective Surprise）。

1. BVSR

人们往往认为头脑风暴是最基本的构思形式，但实际上它只是一个更大的概念的一部分，这个概念叫作"盲目变异，有选择保留"（Blind Variation Selective Retention），简称 BVSR。

BVSR 是通过测试和过滤想法而找出最强烈想法的一个手段。这在自然界也有，生物进化的过程就是这样。在进化时，自然会选择出最有能力生存的基因组合。复制、传播和生存能力就是竞争力，可帮助最合适的基因在幸存群体中的增长。

因为基因复制过程中包含着随机性，新的可能性被不断测试，而有着新的、成功基因的动物也更有可能生存繁衍。随机产生然后进行过滤的概念是进行任何创造行为（包括找出创业点子和自然进化里面的）的关键。

BVSR 有两部分：盲目变异及选择性保留。盲目变异只是新颖性的又一个说法，而选择性保留则是有用性的另一套说辞。进化和 BVSR 过程可产生有用的新颖性。

2. 概念整合

概念整合是把两个（或以上）框架整合到一起的思路。类比推理、构造图（AI 中）及异类联想都是概念整合的例子。

以亚瑟·库斯勒有关异类联想的理论为例。异类联想的基本想法是，通过把两个（或以上）此前被认为极其不相关的观点进行突然的、预期之外的合并来实现创意，此处的"异类联想"强调区别于在一个"平面"上思考的常规技能，因为创新行为永远都是在多个平面之间组合形成的。前者可称为一心一意（Single-minded），后者可称为三心二意（Double-minded），属于不稳定平衡的短暂状态，也就是情绪和思维的平衡均受到了干扰。

哈佛商学院有一门课讲的是巴斯扩散模型——一个评估产品或网络效应扩散性的数学模型。例如，谁会知道对 Facebook 采用情况的建模非常类似于人口当中流行病的传播呢？而巴斯所依赖的流行病模型在很大层面上则是借用了一种叫作质量借用定律的化学模型。例如，NPR 曾有一篇文章是艾瑞莎·弗兰克林（《尊重》的演唱者）的。艾瑞莎的一大创新是她从女性的角度重新诠释了奥蒂斯的歌——赋予了它永恒的男女平等的吸引力。所以不难理解，将此前不相关的框架混合到一起也能产生新颖性。

3. 有效惊喜

在创造力方面，杰罗姆·布鲁纳指出："产生有效惊喜的行为是企业有创造力的标志。"其指的是所有创造力的核心就是"有效惊喜"。

笑话、艺术、科学及商业，有效惊喜存在于几乎每一个创意活动中。假如你能制造出突破性的产品或服务让使用者惊喜，那么这就是你成功的预兆。

从很多方面来说，这也许就是充满新奇思想的年轻人会创造出如此多的创业成就的原因。年轻人体验这个世界的方式是叛逆、不羁的，区别于老成、守旧的已有世界管理者。所以他们的商业创意相对现状来说往往是令人惊讶的。事实上，经常被目前掌握世界的人所忽视的少数派往往能制造出有效的惊喜。通过对前 100 家最有价值的初创企业进行分析，发现大学生创办了其中的 18%。从某种程度来说这些创意都是以极高的潜能在寻找和创造新颖的创意。

之前讨论过的两个主要框架——头脑风暴和概念整合，看起来似乎并没有太多的相似之处，但如果你观察得更仔细一点，你就会发现其共同的关联是有效惊喜，如图 7-2 所示。

有效	惊喜
有用	新的
显而易见的	非显而易见的
可组合	玩
两帧感知	以前的思想不相容
选择性保留	盲目变化

图 7-2　头脑风暴和概念整合的有效惊喜关联

相比新颖性，制造有效惊喜更有用。初创企业的成功本身就是"有效惊喜"。与成功有关联的变量，通过增加或者减少变量数来检查，对模型进行不断拟合。但预测性建模永远都捕捉不到例外。模型基于的是捕捉典型结果的概念。什么样的初创企业创始人才是典型的呢？哪一段创业之路是典型的呢？这些全都是异类。而初创企业，只因为其身为异类，能取得成功就是有效惊喜。

7.1.2 善用常识洞察（专业性）

有的人觉得自己很专业，是个职业人、职业产品经理等，无论在设计方案还是讲解上总是用一些专业思维，但是你的客户不是这样的，他们更多地依靠的是生活常识和下意识。

好的想法或者主意对于企业家来说至关重要。如果没有一个好的想法，就很难去创办一家公司。但是，只有一个商业想法是远远不够的。有时候客户并不是需要产品，他们需要的是问题的解决方案。

不妨想象一下如下情景：突然有一天，你脑海中蹦出一个令人激动的创业想法，迫不及待地要将其应用到潜在客户群体，但收到的反馈让你充满挫败——没有人对你的想法感兴趣，没人想买你的产品，基本上所有的人说的都是："还蛮有趣。"（类似"不需要，谢谢！"的一种礼貌委婉的拒绝方式）

客户需要的是问题的解决方案，那我们必须先从问题入手。下面我将推荐给你一系列思维和分析方法，帮助你理清大脑中种种漂浮着的闪光点子。

1. 第一原理——找到需求的真正含义

企业家如何在生活中、在复杂的社会环境中提炼出真需求，为产品和服务设计做准备？第一原理便是常见的分析方法。

（1）第一原理的内涵。

"第一原理"是由古希腊哲学家亚里士多德提出的。他对第一原理的描述是这样的："在每一系统的探索中，存在第一原理，是一个最基本的命题或假设，不能被省略或删除，也不能被违反。"换句话说，第一原理相当于数学领域的公理。

在亚里士多德眼中，第一原理有着至高无上的地位，他甚至表示第一原理充满"神性"，后世却有人称其为"行而上学"，或许是觉得古人所处的社会环境跟我们现在的相差太多，根本没有参考价值。

而被大家称为"下一个乔布斯"的埃隆·马斯克曾这样评价第一原理："比较思维只能带来细小的迭代发展，而第一原理带来颠覆性创新"。

第一原理思维的思考方式是用哲学的角度重新看待世界的方式，也就是说通过"从头开始"一层层剥开事物的表象，从而看到事物的本质，在这种本质上建立自己的世界观、人生观、哲学观，然后一层层重新构建自己的思想体系，并形成自己的人生哲学。

为了帮助大家更好地理解，可以参考以下几个例子。

① 乔布斯的第一原理：基于科技和人文的简洁。
② 小米雷军的第一原理：BOM 价，好品质。
③ 微信张小龙的第一原理：再小的个体，也有自己的品牌。

（2）运用第一原理思考。

如果你认真研究过那些对世界有极大改变的人，你可能会发现他们身上的共同点，那便是他们都建立了自己的第一原理。而独特的第一原理是成功企业的灵魂。

为了善用与生俱来的能力，让潜能发挥出最大的效益，形成自己独特的看问题的角度，有下列 3 项原则可供参考。

① 善用第一原理做假设演绎，就第一原理的本质挖掘新思想的可能性。

② 反对用经验归纳法设计，放弃"从观察到理论"的思考习惯，而是选择"从理论到观察"形成自己的第一原理，来设计自己的产品和服务。

③ 通过第一原理来做企业商业模型的主导型设计，进而产生企业的商业模式，并反复操作，得到结果。

在目前的商业世界里，最有影响力的公司都在试图基于自身的核心竞争力构建起生态，为社会各行各业提供基础设施和底层产品，让它们变成阳光、空气和水一般的必需品，让使用者形成依赖。大公司都在寻找商业本质中不可缺少的东西，并通过自己已有的庞大资金和技术优势去作为基础设施的提供者，然后我们就看到以下现象。

① 腾讯的本质业务是社交，在此基础上产生了游戏、广告、增值业务。

② 阿里说自己是一家数据公司，既不是电子商务公司也不是互联网公司。

③ 华为坚持做管道，做万物互联的管道，做互联网流量的渠道。

④ 小米一直强调自己不是一家手机公司，而是零售集团。

⑤ 京东也幽默地声称撕开京东的外衣，其实京东是一家类金融公司。

上面已经介绍了如何创造产品和服务，但是相信很多企业家仍然很困惑，怎样才能想到既满足客户需求又具有特色的金点子呢？我们可以思维矩阵实时衡量想法的新颖性和实用性；使用头脑风暴发散式地寻觅脑中的知识关联；利用帕累托法则和刺猬原则集中关键因素，深入思考；再通过迭代过程，不断地完善创业想法。

2. 思维矩阵——归档你的想法

每个人都有思考的权利和能力，但高质量的思考并不是与生俱来的，而是需要一些好的思考工具和框架帮助我们提高思考质量。思维模型便是锻炼"汇聚思维"的一个很好的方法。

用简单矩阵进行双维度思考，如史蒂芬·柯维提出根据重要性维度把任务分为"重要的"和"不重要的"，再根据紧急性维度把任务分为"紧急的"和"不紧急的"，从而形成一个四象限矩阵。这就是一个很典型的应用，利用此框架能简化思维过程，更容易帮助自身厘清事情的轻重缓急。

又如，乔哈里窗格，乔哈里把事情分为"我知道""我不知道""别人知道""别人不知道"四类，然后用矩阵组合出"公开区""未知区""隐秘区"和"盲区"四类。在有效沟通中，应该减少在公开区花费的时间，而把更多精力放在未知区和隐秘区，努力实现未知区和隐秘区向公开区的转化。日常对话可以多把精力放在盲区，在和别人的沟通中实现认知升级；公开写作则可以把更多的精力放在隐秘区，用文字把自己知道而别人不知道的内容表达出来，让读者在阅读的过程中有所收获。

当我们在寻找那一个完美的创业点子时，我们经常会关注创造力的两个主要方面：新颖性和实用性。

类似于思维矩阵，按照其新颖程度或实用程度，我们可以把创业点子划分成 4 个基本类别，得到新颖性-实用性矩阵，这一想法矩阵可以帮助我们区分两种不同类型的创意构思：更关注实用性的以及更关注新颖性的，如图 7-3 所示。

	低实用性	高实用性
高新颖性	奇怪的想法	范式转移/革命性想法
低新颖性	不好的想法	渐进性/演进性想法

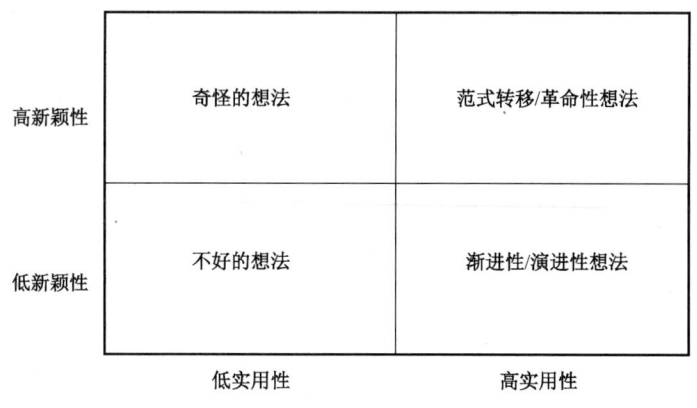

图 7-3　新颖性-实用性矩阵

我们可以将简单的启动思想分为 4 类，"最好的"可能是范式转移/革命思想，但这些都是相当罕见的。图 7-3 中，横向代表实用性，纵向代表新颖性，右上角的范式转移/革命性想法可能是最好的，左下的是既不实用又不新颖的糟糕想法，左上是新颖但不太实用的奇怪想法，右下是渐进性的演进想法。

不过在现实当中不会像图 7-3 那样泾渭分明。一些想法可能会在边界附近徘徊，而有的会从一个类别转移到另一个类别。它们刚开始可能是奇怪的想法，但后来变成了革命性的想法；其他的一开始似乎是渐进性的，但后来变成了革命性的。

3. 头脑风暴——点亮知识网络

头脑风暴法（Brain Storming）又称智力激励法，或自由思考法（畅谈法、畅谈会、集思法）。最初的头脑风暴法是用于精神病理学研究的，逐渐演变成无限制的自由联想和讨论的代名词，其目的在于产生新观念或激发创新设想。[60]

头脑风暴是一个非常好的帮助锻炼发散思维的方式，可分为直接头脑风暴法（通常简称为头脑风暴法）和质疑头脑风暴法（也称反头脑风暴法）。前者是专家集体决策，尽可能激发创造性，产生尽可能多构想的方法；后者则是对前者提出的设想、方案逐一质疑，分析其现实可行性的方法。

第一，联想反应。联想是启发新观念的有效过程。在集体讨论问题的过程中，每一个新观念的提出，都能引发他人的联想，继而产生一连串的新观念，产生连锁反应，形成新观念堆，极大地增大了创造性地解决问题的可能性。

第二，热情感染。在不设任何限制的情况下，集体讨论问题能激发人的热情。人人自由发言、相互影响、相互感染，形成热潮，突破老旧观念的束缚，让创造性思维在自由表达中破茧而出。

第三，竞争意识。在竞争意识的驱使下，人人争先恐后，不断地调动深度思考，寻求独到见解、新奇观念。心理学的原理已经揭示，人类有争强好胜的心理，在竞争环境中，人的心理活动效率可增加 50%或更多。

第四，个人欲望。在集体讨论解决问题的过程中，个人的欲望自由，不受任何干扰和控制，是非常重要的。头脑风暴法的原则之一是，不得批评仓促的发言，甚至不许有任何怀疑的表情、动作、神色。这就保障了每个人都能畅所欲言，提出许多新观念。

类似于进化过程，每一次头脑风暴过程都涉及两个步骤：构思和评估。构思其实是"盲目变异"的另一种说法，而评估就是"有选择地保留"。所以，当你进行头脑风暴时，你进行的是一种快速的心理演进过程，随机地产生某种想法，然后用一个评估模型对其价值进行评估，看能否取得成功。

两种头脑风暴是值得我们关注的：一种是更关注新颖性（重组）的头脑风暴，另一种是更关注实用性（深厚领域知识）的头脑风暴。

在对创新进行的研究中，认为突破性创新是那些有着最大影响的创新，是通过对不同层面的、差异很大的知识进行"重组"而得到的产物。对于实践者而言，也要清楚地知道并非所有的创意都是通过组合过程产生的。把差别很大的不同知识组合起来是获得创造性洞察的有效方式，这是非常肯定的，但同时深入挖掘某个领域的知识也是同样重要的一个过程。

对于深挖的、专业知识驱动型的头脑风暴，除了自由无限制的头脑风暴之外，还需要能深刻理解问题所需的特定领域的深厚知识，只有这两者兼有才能帮助你得到有价值的思维突破。实用性驱动型头脑风暴和新颖性驱动型头脑风暴都各有一些重大好处。构思过程的一种方法是专注于非常有用的想法。在大多数情况下，专家更有可能知道哪些想法在其重点领域将非常有用。我们可以从想法矩阵中看到这一点。如果我们把头脑风暴限制在"实用性"的想法上，就会得出两类想法：范式转移/革命性想法、渐进性/演进性想法，如图7-4所示。

	低实用性	高实用性
高新颖性	奇怪的想法	范式转移/革命性想法
低新颖性	不好的想法	渐进性/演进性想法

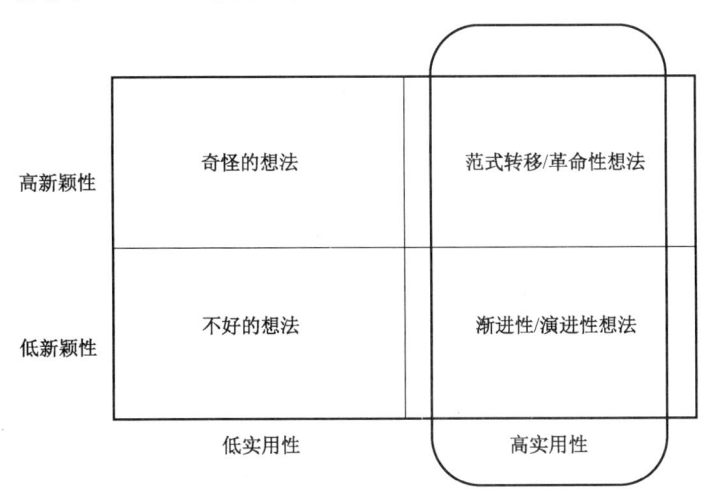

图7-4　实用性驱动

找到范式转移的想法往往像是中奖一般的状况，因为这种状况发生的概率实在是太小了。但我们仍然有很好的机会发现一些渐进性/演进性的想法，这些想法也同样可以非常有价值。把想法限制在"高度新颖性"，可以得出这两类想法：范式转移/革命性想法、奇怪的想法。

与限制在"实用性"想法寻找范式转移想法一样，在"新颖性"限制条件下寻找到范式转移想法的概率仍然很小。相反，许多奇怪的想法可能就在我们的胡思乱想中迸发出来。

大多数人谈到头脑风暴时，通常想到的大多是快节奏的、不自然的构思，其实，这些都是新颖性驱动型的构思（见图7-5）。另一种实用性驱动型的构思则是在强调实用性的重要性。在BVSR（盲目变异，选择性保留）的思维模型中，一个想法的实用性仅仅取决于"有选择地保留"，知道什么该取什么该舍其实更为重要。

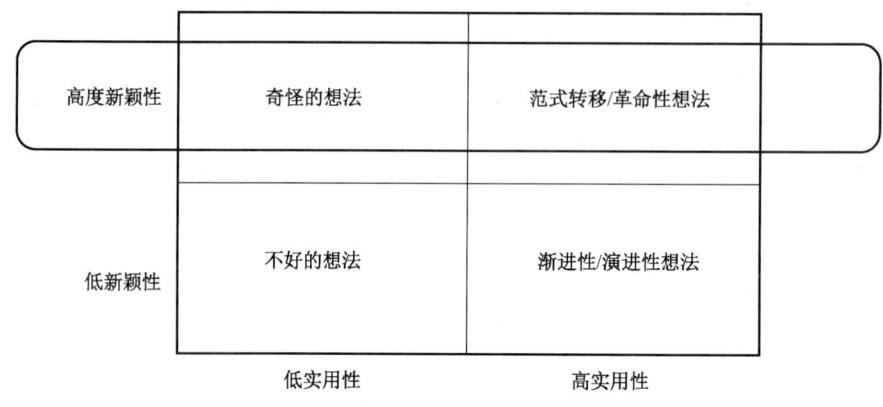

	低实用性	高实用性
高度新颖性	奇怪的想法	范式转移/革命性想法
低新颖性	不好的想法	渐进性/演进性想法

图 7-5　新颖性驱动

另外，传统的头脑风暴和实用性驱动型构思的本质区别在于专业知识。如何区分传统的头脑风暴与所谓的"创新思维"？前者往往过于强调新颖性，而后者更关注实用性。不少人认为最好的创意是在专业知识当中孕育而生的。小的、主观的创意过程的确可能产生于各种层面，也是无师自通学习的主要载体。但只有在主观性的创意与现有知识层次结构的最顶端重合时，才会生成客观的新颖性。

例如，在考量"有史以来最好的油画"时，委拉斯凯兹的《宫女》赫然在列。很多人并不能理解为什么这幅作品能够跟《蒙娜丽莎》《星空》《呐喊》等作品并列出现。

一位评论家把《宫女》称为"西方艺术史最重要的油画作品之一"，同时也指出"第一眼看过去这幅画并没有什么神秘，比较传统，构图多少有点拥挤，仅此而已"。透过画面墙壁上的镜子显现出来的人物，正是国王菲利普四世和王后玛丽安娜，他们吸引了现场所有的眼神。但是，画中描绘的场景是委拉斯凯兹在给国王夫妇绘制肖像时，由于玛格利特公主的突然出现为绘画现场带来了混乱？还是画家为公主玛格利特绘像时，因为小公主的任性难以配合，而此时国王和王后突然到来，使整个画面的情景发生了戏剧性的变化？在尊贵的玛格利特小公主旁每个人物都是慌张的样子，只有画家是那么镇定自若。而此时，从侧窗打入室内的光完全把画面定格在了这一瞬间，这一瞬间犹如照相机迅速按下的快门，显得无比真实和生动。

画家将画中的每件物体都刻画得相当细致，没有丝毫敷衍。质感、形体、空间、明暗的处理更是让人拍案叫绝，画家向人们展示了一个"真实"的时间片段的塑像，揭示了层级和有关虚与实、艺术与艺术家的循环问题。

这对企业家是一个提醒，有时候一个好的创意正在等待你的发现，你却没有充足的专业知识去认识它。专家比其他人能更敏锐地察觉到什么东西已经被尝试过了，哪些想法具有巨大潜能，以及如何最好地实施一个想法。

最近对有创意的人群的研究已经有了很多发现。最有创意的人会做如下这些事情：把似乎不相关的问题、想法关联起来，质疑传统观点，细致观察潜在客户的行为等。任何人都可以尝试做这些，却缺乏行业专家对表象深度剖析的专业知识和敏锐的洞察力，而这往往是至关重要的。

但丰富的专业知识也可能成为专家在创新上的束缚。在特定情况下，专家会过滤掉那些在自己看来过于超常规的新颖想法，或者对已被当代广泛接受的事实不予认同。专家有时候因为没有摆脱自身专业知识的束缚而故步自封。

目前，很多企业家并不是行业专家，因此通过头脑风暴产生想法仍是最佳选择。下面介绍几种针对个人或初创团队能实施的头脑风暴法。

（1）个人。

① 写下你熟悉的两个群体，如全职工作的妈妈、刚毕业的大学生或者素食人群等。

② 再写下你愿意去帮助的另外两个群体，如资源贫乏的儿童、滑板运动员或爱好者、冥想者等。现在，你应该已经写下了至少4组不同的群体。

③ 写下每个群体当下可能正需要解决的两个潜在问题。例如，滑板人群如果携带滑板乘坐公共交通工具会遭遇不便；全职工作的妈妈对孩子可能会有内疚心理，因为她们无法像家庭主妇那样花费大量的时间与孩子在家庭作业等方面进行互动。

当你完成以上步骤时，你就至少已经提出了 8 个不同的问题，并且这些问题都是适合你去解决的问题，因为以上问题要么是你自己亲身经历的，要么是你充满动力为别人解决的。列出了 8 个问题之后，其中至少有 1 个或者是 2 个问题是有前景的，值得进一步调查跟进。

（2）双人乒乓球头脑风暴法。

该方法和打乒乓球的过程类似，在两个人之间进行创意碰撞时，双方你来我往，此方法在多人的情况下同样适用。

① 共同提出问题，找到共同感兴趣的问题，一起修改和完善问题。

② 两人遵循从一般到特殊的程序，根据提出的问题采取行为方式。讨论中两个伙伴必须在时间的压力下，通过相互合作以解决问题。

③ 当 A 讲述观点时，B 做记录；而 B 发言时，应尽可能地带来新的观点或者发展伙伴的观点；当 B 讲述时，A 则反之，直至双方彼此再没有新的观点出现。

该方法不需要专门的主持人，也无须太多的控制和准备时间，双方信息沟通容易完成。

4. 帕累托法则与刺猬原则——关键元素的制胜

帕累托法则也称二八定律。该法则指在众多现象中，80%的结果取决于 20%的原因，如 80%的劳动成果取决于 20%的前期努力等。

在没有帕累托法则这个思维框架时，我们会倾向于认为一件事情的很多方面都是不可或缺的，即使不是所有事情都重要，但大部分事情也都是不可忽视的。这就会造成眉毛胡子一把抓，在一些鸡毛蒜皮的琐事里迷失了最重要的东西。

实际上，细节只能锦上添花。真正起决定性作用的，是那些最关键的 20%的因素，把这些问题搞定了，就等于搞定了 80%的麻烦。

类似的，刺猬法则也强调了关键因素的抓取。

"狐狸知道很多事情，但刺猬知道一件大事。"

1953 年，哲学家以赛亚·柏林根据这句话写了一本书。他将作家和思想家分成两类：一类是刺猬，通过单一视角看待世界；一类是"狐狸"，结合多样的经历，往往通过多种视角去认识世界。

2001 年，吉姆·哥林斯把柏林的框架应用到了商业上面。他的核心理论是公司可以用刺猬式的专注赢得市场竞争中的领先。这些刺猬型公司专注于 3 个要素，并基于共同要素来寻找公司的核心业务。

一个成功的创业点子可以通过询问自己以下 3 个问题发掘出来，如图 7-6 所示。

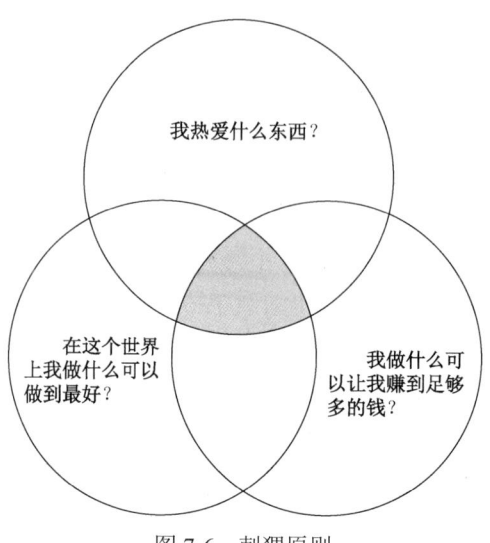

图 7-6 刺猬原则

刺猬原则非常好，因为它混合了许多要素：突破信息屏障、做你所爱、用常识思考。头脑风暴是开放思维去寻找最佳的创业想法，而刺猬原则是把选项收窄到做一个成功的初创企业。

5. Pivot 迭代——一生万物

所有的创造行为中都包含一个基本的真理，这个真理就是：当一个人义无反顾地决定致力于去做一件事时，他身边将汇集一切能帮助他实现想法的力量。各种各样的事情就会发生来帮助他，而在此之前，这些事情并不会如这般呈现。一系列的事情就从他的决定中涌流而生，各种各样不可预见的事件、与人的相遇、物质上的援助等就会以有利于他的方式出现，而这一切没有人能预想到。

歌德曾说过的一句话，对企业家而言是极大的鼓舞——"无论你能做什么或是梦想你能做什么，就开始去做吧！勇气里有天才、魔法和力量。"

在人工智能里面，一些最强大的算法都是迭代的。它们从随机输入开始很快就能得出有价值的结果。例如，E-M 学习算法（最大期望学习算法）利用迭代来识别数据集群。首先，它选择两个随机点作为初始值。其次，识别最有可能簇拥在这些点周围的点。再次，它计算每一个集群新的更中心的点。不断重复（迭代）以上过程。下面是一幅用 E-M 算法跟踪出来的两种喷发模式，如图 7-7 所示。

E-M 算法的基本思路是你需要快速地猜想，并测试猜想的准确率，基于准确率再反馈给猜想者，并借此做出更好的猜测，重复以上过程就能使你的猜想越来越有价值，这就是迭代试验（Iterative Experimentation）的概念。事实上，迭代试验是想出创业点子的最强大的手段之一。

你大概已经听说过"快速失败""经常失败""向前倒（Fail Forward）""快速行动打破陈规"这样的创业口号，事实上这些口号鼓励的都是迭代试验的体现。

这种办法在某种程度上和"执行就是一切"的思路相似。因为最初的想法很有可能在迭代过程中修订甚至最终结果完全不同，所以不断执行便是修正和得到最佳想法唯一重要的事情。选一个作为迭代起点的想法，测试，根据反馈改变，然后重复这一过程直到取得成功。

图 7-7　E-M 算法实例

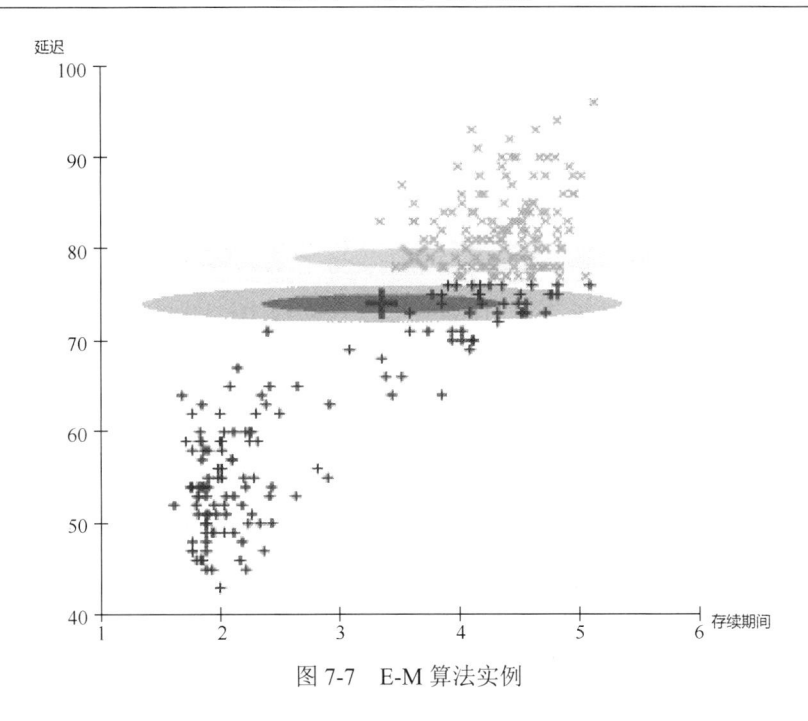

① 通过不断进行有意识的试验而不是花大量的时间在初期建立复杂的商业计划来形成业务假设。

② 开发到足以进行测试即可。你往往只希望开发最小可行产品。

③ 以冲刺的节奏密集开发，借助大量客户交互来确保开发的准确性。

为了辅助这一流程，著名的初创企业加速器 500 Startups 建立了一个叫作 Pivot 金字塔的框架，如图 7-8 所示。

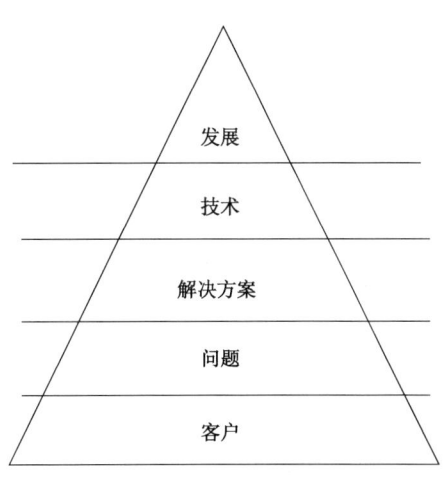

图 7-8　Pivot 金字塔

Pivot 金字塔是将创业想法的各个方面混合匹配直到所有部分能够搭建出可靠创业计划的方法。如果该想法最初并不成熟，便从金字塔的顶部（最容易改变且成本最低）开始修正要素。如果仍存在漏洞，再向下寻找因素进行改变，不断迭代直到改变奏效。

如果你可以足够快地 Pivot 和试验，你的创业点子最终将取得成功。不用花费过多的时间在初始点的选择，重点放在使用高效的迭代方法，朝完善的方向进行，并持续进行试验。对初创企业来说,许多有效惊喜发生在前面讨论的Pivot金字塔的某一类当中。Airbnb和Snapchat就是在这个Pivot金字塔当中找到新颖性的典型例子。

(1) Airbnb。

在Airbnb诞生之前HomeAway已经运营了近10年,而且他们的产品并没有多大的差别。那为什么即便面对着如此大的竞争对手Airbnb仍能取得成功?

因为Airbnb引领了几个新想法:让大家租赁任意大小的空间;让大家租赁非度假型的房子;不管主人在不在都可以出租房子。而HomeAway只是专注于度假租赁,利用用户闲置的第二个家。

利用Pivot金字塔,Airbnb做了几件产生惊喜的事情。

新客户:Airbnb面向的是任何有额外"占地空间"的人,而不仅仅是有第二个家的业主。此外,它还定位于愿意以非传统方式出租的人。

新问题:Airbnb扩大了可得到房屋租赁的地区,而不仅仅限于度假区,极大地填补了空白市场。

新解决方案:Airbnb提供了很多低端的产品(如租赁沙发)。

从最直观的感受而言,你很难想象提供"沙发租赁"的一家公司能达到10亿美元的市值。但也许可以通过测试Pivot金字塔的不同组合来认识到这一点。

(2) Snapchat。

试图取得Facebook、Instagram及Pinterest那种成功的图片驱动型的社交网络数量庞大,都想分食这块大蛋糕,但大部分人都失败了,Snapchat是个例外。它有何特别之处呢?

同样,利用Pivot金字塔进行检验,我们可以看到Snapchat做了很多引起有效惊喜的事情。

新问题:大家希望分享有关自己的东西但又不想永久保留下来。Snapchat解决了这个问题。

新解决方案:Snapchat的技术让照片可以阅后即焚。它们还添加了令人惊喜的迷你功能,这些对年轻人形成了极大的吸引力。可能没有多少人能想象到,我们会看到朋友口吐彩虹而产生的喜悦和追随的渴望。

在社交媒体领域的应用已经多到非常拥挤的状况下,还会有人另辟蹊径而取得成功,尤其是其最主要的差异化只是让照片消失。谁又能预测到像阅后即焚这么简单又容易开发的想法会取得成功呢?一般而言,如果你在聚焦客户、待解决的问题、解决方案、所使用的技术,或者增长策略这几个领域制造出了有效惊喜,成功的故事便不会让人难以理解了。

问问你自己这些问题:我有没有可应用于企业的新颖的增长办法?我能不能给一家现有的企业带来新技术?我能不能给现有企业试图解决的核心问题提出一个令人吃惊的新解决方案?在现有市场中我能不能找到新的目标客户群?

完成以上几步,我们便通过科学的思维方式确定了产品与服务,下面我们便需要将目光移向目标市场,以及进一步地改善产品与服务。

6. SWOT分析——了解你的处境

SWOT模型是艾伯特·汉弗莱于1964年提出来的一个框架,意思是强弱危机分析,是一种企业竞争态势分析方法,也是市场营销的基础分析方法之一。通过优劣和内外两个维度创造的矩阵,从优势(S, Strengths)、劣势(W, Weaknesses)、竞争市场上的机会(O, Opportunities)和威胁(T, Threats)4个方面(S、W代表内部因素,O、T则代表外部因素),对企业进行深入全面的分析及定位。

采用SWOT分析法，可以对研究对象所处的状况进行全面、系统、准确的研究，从而根据研究结果制定相应的发展战略、计划及对策等。SWOT分析法往往被用于制定集团发展战略和分析竞争对手的情况。

优劣势分析主要是着眼于企业自身的实力及其与竞争对手的对比，而机会和威胁分析将视线转为外部环境的变化及对企业的可能影响上。在分析时，应把所有的内部因素（优劣势）汇聚在一起，然后用外部的环境的作用来对这些因素进行评估。

（1）机会与威胁分析。

随着经济、科技、社会整体的飞速发展，尤其是世界经济全球化、一体化过程的加快，全球信息网络的建立和消费需求的多样化，企业所处的环境更为开放和变化莫测，所有企业都不可避免地面对如此的世界格局。正因为如此，环境分析成为一种日益重要的企业职能。

从环境发展趋势对于企业的利好方面划分，环境分析可分为两大类：一类表示环境威胁，另一类表示环境机会。环境威胁指的是环境中一种不利的发展趋势对企业形成的挑战，假如不采取果断的战略行为，这种不利趋势将导致公司的竞争地位下降，甚至彻底颠覆已有的优势。环境机会就是对公司行为具有积极推动的领域，在这一领域中，该公司能获得环境带来的竞争优势扩充。

对环境的分析也可以有不同的角度。例如，一种简明扼要的方法就是PEST分析，另外一种比较常见的方法就是波特的五力分析。

（2）优势与劣势分析。

识别环境中有潜力的机会是一回事，拥有在机会中成功所必需的竞争优势是另一回事。每个企业都要定期审视自身的优势与劣势，这可通过"企业经营管理检核表"进行。企业自身或委托的第三方的咨询机构都可利用这一方式检查企业的营销、财务、制造和组织能力。每一要素都要按照特强、稍强、中等、稍弱或特弱划分等级。[61]

当两个企业处在同一市场或者说它们都有能力向同一用户群体提供产品和服务时，对比企业之间的盈利水平或是盈利潜能，往往我们会认为更高的一方占有更大的竞争优势。换句话说，所谓竞争优势，是指一个企业拥有超越其竞争对手的能力，而这种能力又能切实帮助企业获取更高的利润。但值得注意的是，竞争优势的取得并不一定需要完全依赖于较高的盈利率，因为有时企业更希望增加市场占有率，或者多奖励管理人员或雇员。

也可以从消费者的角度定义企业的竞争优势：在消费者眼中一个企业或它的产品有别于其竞争对手的任何优越的东西，它可以是产品线的宽度，产品的大小、质量、可靠性、适用性、风格和形象，以及服务的及时、态度的热情等。[61]虽然竞争优势的概念是一个大的集合，由一切企业优于其竞争对手的要素组合而来，但是确切地认识到企业究竟在哪一个方面具有优势是意义非凡的，因为只有这样才可以扬长避短，或者以实击虚。

由于企业是一系列要素组合而来的，并且竞争性优势正是来源于企业的方方面面，所以，在做优劣势分析时必须从整个价值链的每个具体环节入手，将企业与竞争对手做详细的对比，如产品是否具有吸引力，制造工艺是否复杂，销售渠道是否畅通，以及价格是否具有竞争性等。如果一个企业在某一方面或几个方面的优势正是该行业企业应具备的关键成功要素，不难想象，该企业的综合竞争优势自然会强于同行企业。需要指出的是，衡量一个企业及其产品是否具有竞争优势，只能站在现有潜在的用户的角度上，而不是站在企业的角度上。

企业在维持竞争优势的过程中，必须深刻认识自身的资源和能力，并紧密关注同行的追赶，采取适当的措施抵御。因为一个企业一旦在某一方面具有了竞争优势，必然会吸引到竞争对手的注意。一般的过程是，企业经过一段时期的努力，建立起某种竞争优势，随后便开始处于维持这种竞争优势的态势，此时，竞争对手开始逐渐意识到劣势所在，并做出反应，如果竞争对手直接进攻企业的优势所在，或采取其他更为有力的策略，就会使这种优势受到削弱。[61]

而影响企业竞争优势持续时间的主要关键因素有 3 个：①建立这种优势要多长时间；②能够获得的优势有多大；③竞争对手做出有力反应需要多长时间。

如果企业认清了以上 3 个因素，就会明确自己在建立和维持竞争优势中的地位了。

但有时，企业发展缓慢并非因为其各部门缺乏优势，而是因为它们不能很好地协调配合。例如，有一家大电子公司，工程师轻视销售人员，视其为"不懂技术的工程师"；而推销人员则瞧不起服务部门的人员，视其为"不会做生意的推销员"。因此，企业需要始终了解内部各部门的协同工作状况，将优势部门之间的合作作为获得更大优势的途径。

波士顿咨询公司提出，能获胜的公司是取得公司内部优势的企业，而不只是抓住公司核心能力的企业。每一公司必须管好某些基本程序，如新产品开发、原材料采购、对订单的销售引导、对客户订单的现金实现、顾客问题的解决时间等。每一程序都产生价值和需要内部部门协同工作。虽然每一部门都可以拥有一个核心能力，但保证能充分发挥已有优势还需要关注优势合作之间的管理。

7.1.3 开启伟大创意（重要性）

什么是伟大的创意？很多人会说是创新，那些具有新颖性的点子是打破现有体系的钉子，开拓出全新的道路。在讨论如何构思伟大创意之前，我们先进行一场关于"新颖性"的思辨。在这部分中，我们将会挑战创造力和新颖性的想法，理解初创企业成功的要素，扫清走向成功的障碍，从而直抵构思的来源。

新颖性就是创业成功最重要的要素之一，因为新颖的想法往往面对的是空白的市场，这一状况对于企业迅速建立竞争优势极为有利。但新颖性与显著性有着重要关系，大多数现如今被认为明显的想法曾经也是新颖的，然而随着该想法的传播而变得显而易见。

一般创新者会先想出一个突破性/新颖的想法。在那一刻，该想法对于这位创新者来说就从不明显变成了明显（初步发现）。随着时间推移，创新在专家乃至整个社会的更多人眼里也开始变得明显（知识扩散），通常，个体创新者（尽管有时会以团体形式发生）获得一些新颖的洞察力，并与越来越多的人分享，直到洞察对整个社会变得明显。新颖性/显著性矩阵如图 7-9 所示。

每个地方的经济学家一直都在鼓吹赚钱的明显手段是不会持续很久的，这就是有效市场假说的基础。有效市场假说（EMH）指出，在金融市场上想始终取得超额收益（如意外之财）是不可能的，因为市场价格反映了所有可获得的信息。这并不意味着你就不能在股市上赚钱，而是意味着你不能持续在股市上获得超过平均的、风险调整的回报。

如果一个好的创业点子是明显的，它一定很快就会面临竞争。该想法的增长/收益潜能越大，竞争就会越激烈。我们可以称之为"初创企业有效市场假说"或者简称"初创企业 EMH"。

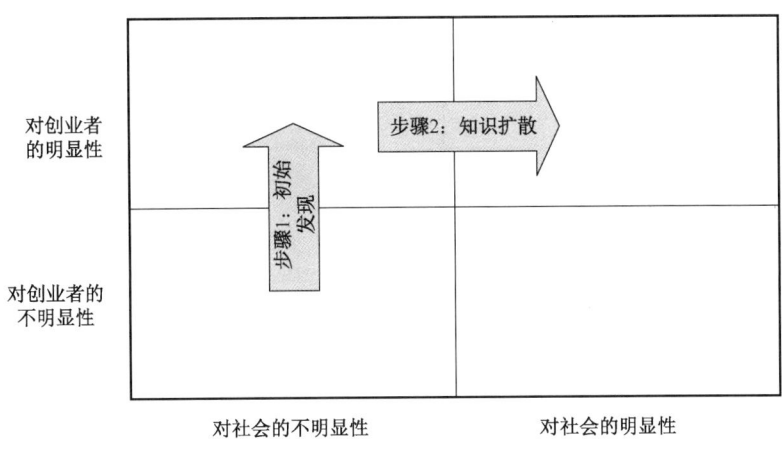

图 7-9　新颖性/显著性矩阵

初创企业 EMH 的概念能帮助我们解释很多现象。它解释了为什么能取得好的风险调整后收益的风险投资会那么少，这是因为风险投资在把资金投入到一个已经变得很有效率的创业市场。它解释了创始人都在努力争取先发优势，在产品面市之前将创业想法高度保密。它甚至还可以解释为什么那么多企业家在取得成功前会失败那么多次。如果你每次尝试的成功概率都是平均水平，那你得尝试很多次才能成功。这似乎意味着最好的创业点子应该是真正新颖且市场潜力巨大的。

为了测试这一传统观点，我希望找出想法真正新颖的初创企业的成功率如何，借此测试新颖性的重要性。为了进行这次试验，我分析了前 100 家最具价值的初创企业（也就是前 100 名大独角兽）。为了评估新颖性，实验组给每一个初创企业的创业想法都进行了新颖度打分（最高为 3，最低为 1）。

3：全面新颖，包括行业专家在内的每个人都认为该想法新颖。

2：行业外新颖，除了行业专家外每个人都认为该想法新颖。

1：明显，多数商业人士都认为该想法多少比较明显（比较不新颖）。

全面新颖型公司在这 100 家当中只占 16%，如图 7-10 所示。其中全面新颖型公司在估值最高的 20 家公司中占了 5 家：Uber、Airbnb、Snapchat、WeWork、Pinterest。基于此，全面新颖性（也就是创新顶点）在独角兽创业点子中只占相对少的部分。这是不是不如你想象中的多？

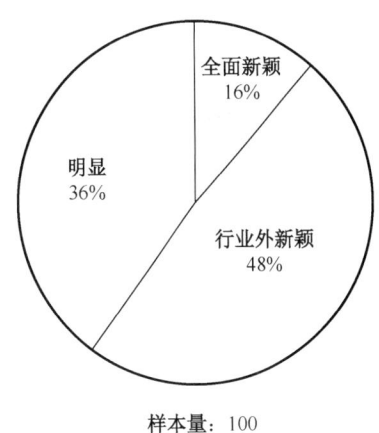

样本量：100

图 7-10　企业家创意的新颖性

正如之前所提到的，当市场参与者注意到一个好想法之后，随着时间的推移，新颖性会逐渐消失，该想法就会变得没那么新颖且越来越有竞争性。基本上新颖会熵变。实际上，从个人体验出发，不难发现新鲜感的消退是多么稀疏平常，重复做相同的事情很快会使我们感到厌倦。随着创业点子变得没那么新颖，会有更多的竞争者参与进来，降低成功的概率。有着新颖点子的初创企业的路径看起来会是图 7-11 所示的样子。

图 7-11 创业想法的发展路径

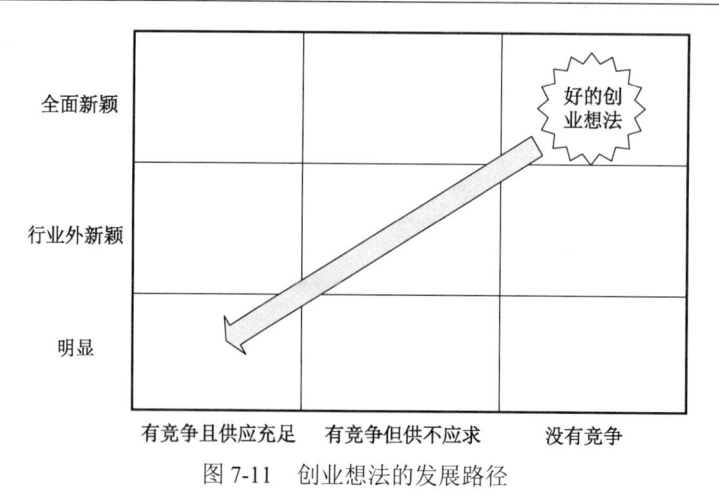

这看起来与初创企业 EMH 是一致的，但有一个关键的不同。市场不是从完全有效（如竞争性）开始的，而是朝着效能前进，这意味着那些想出新颖点子的有着先发优势。

新颖性有几个重要优势：①有能力在一段时间内在没有竞争的情况下赚钱；②有能力（更早）拿到（更多的）风险资金；③建立自己的品牌；④有能力更早学到东西；⑤有能力获得锁定（网络效应）；⑥（如有可能）有能力对想法进行专利保护。

当然，新颖性也有几点劣势：①你首创的想法别人抄袭起来不费力，成本也更低；②教育市场接受了这个想法令所有竞争对手受益；③不能满足所有的需求。

市场向效能转变往往要经历 3 个阶段：①竞争与供给都不充分；②有竞争但供给仍不足；③完全竞争的且供给充足。

所以最终从长远来看，一个新颖的点子不可避免地变得显而易见，竞争者会进入，而新颖熵（衰退）会到来。所以非常有必要找到能长期获胜的竞争性优势来源。

7.2 价值载体设计和推广

只要把产品做出来，用户就会蜂拥而至吗？科技界的企业家往往有这样一种思维误区：只要你完成自己的产品 App，然后把它放到某种精选应用网站上，用不了多久，你就会拥有一个巨大的用户群。然而事实上，这种情形对于绝大多数的初创企业而言都只是天方夜谭。成功永远不会从固定不变的产品生产线中产出。大多数成功的企业家之所以会成功，是因为他们首先做出了某种人们真正想要和需要的产品，其次是因为他们把大量的血汗和泪水洒在了日复一日的销售和推广上。

伟大的产品往往是科技和消费两个方面完美结合的产物，这也是你都需要的。消费者对于最新科技的洞见力非常弱，以至于他们根本没有办法想象到科技所蕴藏的巨大潜能，他们不会去要他们无法想象到的东西。消费者想要什么就给他们什么，这句话听起来很有道理，但是通过这种方式，消费者无法得到真正让他们惊喜的产品。

关于产品应该照顾多数人的喜好，还是博取少数人的忠诚这个问题，我认为，产品应该做成被少数人特别热爱和忠诚,而不是做成被大多数人感觉有些喜欢,因为前者做好了,更容易扩张到全部人群,而后者则比较容易不温不火。不温不火的状态,其实是企业家最害怕的。同时还要和客户不断交流,他们会告诉你怎么做一个他们愿意使用、愿意推荐给别人或愿意付费的产品,要根据他们的建议,不断修改产品,形成一整个流程闭环。另外,很少有创业公司是死于同行竞争的,一般都是因为没做出最能解决客户需求的产品。

7.2.1 原型产品设计

在市场不确定的情况下,通过原型实验来快速检验你的产品或方向是否可行是一个很好的方法。如果你的原型得到了认可,再投入资源大规模进入市场可以降低潜在的风险;如果没有通过认可,这就是一次快速试错,可以帮助你尽快调整方向。

原型是指在暂时还未能确定最终产品的所有细节时,先确定其关键性参数而创造出的原始模型,产品原型的思想被广泛应用于各个行业。软件开发中的原型是软件的一个早期可运行的版本,它反映了最终系统的重要特性。原型实现又称原型模型,它是增量模型的另一种形式。它是在开发真实系统之前,构造一个原型,在该原型的基础上,逐渐完成整个系统的开发工作。

原型实现的第一步是建造快速原型(最小可行产品),能够实现客户或潜在用户与系统的交互,根据客户对原型的反馈进一步优化和添减功能。通过逐步调整原型使其满足客户的要求,最终挖掘出客户真正的需求;第二步则在第一步的基础上开发客户满意的产品。在设计原型产品的阶段,其实也是创业团队反复确认创业动机和创业想法及价值主张的过程,需要不断地自我发问。

第一个问题是:你们在做什么,以及为什么做。能简洁且准确地思考和传达自己的想法很重要,你要靠此去招聘、融资、销售等;同时"想法"本身也需要非常清晰,这样才能传播,人们期待一个清晰、简洁的答案,这也同时用来测量创始人和"想法"本身。因为复杂想法经常来自一个自己臆造出来的问题并不能反映目标群体真正的想法,好的想法应该在第一次呈现在用户面前时,便具有一定吸引力的。

另一个问题是:谁迫切需要这个产品。在最好的案例中,创始人自己就是目标用户;而在次好的案例中,创始人需要能非常好地理解目标用户。如果一个公司还没用户,创业者需要用反推方式做一些假设,从一个产品的完美体验反推,试图找出这个产品的核心。

7.2.2 最小可行产品

什么是"最小可行产品"?简单地说,就是一个产品雏形。将它推向市场后,根据客户反馈来改进。例如,在建筑行业,建设实施之前,必先搭一个微缩版的模型,这就是"最小可行产品"。

因为种种原因,在需求分析阶段难以得到完全、一致、准确、合理的需求说明,在获得一组基本需求说明后,就快速地使其"实现",通过原型反馈,加深对系统的理解,并满足用户基本要求,使用户在试用过程中受到启发,对需求说明进行补充和精确化,消除不协调的系统需求,逐步确定各种需求,从而获得合理、协调一致、无歧义的、完整的、现实可行的需求说明。

因此，先用相对少的成本和较短的周期开发一个简单的但可以运行的系统原型向用户演示或让用户试用，以便及早展示并检验一些主要设计原则，在此基础上再开发实际的软件系统，可以有效地降低风险。

需求确定后，如何基于需求确定产品形态？这是一个方法论问题，纵观传统的消费品领域和如今炙手可热的互联网世界，产品的测试都是一个合适的方法，不同的只是在产品的哪个阶段进行测试和不同的测试的目的而已。

在传统的消费品领域，从确定概念的最初阶段产品测试就开始发挥作用了，这个阶段承担的任务是明确"发现的多个用户需求中，哪一个能得到更高的市场接纳度"，以及"这样的产品特点，是否足以支撑用户的核心需求"。这个阶段可能会进行几轮，直至将产品的功能特点、传播诉求基本明确下来，才算告一段落。

随后进行的就是产品形态上的测试，如一些快消品的测试，主要是测试包装的设计、口味等，是否符合用户的期望，是否能够满足用户的需求。产品形态是否符合需求是这一阶段重点解决的问题。

再下一个阶段，就到了把产品推广上市的环节，包装测试、名称测试、广告测试、价格测试，都是这个环节惯用的手段，至此，营销所需要具备的产品、价格、促销要素基本明确，选择合适的渠道进行销售，并且跟踪市场效果，持续改进提升即可。

在互联网产品领域，方法论有所差异，互联网产品原型的出现，可能远远早于消费品领域，所以真实产品的原型测试、迭代测试，是更加有效的方法。

互联网产品概念的原型，可能就是一张产品逻辑图，也可能是相对完善的视觉稿，用来呈现出产品的基本功能，通过基本功能，去调研用户的反馈。需要注意的是，要确定合适的受调研用户，重度用户有时也未必合适，因为他们太习惯于现有产品，这时可能一些中度用户更合适，这些都要取决于产品定位。最后便是判断产品是否能够给用户带来需求上的满足（注意是需求上的满足，而不仅仅是炫酷的视觉满足）。但是在大多数的情况下，人们都是在看到视觉稿后更有感觉，而非白板，所以这一点就更加重要：分辨概念稿获得认同是因为满足了需求，还是酷炫的效果。

7.2.3 用户需求校准

大部分产品并不是在设计之初便被用户接受的，虽然那些最终成功的产品经历了很多失败，但是企业家不停地从客户那里学习，以适应并改进自己初始的想法。需求校准即根据客户对最小可行产品的反馈建议，对原型进行修改，从而更好地符合用户的需求，实现校准。常见的需求校准方法见表 7-1。

表 7-1 需求较准方法

方 法	目 标	形 式	效 果
用户访谈	发现和解决问题	直接沟通，解释询问	用户访谈应着眼于发现和解决问题，而不是推销产品
登录页	了解产品是否能达到市场的预期	用户的点击不仅显示了他们对产品的兴趣，还展现了什么样的定价策略更能获得市场的认可。为了达到期望的效果，登录页需要在合适的时机给用户展现合适的内容	验证最小可行产品的绝佳时刻

续表

方法	目标	形式	效果
A/B测试	了解如何才能有效地提升注册率和转化率	两个页面以随机的方式同时推送给所有浏览用户	了解用户对于不同版本的反馈
投放广告	访客对于你的早期产品有何反馈,看看到底哪些功能最吸引他们	通过网站监测工具收集点击率、转化率等数据,并与A/B测试结合	投放广告是验证市场对于产品反应的有效方法
众筹	根据人们的支持率判断人们对于产品的态度	如果想在众筹网站上收到良好的效果,就需要有说服力的文字介绍、高质量的产品介绍视频,以及充满诱惑力的回报	众筹还可以帮助企业家接触到一群对你的产品十分有兴趣的早期用户,他们的口口相传及持续的意见反馈对于产品的成功至关重要
产品介绍视频	提供生动、具体的产品功能、结构、外观介绍	录制和编辑产品功能的介绍视频	能构建使用场景,提供连用户自己都未能发现的问题解决方案
碎片化的最小可行产品	利用现成的服务和平台,提供给开发者共用	提供现成的工具和服务来做产品的功能演示	方便开发者更高效地利用有限的资源
虚拟的最小可行产品	产品未开发完成,但能让用户感觉他们在体验真实的产品	在产品开发出来之前人工模拟真实的产品或服务,但是实际上产品背后的工作都是手工完成的	能够在产品设计的关键阶段与用户保持良好的交流,了解用户使用网站时的一手信息,更快捷地发现和解决现实交易中用户遇到的问题
贵宾式最小可行产品	让用户感受贵宾式体验	向特定的用户提供高度定制化的产品	通过这种方式收集到大量用户的真实反馈及付费的意愿
单一功能的最小可行产品	节约开发的时间和精力,避免用户的注意力被分散	在做最小可行产品时,专注某个单一功能	用户能关注到产品的主要功能;单一功能的限制帮开发者缩小了早期用户的范围,让开发者能关注更重要的问题,如测试产品是否适应市场等
数码原型	利用实物模型、线框等展示产品的功能,模拟实际的使用情况	既可以是低保真度的框架,也可以是展示实际的用户体验截图	节约制造实物的成本,可大范围传播
纸质模型	用来展示用户使用产品的体验	既可以是剪切画,也可以是在纸上手绘的框架	不论是产品经理还是设计师,或是投资者、最终用户都可以利用。而且不需要太多的解释,因为它给你的就是实际产品的缩影。对于手机、椅子等实体产品的开发来说,这种方法是非常有价值的
Saas、Paas	加快开发过程,尽快将你的最小可行产品推向市场	在产品开发的初期,利用 AWS、Heroku、MongoDB、Facebook Connect、Chargify、Mixpanel、Mailchimp、Google Forms、LiveChat、WordPress、Drupal 等软件和平台	设计和开发框架也能够有效地节约时间和金钱;Twitter Bootstrap、ZURB Foundation、Ruby on Rails、Django、Bootstrap.js、Node.js 等框架或目录提供了大量文档,能够帮助开发者迅速搭建起最小可行产品,推向市场;能轻松解决很多开发者所面临的浏览器兼容性、移动端界面设计、代码优化等问题

7.2.4 反馈迭代提升

即使根据准确的用户需求创建的产品,也需要企业密切关注产品在市场中的适应情况。企业需要建立一个提高产品质量的引擎:与用户沟通,观察他们怎么使用你的产品,弄清哪些部分没达标，之后做相应的改进；再重复以上步骤。这个循环，需要成为公司的首要焦点，通过它来推动其他所有事。如果每周都能提高自己产品的 5%，效果自然会叠加。

通常，这个循环周期越短、重复越快，公司效益就越好。创始人需要建立产品并与用户交流，最好除了吃饭、睡觉、锻炼，以及与自己心爱的人相处之外，时间都花在这里。

而要想把这个循环做好，就需要非常贴近目标用户，需要关注任何使用行为后的反馈，可能是每日花费在产品上的时间，可能是帮助产品宣传的意愿，还可能是一些不满的评价。

要经常审视自己：你的客户会返回来再次用你的产品吗？用户痴迷于此吗？如果你关门不干，用户会非常扫兴吗？即使你不说，他们也会把你产品推荐给其他人吗？如果你是 B2B 公司，你至少有 10 个愿付费的客户吗？

如果答案是否定的，那这些问题就是潜在问题。一个公司不能增长的真正原因就是产品本身不够好。如果是这样，公司需要直接与用户交流。这当然也不是"万金油"，却惊人地管用。实际上，当公司内部有任何分歧，只要去找用户聊聊就知道了。

推荐使用 PDCA 循环，打磨你的产品。PDCA 循环由美国学者爱德华兹·戴明提出，一般用来提高产品品质和改善产品生产过程。PDCA 循环框架对于改善产品质量非常好用。

P——Plan，即计划。

D——Do，即执行计划，并在过程中收集信息。

C——Check，即研究上一步收集到的信息，和预期设计进行比较，并提出修改方案，包括执行后的改善和计划的完善，使得计划的可执行性提高。

A——Act，即根据 Check 的结果进行改善，有时候也用 Adjust 来解释这个 A，更准确地表达修正改善的意思。

PDCA 循环不仅可以用在企业产品的质量改进方面，也可用在我们个人提升上。通过不断地实施 PDCA，完成个人认知的升级。

7.2.5 促成实际销售

产品面世后，促成实际销售是占据市场并开始盈利的基础，也是决定企业能否继续存活的根本。如今的产品销售的好坏与市场的销售规律、品牌的培育和推广、产品特性、营销渠道、市场竞争等许多方面相关。

产品进入市场，便会受市场销售规律的制约。市场销售的特征主要有季节、消费习惯、消费档次、关联消费能力、概念成熟度、品牌成熟度等。有些产品是受季节方面因素的制约的，所以就会出现淡季和旺季的现象。这种销售量是无法得到根本性的改善的。所以要把握好市场的销售规律，因地制宜也要因时制宜。

品牌的培育和推广是决定产品能否在市场生根和发芽的关键举措，企业只有先牢牢地抓住潜在市场，谈后续的销售才有意义，因此初期的竞争合作都应该持开放性态度。

准确的用户筛选是保证好的产品能产生好的经济效益的基本前提。想要做好客户方面的筛选就需要做好产品方面的分析，产品分析是对客户进行筛选的前提条件，充分了解了产品的特征才能准确定位目标用户。这样就可以提高企业产品的销量，获得更多的利润。

在规模有限、跨地域销售能力有限的条件下，借助渠道的力量是突破限制的有力武器。渠道的方式是多种多样的，企业可以根据企业的特征和相关条件进行选择，争取可以找到最好的渠道，获得更多的效益。在如今竞争异常激烈的时代，企业都是本着良性竞争的原则，充分开拓市场并培养健壮稳定的市场环境的。如何提高销售额?企业只要用心去寻找,总会找到最适合自己的方法。

虽然促成销售的因素很多,但有两点我想着重强调。

第一,产品好才是所有成功公司唯一的共通之处,最好的创始人通常都有点过分关心产品质量。好的早期初创公司都会非常注重好的服务质量,而差劲的公司,只会担心对单位经济效益的影响,担心产品的规模是否足够大。这里,好的客户服务旨在促进早期用户热情,当产品变好了,你需要的支持也变少了,因为你会知道客户普遍都有什么问题,并会在这个区域着手操刀改进产品。

初创企业通常应该招揽到第一批用户,接着,再做出他们要求的产品。但有些创始人讨厌这部分,他们总是很喜欢去找一些把戏,如热衷于把他们的产品放到媒体上。但是,记住,这种方法几乎没用,你需要手动去招揽用户,将产品质量做到足够好,然后这群用户就会回去告诉自己的朋友。创业中小聪明带来的仅仅是一时的华丽数据,并不能支撑企业成长壮大,反而会消耗宝贵的迭代时间。

第二,你同样也需要按照轻重缓急将事情有序安排,并在过程中不断重复与改进。安排事情不要过于匆忙,并且绝不要把将所有东西不加分层地全盘托出。你要从简单的事入手,关注的面可能少,要比预想时间尽地可能早地推出。实际上,简单对于创业团队而言总是好的,你需要在早期将公司和产品保持足够简洁,但核心。

第三,不要过度关注竞争对手。有些企业家会认为,正是竞争者扼杀了 99% 的企业。但事实上 99% 的企业是死于自杀,而非他杀。我们认为最该担心的是企业内部问题。如果你失败了,很可能是因为你没能生产出优秀的产品,或是没能建立一个优秀的公司。在企业初期发展的绝大部分时间里,你都不该过度关注竞争对手,尤其是在他们获得大量融资或在媒体上制造出很多噪声时。你只需要警惕他们是否有能力生产出更好的产品。写新闻通稿比编码容易得多,而编码又比生产优秀的产品容易得多。用亨利·福特的话来说就是:"你该害怕的是那些从来都不理你,而只专注在自身进步的竞争者"。

任何如今看来庞大到似乎难以撼动的企业,都是从幼苗挣扎而来的,它们每次对于原有秩序的挑战和与大公司之间的竞争都不轻松,最终完好地存活下来了。任何困难,都有对策。

7.2.6 实现量化增长

增长和势头是保证优秀执行力的关键。增长能解决一切问题。缺乏增长,通常也只有促进增长这种方式才能解决。如果你正处于增长期,大家都会很开心,新角色和责任也会一直伴随你,你会感觉你的职业生涯不断前行。但如果你不增长,大家就会不高兴,然后离开,互相推卸责任。创始人和创业公司的员工几乎都会被这种缺乏增长而搞得军心匮乏。

做一个阻碍增长的表格也很好。它能帮助你发现增长到底在何处存在阻碍,能提醒你集中精力去解决。认真审视每一件正在执行的事,考虑其到底能带来多大的增长,是否有更好的方式。例如,初创团队如果整天出入各种会议而不是专研改进产品本身,这时就需要审视清楚开会的目的了,因为这看似并不是能促进增长的事。

极度透明的内部度量也是好事。由于一些原因,创始人通常很怕这个,但将整个公司的精力集中在增长上是有益的,你们公司的员工有多集中于度量标准和他们干得怎么样,这两点有直接联系。如果你将标准藏着掖着,他们反而很难集中精力到这方面。

这里也包括不要用虚荣的标准自欺欺人。一个常见的错误是：过分关注注册用户数量，而忽略用户持续使用情况，对增长和产品良性发展而言，用户留存率和获得新用户这两个指标同等重要。建立起一个"内部节奏"来保持动力也同样重要。进步需要配合"鼓点"——新特征、用户、招聘、收入里程碑、合作等。

你应该有野心，但也有着边际的可完成目标。每个月都来审视进步，多与团队交流发展情况和战略，以及产品的问题和用户的反馈。你在内部分享得越多，团队的参与感就会逐渐增强，这将有利于汇聚团队的合力而促成更大事业的开展。

创始人也常跌入一些陷阱。其中一个就是如果公司疯狂增长，但其他的事并不如增长一般令人激动，甚至显得支离破碎，每个人都会担心：这些增长是不是表面的繁荣？公司是否能够健康发展，继续保持高增长？实际上，如果你增长快速，即使没有优先考虑清楚所有事的结果也没有太大的问题，你所需做的就是做好调整，以更快增长。

另一个陷阱是：因增长在绝对数字上表现不佳而气馁，即使其百分率基准还不错。人对指数增长的直觉是非常糟糕的。记得提醒你的团队：所有巨人初创公司，都是从小数字做起来的。

而最大的陷阱是：创始人相信增长最终会因为一切虚无缥缈的事而产生，将注意力放在根本就不能促进增长的因素上。广为流传的例子是与其他公司的合作交易以及媒体"大新闻"。当心这些，同时，学习大公司的一些促进增长的方式，如通过建立客户喜欢的产品、手动招揽客户、测试一大堆增长战略，再比能做的做得更多。问问你的客户，在哪可以找到更多像他们这样的人。

记住：销售与市场不是坏名词。虽然如果你没有好产品，它们哪一个也救不了你，但它们都能加速增长的可持续性。如果你在经营一个创业公司，要做好市场销售，这是创业公司的必修课程。一个创始人要善于向客户推销自己的产品，因为他们才是利润的主要来源。

7.3 本章小结

本章旨在帮助创业者打造自己的产品和服务，具体包括构思创业想法和价值载体设计与推广两部分。首先结合对第一原理和开源创新的理解，从新颖性、专业性和重要性3个方面，帮助创业者科学地构思创业想法。在此基础上，通过原型产品设计、最小可行产品、用户需求校准、反馈迭代提升、促成实际销售和实现量化增长等实践环节，帮助创业者进行服务或产品的设计和推广。

构思创业想法是创业最难的部分，也是一切创业的源头——找到未被满足的用户需求和市场，构思解决方案。本章提出通过BVSR、概念整合和有效惊喜3种思维框架突破信息屏障，构思新颖性的点子；洞察生活中的常识，并借助第一原理、思维矩阵、头脑风暴、刺猬原则、Pivot迭代等方法提炼想法；对新颖性想法的研究表明了其对初创企业早期的战略意义。

价值载体的设计和推广过程经历了原型产品设计、实现最小可行产品、用户需求校准、反馈迭代提升、促成实际销售和实现量化增长的过程。在市场不确定的情况下，通过原型实验来快速检验你的产品或方向是否可行是一个很好的方法。在此过程中，创业团队需要反复思考产品的定位、目标客户定位等问题。

实现最小可行产品以加深对系统的理解，并满足用户的基本要求，使用户在试用过程中受到启发，对需求说明进行补充和精确化，消除不协调的系统需求，逐步确定各种需求，从而获得合理、协调一致、无歧义的、完整的、现实可行的需求说明。

用户需求校准是企业针对自身设想和现实差距的弥补方式，本章介绍了用户访谈、登录页测试、A/B 测试、投放广告、众筹、产品介绍视频、最小可行产品、SaaS、PaaS 等方法的目标、形式和效果，提供给创业者多种可行的需求校准模型。

利用 PDCA 循环提高产品品质和改善产品生产过程，在反馈中迭代提升。利用市场营销将产品实际销售到用户手中，最后提出一些面对增长的建议，保持持续增长。

7.4 讨论和实践

讨论：

1．每个小组分享 3～5 个创业点子。
2．应用思维矩阵对所有创业点子进行类别划分。
3．在进行头脑风暴时你有什么顾虑？头脑风暴最适合解决哪些问题？
4．基于创新点，分析客户需求的本质，选用用户访谈、登录页测试、A/B 测试、投放广告、众筹、产品介绍视频、最小可行产品、SaaS、PaaS 等方法中的一种或多种，进行需求校准。

实践活动：

1．以小组为单位，完成产品最小原型构建，并形成产品文档说明。
2．5～8 人为一组，借助第一原理、思维矩阵、头脑风暴、刺猬原则、Pivot 迭代等方法锤炼创新点。

主题（快速检索）：	
线索：	摘录：
开篇： 提示： 思考： 图形和表格：	讲义内容： 学习内容： 简要阐述： 课堂记录：
总结（快速检索）：	
关键要点： 复习总结：	

第7章 创造产品和服务

主题（快速检索）：	
线索：	摘录：
开篇： 提示： 思考： 图形和表格：	讲义内容： 学习内容： 简要阐述： 课堂记录：
总结（快速检索）：	
关键要点： 复习总结：	

第 8 章 创新商业模式

本章学习目标

1. 通过客户细分、客户定位和客户开发建立客户关系
2. 凝练和创造核心业务，聚焦和提升价值主张
3. 掌握建立营销渠道和交易渠道的基本方法
4. 掌握建立竞争壁垒的基本方法和途径

商业模式设计既是创业者需要重点考虑的环节，也是实现从创业机会到商业模式的关键环节。实际上，商业模式构成要素重组即商业模式设计。

首先，产品特征和市场特征是创业机会的核心特征，商业模式设计应将其作为起点。商业模式是对创业机会的持续开发直至形成可操作的行动方案。创业机会将是商业模式的起点。也就是说，在商业模式设计中，应当时刻关注创业者所面临的市场，以及所要提供的产品的潜在价值。脱离了创业机会的商业模式是创业者臆想的结果，也难以具备真正的市场价值。

再者，在商业模式设计的过程中应注重模式的系统性。商业模式不是对企业可能的盈利点的反复论证，而是建立在一个完整运作系统基础上的一整套方案。在运行商业模式的过程中必须考虑众多利益相关方的价值所在。这需要创业者对创业项目的盈利模式背后的各个运作节点通盘考虑。所谓商业模式系统，是建立在创业机会基础上的，能够充分实现创业机会的系统解决方案。

最后，商业模式与环境和组织发展的动态适应性也是需要考虑的问题。创业机会本身也在不断地发展变化。以创业机会开发为基础的商业模式也不可避免地面对内部和外部环境变化所带来的挑战。在商业模式中必须把探索和试错作为主要法则之一。创业者需要根据环境和组织的变化不断探索和改善新的商业模式，并开发和强化改善后的商业模式，当然，这一过程需要耗费较多的时间。

8.1 实现交易机会

一份商业计划书如果不能说清楚上述问题，想必很难让投资人动心。人们经常将商业模式、盈利模式和业务模式等概念混淆在一起，事实上商业模式和战略有着本质区别：商业模

式更注重短期,关心的是如何在短期内使得企业或产品服务获利。完整的商业模式定义是:商业模式即刻画了企业如何创造价值、传递价值和获取自身价值的基本原理,表明了企业运营的商业逻辑关系。

8.1.1 客户关系的建立

1. 客户细分的方法

企业面对的客户各式各样,企业最希望牢牢掌握的一定是对品牌具有高度忠诚度的那部分。但是客户群体之间天生就存在差异性,并不是每位客户都适于成为品牌忠诚者。若企业想要实现可持续发展和长期利润的最大化,需要对正确的客户群体进行重点关注。拥有一群品牌的忠诚粉丝后,重要的一步就是对客户群进行细致分化,找出那些能为企业带来盈利的客户群体,并锁定高价值客户群。只有完成以上的客户群挑选过程,才可保证在培育客户忠诚的过程中所投入的资源能够得到切实的回报,才可保证企业的长期利润和持续发展。可以根据企业本身的需求演化出各种细分方法,这里仅介绍两种较为常见的细分方法。

(1) 根据人口特征和购买历史细分。

在实施客户研究时,可通过调研人口特征和购买历史来找到客户忠诚的痕迹。通常来说,经别人推荐购买比受广告影响购买的人的忠诚度更高;购买标准价格的东西比购买促销产品的人的忠诚度更高;拥有家庭的人、中年人和乡村人口更忠诚,高流动性人口的忠诚度较低。找到了目标客户群后,企业就会明白要把价值传递给谁,以及传递什么价值。例如,美国的一家保险公司 USAA,其客户保留率高达 98%,这个数字令人震撼,原因是该公司拥有一个稳定的客户群:军官。尽管军官保险没有很高的利润,但该公司使这一特殊群体的特定需求得到了满足,使其拥有较高的客户保留率,降低了维持成本,进而带来可观的利润。

(2) 根据客户对企业的价值细分。

通过客户对企业的价值对消费群进行细分是很有必要的。我们有多种方法衡量客户对企业的价值,其中一个切实可行的方法就是计算客户的终身价值。客户终身价值是指周期内为企业创造的利润的折现总和。计算周期和贴现率是影响客户终身价值最重要的两个因素。通常情况下,当贴现率保持不变时,成为企业客户的周期、纳入计算的客户价值与终身价值成正比;在计算周期一定的情况下,贴现率越高,未来的收益就越不值钱,所以客户终身价值就越小。

计算客户终身价值较为复杂,需获得以下这些信息:①品牌客户时间周期;②企业的贴现率;③每个周期内购买某品牌的频率;④购买品牌产品的平均贡献;⑤购买品牌的概率;⑥其他一些信息。

实现客户价值评估,得益于数据库技术的迅猛发展,特别是数据挖掘和数据仓储技术的发展。其中,根据客户价值进行市场细分在金融服务部门、电信服务部门应用的可能性最大。

在实际操作过程中,还有一些实用的客户细分诀窍,可供创业者参考。

① 每个客户只能归入一个类别。
② 传递给客户的产品信息不要有渠道差异。
③ 针对客户提供有针对性的、可执行的对策。
④ 在客户群细分开始的时候,应将最佳名单提供给销售人员,确保高成功率。
⑤ 高级经理负责细分类别的盈亏平衡。客户细分要受预算的制约。

⑥ 推动客户细分的工作由高级管理人员负责。不要忽略部分客户的感受。
⑦ 自小处着手，再不断扩大。

2. 客户定位的分析

客户关系管理的一个重要研究内容是客户定位。客户定位包括确认和审查。确认的内容包括确认对公司可能产生忠诚度的客户、客户的地位和产物、开放程度、研究相关问题的意愿和雇用咨询顾问的经历等。

处于大众营销阶段的企业，客户定位一般比较简单，通常将其分成大、中、小企业和个人用户等。但是，伴随着精准化营销时代的到来，客户群体呈现出多样化的特征，只有通过反复尝试和研究才可得出不同特征的（内在的或外在的）客户会对不同形式和内容的营销活动的不同响应。

对给企业带来更多利润的大客户的待遇成为一个日趋重要的观念。这和营销阶段的客户区分不一样。当处于客户关怀阶段时，企业往往对被认定为高贡献的客户更感兴趣。此时要为这些客户提供优先、高质服务，如优先接入权利、大量的现场解决权限、快速的服务响应等。通过以上手段可以提升客户的满意度，进而增强这些客户的忠诚度。但是，在设计新的营销活动时，切不可将这类客户划分为一种类型，仍需进一步地区分对待，依照客户的特点采取合适的沟通方式等。

在进行客户定位时，可使用属性分析和统计分析两种方式对不同客户需求和价值进行定位。

（1）属性分析。

① 外在属性。例如，客户的产品拥有，客户的地域分布情况，客户的组织归属——政府用户、企业用户、个人用户等。一般而言，这种分层方式的好处是简单、直观，容易获取数据。但这种分层方式不够细致，我们依然无法在每一个客户层面里区分"好"客户和"差"客户。我们可以获取的信息只是某一类客户（如大企业客户）比另一类客户（如政府客户）有更强的消费能力。

② 内在属性。由客户的内在因素所决定的属性称为内在属性，如年龄、性别、性格、爱好、信仰、收入、家庭成员、信用度和价值取向等。根据客户的内在属性将客户定位，如 VIP 客户等。

③ 消费属性。很多行业主要从 3 个方面考虑对消费行为进行分析，即 RFM：最近消费、消费频率与消费额度，以上指标可在账务系统中得到。但该指标并不适用于每个行业。针对通信行业的情况，基于以下变量划分客户：注册行为、话费消费情况、使用行为特征、付款记录、信用记录和维护行为等。

针对现有客户可根据消费行为分类，但针对消费行为还没开始的潜在客户，分层自然无从谈起。即使基于现有客户的消费行为分类也只可满足企业客户分层的特定目的，如奖励贡献多的客户。至于以客户的特点为着眼点为市场营销活动寻找确定的对策，则有大量的数据分析的工作要做。

（2）统计分析。

按照上述定位方式，基本上不需要进行数据分析就可对客户进行定位。但随着日趋精确化的营销的统计方法，更加个性化的服务，根据不同的情况客户定位通常精确到可适用多种统计方法。若要判断客户是否为优质客户，应将消费行为数据作为因变量，在内在属性和外在属性的各变量中找出影响应变量的自变量。该自变量可能出现在前文中我们所列的数据中，也可能是它们导出的抽象的因子，只有这样才可实现营销策略的针对性。否则，若只对高消费、高价值的客户不断地采取促销策略，结局是客户并不一定会产生预期的良好响应。

除去一般的描述型，如 Cross-tab 报表的方法外，目前在数据发现与数据挖掘方面上使用最多的两类是：传统统计方法和非传统统计方法。传统统计方法包括聚类分析、CHAID 方法和因素分析。非传统统计方法包括回归树方法和神经网络方法等。

在进行客户定位时，最重要的任务便是充分了解你的潜在客户的需求、短缺、问题或机遇，调查他们是否可能需要购买你的产品或服务。

例如，你销售一种电动牙刷，定期去看牙医的人更有可能对你的牙刷感兴趣，而不常去看牙医的人，其兴趣就不会像前者那么大。是否定期去看牙医，这个客户特征里还可能包含收入因素和教育因素。因此，你就可以决定只把电动牙刷卖给一种人，其年收入在 50000 美元以上，并具有 4 年以上的大学学历。

该商业模式中，制造商和零售商作为吉列的合作伙伴，关键业务囊括了营销、研发和物流。品牌声誉和拥有的剃须刀专利是其核心资源。吉列在市场拥有良好的口碑，并且利用 1000 多种专利来限制竞争对手，使其生产刀片和刀架的成本比对手低。成本指其在研发、制造、物流、营销方面所花的成本。分销渠道为零售市场。刀架和刀片的舒适方便是吉列的核心价值。如何让客户感受到这一核心价值？吉列公司先是以极低的价格为客户提供剃须刀架和第一片刀片，有时甚至是免费赠送。通过初次的低成本体验，让客户体验到吉列刀架和刀片的舒适方便。吉列公司通过第一个刀架得以与客户建立"锁定"的客户关系，收益可从客户更换刀片时获取。对吉列公司进行分析后，绘出的商业模式画布展现出吉列公司的运营逻辑，由此可以得出结论：其商务模式成功的关键点是"锁定"的客户关系。

（3）定位策略的使用。

关于客户定位，我们还需要注意定位策略的使用。

① 低端和高端用户的差异性对待。

研究结果表明，客户定位的结果无须对客户公开，尤其是低端客户，当他们知晓其他人接受更高层次的不收费服务时会产生负面情绪。在给定客户自己可掌控的方向与路径的前提下才可让客户知晓，如依据某个积分计划所设立的奖励或根据事先选定的产品级别来提供相应待遇。

针对乐于彰显自己的独特与不同的高端客户，企业应该助力该类客户增强这种"显性"价值。例如，很多营业厅内开辟特设的大客户室，在机场等地设立的金卡客户柜台、特别通道与休息室等，还有一种被越来越多的中国企业采用的方法是给大客户设计带有特殊标识的日常高档用品等。

② 营销阶段和服务阶段不同的客户处理。

如果你定制的是营销策略，则无须告诉客户；假如你将为客户服务作为你的定位，而纯粹地将客户贡献的绝对金额数作为定位的标准，此时应该大力宣传高端客户的优厚待遇。同时，明确游戏规则，设计简洁明了的游戏规则，对低端客户起到"学有榜样，赶有方向"的作用。

3. 客户开发的方案

在发掘市场、探索首批客户、验证创意、提升业务量等方面缺少必要的流程和方法是多数创业公司的通病。只有少数成功的企业（如 Design Within Reach 公司）能做到这些。

明确目标市场、研究目标客户是客户开发的基础，之后再进一步制定客户开发市场的营销策略。开发潜在客户是营销人员的第一要务，使用多种方法开发潜在客户，再对其进行资格鉴定，明确企业营销活动的目标与方向，将潜在客户落实为现实客户。

在开发客户前，我们需要先确定企业期待与待开发的客户形成怎样的关系。通常来说，企业与客户之间有 4 种常见的关系，分别是买卖关系、优先选择关系、合作伙伴关系和战略联盟关系，确定好以上 4 种关系对选择客户开发的策略和开发力度大有裨益。[62]

一些企业仅仅将自身与客户的关系维持于买卖关系水平，企业在客户眼里只是一个普通的卖主，销售仅仅被看成一次公平交易，交易目的简单。

企业与其客户可建立优先选择关系。与客户拥有该关系的企业，在销售团队与客户企业中，多数的关键人物都拥有良好的关系，此时大量优先机会被企业获得，甚至独占，和客户间共享的信息被扩大，在相同条件下乃至竞争对手处于优势地位的情况下，仍可得到客户的青睐。企业需投入较多资源维护客户关系来维持此种关系，其中主要包括对重点客户实行优惠政策、首要考虑客户的交付需求、建立团队、加强双方人员的交流沟通等。"降成本"方面中的消除双方接触障碍、交易成本的下降是该阶段关系价值创造的主要局限，企业对客户信息的利用主要体现在战术层面，企业通过对客户让渡部分价值从而使交易长期化，换而言之，以价值向客户倾斜获取长期价值的模式，是一种"不对等"关系，客户因优惠、良好的关系而长期与供应商合作，即使与供应商中断合作也不会使其竞争力受影响，价值在供应商与客户间的分配比例与分配方式是关系的核心。

当企业与客户双方在企业最高管理者间建立关系后，且交易长期化后，双方在产品与服务方面达成认知上的高度一致时，此时双方进入合作伙伴阶段。处于此阶段时，企业深入了解客户需求并对客户实行导向的投资，双方人员一起讨论行动计划，企业对竞争对手建立了极高的进入壁垒。客户将此种关系视作垂直整合关系，两个企业间存在的这种特殊关系被客户企业里的成员所承认，他们意识到企业的产品与服务对他们的意义，因此产生极强的忠诚度。在此关系水平上，双方一起创造，一起分享价值，客户成功地区别出合作企业与其他竞争对手的不同，使得在竞争战中获取胜利。当双方背弃他们的关系时，为此要付出巨大代价。客户信息主要在战略层面上被企业利用，产生关系的核心转移，从价值分配转变为新价值的创造。

当双方拥有正式或非正式的联盟关系时称为战略联盟，双方近期有着高度一致的目标和愿景，此外，双方可能还存在着相互的股权关系或成立合资企业。两家企业通过共同安排去获取更大的市场份额及利润，尽力阻碍竞争对手进入该领域。当下企业的竞争不只存在于企业之间，还存在于不同供应链体系之间，供应商与客户间的关系体现了"内部关系外部化"。

以上 4 种关系没有好坏优劣的区别，战略联盟并不需要在所有企业与客户间建立。合作伙伴以上的关系一般需要存在于那些具有重要意义，供应商与客户不能完全操控对方的谈判能力，两者互相需要，且存在较高转移成本的企业之间。从绝大多数的企业与客户间的关系来说，建立优先供应商级关系就已足够。当建立关系所付出的资源大于企业所获利润时，这种关系就是"奢侈的"。

当然我们有很多获取客户的途径，既有线上方式也有线下方式。线上获取客户往往是很多互联网创业的企业采取的重要手段。我们先分析线上方式的优势：首先是有效性；其次是可以做数据分析；最后，较之其他方式相应的成本更具优势。以前，线上较之线下具有一些决定性差别优势，但最近发现，在效果和成本方面，线上与线下的营销方式正缓慢趋同，并且线下具有的真人体验优势和切实的真实感受在大多数情况下是虚拟世界不可替代的。一个好的营销，需要建立一个立体化营销途径，全方面和多维度地影响潜在消费者。

客户开发战略通常情况下分为以下三步。

① 分两步走策略。

刚进入某行业的制造商应先采取分两步走策略：首先，在渠道建立初期，可以与一部分的低层次分销成员进行合作；接着，等到时机成熟时，在市场上渐渐地树立产品的走俏成员，此时可将低层次的分销成员逐渐淘汰下来。

② 亦步亦趋策略。

当制造商这一方的分销成员与某个参照公司相同时，该策略称为亦步亦趋策略。而参照公司一般多会选择与该公司有竞争关系的制造商或是该行业的翘楚，如饮料行业中的可口可乐。首先，渠道有"物以类聚"的作用，将同类产品放在一起销售的目的是让消费者的需求更好地得到满足；其次，行业中的市场领跑者在渠道网络中通常亦是领先者，其网络中的分销成员往往具备丰富的经验和较强的分销能力。

③ 逆向拉动策略。

逆向拉动策略也是绝佳的策略，意思是经过刺激消费者，以消费者为开端，拉动整个渠道的选择与建立。通常情况下，当厂家拥有很强的实力，且具有极具差异化竞争力的产品时，适合采取该策略。

企业通过分析自身的实际情况来选择客户开发战略，再根据自身的资源状况和竞争品牌情况制定和选择客户开发战略。

销售员在开发潜在客户的过程中，有3个关键点需随时注意。

① 潜在客户开发要填补流失的客户。不管我们提供多么周到的服务，在现实的销售工作中，销售额都有可能产生波动和发生客户流失。发生以上情况时，我们想要获取稳定的销售额，就需要不断开发客户使新资源补充进来，并对市场上的客户情况随时保持关注，开发那些有价值的潜在客户，只有这样才可将市场波动的影响降到最低。

② 吸取新的需求对开发潜在客户也十分重要。新的潜在客户的产生与新的需求市场的形成都伴随着市场的变化。我们通过对客户开发可以将市场需求的变化掌握在手心当中，获取新的商机。

③ 更新客户结构也是开发潜在客户的必要环节，可以掌握更多的好客户资源。尽管我们手里掌握了很多客户资源，但是往往会发现，少部分客户为我们提供了绝大部分销售额，就如同二八法则描述的那样（20%的客户提供了80%的销售额），意思是说，客户的质量存在很大差异。假如缺乏客户资源，为达到销售额，我们也要尽心尽力地为小客户服务，但是，每个小客户伴随着高服务和低产单量，这会加重我们的工作量，使我们感到很辛苦，但产生的销售额不高。如果我们不断开发客户，就会有更多的好客户被我们发现，接着，我们把工作重点转移到减少这些好客户的流失量上，就可以在相同的时间和工作量下拿到更多的订单。不断去发现并抓住那些能给你带来80%销售额的好客户，把只产生20%销售额的客户留给竞争对手吧。

8.1.2 业务和价值主张

1. 核心业务的凝练和创造

企业的产品可以反映出企业的核心能力是否得到市场承认。企业汇聚了一种或几种核心能力，虽然企业中许多的业务单元可以由核心能力衍生出来，也可在传统的市场和产品方面打破界限，但最终仍需通过核心产品及其组合来彰显企业的核心能力，即表现出企业的核心业务。在一个多元化经营的企业或企业集团中，那些具有竞争优势且利润高的业务通常就是核心业务。在企业的业务组合中，拥有该行业里最具竞争力的业务就是该企业的核心业务。[48]核心业务给市场和消费者提供了一个明确的概念：我主要是做什么的。企业要想在纷繁复杂的市场中保持应有的竞争优势，就必须将核心业务依托核心能力形成一种对外排他、对内兼容的技术壁垒。

在中国改革开放的进程中有很多昙花一现的企业，追溯这些企业失败的最根本原因就是不懂得怎样培养核心能力，不明白自身的核心竞争力是什么，盲目扩张业务从而导致局面失控。与此不同的是那些优秀的企业大多会先确定自己的核心主营业务，在经营战略和领域的选择的过程中，只在一个行业投资，在该行业里逐步培养起自身的核心竞争力后，在此基础上再进一步地考虑经营的多元化问题。

没有一个人能成功地将所有客户的所有问题解决掉。想要成为市场上的领跑者就要在一定范围的市场提供用途更大的产品。在精于核心领域业务前提下，才可在市场上获取领先地位。

2. 价值主张的聚焦和提升

在激烈的商品竞争面前，在产品严重同质化的情况下，如何寻找自己的方向并坚定不移地走下去？在企业发展的初期，明确自己内部强有力的价值主张就显得分外重要。

能够让你脱颖而出的活动和业务就是好的价值主张，明白提供什么就会成为客户的最佳选择；不要花费不必要的时间、金钱和精力，不要将时间花在发展非潜在客户身上，不要花费资金做不能吸引到更多客户的产品，或不要花费精力关注那些不能创造业绩的营销活动；帮助制定推广概念使其具有说服力，帮助制定市场投放的传递信息使其措辞合理；使客户对于你/产品的看法得以传达，想要引起客户的共鸣，需要价值定位与客户的意见具有一致性；将你的产品和目标的联系呈现出来，在客户的认知中，对你的产品可以怎样提供或提供给他们什么有一个精确的认知。

当然，你不能通过一两句话就能创建一个强有力的价值主张。这不是一个公司或使命宣言、产品介绍、电梯演讲或广告（尽管它可以被用作其中一个）。它是一个可以使你的目标客户心甘情愿地做你想让他们做的事的原因。可以根据以下原则确立价值主张。

（1）提炼价值主张并清晰地表达。

很多人容易将准确的价值链接识别为价值主张的一部分。你的服务或产品的整体感知价值由价值的表达描述，这不仅仅是你卖的产品本身，还是所有潜在客户认识你的产品的价值的地方。例如，你买一辆车，你不仅仅是为了从一个地方移动到另一个地方，或者省去等待公共交通的时间。

精确地提炼出价值主张并烙印在客户心中是品牌的生命力所在。在提炼过程中需要认识到，价值主张仅仅需要将客户内心的核心部分提供给他们。大量的人认为只要将功能罗列就是核心部分的本质（如低廉的价格和上乘的质量）。如果不将这些功能最具价值的益处搞明白，这样的主张会丧失很多潜力。我们只需要列出来让你脱颖而出的那些特别价值。

清晰地表述价值主张既意味着有效地将理念传播到客户意识中，还需要通过适当的措辞，调动目标受众的情绪，使其产生共鸣，这便能增强价值主张的力量。

（2）提出的主张必须是其他产品所没有的。

你也需要提供那些与竞争对手预期相符的主张，但这些主张不会为你赢得这场竞争提供可能性。你没有独一无二的事情，就不能够将一个强有力的价值主张建立起来。

你需要有独到之处。换而言之，在客户心中，选择你的产品或服务不失为一种更好的选择，且该选择是独一无二的。

你的客户相信你的竞争对手不可能和你提供同样好的产品或服务就是强有力的价值主张，即使有时要提供和其他人完全不同的产品是十分困难的。但是，如果人们相信你做的东西较之其他人更好，他们就会接受你的东西，即使你的竞争对手可以提供全部相似的产品。你只要做到至少在一方面让人们相信选择你就是最好的，他们就有一个理由去选择你，让你在这场竞争战中胜出。

你只有找到该部分的价值主张权利的核心，你才可以得到它。这是使你区别于其他竞争对手的重点。

（3）必须提出具有说服力的主张。

承诺一件事较之将它实现是一件易事。如果人们无法信任你所承诺的事情能提供的价值，要想获取关注就会更加困难。

一个难以置信的承诺可通过以下几种基本的办法使得它扎实可信。

① 具体。人们很难去相信一个模糊的概念，人们往往会相信一份具体的声明或承诺。例如，"最大的网上商城"基本没有什么意义，但"精选54000+件产品"听起来更会影响人们。

② 展示证据。在陈述自己的价值主张前，先展示自己宣传的主张后的逻辑。例如，"在10000位患者的治疗案例中，96%的患者可被治愈"比只是说"我们可治愈该种疾病"更可信。当面临一个巨大的价值主张时，大多数人的第一反应是，这不过是千万个夸张虚假广告里的一个。

③ 做出保证。例如，自购买日起一个月内无效退款的条款已经不能引起人们的关注，在相信自己能办到的前提下，提出两倍赔偿额的客户保障声明会更吸引人的注意。

④ 便于测试。能让客户亲身体验的操作，如试用品、试用版本、体验金更容易使客户相信。

⑤ 口碑效应：让别人为你说话。在繁荣复杂的商品世界中，人们面对各式各样的价值主张，往往持有怀疑的态度。想要获取完全的认可，纯粹的广告投放已经很难办到，这也是现下很多人使用的"刷评论"手段。

8.1.3 渠道通路的建设

1. 营销通路的开发和建设

现在企业家非常看重一点：怎样有效获得客户，如接受媒体访谈就是一种营销行为。销售的可能是他个人，可能是公司，也可能是他的产品等。

企业在制定营销通路时，必定要在理想通路和可行通路间做出选择，主要根据以下依据进行决策：剖析消费者需求、设立通路目标、明晰可供选择的主要通路并对其评估。

企业策划营销通路时，将消费者立场作为出发点，衡量购买习惯，来裁决最适当的通路。站在厂商角度上，思考经济合算、利润最大化的条件。

用户导向渠道战略设计过程如表 8-1 所示。

表 8-1　用户导向渠道战略设计过程

步骤	阶段	步骤内容
1	环境分析和环境限制	审视公司渠道现状：信誉与财务能力；规模；市场营运管理能力与经验；所愿提供的服务；整体营销政策要求；产品线宽狭
2		考量产品特性对渠道的影响：单位价值，越低的产品单位价值，一般渠道通路越长；大小与重量，考虑运输储藏的成本；易腐性，不宜存放的农产品，或流行商品（如衣服）对渠道长度的要求；定制品或标准品，若为定制品，通常情况下由厂商直接贩卖到最终消费者；产品线宽狭问题，产品线越宽，通路越短；新产品的性质，考虑是消费品、产品原料，还是物料；思考产品知名度和可利用企业内现有的销售通路
3		目前的渠道系统
4		搜集渠道信息：中间商能够提供的服务（储存设备、运送、人员训练、退货等）；中间商对制造厂商的态度（配合程度）；中间商的销售可能性与销售量限制因素；渠道通路的成本多寡。
5		分析竞争者渠道：市场竞争激烈程度；竞争商品的渠道通路方式；有否专卖独卖权。
6		政府法令规章的限制
7	制定短期的渠道对策	评估渠道的近期机会
8		制订近期进攻计划
9	渠道系统优化设计	销售市场分析：区别市场性质为消费品市场或工业品，或农业品服务业市场；潜在市场消费人数多寡；市场的地理集中性；销售的季节性。
10		最终客户需求定量分析：客户购买数量.
11		最终客户需求定性分析：客户购买习性（地点、价格、频率、服务要求）。
12		行业模拟分析
13		设计"理想"的渠道系统
14		分析渠道通路决策的目标：最大的销售量、最低的成本、最佳的通路信誉、最强的通路控制。
15	限制条件与差异分析	设计管理限制：通路长度、通路深度、通路宽度、中间商应提供的服务、制造厂商提供的协助
16		对企业的目标与企业预期可取得的结果或实际取得的结果进行比较，分析是否存在差距或缺口，并分析造成差距或缺口的原因并制定措施减少或消除差距。
17	渠道战略方案决策	制定战略性选择方案：比较备选方案中的销货成本、销货收入、获利贡献等，从中选择最佳的营销通路。
18		最佳渠道系统的决策：选择原则的弹性、适当标准的制定、中间商选择的弹性、销售通路的管理与辅导。

2. 交易渠道的设计和实施

在商业模式的关键要素中，我们提到供应链、零售商、实体店、上门推销、网络销售、第三方支付是交易渠道中重要的环节。

交易渠道最终是服务于目标市场的，因此在设计交易渠道前，我们首先需要研究目标市场。目标市场作为产品市场的重要组成成分，我们必须明确：你向谁销售？你设想的客户是谁？

应当界定目标市场的人口统计学、心理特征及（如有可能）缝隙市场（Marketniche）的特点。

（1）人口统计学特征。这是指人口统计资料，包括平均年龄、收入和受教育程度。政府的人口普查数据通常是此类信息的来源。

（2）心理特征研究。心理特征研究依靠人口统计学确定某个特定人口段的态度及趣味。心理特征研究考察生活方式：人们在何处度假、在何处购物、怎样支配其可支配收入、参与或观看哪些体育活动、参加哪个俱乐部等。

（3）缝隙市场。缝隙市场指的是人口中的一个小分段，他们具有共同的特征、兴趣和消费习惯等。针对缝隙市场的成功营销集中于整个市场中的一小段。它是小公司占领市场领先地位的最佳选择。试图向一切人出售所有的产品和服务，这是一种极其昂贵而枯燥的做法。

缝隙市场包括 SOHO（即小型办公室和家庭办公室），X 一代（X Generation，指生于1961—1971 年间的美国人，又称被遗忘的一代——译者注）或 Y 一代（Yap，指第二次世界大战后出生的美国中年上班族，经济上较为保守，追求与众不同的趣味等）、文化缝隙人群、嘻哈族等。

特定地区的、具有特定趣味的缝隙市场的信息，要比研究大众市场的专家所掌握得更加丰富。他们需要内容丰富、适合其智力水平、符合其理解能力的沟通。

有很大一部分初创企业家经常提到，中国的总人口数量是 14 亿，只要将我的商品卖给1%的人，我就拥有 1000 多万个客户，可以赚到多少利润。其实这样的假设是一个伪命题。为什么这么说呢？原因是如果你没有对你的客户进行细分和清晰界定，1%的依据不知从何谈起，你不能有效地获得它们，那仅仅是个十分粗糙的假设。所以企业家必须十分清楚地知晓谁是你的客户。

8.2 创建壁垒

商业模式的另一个核心要点是形成竞争壁垒。同一个领域的产品基本都能满足客户的需求，企业家可以考虑从商业模式角度方面创造壁垒。

不同的公司都拥有专属于自己的商业模式，一个好的商业模式可成为壁垒，如茅台把文化变成了独一无二的产品，构成了深深的"护城河"，有自己的定价权。

再如，腾讯经营开发的是即时通信业务，其实它将崭新的社交公司作为其商业模式。QQ在人们日常生活中的作用不只是通信，更是为了社交，因为它有数以亿计的用户量，所以它具有巨大的客户黏性，人们的社交网络越大，对 QQ 的依赖性越强。

随着技术的进步，甚至可以颠覆原有厚厚的壁垒。例如，之前的邮政业务，邮政将网点部署到全国各地，深入乡村。搭建如此大的网络是需要巨额资金的，假如邮政参与自由竞争，也不会出现超过 3 家这样种规模的企业，处于垄断地位伴随产生的是超额利润（在邮政价格由企业自由定价的前提下，不施行价格管制）。

19 世纪八九十年代，由于通信技术的发展，几乎每家每户都配备了电话，21 世纪传统的联络方式，如通信、电报等几乎都销声匿迹了，"厚厚"的壁垒瞬间被瓦解。国内通信运营是一个集高门槛、高成本、高利润于一身的行业，遍布千家万户的网络替代了邮政网络，与此同时形成了新的"护城河"。

8.2.1 权力壁垒的获得

1. 专利布局

专利布局是企业专利工作的重心。随着国家大力推行创新驱动发展战略，专利布局的"土壤"也越来越富饶。但实际上现在大量企业的做法是由研发部的工作人员按照自己的见识提出一些想法或主意，之后经专利工程师委托给专门的专利代理机构，由该机构完成后续的专利申请工作。

现在有很多企业尽管持有许多专利，却没有系统性的保护专利的能力，原因是从没系统地从专利布局的角度来考虑问题，除此之外，不能较好地提升专利的整体质量，导致的结果就是后续企业往往无法应对，在面临专利诉讼的时候，从而使获取侵权赔偿的机会在眼前白白溜走，更严重的时候，还会使自己陷入被诉讼的漩涡里且不能通过现有专利进行自救。

当今的专利布局方式主要包含城墙式布局、路障式布局、丛林式专利布局、地毯式布局等方式，或者从技术链方向上、产业链的方向上对技术在横向方向上（技术链角度）或者纵向方向上（产业链角度）进行深层分析，进而采取关联布局。

专利布局和专利挖掘密切相关，不是一个单独存在的个体，专利挖掘服务于专利布局，专利布局依附于专利挖掘，专利挖掘由最后产生的专利数量呈现出来，专利布局由最终企业能否获取有关领域话语权的专利品质所反映，希望企业可以在市场竞争中获取"数量布局、质量取胜"的局面，二者密布可分。以专利挖掘在前，服务于在后的专利布局的逻辑关系，专利策略和实施具体分为如下四大步骤。[63]

第一步，确定核心技术主旨，找到所述有关技术主题的核心技术要点。

第二步，根据所述核心技术要点依照技术分支一、技术分支二、技术分支三等的方式实行技术分解，明确一些核心的技术特点。

第三步，依照已经明确的核心的技术特征实行专利检索，选择若干篇现有专利，选择的依据是与所述技术特征最相似；依次剖析每篇现有专利相应的技术问题、技术提升、所完成的技术效果，以及一些仍然存在的技术缺陷，并根据潜在的技术缺陷找到相应的解决方案。

第四步，把每一篇描述现有专利相应潜在的技术问题进行分类、汇总，归纳同一潜在的技术缺陷相对应的若干解决方案。

通过上述 4 个步骤，促使企业在研发过程中可以对专利挖掘和专利布局进行有效结合，并可以准确地将企业已经确定的项目主旨所涵盖的"技术特征"，在真正意义上转变成专利法中明确的"区别技术特征"，通过该方法回归到专利的源头，将"专利"本身作为出发点，发掘技术点，对专利项目进行布局。

2. 商标策略和实施

伴随着现代市场经济的发展，许多企业在最初创立公司的时候或者推出新产品前，往往都将申请注册商标作为第一步。尽管注册商标的人络绎不绝，但其中大多数人仅仅将商标的意义停留在法律层面上，并没有将商标应有的价值真正地挖掘出来。

商标不仅可以在品牌纠纷中充当企业的盾牌，还将承载企业的文化信誉、体系的品牌价值，不仅是著名商标，每个高辨识度、深入人心的商标都将体现企业乃至一个时代的内涵，将商标战略适当地融入一个企业的发展战略中能够为企业的发展增砖添瓦。

3. 特许经营权的设计和使用

特许经营权是指特许人享有或有权授予他人使用的企业标志、注册商标、专利、专有技术等经营资源的权利。在特许经营权中，技术和品牌是核心，品牌通常表现为特许人享有或有权授予他人使用的商号、注册商标、企业标志等；技术囊括了特许人授予被特许人使用的专有技术、管理技术等。

商品经由厂商生产后，必须在消费者能便捷购买到的地方将这些能够满足消费者欲望的商品分销出去。营销的作用之一就是有效地将商品分销出去，在分销过程中，怎样选取中间商，可以使商品通过最有效的方法，发挥时间、空间的作用，实现商品经制造商转移到消费者手上的目的，成为企业经营的重中之重。

特许经营是一种成本低、效率高的流通模式。一般而言，特许经营有如下特点。

① 特许经营是批发商或生产厂家等类授予人和诸如零售商或批发商之类的独立商号间经销商品的一种契约。

② 特许经营是一种流通的方式，特许经营权是经母公司授予小公司或个人在某一规定范围及某一段时间里，遵照其规定的方式进行经营销售的一种特权。

③ 在特许经营权续存的时间段内，提出一个经营权利的保证，并且时常地提供一些相关特许店在组织、培训、销售、和管理方面的辅导及协助。

选取特许经营公司时应在该公司的简历上查看该公司的特许经营条款与以往的业绩。潜在的获许方搞明白全部的有关情况后，才可做出是否加入一个特许经营系统的抉择。

所以，挑选特许经营公司时，要根据下面几个方面进行选取：①良好的业绩要素；②实际的投资成本；③董事和主要经理人的经营记录；④特许方的过往业绩；⑤特许方提供的培训和支持水平；⑥规定受许方要承受的义务。

4. 著作权的取得和保护（软件、版权、设计）

企业经营中经常使用到作品，不管是将作品作为公司经营的产品（如设计公司、影视公司等），还是一般企业的产品包装与设计、广告宣传等，基本上都少不了图案和文字，无不涉及作品。在当代的电子信息时代，基本上每家企业都依赖于电子网络。人们通过百度搜索即可很轻易地了解到一个企业的网站、网络黄页、微博等对外平台。网站、微博现在对于一个企业经营来说是必不可少的，因为它们充当了企业对外沟通、宣传的窗户和桥梁，可以提升企业的知名度，广泛地宣传了品牌和吸引了大量客户源。要合法地保证公司内容不被窃取，肆意使用，解决企业著作权间的纠纷，这便要求企业通过著作权的获得来保护自己的利益。

当作者完成自己的作品创作后，著作权不需向任何主管机关进行申请审查批准即依法自动产生。我国公民、法人或其他组织的作品不管是否发表，都依法拥有著作权。其他国家的人、无国籍人士的作品在我国境内进行第一次出版的，也依法享有著作权。其他国家的人、无国籍人士的作品依据其作者所属国或常居国同中国签署的协议或一同参与的国际条约而享有的著作权，受《中华人民共和国著作权法》保护。

但并不是所有的作品都能受到《中华人民共和国著作权法》的保护。例如，依法严令禁止出版、传播的作品，不适于著作权法保护的作品（法律、法规，国家机关的决议、决定、命令和其他具有立法、行政、司法性质的文件，及其官方正式译文；时事新闻；历法、通用数学用表、通用表格和公式），超过保护期的作品都不能受到法律的保护。

综上所述，我们发现"著作权不需要任何批准或登记手续，当作品创作结束后即自然产生"。但是，即使取得了著作权，侵权的威胁也一直伴随其左右。这其中最大的一个难题是如何证明一部作品是自己的智慧结晶，这样才可证明自己拥有著作权。

但 2000 年 12 月 19 日，中国最高人民法院颁发了《关于审理涉及计算机网络著作权纠纷案件适用法律若干问题的解释》，以上法律条款中规定，著作权人的身份可由身份证、法人执照、营业执照等有效身份证件进行证明，著作权权属可由相关著作权登记证书、创作手稿等进行证明。依据以上规定，著作权登记证书可以很好地证明作者的著作权属，尽管著作权属自创作结束之日不经任何程序就能自动产生，现在由于网络的便利，使得信息的复制和快速传播得以非常容易的实现，著作权人很难防止或抵制他人对自己作品的复制和传播。一部作品如果经过多种方式的广泛流传，此时很难证明到底谁拥有著作权，所以，申请著作权登记就是很好的证明办法。

8.2.2 协作资源的开拓

1. 核心资源（稀有资源）

核心资源（Key Resources，KR）用来描绘商业模式有效运转必不可少的最重要因素，如实体资产、知识资产、人力资源、金融资产等。

在核心资源中，实体资产和知识资产对于一个初创企业而言，是一个逐步积累的过程。在知识资产方面，便如"权力壁垒的获得"中所述，布局专利和商标，注重著作权的保护；实体资产的重要性视创业内容而定，若创业内容为重资产模式，如传统的生产行业、能源行业等，实体资产便是企业能否开始正常运转的重要资源，然而这类资源的获取和使用也极大地受限于创始团队的背景和积累。

在所有核心资源中，人力资源是极其重要的，且是所有初创企业都必须着力打造的方面。在此说的人力资源不是传统意义上的人力资源部门所做的事，当企业处于起步阶段时，人力资源最重要的不同是，每个被招聘的人都能成为团队的一块重要拼图，而不是潜在的优秀人才。

如果初创企业想要创建一个强大的团队，里面应该包含这样一群人：乐于接受有挑战性的工作，可以适应快节奏、组织性强的繁杂的工作气氛，而且同时拥有高效率的独立工作能力及团队协作能力。当然，企业负责人也应该向这些人声明初创企业工作的一些现实情况，如长时间的加班，CEO 随时都有可能给你分配任务，甚至没有年终奖等。

在招聘前，要事先确定好你需要招聘的职位。尽管许多团队成员最后都能成长成全能型人才，但在构建团队最开始的时候，在进行面试之前，将团队的职位架构确定好是必需的，这也有利于合理地控制预算。聘请公关和集客营销专业人员具有必要性吗？从团队整体考量，让最富经验的人去负责这些工作应该可以得到极好的工作效果。

对于初创企业而言，应该按照企业目前的需求进行招聘，而不可因为仅仅在哪个领域发现了一个好似还可以的潜在雇员。例如，假如现今你们公司的 iOS 版产品有待改善，就不需要招聘安卓系统的开发人员。假如企业想要实现收入额翻一番的愿望，那目前应该着手的工作就是扩充营销和销售团队。

招聘进来的人才是聘用还是合作？该问题也作为职位优先顺序应该思考的部分，是否需要将所有岗位都设置为全职？假如这个职位的工作量波动很大，此时有必要雇用一个支付固定酬金的全职工作人员吗？此时，把该工作进行外包，对企业来说是一种更加变通的处理方法，这样既可以享用到当地缺少的人才技能，又降低了公司的成本。

2. 重要伙伴

如今，企业为了加快产品开发和投入市场的进程，或是为了促进资源的合理利用等，会不断地寻找重要的合作伙伴，优势互补，享受单个企业不能达到的协同效应。

关于企业合作的问题上，近年来流行一种称为"Partnering 模式"的项目管理模式。英国国家经济发展委员会将 Partnering 模式定义为：在两个或者多个组织之间，通过多种合作方式达到对组织间各种资源和核心信息的有效支配，并通过所有参与方的共同努力达到特定目标的一种长期承诺。

在 Partnering 模式下，合作伙伴的选取对工程项目的实行过程及产出结果均有重大影响，是影响项目成功的关键因素。

关于合作伙伴的选择，有两点建议提供给初创者。

（1）合作伙伴之间的信任程度直接影响项目绩效，但在加入合作关系这个中介变量之后其对项目绩效影响的显著性消失，说明信任程度对项目绩效的影响完全是经过合作关系的中介效应得以实现的。相互信任是项目合作的前提，在项目合作中应当尽量选择彼此间信任程度较高的合作伙伴，因为信任程度的高低会直接决定合作关系的好坏，进而对项目绩效产生影响。

（2）有效的沟通和合作共赢的态度不仅有助于建立良好的合作关系，同时对项目绩效的改善也起到直接作用。能否与合作伙伴之间进行有效沟通，既影响到项目中各组织关系、成本进度等方面的协调安排，也决定着合作者在面对技术或管理问题时能否及时做出响应，处理问题是否具有效率。合作共赢的态度反映了合作者双方高层管理者对于项目合作的支持程度，对于合作共赢的期望值越高，合作者越容易在考虑自身利益的同时兼顾到合作伙伴的利益，在合理的范围内做出更多的让步与妥协，这不仅有利于增进双方的合作关系，从整体看也有益于提高项目的绩效。

8.2.3 竞争优势的建立

1. 认知优势

企业的认知也是其核心价值观中的一部分，对产品、客户、企业自身的认知中也渗透着企业的核心价值观，可以说建立认知优势，便是以核心价值观作为媒介建立企业竞争优势。

构建认知优势可以从以下几个方面入手。[64]

（1）培育创新的价值观。

首先，管理创新是培养和提升企业核心竞争能力的重要手段。企业只有在进行管理创新后，才可获得先进的管理模式，一个企业想要发挥出机制改革的活力和技术进步的威力，必须通过加强管理，培养适合核心能力成长的新的管理模式。企业的上层领导者需持续不断地调节领导形式、管理制度，希望可以做到在保留公司与众不同的特征的同时，又可实现适应外界环境变化而动态改良的管理。将具有东方文明特性的管理思想和西方文明的科学管理系统相结合，在管理实践的过程中形成自己的富于特色的管理模式。企业可以将"最受尊敬企业"这个荣誉作为标杆，可以在以下几个方面进行改良：为自己的管理模式树立自身的特色，设置确实有效的激励约束机制，实行公平、公正的人员任免机制。

再者，技术创新是企业面对快速变化的环境和市场、提高核心竞争力的关键因素。技能和技术是企业核心竞争力得以生成的重要因素。通常来说，一个企业最少得拥有一项或者更多项的关键技能和技术，此乃整个核心竞争力系统中的主导和中枢，是企业独有的打败竞争对手的绝对优势。

（2）以人为本。

如果一个企业能够将以人为本作为核心价值观，就有益于企业吸引和招揽最顶尖的人才，能够使企业人力资源的发挥被最大化地利用。美国《财富》杂志有一篇题目为《成功的关键人，人，人》的文章。企业发展离不开不断进取的人的努力。管理大师韦尔奇曾经说过："我们所能做的是把赌注押在我们所选择的人身上。因此，我的全部工作就是选择适当的人。"尊重每位员工是成功企业的最大特点，依靠人而不只是凭借产品和对手竞争。想要做成最好的公司就一定得找到最好的人，它也是企业业绩保持不断增长的基础。

（3）以客户需求为导向。

因为市场环境与竞争程度的不断变化，企业的战略思维也在不断地发生改变，从起初的以资源为本的战略思维、以竞争为本的战略思维转变成以顾客为本的竞争战略思维。企业经过顾客导向的价值观的引导，促使企业站在市场角度上，提升其产品质量和提高服务满意度，企业的该做法有益于挖掘越来越多的潜在客户，提高原有客户的满意度和忠诚度。

将客户作为导向需从两个方面去思考：一方面，企业要看重市场需求的调查结果，分析客户的本能需求，思考这些需求中有哪些是最基本的和最终的，这些需求不仅局限于产品的形式、产品包装及当今现有产品发展阶段，还要立足于产品的内涵和外延，避免客户偏好的局限性，满足客户的本能需求；另一方面，企业要分析和研究客户的心智模式，立足于未来的产品，探求更深层次的本性需求与欲望，探究人类生活方式的基本变化趋势，掌握客户或特定客户群的心理需求、心理特点和认知模式等本质特征，满足客户更深层次的需求。结合客户导向的两方面，企业设计创造出面对未来的、全新的、具有竞争力的产品，引导客户，赢得需求，获取新的发展。

（4）培养企业团队精神，尤其是学习型团队。

团队精神的作用是可以将企业变成一个命运共同体，在创建了共同的价值观和崇高的目标后，在企业内部形成合力与共振，最大化地发挥企业里每位员工的智慧和才干，进而形成优秀的企业文化。团队精神可以形成一种团结和谐的氛围，提升企业的凝聚力和战斗力，激发团队及其成员的活力，提升管理效率与工作绩效，是企业实现既定的目标，通向成功的制胜宝典。

企业要想凭借培养团队精神去培养核心竞争力，得到持续不断的竞争优势，关键的方法是提升集体学习能力，构建学习型团队。在企业的现代化管理进程中，一定要将充分挖掘职工的潜力这一问题重视起来，这既是企业持续发展的需求，也是实现自我价值所不可或缺的。创建学习型团队，正是提升企业领导层管理与决策能力，提高员工科研和开发能力、团队合作能力、处理信息能力、沟通能力与竞争能力，扩展创造未来能量的先决条件。团队学习可以将大量的智慧转变成团体的力量，将知识的共享变成现实，再进一步地形成企业的核心能力。只能经过持续不断的学习与实践来提升这些能力。所以，企业应该建立以终身学习为核心的文化氛围，创建多元回馈及开放的学习系统，营造出学习共享和互动的组织氛围，从而使企业进行持续不断的创新发展。

2. 技术优势

一家公司想要立于不败之地，需要能够持续保持出众的技术和特色，体现产品真正的差异性，这也是公司产品服务的核心竞争力。技术不断改进人们的生活，也使产业不断地更替升级，如谷歌通过更好的搜索取代了雅虎的位置。

产品完成初步设计后，并不一定具有竞争力，如果没有竞争力，这样的产品便没有价值。因此，需要与同行业的同类产品进行对比，不断改进产品品质，建立足够的产品竞争优势，形成自己的技术和权力壁垒。

持续不停地实行技术创新，是保持企业生命力和竞争力的有效措施。既要认识到技术创新的重大作用，也要把技术创新贯穿于企业各经营活动单元之中，从而创造企业的竞争优势。

3. 要素优势

在第 5 章，我们提到成本要素、机动要素、速度效率要素和文化要素作为可为企业获取竞争优势的 4 个要素。这一节，我们将从这 4 个要素入手，说明如何建立优势。

要建立成本要素优势，可以从供应链管理入手，降低企业的采购成本、库存成本和销售成本。

采购成本的降低，可以通过增强供应商关系和供应链管理来实现。第一，先和供应商合作，这样就能把市场采购的风险降低，避免不确定性，使交易费用减少。企业有时候因为市场的风险或不全面的信息遭受损失，丧失很多商业机遇。第二，当我们进行大规模的采购和长期的合作时，可以使供应商在供应价格上对企业给予优惠。原因之一是，大量且长期的采购本减少了原材料的运输成本；另一个原因是，供应商同样因为不确定性的降低从而使费用下降。[65]

因为供应链管理预测市场的能力得到了增强从而使库存成本降低。在达到相应的服务水平的情况的前提下，库存量的降低能够降低管理费用、存储费用和运输费用。所有的成品与半成品都将使仓库的管理费用增加。在制品的增加，会使其搬运费用增加。采取供应链管理之后，企业不仅能够经过多批次、小规模的采购与供应商送货使原材料的存储费用减少，而且能够使生产线上的在制品的流动和运输费用减少。最后半成品与产品的储存数量也会减少。

降低销售渠道成本随之而来的好处是促使销售成本的降低。供应链管理整合了批发商与零售商，从而在销售的过程中降低了成本。首先要提到的是企业和批发商间大规模的货物运输，运用了运输的规模效应，使销售费用降低。再者，避免了商品在销售途中产生的滞销所带来的损失。

机动要素优势的建立，可以通过不断获取相关信息、准确的市场定位并制订生产计划等两种方式。

获取相关的信息。企业需要分析消费者的需求状况、消费者的层次和满意程度。通过对客户与市场进行调研可以掌握这些信息。供应链拥有极强的便利来掌握这些信息。经过与销售商和零售商共享信息，能够快、准、狠地掌握多方面的信息。从市场的角度来说，经过统计各销售渠道各种产品的销售信息，进而能够分析销售增长情况，区分出哪些产品能够受到消费者的喜爱，哪些销量比较低。从消费者的角度来说，能够通过商场 POS 机等掌握消费者个人的消费偏好、消费种类与消费层次。还有一些零售商店通过发放会员卡等方式，追踪消费者的消费状况，进一步为消费者提供个性化的服务。经过上述几类信息的汇总，能够获取各消费层次的消费偏好，以及产品的不同层次的需求，为产品决策提供依据。

通过信息进行市场定位，制订生产计划。将掌握的信息进行分类、汇总，能够实现对市场需求的预测。预测不同层次、不同区域、不同季节的需求，从而明确市场的范围，再对市场实行精准的定位，进而确定市场策略，实行生产计划。这一点对基于 MRP II 的企业尤为重要。精准的市场信息是实行供应链生产计划的基础。

速度效率优势，可通过高效率的订货及订单处理、快捷制造与供应商及时送货建立。

快速的订货和订单处理。信息技术的发展，如 POS 技术、EDI 技术、VPN，为客户快速订货提供了便利。每家零售商店依据库存的情况周期性地或者依据订货点进行订货。这些订货信息及时地传送到销售商与生产商手里。企业依据销售商传送来的订货清单实行分类处理，从而计划生产各类产品的生产量与生产时间。

快捷制造。企业根据订单尽可能快地生产出达到要求和交货期的产品。实施供应链的企业，一般有两种生产方式：一种是基于 MRP II 或者是 ERP 的制造；另一种是基于 JIT 方式的制造。前者的特点是依据大数量的订单，快速地制订出生产计划，确定订货提前期、每日的生产安排、对实施结果实行控制，并修订主生产计划。后者是依据订单，立刻实行生产，并要求供应商及时地送货。前者是依据大规模生产的特点，凭借严格的计划与控制，来提升制造的效率的。后者是凭借产品质量的管控，增强生产的灵活性，进而使生产周期缩短的。

供应商的及时送货。原材料的供应是企业实现快速生产的关键。供应商不能按时送货，就会使生产的时间推迟，更严重的还可能造成停顿。而送货时间提前，对基于 JIT 生产的企业而言，会产生负面影响。一方面会增加存储的费用，另一方面还可影响生产的有序实行。

4. 价格优势

定价与品牌相得益彰，似乎是个难题。在当代这个市场竞争极其激烈的时代，不仅要通过优质的产品和畅通的渠道等途径去吸引市场，合理的价格也成为重要的因素之一。站在消费者的角度而言，价格也能对消费心理产生各种各样的影响，一些人是为了彰显身份地位，一些人是为了追求价廉物美，还有一些人仅仅是为了满足基本需求，所以怎样制定价格是对企业的销售经营十分重要。

对于初创企业而言，制定合适的定价模式是一件关乎生死的事情，错误的定价模式会直接把你的初创企业摧毁。尽管在最初期阶段这个东西好像不是特别重要，但是企业所定的定价影响了 Who 和 How：谁会使用你的产品，以及他们会怎么用你的产品。这些问题直接影响着他们对你的产品的购买欲望。

假如你想在确定定价之前尽早地推出产品服务，或是想从范围广泛的客户中掌握许多反馈。免费增值模式是个不错的选择，客户通过免费注册就可享受你的服务。付费的客户可享受产品提供的其他额外的高级功能与特性。

值得注意的是，上述方法可能会导致大量客户一直都不想付费，并且该模式也极不容易找到正确的使用限制去保证合适的客户被迫付费。想要解决大家一直不付费的问题，可采用混合模式，如 Zendesk 当前的系统采取了时间限定的免费试用，之后提供出了一个每月 5 美金的低成本选项。

如果想要推广产品但是又没有资源支撑免费客户，并且产品具有简要的交易规定（如客户每处理一项支付或发送一条消息就按单价来收取费用），你可以制定按使用付费模式。客户能够免费注册，当使用产品时再进行付费，所有客户都能访问相同的功能。

因为客户只有在使用服务时才进行付费，这会造成月收入也许会十分不稳定。除此之外，由于每项交易都需要收费这使得你的业务都商品化，这将增大竞争与价格下滑的压力。

你还可以选择企业模式，与客户签订长期合同，不采取自助服务，针对部分客户的实施也许与别于其他人。在这种模式下，你将拥有少量高价值客户，当然这也意味着你需要专注于每一个客户的需求。就长期而言，该模式需要在销售队伍上进行大量投入，当然你也可以从选定利基市场作为出发点，该做法可以更轻易地接近客户。

创建价格优势有很多方法，其中最直接的方法是低价销售。其次，创建第三方付费的商业模式也可以创造出价格优势的明显竞争效果，而通过心理价值认同和实际定价的落差，建立价值错位和心理价值扭曲也是建立价格优势的方法。更具体的建立价格优势的方案和过程，需要善用需求分析和心理分析工具，并使用数据分析过程进行详细的设计和决策。

8.3 本 章 小 结

商业模式的设计是创业者需要重点考量的一环，也是实现从创业机会到商业模式的关键环节。本章从达成交易机会和创建壁垒入手，详细展开商业模式关键因素的具体实践，帮助创业者对商业模式的构成要素进行组合，形成企业独一无二的创新模式，并建立竞争壁垒抵御竞争对手的模仿。

建立客户关系是达成交易机会的第一步。本章介绍了客户细分的方法，将企业面对的客户群划分成更小的单元，利于企业提供更加个性化的服务，提升服务水平的同时实现利益最大化；不一样定位的客户能给企业创造的价值各不相同，高价值客户能向企业单品提供高的利润，但数量较少，而一般客户的基数较大，也可以给企业创造非常不错的利润，本章介绍了几种客户定位的方法，帮助企业明确客户等级；对于空白市场，企业进入的第一步便是开发客户，本章也针对性地介绍了几种客户开发的战略。

企业的核心能力要想获得市场认可，就一定要经过企业的产品反映出来。本章通过如何凝练和创造核心业务，以及聚焦和提升价值主张，帮助企业打造核心产品，提高核心竞争力。

产品从企业生产到消费者手中经过的便是渠道通路，本章介绍了如何设计建设营销通路、交易渠道和交付渠道，帮助企业打通渠道通路。

商业模式的另一核心是形成竞争壁垒。本章介绍了获得权力壁垒的几种方式：实施专利和商标策略、设计使用特许经营权、获取著作权保护和得到行政许可。企业还可以通过获得核心资源，如实体资产、知识资产、人力资源、金融资产等建立壁垒，同时与其他企业建立合作关系，也能牢固自身的资源优势。最后介绍了认知优势、技术优势、要素优势和价格优势等竞争优势的建立方法。

8.4 讨论和实践

实践活动：

1．讨论如何采用客户定位的方法，明确客户等级。

2．以小组项目为基础，自选方向，构建商业模式，并对所确定的商业模式进行说明和检验。

3．使用本章的客户关系建立方法，完成对小组项目客户的细分。

4．凝练小组项目的核心业务并提出项目的价值主张。

5．讨论和设计营销方案及交易渠道。

6．试讨论如何在小组项目中形成壁垒。

7．试对小组项目进行专利挖掘和专利布局。

第8章 创新商业模式

主题（快速检索）：	
线索：	摘录：
开篇： 提示： 思考： 图形和表格：	讲义内容： 学习内容： 简要阐述： 课堂记录：
总结（快速检索）：	
关键要点： 复习总结：	

主题（快速检索）：	
线索：	摘录：
开篇：	讲义内容：
提示：	学习内容：
思考：	简要阐述：
图形和表格：	课堂记录：

总结（快速检索）：
关键要点：
复习总结：

第 9 章 企业规划与筹备

本章学习目标

1. 制定出可实施的企业规则,并能对其进行迭代进化
2. 掌握创业过程中常用的杠杆工具
3. 制定科学合理的商业计划和战略
4. 学会撰写商业计划书

企业规划指的是明确企业宗旨、目标和实现该目标的方法、步骤的一项重要经营活动。在实行企业规划的时候,要综合利用形势分析和市场分析等规划工具。运用形势分析判断政府及政策、经济形式、新经济增长点、技术突破、业内用户的需求、未来可能的用户需要,以及某些不确定因素等要点;运用市场分析呈现竞争对手、退出者、进入者通常用什么产品或渠道、服务手段、供应商、市场趋势、挑战及机会等内容。[66]

表 9-1 是经过案例分析和实践总结得出的新创企业应该重点关注的 9 个问题和应该具有的 9 个特点,可供企业规划过程中参照和对比分析使用。

表 9-1 新创企业应该重点关注的问题和应该具有的特点

问　　题	特　　点
解决了谁的什么痛点	特定人群刚需
竞品和假想敌是什么	现有方案不足
动了谁的奶酪	客户需求增长
谁来买单	高频或者高价
价格策略及市场空间	市场格局未定
稀缺性和垄断可能	行业垄断可能
人才需求和挑战	有难度有挑战
融资需求和规划	网络递增效应
环境及政策趋势	用户转移门槛

9.1 企业发展和迭代

企业规划涉及的多是非确定性的动态演化过程,一般情况很难具有非常清晰的认知,具

有明显的复杂性特征。企业规划需要经过不断地循环讨论、改进、完善和迭代。每次讨论最好在一定方法论基础上进行，尽量保证规划的真实有效，并且符合商业和市场规律，尤其适合初创企业的阶段特点。在制定出一系列规则和计划后，相应人员必须遵守，在发现不适或出现问题的时候，要迅速进行完善和补充修订，运用领域知识及商业方法论，不断迭代发展规划，针对在不同发展阶段的各项特征，制订出可以执行和实施的企业规划和计划，并不断进化。

9.1.1 确定问题——激情推动使命

确定问题其实就是明确目的。要做什么？为什么做？将对用户有何贡献？以上这些问题的答案实际上就是企业宗旨。企业宗旨制定了企业确定要去执行的或者是计划执行的活动，以及现如今的或将来期许的企业类型。企业的宗旨常常被看作对企业生存的一种肯定。

从本质上说，初创企业在创办之初确定的企业宗旨是解决"我们的企业是什么"这个问题。实质上是要定下发展基调的问题，即"我们的企业将成为什么样的企业"。它影响企业订立各项制度与决策。

企业宗旨的一个内容是描述企业将来的任务，还要解释清楚为何要完成该任务和完成任务的行为规范是什么。也可以这样说，虽然企业的宗旨差别很大，但它需要对以下 3 个基本问题进行解答。[67]

（1）企业形成和存在的基本目的。这一问题展现了企业的价值观念、企业基本的社会责任，以及希望可以在某个方面对社会能够做出的贡献。

（2）为了能够实现根本目的所要从事的经营活动的范围。这一问题规范了企业在战略期的生产与市场范围。

（3）企业在经营活动中的基本行为规则和原则。这一内容阐明了企业的经营思想。经营思想的陈述，常常反映在企业的经营方针内。

企业宗旨不仅有关企业的长远目标、具体业务，同时更重要的是与企业文化、企业精神、经营理念相关。企业在任何一个发展阶段，都不可偏离或脱离企业宗旨，宗旨本质上就是一个企业的根本思想和发展线路。

企业确立宗旨是要求在任何发展时期，都要贯彻使命，并推动使命的发展。使命就像苍茫海洋上远处的灯塔，能够给创业途中的人们指引方向，使其在市场的竞争中不会迷失自己。

通用电气便是使命驱动的典型例子。通用电气在 100 多年以前创立该公司的时候，是伟大的发明家爱迪生先生刚刚发明了电灯泡的时代，这个公司的首要使命就是"让天下亮起来"。最初的电灯仅能照亮 2~3 分钟，灯丝很快就被烧融化了。因此每个人，上至老板下到员工，全部都希望能将照亮时间从两分钟提升到 20 分钟。每一位进入这家公司工作的人内心都充斥着满满的荣耀感："我的工作是让世界亮起来"。此明确、坚定、使世界充满希望的企业使命，为通用电气 100 多年的发展增添了动力，使其进一步走向成熟。

创业都伴随着无数的考验，创业路上高低起伏、坎坎坷坷，创业者没时间想那么多，只有专注注意力并且执着地把一个又一个的问题解决掉，逆流而上，成长成一位解决问题的专家，才能够最终生存下来。而使命就是企业家不畏艰难险阻，破解逆境的源源不断的动力源泉。

如果问一家企业的使命是什么，100 位企业家的眼里也许会有 100 个答案。例如，通用电气的答案是让世界亮起来就是它的企业使命；迪士尼的答案就是让世界充满快乐；阿里巴巴的答案就是让天下人轻轻松松做生意……说法不同，但最终都指向了一个方向，那就是希望，给服务的对象以希望和曙光，给自己的员工以希望和曙光，给这个世界以希望和曙光。一些企业能够长盛不衰的秘诀就是坚定这样的信念，以之为指引跨山越海而毫无畏惧。

9.1.2 价值载体——洞察技术创新

企业经过价值主张使难题得到解决、需求得到满足。价值主张的作用是描绘给特定客户细分创造价值的系列产品与服务，这既是用户选择你的原因，也是公司提供给用户的利益集合。即通过产品与服务定位重组客户的价值观。

在开始设计之前，你必须回答一个问题：你的潜在顾客群拥有哪些特点，这些特点对你产品或服务的需求或欲望有什么关联？当清楚知道目标客户的需求之后，你便可以着手产品或服务的设计了。

产品/服务设计工作包括问题场景构建、用户需求匹配、产品的功能设计、产品亮点及优势等。针对每一部分，均有一些要点需要注意。

问题场景：一开始可以先想清楚产品产生的问题场景，即在什么样的环境下，用户可能会选择我们的产品。

产品功能：针对用户的需求，进一步细分产品功能，这就是产品设计的重点。例如，为了解决人体疲劳问题设计的调节仪，按需求就可分为探头部分、主机部分、干预部分等。每一部分都有不同的功能和设计内容，也是整个产品或服务的重心。

产品亮点及优势：你应当分析全部产品和服务是否存在真正的需求，以及是否应当把产品和服务的品种缩减到真正存在需求的数目上，突出亮点。

产品作为企业价值的载体，是直接面对目标客户的，在产品上的技术创新将为初创企业带来未来成长的巨大优势。

国际经验表明，创新型创业的数量不到创业总数数量的1%，却具有较大的价值创造潜力。创新型创业是以新技术的产生与应用为基础的，任何一项新技术的产生以及在生产中的应用，都需要与之有关的技术配套发展，这就会引起新的技术进步，促使形成技术创新"链式反应"，扩大社会生产领域，提供大量就业岗位，进一步促进地区经济增长。

技术创新能够引起产业结构变化，总体上表现为：整个产业结构中由第一产业为优势比例逐步向第二产业、第三产业为优势比例的结构转化；由劳动密集型产业为优势比例向资金密集型与技术知识密集型产业为优势比例的结构转化；由制造初级产品的产业为优势比例向制造中间产品、最终产品的产业为优势比例的结构转化。[68]技术创新使产业结构朝着高级化与合理化方向发展，传统产业并未因科技含量的新兴产业变成经济结构中的主导产业而消亡，而是通过技术改造得到了更大的发展。

对于初创企业，技术创新若没能紧抓，更大可能性地带来技术瓶颈。纵使有了创业板市场的维系及充足的资金支持，如果缺乏较强的持续技术创新能力，没有较强的产品研发组织，企业纵使能够辉煌一时，也仅是昙花一现，更不需说企业的长远发展了。

因此，在着手设计产品时，在承载企业价值的同时，一定要紧跟技术前沿，牢抓技术创新，为新产品注入生命力，最终实现以小博大，保证企业的良性成长。

9.1.3　商业模式——寻找交易机会

商业模式最核心的要素为 3 个方面：第一个方面是交易机会和消费的达成，即客户如何接收到产品和服务的信息并给予反馈和信任，达成交易并完成消费过程；第二个方面是竞争壁垒，即竞争者进入相同领域或市场的难度和需要付出的努力和代价；第三个方面就是现金流量。

商业模式的本质是创造垄断，在不作恶的情况下，垄断企业不会经历劣币驱逐良币的恶性环境。

品牌、规模、网络效应与科技的组合能够建造一家垄断公司，但就初创企业来说，以上所提都还不可以立即帮助企业立足到行业中，还需要在运营中不断地积累。除此之外，如果想要公司运行起来，还必须仔细选择市场，挖掘交易机会，小心谨慎地扩大范围。

每个初创公司在初期的时候规模都比较小，每个垄断企业都在自己的市场中占据主导地位，所以，初创公司都应该选择在非常小的市场中开始第一步。选择小市场不选大的市场的理由十分简单：在一个小市场中占领主导地位比在大市场要轻松简单得多。当你感觉自己起步的市场可能有些大时，实际上就是有些大了。

从小市场开始的第一步不代表要去寻找一个从来都不存在的市场，麦克斯·莱夫齐恩在经营 PayPal 的初期就犯过这样的错误。他们的首发产品是让人们能够在掌上电脑上实现交易，这是一个新颖且有趣的技术，并且之前并无人做过。但是，全球成千上万的掌上电脑用户不可能汇集在某个特定的地方，他们之间的相同点少之又少，并且他们使用掌上电脑的频率并不高。因此，PayPal 没有顾客。

自从有了这次教训，PayPal 就把目光聚焦在 eBay 的拍卖交易项目上，并且获得了第一次成功。在 1999 年年末，eBay 有成百上千个"超级卖家"，并且只是专注地努力了 3 个月的时间，产品就被其中 25% 的卖家所用。与其使浑身解数地吸引百万散居在各地的人的注意力，得到数千个切实需要我们产品的人的喜欢这件事容易得多。一个初创企业最完美的目标市场人群就是特定的一小群人，并且基本上不会有其他竞争者和你竞争。

所有大的市场全都是错误的选择，那些已经有其他竞争者存在的大市场更是糟糕的选择。企业家想赚取价值 1000 亿美元的市场的 1% 总是行不通的原因就在于此。实际上，在一个大市场中一方面很难找到一个好的出发点，另一方面很容易陷入竞争，因此很难达到那 1%。即使侥幸占取了一个极小的立足之地，你还要花费更大的力气去思考如何能够持续下去：因为残酷的竞争将侵吞掉你所有利润。

如果你成功地创造了或主导了一个利基市场，就得逐步进军比较大的有关市场。亚马逊作为在线零售业的龙头老大，从售卖图书开始。在图书的销售业取得初步成功后，此时亚马逊有两条路可供选择：扩充读书人的数量，扩充到有关的市场。他们选择了扩充相关市场这条道路，而且从最相近的光盘、影像与软件市场开始，之后继续扩充类别直至成为世界级的"综合商店"。

eBay 也是从主导小的利基市场起步的。1995 年它向拍卖市场进军，主要针对兴趣浓厚的顾客群，曾出现一股比尼宝宝（一种玩具）热潮。在垄断了比尼宝宝的销售市场后，eBay 并没有直接跨越到跑车或工业二手货销售市场里，而是仍然迎合小型收藏家，直至它成为人们最信赖的能够交易所有物品的网上交易市场。

有时在进行扩充的进程中也会遭遇潜在的障碍。企业家通常会低估循序渐进发展市场的意义，实际上市场发展必须有纪律地逐步渐进地扩充。最成功的公司起初会在某个特定的利基市场内成为主导，再进一步地扩充展到临近市场，它们的创业经历都是相似的，都是经核心事业慢慢地向外扩充。

破坏性创新的意思是一家公司能够通过科技创新以低廉的价格推出一样低端产品，并对产品做出一步一步的改进，最后替换旧的科技制造的产品。个人计算机就是典型代表，它的产生使大型计算机市场逐渐瓦解，从起初的毫不起眼，最后变成整个市场的主导。同样，如今的移动设备可能正在一步一步地"瓦解"个人计算机市场。

PayPal 被认为拥有破坏性，但是它们从没想过直接挑战所有大的竞争者。确实，它们产品的风行带走了 Visa 公司的一些生意——你可能会选择用 PayPal 在网上买东西而不会用 Visa 卡在商店里买东西，但是当它们扩大并覆盖了整个支付市场后，带给了 Visa 更多的商业机会，使整个产业获取正面效应，这与纳普斯特和美国唱片业间的负和竞争不同。因此，如果你准备扩张到邻近市场，不要带来负面效应，须尽可能地避开竞争。

9.1.4　杠杆效应——保持生存延续

好的企业家不会自己承担过多的风险，而是利用杠杆原理，获取现金流去增强公司的能力去规避风险。杠杆效应（Leverage Effect），通俗点说就是一个乘号，通过该工具，能够放大投资的结果，不管最后的结果是收益还是损失，都能以固定的比例增多。

认真分析投资项目中的收益预期和可能遭受的风险，避免放大风险，造成更大的损失。在使用杠杆时，现金流的支出可能会增大，一旦你的资金链出现断裂，纵使最终的结果可能是非常大的收益，你与你的企业也必将提早退局。现金流就是这样一个杠杆，企业家要学会用这个杠杆去将创造的价值变成真实存在的现金。获取现金流有一些明显的方式，这些方式有时候会和融资和筹资、经营、举债等有所交叉，不过总体来说，杠杆就是如何利用非常少的资源和资金完成创业和商业活动，尤其是那些宏伟的商业活动。有一些常用的杠杆可供在创业过程中使用。

1. 权益筹资

你应当尽快寻找投资者。如果你的资金极其短缺，就会令他们却步。

——玛希娅·达伍德

资金筹集是指公司经各种各样的来源，采取各种各样的方法筹集到生产经营过程中所需要的资金。

筹资是为了满足企业创建、企业发展对资金的需要，同时保证日常经营活动顺利进行。

通常而言，一个公司经新创至稳定成长期，需要 3 轮投资。第一轮"天使投资"：用作公司的启动资金。第二轮"风险投资机构"：为了进入产品市场化注入资金。第三轮"大型风险投资机构或私募基金"：上市前的融资。投资专家有个有趣的比喻，假如对一个学生进行投资：天使投资者则培养萌芽阶段的小学生，风险投资机构看重中学生，私募股权投资着眼于大学生。

（1）天使投资。

天使投资是指"富有的个人"出资给新创，进行一次性的前期投资，为了小额高报酬通常会抢新创的第一笔募资。

天使投资适合以下人群。

① 实现财务自由：如果你投资的钱是给孩子买奶粉的钱，这就很难用平稳的心态来面对被投资的项目。

② 拥有创业经历：这包含发起创业和参与创业，这些经历可以使你掌握市场和创业团队的需求，更客观地和理性地评估自己和项目的匹配度。

③ 拥有业内资源：假如你仅仅是富有的，建议你将钱交给能力更强、可以更快推动创新的其他的天使投资人。

④ 拥有管理经验：对于大部分创业团队来说，团队管理是一定会面临的难题，假如你没有有关经验就不能帮助他人。

天使投资人一般都是企业家的朋友、亲戚及商业伙伴，因为有情感的维系，他们对该企业家的能力与创意坚信不疑，从而投入大量资金，一笔典型的天使投资往往仅有几十万美元，只是风险资本家后续投入资金的零头。

通常天使投资对回报的期望值是10~20倍的回报，原因是他们一般在一个行业同时投资10个项目，最后可能只有一两个项目能够达到成功，只有通过该种方式，天使投资人才可将风险分散开。

天使投资具有以下特征。

① 金额小，一次性，审查不严格，由投资人的主观好恶所决定。

② 天使投资是初期公司最好的融资对象，原因是投资人也作为一名企业家知道创业的难处。

③ 天使投资人也许是你的邻居、家庭成员、朋友、公司伙伴、供货商或所有愿意投资公司的人士。

④ 不仅能够带来资金，与此同时也可带来人脉，如果是知名人士，更能提高公司的信誉。

天使投资是一种参与性投资，也可称作增值型投资。天使投资家通常积极参与接受投资企业的战略决策与战略设计，为接受投资的企业提供咨询服务，帮助接受投资的企业招聘管理人员，协助公关，设计行销策略等。

（2）风险投资。

风险投资是促使高新技术成果尽早地商品化、产业化，来获取高资本收益的一种投资过程。

风险投资具有以下特征。

① 投资对象大部分是创业期的高新技术中小型企业。

② 一般占获取投资的企业30%左右的股权，投资期限在3年以上，不需要控股权、担保或抵押。

③ 投资决策有高度专业化与程序化的流程。

风险投资人（Venture Capitalist，VC）常常积极参与获取投资的企业的经营管理，提供增值服务，并满足新创各发展阶段的融资需求。为获取超额的回报，当新创增值后，风险投资人会通过上市、收购兼并或其他股权转让等手段撤出资本。

（3）私募股权投资。

私募股权投资（私募股权）简称PE，是采取私募形式募集资金，对非上市私有企业采取的权益性投资，进而促进非上市企业价值增长，最后通过上市、并购、管理层回购、股权置换等方法出售持股套现退出的一种投资行为。

首次公开募股（Initial Public Offerings，IPO）是指公司第一次将股份面向公众出售（第一次公开发行，指股份公司第一次面向社会公众公开招股的发行方式），即常说的公司上市。

公司融资是根据每个公司实际发展需要进行的，有些融两三轮，有些可以融 N 次，因人因时因行业而异。公司成长需要源源不断地引入越来越多的资金，因此存在着一批又一批的风险投资人乐意一轮轮投资。

每历经一轮融资，股价就获得相应的提高，在该过程中，最早进入的风险投资人的持股不停增值，后入的风险投资人不停对公司重新溢价，公司的价值也就可以实现不停地翻倍。

而要能吸引风险投资人一波波的投资，就必须让公司不断增值，当下一个投资人进来时，他自然而然地要花费更多的金钱才可买到和上一个人同等大小的股份。在新创融资的过程中，肯定是由小及大，逐步进行的，"估值"也相同，从低至高，循序渐进，关键是你是否可以踏踏实实地把公司的价值做出来，在公司收入规模和用户规模持续不断扩大的基础上不停增值。

"我该怎样为我的初创企业融资？"这个问题是许多首次创业的企业家和持续不断创业的企业家经常问到的问题。对此我们并没有做好的操作指南，在缺少经验与指导的前提下，你只能依赖直觉办事。就像投资者怎样对初创企业实行评估一样，最重要的常常是以人为本。和你的投资者建立深厚的信赖关系，相信他们所能带来的价值，一定是至关重要的——这远比估值，甚至比任何的其他因素都重要。错选的投资者不只会是一家企业充分展现自身潜力的绊脚石，还会影响企业是否可以安然战胜在创业初期时无法避免的许多挑战与濒死体验。这个问题绝不可轻视。

只有在掌握了自己企业的需求后，才可搞清楚需要募集多少资金和向谁募资。如果能搞明白这些，就需要有精准的定位及大量工作来建造正确的投资者团队。

处于各个发展阶段的中小企业对资金的要求各不相同，从企业创办直至企业取得成功或由于各种各样的原因而中途夭折，都对融资有不一样的要求。各个阶段所需资金有各自的特点，不一样的渠道的资金对各个时期的偏爱程度也不一样。所以，企业需要从战略高度对企业不同阶段的融资问题拟订整体性规划，并依据自身所处的阶段进行针对性的融资活动。

（4）企业不同生命周期的融资策略。

任何一个企业从提出构想到企业创立、发展、成熟，都有一个成长的生命周期，通常将其分成种子期、创建期、发展期和成熟期。各个时期都有不同的特征，依据不一样的融资的需求，采取不同的融资的策略。

在种子时期，企业所需的资金并不多，所获的大部分投资是用于新技术或新产品的开发、测试。处于这个时期的企业的企业家也许仅有一个创意或一项尚停留在实验室还没有完全成功的科研项目，创办企业大概还是一个梦想。所以，这时候的企业家需要投入相当数量的资金实行研究开发，或是对自己的创意实行测试或验证。

此时如果这个创意或科研项目非常吸引人，十分可能吸引被西方称作"天使"的个人风险投资者。个人风险投资者的作用不可轻视，尽管其提供的资金也许不多，但其丰富的阅历与经验可以为企业家提供极好的建议和勾勒未来的蓝图，这些东西对于刚刚起步的中小企业的企业家来说是极其重要的。除此之外，中小企业的企业家也能向政府寻求一些资助。种子期的主要成果是样品研制或软件开发成功，与此同时完成一个完整的生产经营方案。

如果产品有了一个初步的成功,中小企业的企业家达到实现产品的经济价值的目的,就会开始创立企业,处于传统行业的初创公司就会对产品进行试生产,而处于新兴的互联网行业的初创公司则会对产品进行推广和更深一步的开发。创建期需要一定数额的启动资金(具体金额由项目与企业的规模共同决定),资金的主要用途是购买机器设备、租用厂房或办公楼层、办公设备、生产资料、后续的研究开发和初期的推广等,所需的资金往往是巨大的。单单依靠企业家的资金通常是不能支持这些活动的。而且初创者大多没有经营的记录和经验,企业也无稳定的收入,所以也不太可能从银行申请到贷款。所以,该阶段融资的侧重点应该是企业家需要向新的投资者或机构(主要是风险投资和天使投资)实行权益融资。而企业产品的内容和对未来的构想将是融资的关键,所以此刻面临的风险依旧是非常巨大的,超过了一般投资者的容忍程度。此外,还有更重要的原因是,机构风险投资者投资的项目过多,他们通常不会直接插手企业的内部经营,所以他们会特别注重企业能否长时间地严格按现代企业制度科学管理、规范运作,他们在权益上的要求也十分明晰,这点长远来看对企业是很有益处的,尤其是对将来的成功上市融资。

创建时期是创业遇到的首个挑战。该阶段新产品的雏形已经诞生,组织结构也初具雏形,但是此时的组织结构非常简单,企业家一定要处理几乎全部的事务。因为缺少良好的运营记录和充足的资金支持,大多数新创小企业在该阶段都不能招揽一定数量的顾客来获取企业生存必要的现金流,所以当企业的资金链断裂的时候,企业家只好能选择出售企业,甚至直接破产。仅有那些在该阶段可以赢得充足数量顾客的企业才可以进入下一阶段。

度过创建期,迈进发展期的企业家也许可以稍微放松一点。然而,如果对该阶段的发展不够重视,企业依旧有承受重大打击的可能性,严重者会导致破产。该阶段的企业基本解决了生存问题,准备着手考虑盈利问题。组织规模开始扩充,企业家慢慢得到了发展的益处,但是各种繁杂的事务快速到来,又给企业家带来了疑惑,未来要如何走,是否应该持续创新,如何应对新出现的竞争者,这些层出不穷的问题需要企业家开始考虑如何建立一套合理的管理制度来适应企业迅速的扩张和发展。

发展期需要大笔的资金投入,目的是深层次地开发与增强营销能力。当下,进入上市的资产重组与上市辅导阶段的中小企业及民营企业大部分都处于该阶段,现金流供应与要求注入资金的情况已经得到好转。此刻,企业拥有较为稳定的顾客与供应商,还有较为良好的信用记录,获取银行贷款或利用信用融资较之之前轻松容易得多。但企业发展十分迅猛,原有资产规模已经不能够满足需要。此时,企业必须增资扩股,注入新的资本金。原有股东出资是一种理想的方式,但一般需要引进新的股东。此时,能够供企业选择的投资者相对来说比较多。值得注意的是,该阶段融资工作的起始点是为企业上市做好准备,依据上市所需的条件实行调整和改进,如设立首席财务官、调整公司的股权结构等。

成熟期也就是企业生命周期的成熟阶段。该阶段,企业的市场地位较为稳固,现金流较为充足,能够有效地应对市场竞争。此阶段已经不需要太关注融资事宜,不过需要引起创业者注意的是,此刻企业有很大的可能性陷入传统大企业的误区,丧失进取心,安于现状,热衷于规避风险,这也蕴含着很高的失败风险。

(5)"六要"和"六不要"准则。

获取现金流前掌握"六要"和"六不要"两类行为准则,有益于企业顺利地进行引资谈判。[69]

"六要"准则：①要对本企业及其生产的产品或提供的服务持肯定态度且饱含激情；②要知晓自己的交易底线，假如认为必要甚至能够放弃会谈；③要记住与创业投资人搭建一个长期合作关系；④要对还可以接受的交易进行进一步协商与讨价还价；⑤要提前做些怎样应对创业投资人的功课；⑥要知道创业投资人之前投资过的项目和现如今投资组合的构成。

"六不要"准则；①不要逃避创业投资人的提问；②回答创业投资人的问题不要模棱两可；③不要对创业投资人隐瞒重要问题；④不要希望或要求创业投资人马上就做出是否投资的决定；⑤在交易定价问题上不要太过僵化；⑥不要带律师去参加会议。

2. 客户筹资

依据德国统计公司 Statista 的研究，像美国这样一个创投高度发达的国家，每年大概有 500 万家创业企业需要进行融资，但在这之中仅有 1500 家得到风险投资，比例大约为 0.03%；大概仅有 50000 家企业可以拿到天使投资，比例大约为 1%。除了这些公司之外，其他企业的融资手段基本就是银行贷款（需要抵押房产）、3F（Friends、Family and Fools，即朋友、家人和傻子）、众筹。

如果幸运地拿到风险投资，也会付出一些代价。第一个代价就是时间，你得将用于开发优质产品和服务的时间花在编写商业计划书，以期迎合投资者。第二个代价是股权会得到稀释，拿到风险投资的时间越早，估值就会越低。第三个代价是苛刻的附加条款与条件，这是创业者不可承受的包袱。第四个代价是市场价值的实现，相较于投资人的背书，客户的认可更可以体现市场的价值。第五个代价是自由，就创业者来说，自由较之现金流更重要。

由此可见，权益筹资并不是所有初创企业都能轻松实现的筹资方式，此时，你可以考虑客户筹资。

客户筹资的优点是，它能为创业小组保持权益，客户直接参与寻找解决办法，与向投资者及他们的代理人提出集资申请相比较，客户筹资能够更快地筹集到投资资本。客户筹资也对企业的效率和执行力提出了更高的要求，必须做到绝不拖延对服务或产品的提供。客户已经预先为这些产品和服务支付了费用，所以企业家必须预先准备好产品或服务，以便能在收到付款后 60 天内提供服务。

由于客户直接参与了寻找合适的具有成本效益的解决问题的方案，社会因而得到了裨益，这样做不仅可以节省时间，而且投资资本可以节省下来用于更加资本密集的项目。如果企业家对客户筹资的各种形式进行分析，在此基础上判断所需要解决的问题是否足够大、足够相关，并且据此判定是否要预先收取费用来为准备和发现解决方案筹集资金，那么对问题表述进行彻底处理的过程就不会那么痛苦和令人烦恼了。

创业初期，企业需要把大部分精力用在产品开发、倾听客户声音、满足客户需求上，进而可以从客户那里获取资金。这样有利于创业者能够在初期的"饥饿游戏"中获得生存。常见的客户筹资有以下 5 种模式。[70]

（1）模式一：媒人模式。

媒人模式即通过网络的力量，在特定的细分市场汇合买方与卖方的需求，协助买卖双方将交易完成，赚取费用或佣金的业务模式。该模式就是现如今我们常提到的分享经济，其最大的优势就是成本超低。

所以，媒人模式想要得到成功需要满足以下几个条件。

第一，你得找到一个拥有真实需求的交易市场。例如，Airbnb（空中食宿，美国一家短租服务网站）在拥有闲置房屋的房东和有短期租房需求的房客间搭建联系。第二，你得让买方与卖方建立一种信任关系，如 Dog Vacay（一家个性化的家庭宠物寄养服务网站）能够通过 Facebook 和 LinkedIn 等社交网站获取宠物的真实信息与宠物看护人的资质。第三，你需要鼓励买方与卖方在网站上进行重复交易，经过鼓励优质的用户使平台的黏性增强。

除此之外，媒人模式对创业者的营销与策划能力也具有极高的要求。你得在一个恰当的时机进入市场，而且需要有高效且明智的推广策略去引爆市场。

（2）模式二：预付模式。

提起预付模式，大家也许会想起沃尔玛山姆店的会员卡。它要求客户预先支付部分或全部货款，一般采用会费或押金的模式。这种模式被称为众包，它先是创建一个社区，接着引导客户而不是生产者驱动创新，创造价值。

预付模式要求创业者学会向客户索要资金或向供应商争取有利的条件，并在合适的时机从投资人那里获得投资。例如，Threadless（美国在线 T 恤公司）将 T 恤设计大赛演变成一个向客户融资的商业模式，利用客户的资金去进行下一场比赛；Via.com 则经过整合旅行社资源，创建了印度最大的 B2B 家庭旅行社在线服务商，通过旅行社间接获取客户资金；而 The Loot 服装品牌专卖店用加盟商的资金供直营店使用，也是一种极其巧妙的客户融资模式。

就采用预付模式的创业者来说，最大的难题是确定什么时候转变融资模式，对投资者进行再融资以及以哪种方式去说服投资者。而说服投资者投资有两个秘诀：一方面是证明你是与众不同的，如 Threadless 自始至终都坚持"社区第一"的文化，而 Via.com 则依据印度的个人消费者规模与现金支付习惯量身制作了服务于旅行社 B2B 的商业模式；另一方面，借由客户的资金表明你不差钱，这样更容易从投资者处获取资金。

（3）模式三：订阅模式。

订阅模式指的是客户在相对长的时间里同意并反复采购商品或服务，如订阅报纸、杂志、订购水、电和燃气。在数字产品领域，传统的盒装软件正在逐步被新的 SaaS（Software as a Service，软件即服务）模式代替，将数字产品在线订购变成了现实。

但是，并非所有行业都适用于订阅模式。订阅模式想要成功，必须解决下面几个问题。第一，物美价廉。例如，鲜花预定网站 H.Bloom，能够通过降低鲜花衰败率得到相较于实体花店的优势。第二，低成本获得客户。仅有在招揽新客户成本比客户全生命周期价值低的时候，订阅模式才能获取利润。第三，选择那些易损耗、可预测的产品。第四，利用订阅客户实行病毒式传播。第五，控制技术开发的成本，使其服务于业务的需求而不是团队的技术能力。

（4）模式四：稀缺模式。

稀缺模式又叫饥饿模式或闪售模式，我们对此非常熟悉。

从各种各样新款的手机、稀缺楼盘到高档时装，无论何时何地都在给消费者营造一种"现在不买就会错失良机"的错觉。卖家通过限时和限量的手段，制造市场需求。稀缺模式主要适用于高端品牌和奢侈品。

需要把握 4 点：第一，稀缺模式的核心价值是保证供货渠道的稀缺性与唯一性，所以，这种业务模式要求创业者和供应商的关系十分牢靠，无坚不摧；第二，需要较高的竞争壁垒，该行业如果很容易就被他人模仿，一旦新的竞争者产生，稀缺模式就不能再持续下去；第三，公司增长的速度应该和客户融资能够支持的速度相匹配；第四，公司有能力可以从产业链全流程对产品实现控制进而保证稀缺性，而不是依靠经济低迷等经济周期赚取利润，这也是 Zara 成功的秘密。

（5）模式五：从服务到产品模式。

该模式是为服务业量身制作的。原因是服务一旦交付与使用，就不可类似货物那样被收回。为保护买卖双方的利益，服务通常依据时间进度进行收费。该模式的适用对象是建筑、航空和咨询等行业。

把服务产品化是实现业务扩张的有效办法。想要实现这点，需考虑以下几个问题：目标市场是否有吸引力？如何去面对新的竞争对手？你是否有充足的专业知识与资源能够提供服务业务的基础？你是否拥有优秀的人才能够把服务转化成产品？当公司发展到相当规模的时候，你应该把你的业务产品化还是扩展你的业务？

3. 杠杆原理

在竞争日益激烈的社会主义市场经济发展中，想要使企业长盛不衰，就要正确发挥杠杆原理的作用，使企业在获取杠杆收益的同时，减少企业的综合资本的成本。例如，财富投资中的房产投资就是一个十分简单的杠杆效应，只需付 30% 的首付杠杆就能撬动 100% 的房产，甚至流行过通过规则实现 0 首付的方式，最后获取资产的增值。

各种各样商业模式的许多核心就是杠杆的运用，如小米，尽管雷军时刻在强调互联网思维，但是 100 亿美元的估值也不是平白无故得来的，小米本身就是一个巨大的杠杆。巴菲特强调看不懂科技行业也是由于这个行业所拥有的巨大杠杆，这是一群神奇的企业，市盈率达到 100 以上。

例如，独立制片人是最擅长使用杠杆的人，他们是将点子付诸现实的人，同时也是说服电影公司投资的人，从各种来源筹集资金。在多数境况下，制片人需要把资本、人力资源、创意、知识产权、导演、摄影、音乐、演员和基础设施、广告商、发行渠道、其他必要的资源等融合到一起，利用全部创造性元素，并处理电影制作中有可能发生的各类问题。为了成功和获益，他们会更卖力，想尽一切办法来推广自己的电影。

作为制片人，他们常思考这样几个问题：可供出售的资产、可以获得的收入、可供调动的资源、可以使用的杠杆、如何规避和分散风险。

其中最大的问题便是如何获得资金支持，假设拍摄一部电影需要筹集 2 亿元资金，制片人可能会从以下几个渠道去实现：

影院发行（万达/太平洋/紫荆/中影/星美）6×2000＝12000（万元）

电视台（30 个，每台每小时 50 万元，片长两小时）3000 万元

产品广告（植入等，如汽车、香烟、红酒、工具、奢侈品等）2000 万元

网络订阅或版权销售——10 个区域市场 2000 万元

其他图书、音乐、周边授权等 1000 万元

合计：20000 万元

分析上面的案例可知，制片人前期投入了大多数核心资源、精力和智力，由于风险主要来自自身，因此易于控制。在中期利用合作、利益、渠道、投资关系等，将风险有效地进行了分散和嫁接。

随着市场经济的持续快速发展，企业在面临越来越多机遇与挑战的同时，也承担着各式各样的风险。怎样最大限度地获取更多的经济收益，在市场竞争中永葆竞争力，极大程度上

取决于企业财务管理部门杠杆原理的有效应用。财务管理中的杠杆原理通常情况下涵盖财务杠杆、经营杠杆与复合杠杆3种类型。[71]公司管理层能够利用财务管理中的几种杠杆，在投融资决策方面把控好"度"，并实行相应评估。

财务杠杆是指企业各式各样的资本结构对企业普通股权益的影响。企业固定性资本结构中的负债比例与财务杠杆水平、企业所承担的财务风险成正比，前者越低，后面两者也越低。所以，财务杠杆也能够为分析与判断企业财务风险提供重要的理论依据。

财务杠杆在某种程度上体现了企业固定财务资金的利用程度。当企业息税前利润发生改变时，相对应的股东收益也将发生相应的变化。因为财务杠杆具有两面性，它不仅能够为企业带来丰厚的利润，同时也能够为企业招致巨额的经济损失。企业在起步时期，因为所占的市场份额比例比较低，资金利润率较低，所以通常会适当减小负责集资的规模，通过尽可能地保持较低的资金负债率来降低息税前利润的大幅度下降给企业带来的财务风险。但当企业发展壮大、资金规模较大并且利润率超出负载利息率的时候，就要有效利用财务杠杆的正面效益，适时增大负债集资的比例，进而使财务杠杆为企业带来最大的经济效益。

所以，企业筹备资金时，通常要把考虑企业自身的发展状况放在第一位，并综合分析承担风险的能力等各方面因素，最后制定适宜的资本结构，合理利用财务杠杆原理获取更多的企业经济利润。

经营杠杆是指企业利润变动率比企业业务量变动率高时，企业固定成本在企业总成本中所占的比例。固定成本越高，企业经营杠杆越大，相应的经营风险也就越大。

经营杠杆在企业财务管理中的应用表现在企业生产经营活动与固定资产投资活动两大方面。

第一，在企业生产经营活动中，企业应采取提高销售量、产品价格等方式提高企业的息税前利润，进而能够尽可能地降低企业的经营风险。第二，在企业固定资产投资活动中，因为企业处于竞争激烈的社会环境中，所以当企业处于发展的不利阶段时，应该首要考虑自身的发展情况。企业在降低固定资本投资的额度同时，还应立马处理过时的固定资产，避免为企业的发展带来更大的经济损失。与此相左，在企业处于事业发展的黄金阶段时，市场份额比例持续不断上升，销售量不停增多。所以，企业应有效利用经营杠杆的原理，扩大固定资产的投资额度，不停获得越来越多的经济收益。

复合杠杆就是联合杠杆，它是因为企业固定生产经营成本与固定财务费用的共存，最后导致普通股的每股收益变动率比产销量的变动率高。它是企业综合运用财务杠杆与经营杠杆的表现。

复合杠杆是财务杠杆和经营杠杆的结合，它不仅可以反映企业的经营风险，也可以反映企业的财务杠杆。当企业处于发展的高峰期时，销售稳定、利润率比较高、风险比较小，企业能够适当扩大负债集资的规模，而当企业处于衰退期或规模较小时，其销售幅度降低、利润率较低、风险较大时，企业需缩小负债集资的规模，进而减少企业需承担的总风险。

杠杆原理在企业的财务管理中发挥了至关重要的作用。除此之外，当初创企业进入高速发展阶段时，面临着业务和市场扩展的问题时，还可以利用杠杆收购实现增值。

杠杆收购的意思是收购主体以目标公司的资产与将来现金流作为抵押与担保来实行负债融资收购目标公司的一类并购活动，往往在杠杆收购的融资结构中，股权融资占10%～20%，负债融资占80%～90%，其根本在于通过"用别人的钱"来获取对目标公司的控制权。[72]

杠杆收购在实际生活中缔造了一个接一个的并购传说，对整个社会经济体系产生了重要影响，有助于公司治理结构的改善，与此同时，它还将人们的目光聚集到资本运营上，为中小企业的发展提供了迅速且有效的途径。

杠杆收购伴随着高风险。杠杆收购所承受的高财务杠杆率，不仅能给企业带来高额杠杆收益，而且会给企业带来巨大的财务风险。假如收购以后产生意外或发觉原先预测有误，目标企业营运不好或资产出售不够顺畅，其生成的现金流不能偿还到期债务，那么收购方将血本无归，甚至陷入破产的困境。

同时，杠杆收购将会为企业带来高收益。因为杠杆收购承受了高额负债，高的财务杠杆率会相应地给企业带来高财务杠杆收益。假如杠杆收购成功，收购发起人也许会拿到10倍乃至百倍的投资成本的回报。

9.1.5 实施迭代——升华商业系统

1. 冲突和定位（营销）

当企业通过洞察市场需求，创造出自己的产品后，便要将产品推向市场，接受消费者的检验。营销的目的就是满足消费者需求，采用有效的营销策略开发市场与占领市场。在营销中，我们可以使用冲突理论，将营销的方式设计成解决用户冲突的方案；可以使用定位理论，将产品定位深深地植入潜在消费者内心。

人性的本质，是七情六欲，是真善美，也是贪嗔痴，既是本能的反映，亦是欲望的抑制，总结起来说就是两个字：冲突。实际上只要稍加洞察就能发现，在日常生活中，冲突充斥着每一处。需要和想要是有冲突的；爱情和金钱是有冲突的；美食和身材是有冲突的；事业和家庭是有冲突的；男人和女人是有冲突的……

产生冲突的原因是，当事人与冲突方的价值观不能达到一致，价值观是一个人对外界的感知判断与自己的行为规范，包括两个方面，一方面是精神的（来自右脑），另一方面是物质的（来自左脑），物质是精神的基础，即物质基础决定了价值观，冲突的根源是价值观不一致，价值观能够统一，冲突就不会发生，价值观不一致，而且彼相不能相互说服时，冲突就产生了。直白点说，有限的需求，无底洞的欲望，有限与无限间就包含着冲突。

例如，人性的贪婪——就像一个女孩子买鞋，如果只是走路，买一双几百块的鞋走路穿着舒服就行了，为何要买几十万元的车？这就是现实生活中心理需求的例子，生理需求十分有限，但是心理需求是无限的，在这有限与无限间造成了源源不断的冲突。有限的需求与无限的欲望间，冲动的感性需求与克制的理性需求间，常常就是冲突的源头。

因为产生冲突的原因是我们个体自身的左右脑的不统一，所以，冲突是难以调和的，无法避免的。冲突一旦发生，就产生了需求，这也为营销提供了可能性。而基于解决冲突的营销，绝对不只是满足了"15分钟的关注度"的需求，也一定不是一时KPI的增长，应该是能占消费者思维一席之地的，能占据消费者更长久时间的深度方案，也是大创意的原点。

营销的作用就是观察消费者的冲突所在，并可长时间地解决冲突，使消费者的需求得到满足。在当下营销环境越来越多元化的时代，不同年龄层的消费群体追求不同，需求不同，感性和理性的临界点也越来越模糊，左右脑的需求的差异化也越来越大，之间的冲突也必然越来越丰富。企业怎样可以在每个沟通的接触点与每位消费者沟通时，都可以用统一且持续的声音、形象与理念实行诉求，让消费者准确地识别出"你究竟是谁"？关键的事情是我们所说的话、所做的事情、所出售的产品，能否解决消费者的冲突，而不只是满足了消费者的需要；而在满足冲突的同时，也要考虑清楚，冲突是当下的还是长远的。

奥巴马可以成为美国历史上第一位黑人总统，正是由于他的竞选诉求，他不仅描绘了一个伟大的美国梦，还依据现状，观察并解决了当时美国民众右脑的美国梦与左脑的美国现实间最大的冲突（奥巴马正好解决了小布什执政年后，美国经济陷入低迷，失业率呈现最高的时候，所有美国民众内心最大的冲突——渴望更美好的生活，渴望真正的改变）。

不管是左脑的理性，还是右脑的感性，全部的美国人都急切地需要一场改革，帮助自己，也帮助美国踏出低谷。当左脑和右脑的冲突达成统一时，正是最好的解决方案——奥巴马的竞选广告始终围绕"改变"作为诉求，这帮助奥巴马成为首位美国黑人总统。

美国营销专家艾·里斯和杰克·特劳特在20世纪70年代早期提出了定位理论。他们提出让品牌在消费者的内心获取最有利的位置，使品牌变成某个类别或者某种特性的代表品牌。[73]这样一来，当消费者产生有关需求时，定位品牌便成了他们的首选。

定位的基本原则不是去创造某种新颖的或与众不同的东西，而是去控制人们内心原有的想法，去打开联想之结。定位的真谛是"攻心为上"，消费者的内心才是营销的终极战场。

"攻心"是定位理论的核心，因此我们非常有必要掌握消费者的心智情况，总结起来，消费者有5种心智模式。[74]

模式一：消费者只能接收有限的信息。

在超载的信息里，消费者会依据个人的经验、喜好、兴趣乃至情绪，选取接受哪些信息、记忆哪些信息。所以，较能引起兴趣的产品种类与品牌，就享有进入消费者记忆的先天优势。例如，我国的杭州娃哈哈集团，起初是因生产"娃哈哈"儿童营养液而一炮而红的。它成功的原因是产品定位精准，而广告定位更是让人过目难忘，因为它源自一首家喻户晓的儿歌，极容易引进儿童和家长的共鸣。

模式二：消费者喜欢简单，讨厌复杂。

在各式各样媒体广告的不断宣传下，消费者最需要简单明了的信息。广告传播信息简化的秘诀，就是篇幅不要过长，只是集中力量把一个重点清楚地植入消费者内心，打破人们憎恶复杂的心理屏障。在该点上最令人称颂的是我国的一种驱虫药广告——只需服两片，治蛲虫是两片，治钩虫也是两片。人们可能记不住复杂的药品名称，但只要说"两片"，药店的人就知道你要的是什么药。与此相反的是如果厂家在广告中介绍它的产品非常先进，效果显著，其结果可想而知。

模式三：消费者缺乏安全感。

因为缺少安全感，消费者会买和别人相同的东西，避免花冤枉钱或被朋友批评。因此，人们在购买商品前（尤其是耐用消费品），都会经过缜密的商品调查。而广告定位传达给消费者简单且容易挑起兴趣的信息，正有利于使自己的品牌在消费者中传播。

模式四：消费者对品牌的印象很难做出改变。

尽管人们通常认为新品牌有新鲜感，更容易吸引人的目光，但能被消费者真正记住的信息，还是熟悉的东西。以可口可乐公司为例，对于其员工来说它是总部设在亚特兰大市的一个"公司"，一个"机构"，而在普通消费者眼里，可口可乐是一种甘甜的、褐色的、含有碳酸气的饮料，可口可乐是一个著名的饮料品牌。假如可口可乐公司哪天突发奇想，去生产热门的香烟或者是啤酒，可能就是可口可乐的可叹可悲之时。

模式五：消费者的想法容易失去焦点。

尽管流行一时的多元化、扩大生产线丰富了品牌多元性，但是它使消费者模糊了原先的品牌印象。美国舒洁公司在纸业的定位就是一个例子。舒洁起初是生产舒洁卫生纸的，之后，它把自己的品牌拓宽到舒洁纸面巾、舒洁纸餐巾和其他纸产品，使其在数十亿美元的市场中享有了最高的市场占有率。但是，正是这些盲目延伸的品牌，使消费者丧失了注意的焦点，最后让宝洁公司乘虚而入。曾有一位营销专家用美国人幽默的方式提问：舒洁餐巾纸，舒洁卫生纸，到底哪个是为鼻子而设计的呢？

因此，企业在定位的时候必须要把握好以下原则：消费者能够接收的信息的容量是有限的，广告宣传"简洁"就是美，一经形成的定位难以在短时间内消除，盲目的品牌延伸会销毁自己在消费者内心的已有定位。因此，不管是产品定位，还是广告定位都必须非常谨慎。

企业在掌握消费者的思考模式后，能够针对性地制定营销策略，最终牢牢地占据消费者的内心。

2. 管理和激励（管理）

埃里克·莱斯在《精益创业》中提出一个非常核心的观点——创业即管理。说"创业即管理"的原因是，新创立的公司不只代表了某种产品或某个项目的产生，并且更重要的是形成了一种机构或制度。这种机构或制度的作用是企业可以用它开展业务，招揽人才，组织运营。所以创业需要管理，尤其是要面对的市场不确定性很强，市场千变万化，更需要做好充足的准备。

对于企业管理来讲，主要是将管理思维与企业的日常经营管理、内部活动等方面相结合，最大化地激发员工和管理者的创造力，完成管理效益的最大化，进一步为企业创造更多的经济效益，加强企业的竞争实力，以有利于企业在激烈的市场竞争中处于有利地位。实行资源配置与优化整合的重要途径，是企业完成现代化管理的重要方式。

组织结构是企业的组织意义与组织机制得以生存的基础，也是企业组织的构成形式，它是企业的目标、协同、人员、职位、相互关系和信息等组织要素的有效排列组合方式。即将企业的目标任务拆分到职位，再把职位综合到部门，由许多部门组成垂直的权利系统与水平分工协作系统的一个有机的整体。组织结构是为战略进行服务的，不一样的战略需要不一样的组织结构与之对应，组织结构一定要与战略相协调。[75]

企业的发展与战略实施需要完善的制度作为保证，而事实上各项制度又是企业精神与战略思想的具体体现。因此，在战略实施进程中，要制定和战略思想相同的制度体系，要预防制度的不配套和不协调，更是要避免背离战略的制度出现。例如，具有创新精神的 3M 公司的创新制度，在 3M 里，任何一位员工只要参与新产品创新事业的开发工作，他在公司里的职位与薪酬自然会跟着产品的成绩发生改变，纵使起初他只是一个生产一线的工程师，假如产品打入市场，他就可被提升为产品工程师，假如产品的年销售额达到 500 万美元时，他就可以成为产品线经理。该制度充分地激发了员工创新的积极性，促使了企业发展。

因为战略是企业发展的指导思想，只有企业的全部员工都领会了该思想并指挥其实际行动，战略才可以得到成功的实施。所以，战略研究不可以仅停留在企业高层管理者与战略研究人员这一层次上，而应该让执行战略的所有人员都知晓企业的整个战略意图。企业成员共同的价值观念具有导向、约束、凝聚、激励和辐射作用，能够激发全体员工的热情，统一企业成员的意志和欲望，齐心协力地为完成企业的战略目标而努力。

战略实施还需要充足的人力准备，有时战略实施的成败取决于是否有适合的人员去实行，实践证实，人力准备是战略实施的关键。IBM 的一个重要原则就是尊重个人，而且消耗大量时间去实施该原则。原因是他们坚信员工无论职位高低，都能成为产生效能的源泉。因此，企业在做好组织设计的同时，还需注意配备符合战略思想需要的员工队伍，把他们培训好，分配给他们合适的工作，并增强宣传教育，使企业各层次人员都形成和企业的战略相匹配的思想观念和工作作风。

激励理论在企业管理中的应用范围在一步一步地扩大，并且受到各企业的关注及重视，激励理论在企业管理中的实际应用需要结合管理的具体内容。

在企业管理中积极实行激励理论管理方式，可以提高企业管理的效率，还可以帮企业树立更健康与良好的形象，不停地增强企业在市场发展中的竞争力。

在将激励理论运用到企业管理工作时，需要把握好以人为本和公平公正这两个原则。

对于企业管理来讲，在实施激励理论期间需要明确对象，这也是激励理论实施的前提条件，为后期的实践应用奠定基础。企业管理划分为很多方面，从其中的内部结构能够看出，激励理论实施的主导人员是企业管理者，企业的管理者根据企业管理需要对企业基层员工实施激励，企业基层员工属于激励的受益者，在此期间就需要明确，不管是执行者还是受益者，都是以人为主体的，所以企业激励理论实施企业管理期间需要严格遵守以人为本的管理理念。在具体企业管理中需要严格以企业管理的基本需要为起始点。

公平公正一直是企业管理中非常关键的原则及要求，以保证企业管理的公开透明，所以管理制度企业员工都应该清晰地知道，在制定企业管理制度期间，企业管理人员应该尽量深入企业生产及管理基层中，及时听取企业员工提出的关于企业管理建设的建议，这样才能保证激励理论在企业管理中运行自如，起到相应的效果。当然若是在企业管理中，存在一些暗自操作或者关系户等不公正现象，激励理论并不会发挥真正的价值，还将导致企业员工对企业丧失信心，影响企业管理的质量。对于公平公正兼顾的原则，需要企业的管理人员不断对企业员工进行思想教育，帮助他们养成健康的企业工作意识，形成公平与公正观念，一定要杜绝企业中相互攀比或者嫉妒的现象，防止出现恶性循环。

9.1.6 财务计划——保持运营健康

财务计划包括财务预测报告、实际的财务报告及财务分析。如果你能按照以下顺序完成这些报告，你的工作就会变得容易一些。

1. 财务报告

（1）财务需求概述（说明你所需要的资金数目及理由）。

① 运行资本（Working Capital）。这是公司下一轮完整运转周期（往往是一年时间）中需要用现金（流动资产）支付的流动需求。

② 发展资本（Growth Capital）。这是需要在几年的时期内用利润支付的资本需求。你寻找的如果是发展资本，贷款者或投资人会要你说明你怎样用这些资本去增加公司的利润，使之能在几年时间内偿还贷款（和利息），其时限一般不超过 7 年。

③ 股份资本（Equity Capital）。这是一种长久的需求。你寻找的如果是股份资本，就应当从愿意冒风险的投资人那里筹集，他们冒险的目的是获得股息或资本盈利形式的回报，或

是获得公司的特定股份。

(2) 贷款资金分配报告。

贷款资金分配报告用来向未来的贷款者或投资人说明你筹借到的资金的用途。想要说明这一点,你必须明确:①如何使用贷款或投资资金;②用证明材料证明你的说法。

(3) 现金流量报告(预算)。

现金流量预测报告是一种财务文件,它为公司的内部计划服务,预估在一个预定时期(通常为下一个纳税年度)内公司现金的流入量和流出量。报告表明预期在什么时候收到现金,什么时候必须支出现金,以及支付账单、偿还债务。

(4) 三年收入预测。

三年收入预测是一项预测性的收入(或盈亏)报告。它与现金流量报告的区别是:三年收入报告只包含预计的收入和可扣除的费用。

例如,你的公司 1996 年将支付购买汽车的贷款 9000 美元,其中有 3000 美元是贷款利息。该款项总额(9000 美元)将被记入现金流量报告,而只有其中的利息部分(3000 美元)将被记入收入预测报告。贷款的本金还款(6000 美元)不是可扣除的费用。

(5) 资产负债表。

资产负债表(Balance Sheet)是一种财务报告,显示你公司在一个固定日期的财务情况。它通常在一个财务结算期末完成,主要包括 3 个项目。

① 资产(Assets):你公司拥有或承认的、能以现金计算价值的一切。涵盖:流动资产(在资产负债表上一年内能变成现金的资产),如现金、应收账款、存货等;长期投资,包括股票、证券和一年期以上的特殊储蓄存款;固定资产,即隶属于一个公司并不准备出售的资源,如土地、建筑物等。

② 负债(Liabilities):你公司所欠的钱;债权方对你资产的要求权。涵盖:流动负债(应在一个运营期里偿还的债务),如应支付账款、应支付票据、应支付利息等;长期负债(未偿付的余额减去到期的流动部分),如商业贷款、抵押借款、运输工具等。

③ 资本净值(Net Worth):与业主权益相等的资本价值。包括所有权或合伙关系(每个业主最初的投资加退休后的收入)、股份权利(业主或股东的本金加支付红利后保留的收入)。

资产、负债和资本净值三者的关系如下:

$$资产-负债=资本净值$$

按照这个考察方式,可以清楚地知道:如果一个公司拥有的资产大于其负债,该公司的资本净值就是正数。相反,如果公司负债大于其拥有的资产,其资本净值就是负数。

如果把资产负债表比喻为一张静止的照片,它拍摄的就是你公司在一个指定的具体时刻的资产和债务,显示你的财务状况是否良好。定期填写资产负债表,你就能了解并分析你公司的财力,以便及时做出修改。

(6) 盈利和亏损报告。

可以把盈利和亏损报告比喻成一段录像(活动像),它显示的是你公司在一段时间内发生的情况。你可以用它找出经营中的弱点,并做出计划,使你的公司运转得更有效率,从而增加你的盈利。

例如,你可能发现 3 月份公司进行了大规模的广告活动,但是并未有效地提高销售额。

在以后几年里,你可以决定有效地使用广告资金,办法就是:当出现了顾客消费支出增长时再使用广告金。同样,你还可以通过查看盈亏报告,了解哪些月份的销售额最高,并相应地做出供货计划。比较几年的盈亏报告,会使你更清楚地看到你所在行业的总体走向。

2. 财务状况分析

财务状况分析主要是指对你的盈亏(收入)报告和资产负债表进行分析,因为它们是企业家完成商业计划时利用的两个最重要的文件。

常用的分析方法包括收支平衡分析、流动性分析、盈利性分析、负债评估分析、投资评估分析、财务状况纵向分析、财务状况横向分析。

(1)收支平衡分析。

公司的成本和销售额刚好相等,生意不盈利也不亏损,该点就是收支平衡点(Break Even Point)。你可以通过数学计算或绘制示意图的方法,确定出收支平衡点。要对一次运营进行收支平衡分析,你需要做出3种预计。

① 固定成本(运营总成本+利息):即使在生意运转迟缓时期,其中一些成本也依然发生。在收支平衡分析中,必须把利息支出计入固定成本。

② 可变成本(货物成本+销售支出):它通常随着生意额变化。销售量越大,成本越高。

③ 总销售量:同一时期内你的产品或服务的预计销售量。

(2)流动性分析。

一个公司的流动性(Liquidity)就是它履行财务责任的能力。该分析针对资产负债表中的流动资产和现有债务之间的关系。流动性分析的主要指标及其公式如下。

① 流动资本净值(Networking Capital)。流动资产比现有债务多的部分就是流动资本净值。一个公司的流动资本净值越高,公司的风险性越小,原因是它拥有了按时偿还现有债务的能力。流动资本净值的计算方式如下:

$$流动资产-现有债务=流动资本净值$$

② 流动比率(Current Ratio)。和流动资本净值相比,流动比率可以更加精准地反映流动性。流动比率的计算公式如下:

$$流动比率=流动资产/现有债务$$

正常的流动比率没有固定标准,因为它取决于你公司的具体情况。如果你有可以预计的现金流量,你就能以较低的流动比率运作公司。

更高的流动比率意味着更高的不确定性。对大多数公司而言,2.0的流动比率是可以接受的。这个比率允许失去50%的流动资产,但仍有能力偿还其现有债务。对大多数公司来说,这个安全边际已经足够了。

③ 速动比率(Quick Ratio)。库存是最难迅速处理的流动资产,因此,计算速动比率时,应当从流动资产中扣除库存,以获得更好的流动性。通常选择1.00以上的速动比率,但这取决于你公司的状况。速动比率的计算公式如下:

$$速动比率=(流动资产-库存)/现有债务$$

(3) 盈利性分析。

盈利性分析（Profitability Analysis）是根据你的盈亏（收入）报告来衡量一个公司创造利润的能力。

① 毛利率（Gross Profit Margin）。毛利率代表一个公司花费了货物成本后所余下的单位美元销售额的百分比。毛利率越高越好，正常的比率取决于你公司的具体行业。毛利率代表你售出货物真实的增高标价（Actual Mark-up）。毛利率的计算公式如下：

$$毛利率 = 毛利润 / 销售额$$

② 运营利率（Operating Profit Margin）。这个比率表示纯粹的运营利润，不计利息和税金。换句话说，这个比率表示公司支付了货物成本和可变及固定支出以后所剩的单位美元销售额的百分比。当然，运营利率越高越好。运营利率的计算公式如下：

$$运营利率 = 运营收入 / 销售额$$

③ 净利率（Net Profit Margin）。净利率显然是衡量一笔生意成功能否的尺度，它和销售收入有关。净利率的计算公式如下：

$$净利率 = 净利润 / 销售额$$

利率越高，意味着公司的盈利性越强。净利率会因你生意具体类型的不同而不同。食品杂货店生意的净利率为1%并不罕见，因为它经营的商品数量较多。相反，珠宝店生意的净利率为10%，却被认为较低。

(4) 负债评估分析。

不少新公司为了迅速发展，都过快地承担了过多的负债。负债评估分析是指根据你的资产负债表，说明你的公司的负债状况及偿还债款的能力。公司的负债越多，失败的风险就越大。

① 负债与资产比率。这是贷款方使用的一种重要的财务比率。它表示你所欠的款额与你拥有的资产之间的关系。这个比率越高，失败的风险就越大。负债与资产比率的计算公式如下：

$$负债与资产比率 = 负债总额 / 资产总额$$

(2) 负债与权益比率。这是贷款方使用的一种重要的财务比率。它表示负债与业主与公司权益之间的关系。同样，这个比率越高，失败的风险就越大。负债与权益比率的计算公式如下：

$$负债与权益比率 = 负债总额 / 权益总额值（净值）$$

如果你的商业计划中包含未来某一点上的长期债务，你就应当监控你的负债比率。如果你在寻找贷款者，你应该预判这个比率是否在你的银行家能接受的范围内。

(5) 投资评估分析。

作为企业家，你已经用投资获得了资产，而你应当收回这些资产的成本。即使业主从公司领取薪水，他也应当从对公司的投资中赚钱。

投资回报率（Return on Investment，ROI）：投资回报分析根据你的资产负债表，衡量你作为公司业主从可用资产中生成利润的效率。ROI 的计算公式如下：

$$RIO = 净利润/资产总值$$

ROI 越高越好。公司业主应当制定 ROI 的目标。许多小公司业主都成功地为自己的公司工作，却未能从投资中获得合理的回报。因此，你应当制定 ROI 目标并尽力实现它。

（6）财务状况纵向分析。

财务状况纵向分析用于显示单一的财务报告中各种成分之间的关系。

① 用于资产负债表。

资产负债表上的每项资产都说明了在资产总额中所占的比例，每项负债和权益都表示在负债总额和业主权益总值（净值）中所占的百分比。

② 用于收入报告。

对收入报告做纵向分析时，每个项目都表示在销售额净值中所占的百分比。对一个年度（或一年以上年度）的单一财务报告中各个成分的评估，能向你显示出一些变化，它们会提醒你调查目前的支出额。例如，货物成本的高百分比增长可能会促使你进行调查。如果与当年相比次年的毛利润减少，也可能促使业主去检查货物的增高标价。

你还可以根据竞争者的利率或行业标准，去评估你的百分比是否合理，并做出正确的判断，使你的公司在未来更能盈利。如果你竞争对手的毛利率为 47%，而你只有 32%，你大概就想知道其原因是什么。他购进货物的来源是否更好？他的生产过程是否更有效率？

（7）财务状况横向分析。

横向分析是针对比较性的财务报告中各个项目的增减进行的百分比剖析。分析时，应列出项目的增减，并以较早的报告为依据。将增减的百分比列入最后一栏。

① 用于资产负债表。

根据次年的资产、负债与业主权益，列出项目的增减及其百分比。

② 用于收入报告。

对收入报告做横向分析时，要根据次年的数字衡量当年的收支，列出项目的增减及其百分比。

财务状况横向分析也能让你及早发现可能降低你的盈利性的潜在问题。例如，如果你的销售额增加毛利润却减少了，你就可能去检查货物的增高标价；如果你的广告费支出猛增，你就需要查看这些支出是否使销售额增加了。

9.1.7 退出策略——收购兼并上市

如果你已经想清楚前面几点，那么恭喜你，你的准备工作也接近尾声了。你需要思考的最后一个问题是退出策略（Exit Strategy）。这个策略不是为了失败而制定的，而是为成功而制定的。

1. 明白终点在哪里

专业投资人（即风险资本家）往往会要求把经过深思熟虑的退出策略作为其计划投资企业商业计划的一个组成部分。然而，大多数企业家往往企图获取直接收益，或是热衷于发展扩大他们的企业，因而看不到那条"终线"。结果，他们对于这种"像税收一样确实"的事件毫无准备。

在进一步讲解退出策略之前，你必须理解一点：策略无对错之分，只是种类不同。你的策略应当适应你的目标。

考虑策略时，符合逻辑的起始点是你的长期目标。最明显、最常被提到的目标是退休，一些企业家往往喜欢先办一个公司，然后离开它，再去办另一个。无论你的目标是什么，在决定退出策略之前，请先思考以下3个问题。

① 你的公司朝哪个方向发展？
② 你想在终点得到什么？
③ 你到达终点时，你的公司会是什么状况？

2. 退出形式

（1）股权回购：依照商业计划，公司对实施股权回购计划应向投资者说明。

（2）利润分红：投资商能够采取公司利润分红的方法实现收回投资的目的，依据本商业计划的剖析，公司对实施股权利润分红计划应向投资者说明。

（3）股票上市：根据商业计划的分析，对公司上市的可能性进行分析，对上市的前提条件进行说明。

（4）股权转让：投资商可以通过股权转让的方式收回投资。它是公司对投资商进行股权转让的说明。

9.2 商业计划和战略

创业公司制定策略前，需要先回答以下几个问题。

第一，独特的价值主张在哪里？独特的价值主张包括 3 个关键部分：你的目标客户有哪些？较之竞争对手，你更好地满足了客户的哪些需求？你的主张（价格/商品）如何定位和定价？相对定价可以给出最完美的回答。亚马逊的消费者价值主张很简单：在美国全部互联网消费者里，用最实惠的价钱获取最多的选择。

第二，如何根据公司策略制定价值链？波特写了两类不同类型的价值链：内部价值链和外部价值链。我们现在提到的是内部价值链。正如琼·马格雷塔在《理解迈克尔·波特》(*Understanding Michael Porter*) 中写道："战略与竞争优势的本质在于活动，选择与众不同的活动，和对手不一样的活动。"这就是波特所说的，依据公司策略制定价值链：选择让你独特的内部活动。同样以亚马逊为例，亚马逊专注于建设最好的供应链，优化物流与运营，优化他们最看重的客户体验。

第三，为了独特需要牺牲什么？每种策略都有所权衡。一个创业公司牺牲了执行速度以求在市场上获胜，一名在职人士牺牲了资本化、高收益和资产以求速度。亚马逊在创业初期只卖书籍，仅有线上销售渠道，该策略限制了他们的潜在市场规模，还由于运输延迟进而在交易时发生额外的摩擦。但是，亚马逊用这些换取了资本效率。亚马逊不需要开设零售商店，不需要承担零售的运营成本。除此之外，亚马逊还可以优化仓库，而不用考虑零售分销。

第四，价值链中的价值主张有多强？这是一个微妙的问题，希望能借此发挥战略创造出的杠杆作用。也就是说，你在企业经营中提出的新价值主张与权衡，能否为企业创造了新的市场机遇与竞争优势？还以亚马逊为例，答案是肯定的。亚马逊的在线售卖与以物流为中心的运营系统使其可以迅速推出新的商品类别。而且，集中的价值链提升了固定成本的价值，由于越来越多的产品都是通过它来运送的，从而提升了运营效率与毛利率。

第五，策略是否能够持续有效？假如市场发生转变，你的策略是否持续有效？贝佐斯就明白消费者的变化无常，他在制定策略时充分考虑了这一点，承诺他们将永远需要3件事情：更快、更快、更便宜。这三点都没有随时间而变化。

这些问题都很难回答，需要企业家深思熟虑，不停反思。但这是十分值得的，保证你全部的时间、金钱、精力不会被浪费，使你的企业更加持久。下面列出了企业在筹划和准备过程中需要重点思考的问题。

第一，未来的3~5年目标是什么？达到这些目标的关键何在？目标需建立在实行可行性研究的基础上。

第二，哪些不会成为客户？哪些是潜在客户？有什么机会？将主要关注哪些市场？这些市场中客户的需要和渠道是什么？

第三，竞争优势是什么？如何建立？谁是市场中的潜在对手？他们的策略是什么？我们将用什么技术和方法去竞争？

第四，客户想达到什么目标？能够有助于成功的理想方案是什么？找出理想的解决办法。根据问题提出多种备选方案，权衡利弊，最后找到理想的解决方案。

第五，发展和执行计划是什么？理想的客户解决方案有什么战略上的响应？如何实施策略？需要谁的帮助？方案分阶段实行的时间表是否可以跟进市场的发展？

第六，财务分析和预测的结果是什么？值得这样做吗？我们现今的财政情况允许我们实施制订的计划吗？如果不允许，是否需要制订融资计划？融资成本有多大？

第七，潜在的和外在的问题分析。哪些情况会影响实际目标？哪种影响最大？应急计划是什么？发展过程中经常会受到不确定因素的影响，对此应有充分的估计。

第八，依赖性分析。要为客户提供完整的方案，有哪些因素让我们不能独立运作？我们将如何处理这些问题？是否要建立企业联盟？

发现了一个很好的问题的时候，你是否确定这是真正的痛点？潜在客户群是否足够大？一个看似很好的需求目标，是否是真实的需求？一个听上去逻辑完美的主张，能有效地实现并交付产品和服务吗？能否建立明显的竞争优势？能把你承诺的事兑现吗？想理清所有问题，一本商业计划书是个不错的选择。

商业计划书是企业或项目开展融资、寻求合作、指导运营的必备工具，是全面展示企业与项目状况、未来发展潜力、执行策略的书面材料，要求体现项目的核心竞争力、市场机会、成长性、发展前景、盈利水平、抗风险能力、回报等。

商业计划有两个主要作用：①在生意存续期间可以做指导，它是公司的蓝图，能提供一些工具，借以对公司及其实施中的变化做出分析；②能向未来的贷款者和投资人提供公司以往及当前运作的详细信息，以及未来的计划，这些会使贷款者或投资人看清生意的各种运作方式。

商业计划书是商业文件中最重要的一个。那么，怎样编写出一份好的商业计划书呢？为了确保商业计划书能"击中目标"，企业家应做到以下几点。

第一，面向市场。

商业计划书要向投资者提供企业对目标市场的深入分析与理解。要细致分析经济、地理、职业和心理等因素对消费者选择产品的影响，以及各种因素所起的作用。商业计划书中还要包括一个主要的营销计划，计划中应列出本企业打算开展广告、促销与公共关系活动的地区，明确每一项活动的预算与收益。商业计划书中还应简述企业的销售战略。

第二，关注产品。

商业计划书需提供全部和企业的产品或服务有关的细节，包括产品市场前景分析、产品的独特性、企业分销产品的方法、产品的生产成本和售价，以及企业现代化产品发展计划等，通过这些，把出资者拉到企业的产品或服务中来，这样出资者就会和企业家同样对产品产生兴趣。

第三，制定行动指南。

商业计划书中还应该明确：企业如何把产品推向市场？如何设计生产线？如何组织产品结构？企业生产需要哪些原料？企业拥有哪些生产资源，还需要什么生产资源？生产和设备的成本是多少？企业是买设备还是租设备？解释和产品组装、储存及发送相关的固定成本和变动成本的情况。

第四，敢于竞争。

在商业计划书中，企业家应细致分析竞争对手的状况。要明确每个竞争者的销售额、毛利润、收入和市场份额，接着再讨论本企业相较于每个竞争者所具有的竞争优势，而且要向投资者展示自身的优势。商业计划书要让它的读者相信，本企业不只是行业中的有力竞争者，并且未来还会是确定行业标准的领先者。在商业计划书中，企业家还应阐明竞争者给本企业带来的风险和本企业所采取的对策。

考虑完以上4点，你就可以开始着手书写商业计划书了，以下14点可能是你在商业计划书中会涉及的。

① 项目名称。为你的产品或项目起一个比较简洁又容易记住的名字，要能让人一看到项目名称，就想到你的产品或项目大概是什么行业，针对什么用户，产品形态是什么样的。

② 服务人群。创业一定要从用户细分开始，你不仅要列出具体的细分项目，如收入、年龄、工作、行业等，还要去评估规模，若规模太大，则无处着力；若规模太小，则定位太窄，以后你的企业很难做得很大，投资人也不会太感兴趣。

③ 用户痛点。假如一个问题可以被准确地描述，那么你的问题已经解决了一半。所以能发现并准确描述问题非常重要。同时，我们要评估这个痛点的程度，不同级别的痛点，做法是不一样的，并且不一定要和用户交流，做些小规模的实验去证实这个痛点的存在即可。

④ 解决方案。创业初期功能必须要少（不超过3个），由于资源有限、人力有限、能力有限、钱也有限，要将资源汇集在最关键的功能，要直击用户痛点，而且要思考对应的最小可行产品，并尽早发布。

当你发布第一款产品的时候，正常情况你应该感到不好意思，因为你的产品用户体验很差、功能很不完善。但你应该将核心功能尽早发布出来，让你的早期用户使用，获得他们的反馈。此外，你还要相信全部问题都已有了解决方案，你要看看你的解决方案和现有解决方案的区别：是比它更便宜，获取用户更容易，还是比它体验更好？

⑤ 种子用户定义和渠道。如果你的创业方向是对的，那么你一定能找到一批用户在你的

产品还不完善的时候，就愿意花时间跟你探讨，甚至花钱购买。这些人就是你的天使用户。如果你找不到他们，要么是你的方法不对，要么是你的创意有问题。

⑥ 探索性实验。在创业开始，用最小可行产品为你的产品做过一些探索性实验，这很重要。最小可行产品的 3 个要素包括假设、用户和度量。针对商业模式中的一个假设，它能够交付到用户手中获得他们的一线真实反馈，并对用户反馈进行度量，然后评估假设是否成立。

⑦ 度量指标。根据产品的主要功能，要有相对应的度量指标，避免虚荣指标。什么是虚荣指标？例如，App 下载量，如果你肯花钱做推广，就会有下载量。又如，订阅号的粉丝数，因为粉丝数不代表阅读数，只要做任意绑定式推广就能获得粉丝。你需要找到能够真正反映创业公司真实状况的关键指标。

⑧ 团队介绍。对于早期创业团队，创始人是不是全职很关键，若不是全职，一般投资人是不考虑的。团队人数也很重要，有些孵化器是不接受个人创业项目的。原因是假如你连一个人都不能说服，要么是你的人品有问题，要么是你的能力有问题。创始人要具备能把人才吸引到身边的能力。一般团队人数越多，估值也会越高。

⑨ 项目门槛。项目门槛分为两类：一类是先天门槛，是指团队先天具备而别人不具备的资源；另一类是后天门槛，是指在产品开发、成长中建立的资源，可以弥补你先天的不足。例如，你具有的独特资源、实验室某项专利等，这些都是先天门槛，而你的社交产品的黏性和你培养的某种使用习惯等，都是后天建立的门槛。

⑩ 和谁合作。你需要考虑清楚合作者的类型，如非竞争战略联盟、竞争战略联盟、业务合作互补型、长期供应关系型等，每一种合作的方式和策略都是不一样的。特别对于初创企业而言，去看投资者的资源之前必须要清楚自己需要什么，再去衡量投资人的资源对你有什么价值。

⑪ 时间窗。每一个计划都有时间窗，尤其是对早期项目来说，只有有了时间窗，成本结构和预计收入才会有的放矢。这个计划不要超过 12 个月，最好在 6 个月左右。

⑫ 成本结构。成本结构包括两个部分：固定成本和可变成本。例如，你做一个网站，研发人员的成本就相当于固定成本，你有 10 个用户与 20 个用户，你的研发成本不会有明显变化，但你的服务器和带宽成本与用户量就有很大关系，这就是可变成本。

⑬ 预计收入。我们提倡每个创业项目开始时都要思考盈利模式，要在合适的时机去验证你的盈利模式。

⑭ 独特卖点（一句话）。这个是最短却是最难说的一句话。这句话就是所谓"电梯演讲"的一句话，你在电梯里遇到一个投资人，你有 30 秒的时间来讲明你的项目，也就是你的独特卖点来吸引他的兴趣，这样你才有机会和他进一步交流。

9.2.1 计划概要

计划概要写在商业计划书的最前面，它是商业计划书的精华。计划概要包括计划的要点，以求一目了然，以便投资者能在最短的时间内评审计划并做出判断。

商业计划概要可以是一页纸、一句话或者一个符号，其主要目的就是向他人说明以下几点内容。

（1）我们是谁（欲望和激情）。

公司介绍。先是说明创办新企业的思路、新思想的形成过程，以及企业的目标与发展战略。其次，要交代企业的现状、过去的背景与企业的经营范围。

（2）我们要做什么（迭代和计划）。

主要产品和业务范围。在该部分，企业家要对产品（服务）做出简要的说明，说明要准确，也要简单易懂，使不是专业人员的投资者也能明白。通常情况下，产品介绍都要附上产品原型、照片或其他介绍。

（3）我们需要什么。

通俗一点说，就是我们需要获得多少人力和物质的支持才能实现我们的目标。这也是投资者所关心的重点。

9.2.2　创业团队

这部分是对创业公司或者团队的简要说明，企业家可根据实际情况介绍，主要包括以下3个部分，如果团队没有成立公司，可以忽略其中一部分。

（1）公司的基本情况（公司名称、成立时间、注册地区、注册资本，主要股东、股份比例，主营业务，过去3年的销售收入、毛利润、纯利润，公司地点、电话、传真、联系人）。

（2）公司性质、经营范围（是否有特许经营权）；股东和股份比例目前的资产情况（总资产、总负债净资产，去年的销售收入和纯利润）。

（3）主要管理者，团队成员包括创始人、联合创始人、CXO 等。描述信息包括真实头像、姓名、简介、学历背景、工作经历和创业经历等（突出亮点）。

商业计划书不仅是写给投资者的，更是写给企业家自己的。通过反复地修改与调整商业计划书，使自己对于项目的认知与筹划有了更加具体完善的描述，使自己能够在不断地修改中，不断地完善项目的细节，不断地调整自己的思路，努力寻找问题。

9.2.3　价值载体

1. 问题和需求

关于这部分内容，你可以用几句话来阐述你发现了什么。例如，目前市场中有什么空白、存在什么问题；这个问题有多严重、效率有多低、供给有多复杂……

切忌以"危言耸听"的方式告诉大家忽视的事实，一定要用事实和数据说话；说清楚我们为什么要做这个项目（产品或服务）。

2. 解决方案

引出你的产品（或服务），可采用一些引导词，突出解决方案的核心及亮点。例如，基于××方法，应用××技术，整合××资源，实现或解决了用户××痛点。

然后简单直接地针对上述需求痛点，提出与之相匹配的（你的）解决方案，进行简要的介绍，主要目的是说清楚解决问题的思路。

3. 产品或服务

这里值得注意的是，向客户介绍产品或服务应恰到好处。例如，在介绍产品时，应该包括产品的基本信息、产品的特性、竞争优势、独特的客户价值，以及支撑产品和服务的能力，通俗一点说，就是"产品是什么，它有什么功能，具有什么性能，满足什么需求，解决什么问题，以及如何解决问题"。

企业家需要对自己的产品使用场景进行一些具体的问题提出，如关于产品的相关使用问题，以及用户在生活中遇到了什么问题可以使用该产品。撰写时可以参考以下一些小技巧。

（1）紧紧围绕产品能够解决用户痛点问题，突出产品亮点。

（2）重点阐述产品的形式、核心功能及其产品优势。

（3）说明解决方案的合理性，说明为什么这个方案最好，可与其他产品或方案进行类比。

4. 目前产品所处的阶段

关于产品的基本信息，可以分阶段介绍，帮助自己及投资者梳理产品设计思路，分析其合理性、可行性。

（1）目标用户。产品是为谁设计的，他们的需求是什么。

（2）功能属性。产品提供了什么功能能满足目标用户的需求，哪些功能是超前设计的。

（3）在哪（市场范围和资源）。目前同类产品的市场有哪些，所涉及的产品预计的未来的市场份额有多少。

9.2.4 用户分析

1. 用户画像

所有的价值实现均是以需求为前提的，然而没有用户就没有需求。因此，我们需要对目标用户的特征进行分析，通过数据分析，为所有角色勾勒出用户画像。可从以下几个方面勾勒用户画家。

（1）分解用户和服务属性。

（2）从用户角度描述利益。

（3）定位到具体的服务场景。

（4）建立临场的现实感觉（故事、视觉、想象）。

2. 典型用户描述

典型用户是指能够代表某一类特殊人群的用户。在对典型用户进行描述时，可以从以下几个方面说明。

（1）他们是谁，包括性别、社会属性、特征、年龄或人生阶段。

（2）他们的消费能力和消费类型。

（3）他们的需求和看待具体问题的角度（属性细分）。

（4）如何满足他的需求，如何达成目标。

（5）如何让产品成为他们需求的首选。

3. 由谁支付

产品在满足用户需求的同时，也需要获利，或者说需要有人支付产品生产的成本。这就涉及是面向消费者还是面向企业，不同的商业模式，支付途径是不一样的。

（1）消费者支付。这种支付方式主要是针对人群。简单来说就是，谁购买你的产品，谁就为其买单。

（2）第三方支付。第三方支付是指具备一定实力与信誉保障的独立机构，采用与各大银行签约的方式，通过与银行支付结算系统接口对接而促成交易双方进行交易的网络支付模式。

（3）价值资源交换。所有商品都有价值，但商品的价值是不能自我表现出来的，必须通过交换，经另一种商品表现出来。换句话说，你可以用你的产品交换到其他你需要的，等价的资源,以实现支付。

9.2.5 行业分析

这部分内容应当反映出你所处行业市场、目标产业的概况,以及你的见解。

1. 行业现状和趋势

(1) 行业走势。行业的走势几乎能影响到其市场段的每一个公司。寻找本行业可替代或部分替代本产品的产品或服务,分析产品功能的变化趋势,结合这些趋势,说明产品的优势及不足。

(2) 目标市场走势。正如菲丝·鲍肯和其他营销专家列举的那些事情一样,人们都希望用负担得起的奢侈去奖励自己的辛苦劳作,Starbucks 咖啡店和 Godiva 巧克力店成为人们常去的商店和购物中心,就是这种走势的证明。

目标市场走势容易受到人口变化、文化和社会影响。例如,辅助性用品数量的增加、专门为"更年轻的"退休人口设计的新产品的增多,就是人口统计学情况的变化造成的市场走势。

(3) 行业规模。

给出一个简单的行业规模估算方法:市场集中度特别高的行业,参考行业标杆的 Business 年报,按照市场规模计算;市场集中度不是特别高的行业,可以采用以下方法估计。例如,广州的女鞋市场,广州的总人口数是 1200 万,预期寿命是 80 岁。假设女性占 50%,就是 600 万了。再假设各个年龄平均分布,买鞋频率就根据实际情况,假设 20~40 岁的白领很有钱,60 岁以后的老人很节俭等,然后就能计算出市场规模了,如表 9-2 所示。

表 9-2 每个年龄层人口市场规模假设分析表

年 龄	人口/万	买鞋频率(每年)	市 场 规 模
0~10 岁	75	1	75
10~20 岁	75	2	150
20~40 岁	150	3	450
40~60 岁	150	2	300
60~80 岁	150	1	150
			1125

(4) 市场分析。

分析行业中领跑的产品和服务,找出其优势或者占领的领域,如果你的产品跟他们相比没有什么优势,你需要尽量避免这个领域;如果你的产品跟领先产品比较有优势,那就应该说明你的优势。常见的分析方法包括 SWOT 分析法。

(5) 现有推广和营销方式。

推广和营销方式作为商业模式中重要的一环,在做市场分析时,需要重点分析每种营销方式的优缺点、你所采取的营销方式的优点等。

2. 市场细分和金字塔模型

可以依据可能获得的经济收益,把顾客分成几种不一样的类型,理解各种类别顾客的需要,提供不一样的服务,提升企业经济收益。如何利用顾客金字塔模型进行市场分解?

首先，分解可垂直发展的市场，依据盈利能力的差异把顾客分级，如图9-1所示。

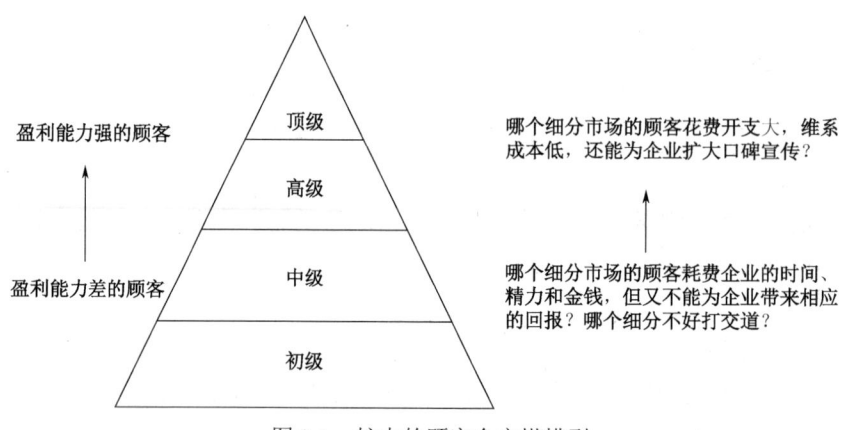

图 9-1　扩大的顾客金字塔模型

其次，细分市场的目标和关注点：细分全行业的市场，针对核心层次客户提供完美的服务，同时使高级客户转变成顶级客户。较之非核心的初级顾客，可以选择放弃不能够带来利润的顾客，解放销售人员，使他们更注重其他顾客的盈利机会。

最后，考虑切入的市场，也就是效率规模平衡。细分市场后，依据你的产品与资源情况，选择最合适的层级作为切入市场，再逐步扩大市场。

9.2.6　竞争分析

1. 竞争者

竞争分析是针对你与竞争对手之间的异同进行分析，因此，首先要明白谁是你的竞争对手，其特点是什么。可通过以下步骤去发现和分析。

（1）产品和服务替代者（与谁竞争——分解属性）。
（2）准确的市场和服务定位。
（3）与现有的服务相联系。
（4）产生强烈的传播和反馈机制。

2. 成功的关键因素

阐述你与竞争对手之间的明显差异，主要涵盖以下几个方面。

（1）创意和技术及其壁垒。
（2）营销和传播。
（3）强有力的服务和产品。
（4）准确的时机和市场切入角度。
（5）现金流与收入。
（6）强有力的思考和执行力。
（7）独特而不易模仿的商业模式。

3. 我们的优势

你需要通过与行业内的其他竞争产品进行对比，说明你的产品优势及所形成的产品壁垒。主要分析过程如下。

(1) 分解产品属性。
(2) 建立行业和服务对比。
(3) 强化优势和特色。
(4) 完全不同的服务和目标。
(5) 不可替代的壁垒、资源和人才。

4. 行业壁垒

(1) 法律准入和特权。
(2) 技术与产权壁垒。
(3) 具有黏性的模式。
(4) 行业泛化和精准定位。
(5) 独特的角度——全新的创意和产业。
(6) 领先优势和持续领先趋势。

5. 定位

(1) 收入和提升价值的方式。

科技型企业可以将产品所采用的技术优势作为产品优势，实业企业可以将低成本获得高需求作为产品优势。

(2) 如何推广和增加黏度。
(3) 提供现有市场的附着力。

在分析竞争优势时，从深度上，是指公司可以赚多少钱；从宽度上，是指公司持续保持比平均水平的利润率高能维持多久。鉴于不同类型公司的竞争优势不同，可以将一家公司分成3个时间段（近期、中期、远期）来考察。

(4) 社会学和人性依赖。

9.2.7 运营计划

正如我们之前提到的，运营的角色因行业不同而千差万别。基本上，运营是通览企业运作的每一过程，对企业的实际情况进行分解、深入分析，最终使企业（及其最终产品）得到改善。

运营是使客户满意，可以通过提高品质和效率并尽可能缩减成本来达成。此外，通过对创新产品的调查研究，由一流的生产工艺辅以绝佳的营销策略，可以为客户提供堪称完美的产品，与此同时公司业务也会大幅上涨。虽然过于简单化，但道理就是这样。

下面是运营涵盖的内容，即运营经理的职责所在。

新产品研发——运营经理全面参与生产新产品相关的部署、成本、必要技术、设备及员工培训方面的决策。

制造和生产——一般情况下运营经理对该过程的影响力最强（取决于企业类型）。制造与生产过程需要经常性的审视评估。

供应链——采购价格与标准，以及原材料、库存与其他产品部件的储存也属运营经理的职责所辖范围。从运营的观点来看，必须经常性地对上述过程实施审视评估并不停改善。

质量管理——高层次的质量要求不仅是针对产品，同样也适用于生产场所的环境（换而言之，在良好的氛围中工作可使员工生产出质量上乘的产品）。运营在企业各方面有关质量问题的分析和改善中起着重要的作用。

销售与营销——市场调研与客户反馈对制订成功的营销计划及研发新产品都十分关键。结合营销过程，有效运营有利于公司更好地满足客户需求。

资金——预算信息对公司各部门全部都十分重要。运营经理也许需要估算运营中各阶段的成本，目的在于制定合理的预算并精确预测损益信息。资产设备的淘汰更新和维修也需考虑在内。

人力资源——确定各部门最适宜的人数配置及其人员与岗位结构的整体组织也是运营经理的职责之一。

设备管理——环境法规、废物处理（或者生产过程中的废料清除）、安放位置、员工安全与健康，这些都是运营经理也许需要考虑的问题。

经过改善业务过程，不管涉及管理、营销、研发还是其他所有方面，从理论上讲，企业能够生产出更好的产品、获得更高的利润，并且在更大程度上满足客户需求，进而拥有更忠实的客户群体。

9.2.8 风险分析

这部分详细说明项目实施过程中也许会遇到的风险，提出有效的风险控制和防范手段。涵盖关键资源风险、市场风险、政策风险、财务风险、其他不可预见的风险及项目实施可能出现的风险及拟采取的控制措施。

1. 关键资源风险

关键资源包括技术、特许、资产等，目的是要将性能水平在原来的基础上提高一步，但也可能由于受某些新的约束条件的作用从而使性能水平原封不动，甚至出现下降。其中技术风险的性质与原因随系统的不同而不同，常常是由于对新系统和新设备提出前所未有的性能要求造成的。创意的可模仿性和专利很容易被人盗取，因此存在风险。

2. 市场风险

创业市场的风险主要在市场实现环节，因为市场的不确定性而导致创业失败。例如，通货膨胀会导致物价变动，使资产负债表所反映的资产价值低估，不能反映公司的真实财务状况；消费者爱好与公司提供的消费平台不匹配。

3. 竞争风险

许多竞争者出现，公司将面临同行的众多挑战。这对公司的生存发展产生威胁。在竞争激烈的细分市场中，提高品牌知名度并使其产生实际的销售收益对企业非常重要。新成立的公司知名度小，对扩展公司的规模有一定的制约。

4. 财务风险

财务风险主要是指研发、营销期间由于资金短缺所造成的阻碍产品发展的风险。充足的资金是企业良好发展的前提，为了避免资金短缺带来的研发、管理受阻的情况，企业必须提前做好融资准备，提前引进资金流。

5. 应对措施

通过对市场风险、竞争风险和财务风险的充分分析和把握，积极采取激励和考核相结合的方法，通过里程碑和自然的过程控制策略，尽最大的努力降低风险，增强企业的活力和动力。

9.2.9 财务预测

1. 项目运营的进展

项目运营状况可以用图表及数据展示进展，大致分为开发阶段、正式发布阶段、未来1～3年的营运目标。

对于每个阶段，可以用用户量、活跃度、交易额、留存率等（列出项目涉及的主关键性数据）数据进行说明，证明项目已经在付诸行动，最好已经取得初步成效。如果处于开发阶段，也请注明开发周期，便于直观地观察进展。

科技创业一定要避免天马行空、纸上谈兵；初创期要避免技术不成熟、实现难度过大的产品或服务。要记住，投资人不会长期持续投入帮助你完成产品研发。

2. 财务分析（资金需求）

此处需要说明公司的财务状况、融资计划具体包括以下几项内容。

（1）投资融资计划（表＋少许文字说明）。

（2）资产负债预测（表＋少许文字说明）。

（3）现金流量预测（表＋少许文字说明）。

（4）损益平衡预测（表＋少许文字说明）。

（5）损益平衡点预测（根据资金需求和运营预测做假设前提＋公示推算）。

（6）退出计划（IPO、收并购）。阐明退出政策的重要性，需要详细描述你可能的退出方式及理由。

9.3 本章小结

本章从宏观的角度阐述了整个企业的发展和迭代过程的关键步骤和主要影响因素，由确定问题、价值载体、商业模式、杠杆效应、实施迭代、财务计划和退出策略7个方面组成。

围绕"我们这个企业是干什么的？按什么原则干的？"这两个基本问题，本章提出了企业应遵循的一些重要宗旨供创业者参考。提出通过价值载体的技术创新，为初创企业带来未来成长的巨大优势，实现以小博大，保证企业的良性成长。从垄断的角度诠释商业模式的本质，辨析初创企业与垄断企业在市场规模上的利弊，告诉创业者要看到循序渐进发展的力量，主动占领利基市场。

应用杠杆原理能帮助初创企业从小的起点开始，撬动足够规模的资金，本章介绍了权益筹资和客户筹资两种，并详细介绍了财务管理中的杠杆原理—财务杠杆、经营杠杆与复合杠杆。本章还推荐利用冲突理论和定位理论进行市场营销，通过企业内部管理和激励帮助企业实现升华。此外，本章还对财务计划制订、收购兼并上市等企业退出策略进行了论述。

最后介绍了商业计划书的写作，帮助创业者整理清楚思绪，组织自己的商业计划。

9.4 讨论和实践

讨论：
1. 讨论使命感对于创业的影响，创业是否一定要怀有使命感。
2. 如何理解"企业不创新是等死，但创新可能死得更快"？
3. 自选两三个前沿的科学技术，讨论科学技术新趋势对社会发展的影响。
4. 面对垄断企业，初创公司应该如何选择市场，寻找交易机会？
5. 举例两三个成功的金融杠杆应用实例，试分析其成功的有利因素。
6. 经验表明许多新的风险企业能够获利却未能成功，试给予说明。
7. 有人认为，撰写商业计划书的过程和计划本身同样重要，你的看法是什么？

实践活动：
1. 到本地众创空间或高新产业园了解民营企业家的创业历程。
2. 基于之前的小组项目，完成不少于 30 页的商业计划书。

主题（快速检索）：	
线索：	摘录：
开篇： 提示： 思考： 图形和表格：	讲义内容： 学习内容： 简要阐述： 课堂记录：
总结（快速检索）：	
关键要点： 复习总结：	

主题（快速检索）：	
线索：	摘录：
开篇： 提示： 思考： 图形和表格：	讲义内容： 学习内容： 简要阐述： 课堂记录：
总结（快速检索）：	
关键要点： 复习总结：	

附录

商业计划书

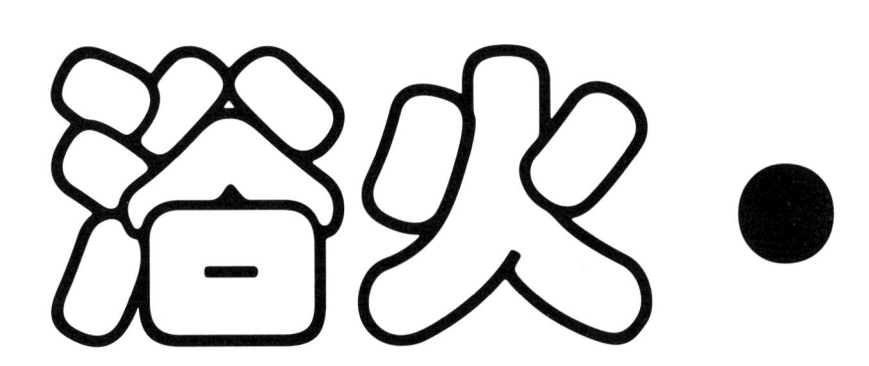

浴火·

云创投孵化

成都菁英汇智能科技有限公司

商业计划书目录

1 商业计划书概要 ·· 263
　1.1 我们是谁 ·· 263
　1.2 我们要做什么 ·· 263
　1.3 我们需要什么 ·· 263
2 价值载体 ··· 264
　2.1 问题和需求 ·· 264
　2.2 解决方案 ··· 264
　2.3 产品或服务 ·· 265
3 用户分析 ··· 268
　3.1 用户画像 ··· 268
　3.2 典型用户描述 ·· 269
　3.3 由谁支付 ··· 270
4 行业分析 ··· 271
　4.1 行业现状和趋势 ··· 271
　4.2 市场细分和金字塔模型 ··· 272
5 竞争分析 ··· 274
　5.1 竞争者 ·· 274
　5.2 成功的关键因素 ··· 276
　5.3 我们的优势 ··· 278
　5.4 行业壁垒 ·· 280
6 风险分析 ··· 282
7 运营和财务计划 ··· 284
　7.1 项目运营的进展 ··· 284
　7.2 财务计划 ·· 284
8 创业团队概况 ·· 289

1 商业计划书概要

浴火重生

1.1 我们是谁

成都菁英汇智能科技有限公司于 2015 年 10 月成立于四川成都，从建立之初，我们便将焦点聚集在大众创业的时代潮流之上。我们作为专业科技服务提供商，拥有专业建设运营管理咨询团队，服务全流程覆盖，提供一站式服务与管理。为创业者指明创业前路、扫除创业阻力，让所有在路上的梦想者"不困于粮草，不乱于迷阵"，最终创业成功。

1.2 我们要做什么

在国家"大众创业，万众创新"的政策号召下，每年的创业者大量增加，就对众创空间的需求方面而言，2008—2015 年全国的众创空间是 2800 多家，但 2015 年就翻了一番，增长到 4600 多家。数量上的明显增多说明了创业者的热情和政府在创新创业方面的推广效果。

创业也是个市场，有进有出，一些跟上时代需求抢先发展科技创新创业服务的众创空间也随着时间的涤荡开始退出行业。前不久，深圳一孵化器宣布倒闭，有人开始预言"90%的孵化器将死于 2016 年"，创业迎来了冬天。其实不然，创业的成败关键在于创业服务的发展方向和优质服务的提供。

基于对创业投资的理解，本项目利用线上线下相结合的方式提供全面、细致、精确的创投服务，形成一套针对创业种子期、创业启动器、创业成长期、创业扩张期和创业成熟期五大创业阶段的服务体系，构建一个吸纳各领域人才的创业社区。本项目内容涉及面广而精，涵盖线上的电商服务平台与线下的众创空间实体。

1.3 我们需要什么

在国家倡导"大众创业，万众创新"的形势下，我们鼓励大众理性高效地创业，坚持政府引导、专业化管理、市场化运作原则。2016 年政府在互联网及传统行业与网络融合的法治化、规范化和监管方面依然大有可为，我们期待强有力、有针对性、见成效的政策能够持续实施，在政府及社会各界的共同努力下，让"互联网+"点亮我们每个人的生活。

在技术方面，我们已经搭建起一个集孵化、服务、众筹、资源等于一身的全面网络众创平台，该平台具备完善的资源提供、创业孵化、众筹交易、信息发布、便利沟通等功能，成功将线下资源与网络对接，增加了众创孵化的影响力和成功率。

我们还需要资金和人才。为实现目标线上与线下结合的众创孵化平台，资金必不可少，经费保障可提高平台构建效率，使基础设施更加完备。同时，人的因素往往大于其他的各个方面，管理人员、技术指导、科技普及、项目顾问、基础服务等人才是平台的灵魂支柱。我们需要更多技术和管理人才的加入，共同推动社会的创新精神和能力的发展。

2 价值载体

2.1 问题和需求

在国家"大众创业，万众创新"的政策号召下，每年的创业者大量增加，就对众创空间的需求方面而言，2008—2015年全国的众创空间是2800多家，但2015年就翻了一番，增长到4600多家。数量上的明显增多说明了创业者的热情和政府在创新创业方面的推广效果。

创业也是个市场，有进有出，一些跟上时代需求抢先发展科技创新创业服务的众创空间也随着时间的涤荡开始退出行业。前不久，深圳一孵化器宣布倒闭，有人开始预言"90%的孵化器将死于2016年"，创业迎来了冬天。其实不然，创业的成败关键在于创业服务的发展方向和优质服务的提供。

从政府对于众创空间的指导方向变化中我们可窥探一二。对比2016年和2015年两份国务院关于众创空间的重量级文件不难看出，国家对于众创空间的引导已经从遍地开花到重点突破，特别强调的是服务实体经济转型升级。通过龙头企业、中小微企业、科研院所、高校、创客等多方协同，打造产学研用紧密结合的众创空间，吸引更多科技人员投身科技型创新创业，促进人才、技术、资本等各类创新要素的高效配置和有效集成，推进产业链和创新链深度融合，不断提升服务创新创业的能力和水平。其政策核心就是：推进产业链和创新链深度融合的双创2.0时代。

众创空间的特点是企业多元化，这注定了它不可能以基金管理人的方式在创投领域深耕细作，或者只对明星企业服务。在全民金融、全民创业的大环境下，资金多、项目多，导致信息成本大幅增加，众创空间的融资服务的核心价值应当是降低交易成本。

一方面，众创空间是了解入驻企业的，因为这些企业就在眼皮底下发展、壮大，不断使用众创空间的各项服务，众创空间对企业具有天然的信息优势；另一方面，众创空间可以与大量、不同类型的投资人建立起长期合作关系，了解一个创业项目应当匹配什么样的投资人，这将大大降低创业企业寻找投资人的信息成本。总的来说，众创空间提供的服务应当也是全方位和多元化的，投资服务也应当遵循这一原则。众创空间的投资策略不应当是领投，但可以是跟投，这样的商业逻辑和盈利模式才是靠谱的。

2.2 解决方案

基于对创业投资的理解，本项目利用线上线下相结合的方式提供全面、细致、精确的创投服务，形成一套针对创业种子期、创业启动器、创业成长期、创业扩张期和创业成熟期五大创业阶段的服务体系，构建一个吸纳各领域人才的创业社区。本项目内容涉及面广而精，涵盖线上的电商服务平台与线下的众创空间实体。线上服务针对初创企业可能遇到的资金、场地、企业管理、产品设计、行政需求、仪器设备、股权交易等全方面的问题进行针对性的一条龙服务，为创业过程保驾护航。线下实体关注最新科技发展动态，将科技与生活生产进行有机结合，向参观者展示最新科技成果，向科技创业者指明最先进的科创道路，同时线下的创客培训能让更多希望通过科创产生价值的人真正有能力去实现梦想。通过线上线下的全方位部署，促进地区创客的成长、区域经济的发展、创业文化的培养，真正做到响应"大众创业，万众创新"的号召，对国民成长、国家发展、区域发展均有极其重要的意义。

在技术方面，在线下和北京大学、清华大学、中国科学院、电子科技大学等研究组织合作，为创客带来最准确、最新鲜的科技资讯和前沿视野。完善的电商服务平台也能给初创企业带来极大的便捷，总体而言，项目的技术水平高，能适应区域的发展要求。

2.3 产品或服务

项目内容由两部分组成，如附图 1 所示。

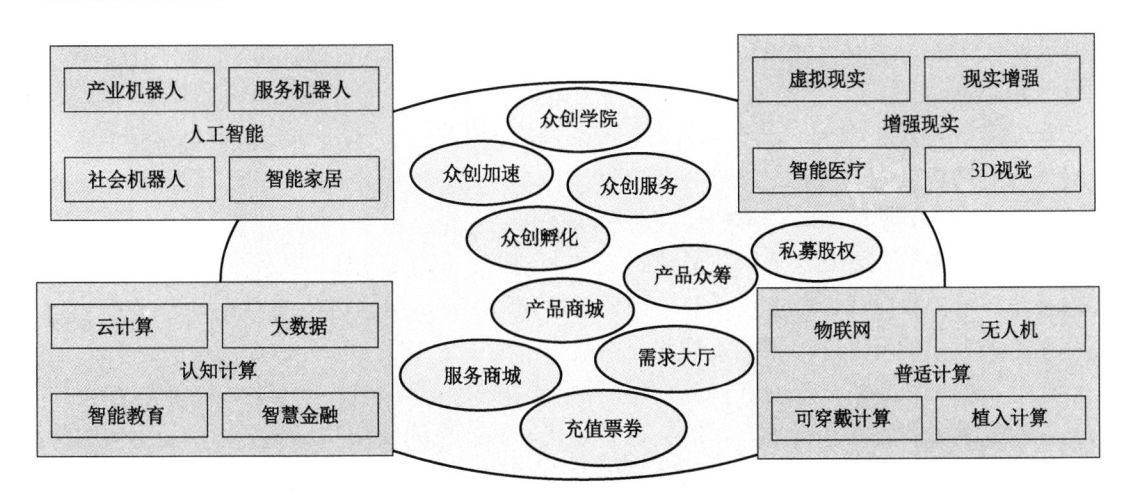

附图 1 项目内容

1. 电子商务平台

第一部分是以科技创业为脉络，以多角度创业服务为目标的电子商务平台。基本的内容如下。众创平台主要为种子期、预备期和加速期的团队或企业提供服务。基础服务提供创业过程中最基本的服务，如公司注册、政策及行业信息的咨询、税务代理等；成都菁英汇智能科技有限公司由平台服务提供商直接作为第三方服务提供商为创业者和创业企业提供专业增值服务；市场营销服务由第三方为创业者和企业提供营销策划、营销代理、营销人员培训等一系列市场营销服务；产品设计由第三方根据创业者和企业的定位提供产品设计和资讯服务；软件开发由专业的技术人员或团队为创业者和企业提供软件开发服务；科技服务由专业中介机构为创业者和企业提供专利服务、知识产权、仪器共享、技术合作、设施服务等一系列科技服务。

众创加速主要为经过孵化器成长起来进入加速阶段的创业企业。私课咨询由成功创业者和高校教授及各领域专家等为加速期创业者和企业提供创业咨询、解决创业难题和关键问题。诊断辅导由领域专家和创业导师为加速期的创业者诊断解决创业过程中的问题，为创业者加速发展为成熟的企业铺平道路。

团队提升由中介服务机构针对团队的结构进行团队撮合、猎头、拓展训练和强化培训，以提升团队能力和强化协作精神，进行专门的培训和辅导服务，为创业团队保驾护航。天使投资和风险投资可以让创业者及其项目接触更多的投资人，增加获得风险投资的机会，提升创业成功率。

众创学院包括公开课、集中营、突击队、云路演等服务内容。公开课由社会各界学者、企业家和领域专家分享思想、经验和经历；由更多专家教授和技术人员分享新技术的发展趋势和应用挑战。也会提供一些技术培训和支持的相关公开课和私人培训。集中营为同类相似阶段的创业者进行集中强化培训和训练，进行快速的技术解决方案、商业模式、管理和营销等方面的集中强化训练。突击队为已经具备一定基础的创业团队进行创业导师具体指导和训练。云路演主要为争取天使投资、私募股权、风险投资或预上市阶段的企业进行各种路演推介设计和服务。

众创商城为标准的 Saas 云计算服务，产品商城为创业企业以及地方中小企业或个体工商户提供线上销售渠道，可以根据地方特点设计为农产品、果蔬产品、土特产品、服务产品、定制产品等多种类型的商城，形成专业的纵深层次商业平台。

服务商城为创业者和企业提供具有针对性的创业、创新、知识产权、创意协作、人力资源、康养、陪护和护理、专业设计和咨询、培训和拓展训练等全方位的专业服务。

在需求大厅里可以进行需求集募并公开发布，集中更多服务商为你提供解决方案。

众筹平台由私募股权平台和产品众筹两部分组成。私募股权平台可以在当前法律框架下为创业者提供私募股权和资本，帮助创业者寻找志同道合的伙伴和资金支持，让更多的想法变为现实。同时早期的投资者可以在法律框架内进行股权交易和转让，既能保证创业者的创业得以延续，也可以在必要的时候通过转让部分投资股权回收变现一部分资金。产品众筹为创业者和创业企业提供产品众筹平台，让每一个优秀的想法都能成为现实，从此资金不是问题。它既支持预售形式的众筹，也支持赞助或投资性质的众筹。众筹平台是初创企业和个人为自己的项目争取资金的一个渠道。众筹网站使任何有创意的人都能够向几乎完全陌生的人筹集资金，消除了从传统投资者和机构融资的许多障碍。

2. 众创空间

第二部分是众创空间，它是为创业者提供的前沿科技创新的训练场和实验室。根据具体的领域和行业分类，众创空间具体可以规划和建设认知计算、人工智能、增强现实和普适计算四大类科技前沿的主题众创空间，帮助创业者开阔眼界，感受未来，产生更多创意并有机会在这里接受训练和开展早期产品实验。

（1）认知计算。

大数据、云计算为企业现代化发展提供技术解决方案及技术支持，引入专家及培训人员，对企业员工及创业者进行专业上的培训，以提供源源不断的人才资源。现代电子商务平台及机器学习的崛起，为商业领域的垂直细分提供了优良的条件。

众创平台的创业创新资源的组织和强化的服务能力，可以提供优越的创业孵化环境，从兴趣的建立到视野的开阔，从技术创意的产生到原型的设计和实现，从服务领域到商业模式，可以通过全过程协同创新培育新技术和新产品，实现新的细分市场的建立和开拓。

现代商业、智能教育及智慧金融在以大数据和云计算为依托的背景下，应时代发展而生。现代商业实现企业间业务流程的电子化，配合企业内部的电子化生产管理系统，提高企业的生产、库存、流通和资金等各个环节的效率。

智能教育利用依托平台，利用大数据及云计算技术，引领教育智能化、信息化、个性化潮流；智慧金融在大数据、云计算的技术背景下，发展智慧金融，推动信息及资金更顺畅地流通，通过合理地配置和更安全地使用，更好地服务个人和企业用户。

（2）人工智能。

随着人工智能的发展及在各个领域应用的研究深入，人工智能在人们生产生活中的渗透日益加深，产生了极大的便利。

人工智能众创空间平台，充分利用产业园区提供场地，充分发挥高校及科技企业资源，购入及配置智能制造、智能生活、智能家庭、智能系统领域的人工智能产品进行展示及体验，配备各种社会机器人、工业协作机器人、服务机器人、人形机器人等，可供参观、编程实验，还提供配件和实验室供感兴趣的创新技术人员进行设计和组装、编程实现。

帮助大众、投资者及学生体验智能生活，给大家带来方便与乐趣，使大家深入了解人工智能产品在农业、工业及服务业等领域的应用，为开发者及学生提供开发智能产品的空间及设备，为投资者提供寻找投资机会。

企业会针对众创空间进行后续的服务及维护，并邀请高校专家及研究人员定期在众创空间对创业者及大学生进行技术培训，以保证众创空间的正常运转，为大学生创业提供更加优越的物资条件及技术支持，以便更多的科技类创业项目应运而生。

（3）增强现实。

随着仿真技术与计算机图形学、人机接口技术、多媒体技术、传感技术、网络技术等多种前沿学科和研究领域在国内外的蓬勃发展，虚拟现实和增强现实在医学、娱乐、军事航天、房产开发、工业仿真、教育、交通等应用日益显现出其出众的能力。

增强现实众创空间，配置国外顶尖虚拟现实及现实增强设备，以供参与人员体验感受虚拟现实及现实增强带来的奇妙体验，通过展示其技术原理及提供相关技术应用，促进创业者对科技时代潮流的把握，激发创业者对技术创新改革的热情，以期更多创业者能把新兴技术应用到更多领域，促进我国科技创业的发展，为未来生活提供更多技术上的变革。

虚拟现实是一种可以创建和体验虚拟世界的计算机仿真系统，增强现实则能实时地计算摄影机影像的位置及角度，并加上相应图像来将虚拟世界套在现实世界并进行互动。目前的虚拟增强现实设备主要以头戴式眼睛为主。配备各种 VR 和 AR 头盔，如 HoloLens、Oculus VR 等，同时配有专业的技术人员，为参观者和创业者提供相关设备的体验、讲解，以及组装和设计培训服务。

（4）普适计算。

普适计算的核心思想是小型、便宜、网络化的处理设备广泛分布在日常生活的各个场所，在现今社会物联网、无人机、可穿戴技术的发展热潮下，普适计算用途广泛，遍及智能交通、环境保护、政府工作、公共安全、平安家居、环境监测、路灯照明管控、个人健康、食品溯源、敌情侦查和情报搜集等多个领域。

普适计算众创空间，配置生活常见的应用场景，安装并配置物联网系统，以供参与者体验物联生活的便利；提供多种用途无人机，以供体验者了解无人机在日常生活及生产生活中的应用；提供多种可穿戴设备，以便参与者了解可穿戴设备在智能应用及健康监测中的作用及影响。

普适计算众创空间，通过提供产品及展示相关技术，促进创业者在普适计算蓬勃发展的今天，跟上时代的潮流，为创业者的创新创造提供指引之路及技术导向支持。

3 用户分析

3.1 用户画像

本项目旨在为不同创业阶段的创业团队提供便捷、高效、"一站式"的创投服务。

创新创业涉及的领域极其广泛，但总的来说，可以将创新创业归纳为4个过程：发现问题、提出解决方案、孵化加速、成熟退出。发现问题是一个成功创业者必备的素养和必然要经历的过程，通过发现问题把握人们的需求和需要。提出解决方案，形成新的产品满足需求、新的市场聚集用户、新的生产提高效能、新的组织方式产生增长。孵化加速过程可以为更多的人解决问题。商业是最大的公益，也是社会进步的推动力。通过孵化和加速发展形成企业。创造和拓展，通过扩张现金流或增加利润，掌控平台或入口获取价值。通过多元化或出售、上市退出。

创业过程具有阶段性，通常可以划分为5个阶段，即种子期、创建期（启动期）、成长期（发展期）、扩张期和成熟期。创业企业在不同的发展阶段处于不同的发展状态，每一阶段在企业规模、资金需求、投资风险、市场开拓及公司成长等方面都有明显差别。

1. 种子期

这一阶段基本上处于R&D的技术、产品开发阶段，即试验与发展（R&D）的中后期，产生的是实验室成果、样品和专利，而不是产品。企业可能刚刚组建或正在筹建，基本上没有管理队伍。这一阶段的投资成功率最低（平均不到10%），但单项资金要求最少，成功后的获利最高。这一阶段的主要投入形式为政府专项拨款、科研机构和大学的科研基金、社会捐赠和被称作精灵投资者的个人创业投资家提供的股本金等。由于投资风险太高，规范的创业投资机构基本不涉足这一阶段。

2. 创建期

这一阶段，企业已经有了一个处于初级阶段的产品，而且拥有了一份很粗的经营计划（Business Plan），一个不完整的管理队伍。没有任何收入，开销也极低。据统计，创建阶段一般在一年左右。至该阶段末期，企业已有经营计划，管理队伍也已组建完毕。

这一阶段大致相当于我国划分的小试阶段前期，技术风险与种子阶段相比，有较大幅度下降，但投资成功率依然较低（平均不到20%）。虽然单项资金要求较种子阶段要高出不少，但成功后的获利依然很高。这一阶段，那些非营利性的投资，由于法律的限制将不再适宜，所以创业投资将是其主要投入形式。一般来说，创业投资从这一阶段才真正介入创业企业的发展。

3. 成长期

这一阶段大致相当于我国划分的小试阶段后期和中试前期，技术风险大幅度下降，产品或服务进入开发阶段，并有数量有限的顾客试用，费用在增加，但仍没有销售收入。至该阶段末期，企业完成产品定型，着手实施其市场开拓计划。这一阶段，资金需求量迅速上升，由于创业企业很难靠自我积累和债权融资等方式解决这一阶段的资金需求，所以创业投资依然是其主要投入形式。

4. 扩张期

这一阶段大致相当于我国划分的中试阶段后期和工业化阶段，企业开始出售产品和服务，但支出仍大于收入。在最初的试销阶段获得成功后，企业需要投资以提高生产和销售能力。在这一阶段，企业的生产、销售、服务已具备成功的把握，企业可能希望组建自己的销售队伍，扩大生产线，增强其研究发展的后劲，进一步开拓市场，或拓展其生产能力或服务能力。这一阶段，企业逐步形成经济规模，开始达到市场占有率目标，此时成功率已接近70%，企业开始考虑上市计划。这一阶段的融资活动又称作 Mezzanine，在英文中的意思是"底楼与二楼之间的夹层楼面"。可以把它理解为"承上启下"的资金。它是拓展资金或是公开上市前的拓展资金。这一阶段意味着企业介于创业投资和股票市场投资之间。

投资于这一阶段的创业投资通常有两个目的。

（1）基于以前的业绩，大大降低风险性。企业的管理与运作基本到位。业已具有的成功业绩，使风险显著降低。

（2）一两年以后企业便可迅速成长壮大走向成熟。这个阶段之所以对创业投资家有一定的吸引力，是因为企业能够很快成熟，并接近于达到公开上市的水平。如果企业有这种意向，在这一阶段介入的创业投资将会帮助其完成进入公开上市的飞跃。公开上市后创业投资家便完成了自己的使命从而撤出企业。因此，"承上启下"阶段的投资对创业投资家来讲可以"快进、快出"，流动性较强。

这一阶段资金需求量更大。比较保守或规模较大的创业投资机构往往希望在这一阶段提供创业资本。在股本金增加的同时，企业还可争取各种形式的资金，包括私募资金、有担保的负债或无担保的可转换债，以及优先股等。

5. 成熟期

在这一阶段，企业的销售收入高于支出，产生净收入，创业投资家开始考虑撤出。对于企业来讲，在这一阶段筹集资金的最佳方法之一是通过发行股票上市。成功上市得到的资金一方面为企业发展增添了后劲，拓宽了运作的范围和规模，另一方面也为创业资本家的撤出创造了条件。创业投资家通常通过公开上市而撤出，但有时也通过并购方式撤出。

3.2 典型用户描述

本项目具有国际化的创投服务视野和规划管理能力，具有国际创新领域的全视野专家团队和发展方向的支持，具有广泛的孵化器运行情况了解和市场敏感性，提供所有创业和投资全阶段的多种专业服务和平台。

针对处于不同创业阶段的用户特点的剖析，本项目针对性地提供了一系列量身定制的创投服务，着力解决创业全过程中潜在的"拦路虎"，为创业者提供便利，并通过线上与线下相结合的方式，构建体系化的创业投资服务、区域化的创业投资社区、生态化的创业投资环境。

从零起步开始创新创业的团队，还未组建稳定的管理队伍，处于产品和服务的初期研发阶段。本项目提供创业起步阶段的条件和服务，发现和培育创业主体。针对基础设施、技术服务、产品设计3个方面，提供办公场所的设施设备的使用服务；提供咖啡会议等的预约服务；提供各种类型的网站开发服务；提供面向网页及移动端的美工设计服务；按照产品定位的要求，对目标功能系统进行概念性构建；针对目标产品的形状、图案、色彩及其结合做出富有美感并适于工业应用的设计。

对于早期的创业团队，本项目还提供技术、推广、商务、科技等有助于团队快速成长的专业孵化服务。针对商务秘书、科技服务营销推广3个方面，提供工商、税务、机构管理、办理各种许可证书和手续的服务；提供专利申请、专利许可、专利纠纷服务等服务；提供代理申请和保护软件著作权的服务；为产品推广提供挖掘及营销策划服务；提供广告宣传、渠道建设等代理营销服务。

对于加速期的创业团队，提供企业完善和加速发展方面的提升服务，助力创业和投资集合。针对诊断咨询、团队提升、品牌扩张3个方面，提供对企业当前的财务状况进行分析、诊断及规划的较为全面的财务服务；提供对产品供应链的分析及优化服务；提供针对企业核心管理团队的沟通协作能力的分析、训练提升服务；提供对创业团队或企业核心管理团队进行的问题分析及团队重组服务；提供品牌策划服务，针对初具规模的企业服务，旨在传递企业价值观、建立企业品牌声浪。

本项目还设立了众创学院，针对不同阶段的创业或投资者，不同类型的参与者，提供丰富的众创学院授课、集训和具体指导服务。设立技术主题，对技术领域细分，提供一种或一类的方法、框架；设立创业主题，泛谈创业流程、分享创业故事、提升组织管理协作能力、进行思维训练和创意萌发；设立营销主题，分享经典营销案例、教授营销基础、提升方法、进行实战训练；设立设计主题，设计分享、教授基础理论、分析案例、提升方法、设计实战；设立投资主题，进行投资分享、教授投资理论、分析投资案例、进行对于某一领域的投资训练。

3.3 由谁支付

本项目覆盖线上服务交易平台和线下服务实体与众创空间，提供全方面、一站式的创新创业项目的孵化与支持。多样的服务形式和服务场景，为本项目提供了多种盈利模式。

本项目的盈利模式由3个部分组成：物业租业、服务收费、投资收益。

对于不同创业阶段的团队，本项目提供了全面、切实的企业服务，对接服务商和创业者的同时，收取一定的服务费。从零起步开始创新创业的团队，还未组建稳定的管理队伍，处于产品和服务的初期研发阶段。本项目提供创业起步阶段的条件和服务，发现和培育创业主体。针对基础设施、技术服务、产品设计3个方面，提供办公场所的设施设备的使用服务；提供咖啡会议等的预约服务；提供各种类型的网站开发服务；提供面向网页及移动端的美工设计服务；按照产品定位的要求，对目标功能系统进行概念性构建；针对目标产品的形状、图案、色彩及其结合做出富有美感并适于工业应用的设计。对于早期的创业团队，还提供技术、推广、商务、科技等有助于团队快速成长的专业孵化服务。针对商务秘书、科技服务、营销推广3个方面，提供工商、税务、机构管理、办理各种许可证书和手续的服务；提供专利申请、专利许可、专利纠纷服务等服务；提供代理申请和保护软件著作权的服务；为产品推广提供挖掘及营销策划服务；提供广告宣传、渠道建设等代理营销服务。对于加速期的创业团队，提供企业完善和加速发展方面的提升服务，助力创业和投资集合。针对诊断咨询、团队提升、品牌扩张3个方面，提供对企业当前的财务状况进行分析、诊断及规划的较为全面的财务服务；提供对产品供应链的分析及优化服务，提供针对企业核心管理团队的沟通协作能力的分析、训练提升服务；提供对创业团队或企业核心管理团队进行的问题分析及团队重组服务；提供品牌策划服务，针对初具规模的企业服务，旨在传递企业价值观、建立企业品牌声浪。

4 行业分析

4.1 行业现状和趋势

企业孵化器是培育和扶植高新技术中小企业的服务机构，通过为新创办的科技型中小企业提供物理空间和基础设施，提供一系列服务支持，降低创业者的创业风险和创业成本，提高创业成功率，促进科技成果转化，帮助和支持科技型中小企业成长与发展，培养成功的企业和企业家。科技企业孵化器的发展已形成自己的特色并开始呈现多种形态，孵化器正朝着形式多样化、功能专业化、投资主体多元化和组织网络化方向发展。在实施创新型国家的战略目标中，孵化器提供了创业所需的研发空间、基础设施、技术支撑、培训辅导、管理咨询、融资和市场渠道等基本保障，形成了其他中介机构所不具备的综合服务体系和运行机制，为发掘和培育战略性新兴产业的"源头"企业，造就了数万家具有性、带动性、成长性的高新技术企业。

我国的科技企业孵化器从无到有、从小到大，我国已经发展为世界孵化器大国。截至2014年年底，我国的科技企业孵化器数量达1576家，其中事业性质的有684家，占比43.42%；企业性质的有892家，占比56.58%。孵化面积超过4587万平方米。目前国家级孵化器的企业3年存活率超过80%，高于孵化器外10倍以上。累计毕业企业53027家，上市超过200家。

孵化器在中国诞生以来的十多年里取得了公认的令人瞩目的绩效，主要表现在以下几个方面：孵化了大量的科技型中小企业，为国民经济的发展和产业结构的调整做出了贡献；提高了科技成果的转化率，为促进高新技术的产业化做出了贡献；创造了大量的就业机会，为保持社会的稳定做出了贡献；转变了科技人员的观念，营造了创业的氛围，为社会培育出一大批优秀的科技企业者和企业家；吸引了大量的海外学子回国创业，提高了国家的人才素质和国际竞争力；促进了与国际科技的交流与合作，与国外的科学园区及科技企业孵化器建立了多种形式的合作关系；孵化场地面积空前拓展，规模经济效应初步形成；同时为创业教育提供了平台，为国企改革提供了新路径。

我国孵化器发展的特点可以归纳为以下几个方面：孵化器起步晚、历史短、发展快；专业型孵化器特别是软件孵化器发展为我国IT产业的发展提供了条件、机遇和生机；政府投资与风险投资结合、科技与制度创新结合是我国孵化器进一步发展的动力；孵化器已成为推进高新技术产业化的有效手段；服务能力不断增强，功能更加完善；类型日益多样化；投资主体逐渐多元化；孵化器与高新区实现良性互动；孵化器从高新区内向高新区外扩展。

纵观国际和国内的孵化器现状，本项目对其发展环境、条件建设、发展机制、创新主体、当地优势和运行模式等方面进行了一定的研究。

在发展环境方面，国际企业孵化器努力建立各种工作体系，促进在孵化企业国际竞争力的提升。国内目前调整经济结构和产业结构，支持全民创业，万众创新，为提倡和推动创新主体和创新载体发展提供了良好的基础环境。

在条件建设方面，国内孵化器整体硬件条件优越，但缺少兼具创业和科技创新背景的国际化视野管理人才。目前国内孵化器中关村、深圳因聚集了大量的高新技术、供应链、人才和资本而在国内领先。内地地级城市因视野受限、人才匮乏，孵化器大多处于起步阶段。

在发展机制方面，国际企业孵化器在推动自身发展的同时，广泛引进资金、技术、人才，在区域间的合作中发挥了重要的纽带作用。国内孵化器绝大多数由政府组建，采取"事业化体质，企业化运营"，但是政府主导型机制暴露出越来越多的弊端。

在创新主体方面，大学和科研机构是创新主体，尤其是工科大学。但缺少成果转化的动力和人才的发现、培育和孵化。当前孵化器主要通过宣传吸引成熟的项目加入孵化。这种模式带有巨大的地域和资源导向。中小城市在这种模式下显示出被抽空效应。

在当地优势方面，同质化很难形成竞争力和产业引领效应，比较优势较弱的区域应当结合当地人文、气候、地理、产业、资本、人才和人口结构基础。通过发现、培育和孵化创新主体内聚式地引导创业。

在运行模式方面，孵化器研究产业趋势、市场和需求，指导大学生在创新实践当中去发现创新契机和创新主体、培育和孵化创业项目，可以突破地域资源优势竞争下的创新环境，创造内聚性的竞争创新主体。结合本地人力、民间资本、独特的地理和产业基础优势，打造中等城市的孵化器样板。

4.2 市场细分和金字塔模型

在"大众创业，万众创新"的号召下，中国已经成为全球孵化器数量最多的国家。截至2015年年底，中国有科技企业孵化器2530家，全国上报众创空间名单2345家，两项合计4875家，成为全球孵化器数量最多的国家。虽然中国发展成为全球孵化器数量最多的国家，但加速器的发展远不如国外。美国的加速器发展最为快速和完善，如微软加速器在全球建立分支，为微软集团不断输送全球最先进的技术和优质可投标的，以微软集团的快速发展带动当地经济的转型升级。中国虽设立了多个加速器，但并未发展成为具有中国特色的加速器，中国加速器的全面开花尚待时日。随着国内中小企业数量的不断增长，国内孵化器的功能越发多元化，满足不同中小企业的发展需求。

孵化器虽然起源于欧美国家，在中国起步发展时间不长，但孵化器的发展模式多种多样，主要有大企业平台型、"天使+孵化"型、开放空间型、媒体创新型、新型地产类、垂直产业型和综合模式型。

大企业平台型孵化器是指基于企业现有先进技术资源，通过技术扶持，衬以其庞大的产业资源为创业者提供高效便捷的创新创业服务。主导者通常为大型企业，利用其雄厚的资金实力及资源调配能力，为孵化器主导者带来新模式，为上游企业带来新技术。目前，国内三大运营商、百度、腾讯等科技型企业都已着手建立旗下孵化器，如中国电信创新孵化基地、微软创投加速器。大企业平台型孵化器的特点如附图2所示。

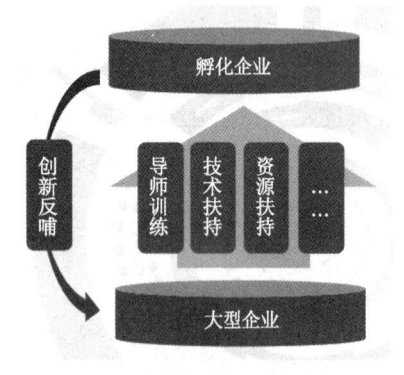

附图2 大企业平台型孵化器的特点

"天使+孵化"型孵化器主要是效仿美国等发达国家孵化器的成功模式：由民间资本或教育类机构，如各大创投机构或高校主导；同时对项目的筛选倾向于具有创新科技或创新服务模式的企业，入孵后对看好的企业进行天使投资，并在毕业后的后续融资中退出实现股权溢价。例如，创新工场、启迪之星孵化器、洪泰创新空间、联想之星和深圳创新谷，主要通过投资来实现孵化器的盈利。"天使＋孵化"型孵化器的特点如附图3所示。

开放空间型孵化器的孵化模式，是在此前孵化器初期的基础上进行了全面的包装和完善，更注重服务质量和品牌效应，致力于打造创业生态圈。该模式的孵化器为创业者提供基础的办公空间，并以工位计算收取低廉的租金，同时提供共享办公设备及空间，如车库咖啡、3W咖啡、科技寺等。开放空间型孵化器的特点如附图4所示。

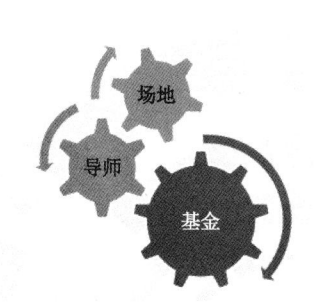

附图3 "天使＋孵化"型孵化器的特点

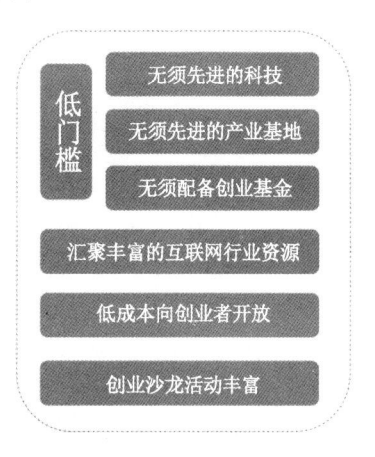

附图4 开放空间型孵化器的特点

媒体创新型孵化器是指依托自身庞大的媒介平台，凭借其对创业环境及科技型企业的长期跟踪报道从而积累的经验为创业者提供多种扶持帮助的孵化器。其有效地帮助创业孵化项目极大地提升了项目知名度，同时还提供各方面资源的对接。媒体创新型孵化器大多行业经验丰富，无盈利压力，同时自身经营多年的媒体平台可为孵化器提供持续型的经济支持，如创业邦旗下的孵化器 Bang Camp 和 36 氪旗下孵化器氪空间等。媒体创新型孵化器的特点如附图5所示。

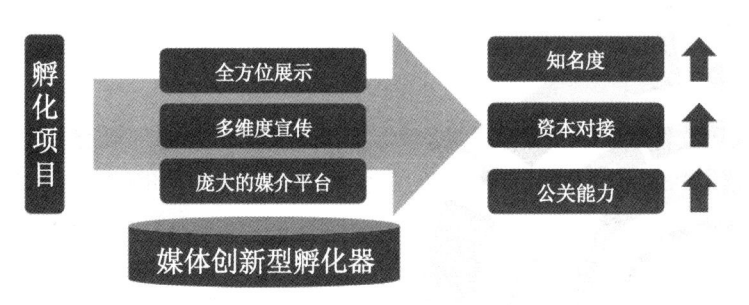

附图5 媒体创新型孵化器的特点

新型地产类孵化器诞生的时间不长，模式较为单一，目前主要靠出租办公位，并且提供共享办公设备、网络及出租办公空间为盈利模式。主导机构一般都为大型地产商，产业地产过剩，寻求转型，如 SOHO 3Q、优客工场等。其特点为租赁空间灵活，靠工位盈利。

垂直产业型孵化器指针对某一产业进行定向孵化，提供行业先进产业技术及孵化基金，帮助特定领域创业者将技术落地，产业化发展。该类孵化器一般在产业垂直方面有着庞大的人脉及行业资源，为特定行业的创业者提供除资金和技术以外的多项增值服务。北京中关村和上海市北高新技术服务业园区等有多个云计算产业孵化器，广东文投创工场则专注于互联网和文化产业的项目孵化；theNode 则凭借对文化科技行业资源的整合能力，帮助创业者成长。垂直产业型孵化器的特点如附图 6 所示。

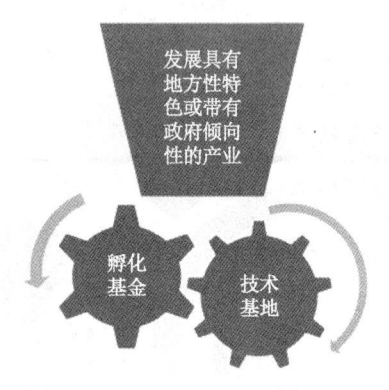

附图 6　垂直产业型孵化器的特点

综合模式型孵化器融合多样的服务形式并开发更多细分业务路线，以更好地促进孵化器的发展。例如，位于中关村的创业公社，其以"孵化＋投行＋投资"的运营模式，打造了集共享式办公空间、创业互助社区、小微金融、创业公寓于一身的全新模式众创空间。该类孵化器为移动互联、互联网金融、智能硬件等新兴领域的创业企业提供办公空间、创业公寓、基础运营、资源对接、咨询培训、天使投资、融资筹划等服务。

5　竞争分析

5.1　竞争者

本项目利用线上线下相结合的方式提供全面、细致、精确的创投服务，形成一套针对创业种子期、创业启动期、创业成长期、创业扩张期和创业成熟期五大创业阶段的服务体系，构建一个吸纳各领域人才的创业社区。本项目内容涉及面广而精，涵盖线上的电商服务平台与线下的众创空间实体。

总体而言，通过将线上商务服务和线下众创空间实体结合的创业孵化企业还没有值得关注的，可以说本项目在线上线下的结合为创业者构建了更加完整的孵化、加速服务。

1. 线上的主要竞争对手

在线上商务服务平台方面，主要有以下几个竞争对手。

（1）猪八戒。

猪八戒网是服务众包平台，由原《重庆晚报》记者朱明跃创办于 2006 年，服务交易品类涵盖创意设计、网站建设、网络营销、文案策划、生活服务等多种行业。猪八戒网有千万个服务商为企业、公共机构和个人提供定制化的解决方案，将创意、智慧、技能转化为商业价值和社会价值。

重庆猪八戒网络有限公司是中国威客行业的领军企业，其旗下的猪八戒网是中国最大的创意服务交易平台。有关数据显示，目前我国威客类网站达 400 余家，全国的威客人数已经达到 3500 余万人，总交易金额超 10 亿元人民币。其中猪八戒网拥有 1000 多万个服务商，累计交易量达 350 多万个，每日悬赏金额近千万元。

（2）企圈圈。

企圈圈是专注于为中小微企业提供一站式财务服务的O2O平台。它是通过线上下单，线下业务员对接服务的一站式服务模式，能快速地解决客户在业务办理过程中的难题。

企圈圈解决创业者及中小企业对公账户的开设、财税等问题，让创业者能更快地获得创业成功。目前该平台拥有一个200多人的专业服务团队，线上咨询0秒响应，可及时解答所有客户咨询的问题，及时处理在线订单。专业化服务精英团队，按照客户的不同需求，提供更加专业和贴心的一对一专属服务。

企圈圈平台能给客户提供一对一的独特服务方式，从网上下单到办理完成，都会有专业的服务精英去跟进，从而更好地保障了客户的权益，同时也缩短了办理时间。企圈圈隶属于深圳市财华财务代理有限公司，深圳市财华财务代理有限公司是一家专业的代账服务机构。该公司始创于2007年，是经深圳市市场监督管理局商事登记、深圳市财政委员会审批成立，具有法人资格，专门为中小型企业提供商事登记咨询和财务、税务、财税顾问、辅导上市、出口退税等方面的代理服务的机构。

2. 线下的主要竞争对手

在线下的众创空间方面，国内外的主要竞争对手有以下几个。

（1）Y-Combinator。

Y-Combinator（简称YC）是美国著名的创业孵化器，2005年由保罗·格雷厄姆在硅谷发起成立。Y-Combinator是编程术语，指创造函数的函数，意指YC是一家"创造公司"的公司。在短短几年内，YC基于强大的创业辅导能力和不断出现的成功案例，构建起强有力的品牌影响力，成为全球孵化器的标杆。在2012年《福布斯》网络版"十大美国创业孵化器与加速器"的排行榜中，YC位居榜首。截至2013年7月，YC孵化的564家创业公司中，有287家确定估值（进行融资、被收购、上市等），总估值约为117亿美元，融资规模约为17亿美元。

YC的运营成本包括YC为通过项目评审的创业团队提供的"$5000+5000n$"美元投资（n是愿意参与此项目投资的YC合伙人的人数），在创业者起步阶段YC介入提供为期3个月的培训、2万美元或以下的种子资金，以及YC公司15万美元的可转换债券投资。其收益来源于入孵项目2%~10%的股份，在初创企业上市或被其他企业并购时退出获利。

（2）TechStars。

成立于2006年的TechStars是美国最具盛名的孵化器之一。它在波士顿、博尔德、纽约市和西雅图都设有分点。TechStars的孵化期为3个月，每批孵化约10支团队，向每名团队成员资助6000~18000美元不等。

TechStars专注于具有跨国吸引力的科技公司，并且要求拥有受资助公司6%的股权。每期项目结束后都会面向风险投资资本家和其他投资者举办一次宣传会。

TechStars的模式是引入导师帮助它的初创公司，为每家初创公司提供10名导师，确保它们保持专注，都能获得导师的高度关注。TechStars还通过联手Startup America创立"全球加速器网络（Global Accelerator Network）"，与其他创业孵化器和加速器分享关于其模式的信息。通过此举，TechStars帮助其他加速器得以成立。

（3）联合创业公社。

联合创业公社创办于2010年，主要服务是为创业活动提供场地支持。

作为国内最大的联合办公空间，目前，联合创业公社在上海和北京两地共有 16 处空间，每一处空间都有它独立的名字，由不同的设计师设计。每个空间不仅包含了设计师独有的风格，还根据空间所在商圈的商业业态来进行空间的业态规划，为创业团队提供了灵活专业的办公环境，让再小的初创团队也能享受到堪比硅谷办公室的创业氛围。在这里，创业团队可以随时跟国内最有才华的创业者交流经验，分享资源。

5.2 成功的关键因素

成功的关键因素如附图 7 所示。

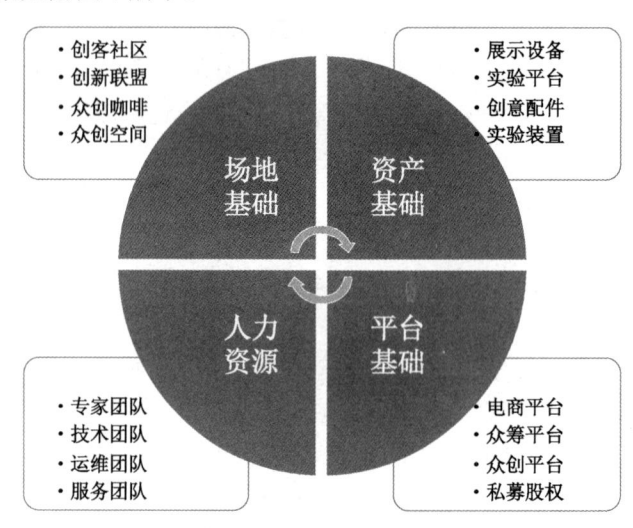

附图 7　成功的关键因素

1. 场地基础

线下的众创空间建设是本项目的两大核心内容之一，其为创业者提供空间场地和配套的基础服务，并根据地区的不同，线下的场地规划和使用状况不尽相同，本着"因地制宜"的思想为各个地区提供最具本地特色的创业场地规划与设计。

本项目将以一体化服务平台为中心，辐射周边人才公寓、茶馆、咖啡馆等物理空间，形成创客社区，为广大创新创业爱好者提供交流、创新的空间，实现 3 种功能：一是公共服务，提供一般性办公场所、共享设施等硬环境基础服务，以及政策、管理咨询、产业信息和培训辅导等软环境基础服务；二是特色服务，针对技术创新为企业、高校提供技术评估、技术咨询、技术发布推送、技术交易服务，针对创业为大学生、入驻者提供创业就业见习基地、孵化服务等；三是专业化服务，提供专业性增值服务，包括专业化的金融、财会、法律、市场推广及技术服务等，最终形成一套体系。探索适合地区发展的创新创业模式，充分发挥平台的支撑、引领和辐射作用，形成完整的大孵化科技服务体系。

2. 能力基础

该项目的运营团队由电子科技大学机器感知与智能系统研究中心建设，并与清华大学、北京大学、北京航空航天大学、中国科学院、斯坦福大学、芝加哥大学、路易斯安那州立大学、爱荷华大学、欧多米尼大学、罗格斯大学、法国科学院等众多知名专家教授保持长期密切的合作，从项目方案建设到具体项目内容实现，再到后期项目维护均有足够的人力和能力保证。私募股权平台可以推广和进行早期的股权资本融资服务。而产品众筹平台则可以对具有产品形态的创业进行预售或资助式的资金筹集。

3. 人才基础

在万众创新创业的浪潮下，越来越多的人渴望参与到创新创业的进程中。然而有很大一部分人由于资金、场地、设施、视野、知识水平等一系列问题而不知该如何着手，尤其是相当一部分大学生。该项目可以解决这些困扰，提供场地、设施、视野的开阔、定期的培训和指导，甚至是具体的产品设计、实验、测试、制作阶段都有很好的元器件和基础实验平台可供使用，有技术专家进行指导和支持。

项目应用地区的大学生群体具有高学历、完善的科学思考体系、较强的实践能力，通过提供场地、设施、视野的开阔、定期的培训和指导，甚至是具体的产品设计、实验、测试、制作阶段的元器件和基础实验平台，以及技术专家的指导和支持，能够迅速培育和崛起一批新时代的技术驱动的科技创业公司和人才。

正所谓"金麟岂是池中物，一遇风云便化龙。"

4. 商业模式

（1）中介服务（核心业务、商务秘书服务）。

（2）自营核心服务（代理、培训、会议、训练、竞赛）。

（3）流量和用户数量变现（广告、门户入口）。

（4）资助和扶持变现：政府项目扶持、政府资助和奖励。

（5）天使投资折股，股权变现（与孵化期冲突）。

（6）通过参与初创项目获得技术、资源、管理等股权。

（7）通过参与和扶持创新项目，获得股权的机会。

（8）获得部分优质项目的主导权，集中精力发展壮大。

5. 平台基础

在本项目开始之前，我们已经建设成功一个成熟稳定可运行的科创服务示范平台，如附图8所示。在项目过程中，可以配合新建平台，结合"互联网+"的战略，增加传播速度，扩大影响范围，大大增加对国家社会科创浪潮的正面影响。建设平台的主要服务内容如下。

成都菁英汇智能科技有限公司：平台及服务提供商直接作为第三方服务提供商为创业者和创业企业提供服务。

市场营销：为创业者和创业企业提供营销策划、营销代理、营销人员培训等一系列市场营销服务。产品设计：为创业者和创业企业提供产品设计服务。软件开发：为创

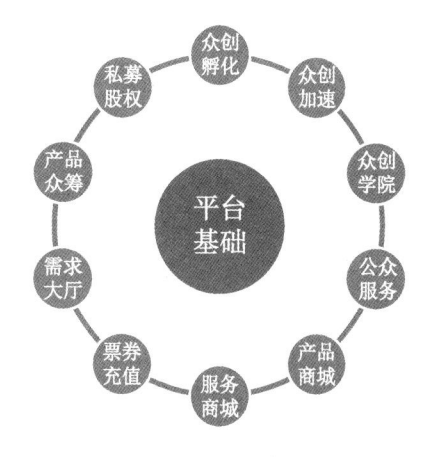

附图8 平台基础

业者和创业企业提供软件开发服务，快捷可靠。科技服务：为创业者和创业企业提供专利服务、知识产权、仪器共享、技术合作、设施服务等一系列科技服务。

私课咨询：我们拥有许多成功创业者、高校专家教授等珍贵的创业资源，为在创业的创业者和创业企业提供一对一的创业咨询，切实为创业者服务，解决创业难题。诊断辅导：为创业者诊断解决创业过程中的问题，为创业者铺平创业道路。公开课：我们会定期针对不同的主题邀请社会各界的成功人士与广大创业者分享经验和经历。团队提升：我们可以针对团队合作、团队协同能力等对创业团队进行专门的培训和辅导，为创业保驾护航。

风险投资：我们拥有更多的资金资源，在我们的平台上可以让创业者及其项目接触更多的投资人和投资机构，增加创业者获得风险投资的机会，提升创业成功率。

产品商城：为创业企业及地方中小企业或个体工商户提供线上销售渠道扩大市场。服务商城：为创业企业及地方中小企业或个体工商户提供具有针对性的服务。需求大厅：在这里可以进行需求招募，发现更多服务商为你解决问题。

私募股权：为创业者提供私募股权平台，帮助创业者寻找志同道合的伙伴及资金支持，让更多的想法开始转变为现实。股权交易：股权交易平台可靠快捷。

产品众筹：为创业者和创业企业提供的产品众筹平台，让每一个优秀的想法都能成为现实，从此资金不是问题。

众创空间：为创业者提供创业实验的基本条件，同时我们还有互联网＋机器智能、虚拟现实等一系列紧密接触科技前沿的主题，众创空间帮助创业者开阔眼界，感受未来，产生更多创意。

政策法规：帮助创业者和创业企业及时了解国家相关的政策法规，在政策的扶持下走得更快更远。

5.3 我们的优势

1. 平台优势

（1）业界高标准技术标准，如附图9所示。

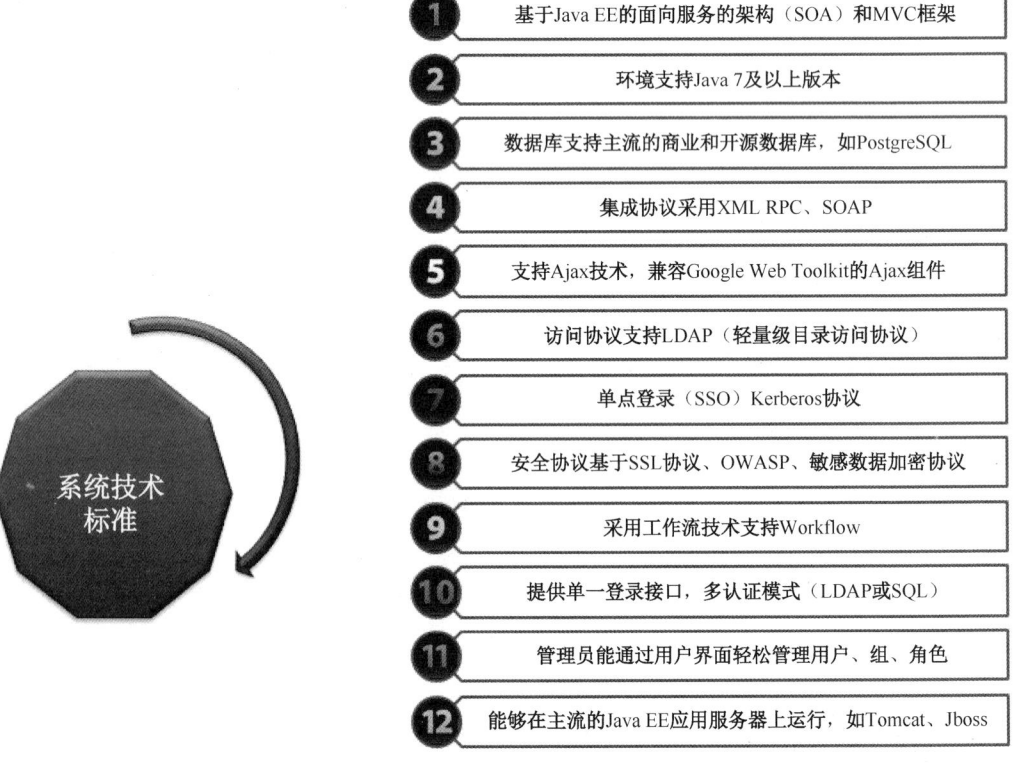

1. 基于Java EE的面向服务的架构（SOA）和MVC框架
2. 环境支持Java 7及以上版本
3. 数据库支持主流的商业和开源数据库，如PostgreSQL
4. 集成协议采用XML RPC、SOAP
5. 支持Ajax技术，兼容Google Web Toolkit的Ajax组件
6. 访问协议支持LDAP（轻量级目录访问协议）
7. 单点登录（SSO）Kerberos协议
8. 安全协议基于SSL协议、OWASP、敏感数据加密协议
9. 采用工作流技术支持Workflow
10. 提供单一登录接口，多认证模式（LDAP或SQL）
11. 管理员能通过用户界面轻松管理用户、组、角色
12. 能够在主流的Java EE应用服务器上运行，如Tomcat、Jboss

附图9　系统技术标准

（2）灵活而健壮、可定制和配置的平台级应用框架和架构，如附图10所示。

（3）满足平台级多租户电子商务和ERP云服务的所有高标准需求，电子商务、众创学院、产品众筹、私募股权、大数据等功能服务一应俱全，如附图11所示。

系统的软件部分		
	1. 组件管理器	系统的连接中枢，将系统各个组件整合起来
	2. 服务引擎	主要负责服务的相互调用、服务集成整合等，实现服务的复用
	3. 实体引擎	主要负责系统的实体建模和管理，简化应用对实体数据的操作
	4. 事务管理	主要是保障事务服从ACID原则，即原子性、一致性、隔离性和持久性
	5. 缓存机制	用来增加系统吞吐量
	6. 日志管理	记录系统运营信息
	7. 任务调度	保障系统效率，优化需要实时（同步）的任务
	8. 页面工具	为系统提供一整套的页面工具，包括缓存管理工具、调试工具、实体引擎工具
	9. 安全控制	多层次安全控制：整个应用、某个业务，以及某个业务的某个具体服务

附图10 系统的软件部分

附图11 功能服务区

（4）完备的多租户SaaS平台支持，满足云计算SaaS和SOA复合标准，如附图12所示。只需引入即可投入使用，还可以根据业务的变化和增长灵活配置。

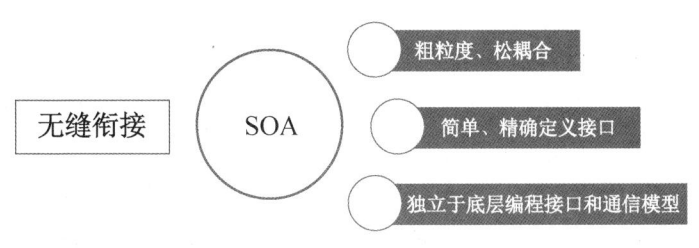

附图12 云计算-SOA-SAAS符复合标准无缝衔接

2. 技术优势

该项目由电子科技大学机器感知与智能系统研究中心建设与服务。众创空间的技术支持、培训人员均由电子科技大学组织和派遣人员提供。

电子科技大学为国家"211工程""985工程"重点建设大学，是以电子信息科学技术为核心的全国重点大学。电子科技大学与世界30多个国家和地区的200余所大学、科研机构、企业保持着密切友好的联系，每年主办十余次国际学术会议，选派大批教师赴海外访学进修、合作研究和参加国际会议。

电子科技大学同一批国外知名高校签署了合作培养协议，本科生、硕士生和博士生在校期间都可以申请出国留学，交流学习或联合培养。英特尔、微软、TI和IBM等跨国公司也在该校设立了联合实验室、研发中心和奖学金项目等，直接参与该校的人才培养。

电子科技大学突出的重点学科主要集中在电子科学与技术，物理电子学、电路与系统、微电子学与固体电子学、电磁场与微波技术，信息与通信工程、通信与信息系统、信号与信息处理、电路与系统，电磁场与电磁波、微电子与固体电子学、物理电子学，计算机应用技术、光学工程等高新技术领域。并且一直以来在这些领域有着重大成就，培养出众多杰出人才。电子科学与技术专业在教育部中国大学专业领域学科评估中排名全国第一。

通过与电子科技大学的合作，众创空间不仅在后续设备运营维护上无后顾之忧，更有科技领域专家学者定期前来进行技术讲座，以及研究人员和专家学者前来进行长期技术培训和技术指导。通过国际化发展的电子科技大学，科技园区在追随国际前沿技术及产业的国际化发展上更是如虎添翼。

5.4 行业壁垒

行业壁垒是指跨行业经营者丢掉擅长的业务而去开拓不擅长业务所会遇到的"陌生的困难"，壁垒的高低是由市场竞争、社会发展状况、法律体系的完善程度等综合因素决定的。行业壁垒是阻止或限制进入某一行业的障碍，是保护市场、排除竞争的有效手段和重要方法。行业壁垒越坚固，市场障碍越多，企业越难以加入，市场垄断程度越高，竞争相对缓和；行业壁垒越薄弱，市场障碍越少，企业越易于加入，市场垄断程度越低，竞争相对激烈。

由于本项目处于国家鼓励"大众创业，万众创新"的时代潮流下，既是机遇，能得到政策和地方政府的大力支持，并能吸纳大量有创新意识和创新能力的创业者；也是挑战，如何在趋之若鹜的创业服务提供商之中脱颖而出，树立独特的品牌和壁垒，这也是需要团队考虑的核心。根据本项目的技术和资源背景，团队着力于建立资源壁垒和地域壁垒。

1. 资源壁垒

随着高校功能从人才培育、科学研究到社会服务的延伸，高等教育、科技、经济一体化的趋势越来越强。尤其是在知识经济社会中，大学将被推向社会发展的中心，成为社会经济发展的重要动力。以信息技术为标志的第三次科技革命对产学研合作起到了推动作用。该项目是成都菁英汇智能科技有限公司与电子科技大学机器感知与智能系统研究中心合作完成的，易促进技术创新所需各种生产要素的有效组合，同时形成项目所独有的资源壁垒。

该项目的运营团队由电子科技大学机器感知与智能系统研究中心建设，并与清华大学、北京大学、北京航空航天大学、中国科学院、斯坦福大学、芝加哥大学、路易斯安那州立大学、爱荷华大学、欧多米尼大学、罗格斯大学、法国科学院等众多知名专家教授保持长期密切的合作，从项目方案建设到具体项目内容的实现，再到后期项目维护均有足够的人力和能力保证。

该项目由电子科技大学机器感知与智能系统研究中心建设与服务。众创空间的技术支持、培训人员均由电子科技大学组织和派遣人员提供。

电子科技大学为国家"211工程""985工程"重点建设大学，是以电子信息科学技术为核心的全国重点大学。电子科技大学与世界30多个国家和地区的200余所大学、科研机构、企业保持着密切友好的联系，每年主办十余次国际学术会议，选派大批教师赴海外访学进修、合作研究和参加国际会议。

电子科技大学同一批国外知名高校签署了合作培养协议，本科生、硕士生和博士生在校期间都可以申请出国留学，交流学习或联合培养。英特尔、微软、TI和IBM等跨国公司也在该校设立了联合实验室、研发中心和奖学金项目等，直接参与该校的人才培养。

电子科技大学突出的重点学科主要集中在电子科学与技术，物理电子学、电路与系统、微电子学与固体电子学、电磁场与微波技术，信息与通信工程，通信与信息系统、信号与信息处理、电路与系统，电磁场与电磁波、微电子与固体电子学、物理电子学，计算机应用技术、光学工程等高新技术领域。并且一直以来在这些领域有着重大成就，培养出众多杰出人才。电子科学与技术专业在教育部中国大学专业领域学科评估中排名全国第一。

通过与电子科技大学的合作，众创空间不仅在后续设备运营维护上无后顾之忧，更有科技领域专家学者定期前来进行技术讲座，以及研究人员和专家学者前来进行长期技术培训和技术指导。

2. 地域壁垒

2015年以来，国家出台了一系列鼓励"大众创业，万众创新"的政策，如在国务院发表的文件《关于发展众创空间推进大众创新创业的指导意见》中提到"为加快实施创新驱动发展战略，适应和引领经济发展新常态，顺应网络时代大众创业、万众创新的新趋势，加快发展众创空间等新型创业服务平台，营造良好的创新创业生态环境，激发亿万群众的创造活力，打造经济发展新引擎"。文件中提出了发展原则：要以营造良好创新创业环境为目标，激发全社会创新创业活力为主线，以构建众创空间等创业服务平台为载体，有效整合资源，集成落实政策，完善服务模式，培育创新文化，加快形成"大众创业，万众创新"的生动局面。

然而由于地区经济发展条件、政策支持程度、人才储备量、房租和人力成本、交通便利度、行业竞争程度各不相同，各地区在响应国家号召和迎合时代发展潮流，进行创新创业孵化培养的力度和进程上有高低之分。

为响应国家的号召，营造创新创业"百家争鸣，百花齐放"，支持更多创新创业能力欠缺的地区发展，该项目将更多地考虑与欠发达地区的地方政府和企业联合，这不仅能加速地区的产业发展，营造浓厚的创业氛围，同时也将建立本项目的地域壁垒。

经李克强总理签批，国务院印发《关于同意开展服务贸易创新发展试点的批复》（以下简称《批复》），同意在天津、上海、海南、深圳、杭州、武汉、广州、成都、苏州、威海和哈尔滨新区、江北新区、两江新区、贵安新区、西咸新区等省市（区域）开展服务贸易创新发展试点，试点期为两年。而更多的地区均未能进入此列，但是同时也可以看到紧跟创新创业的时代需求，迎头赶上的可能性和较好的上升空间，这对其他地区的科技创新服务的发展不得不说是个适合的风口。

6　风险分析

风险是复杂系统中的重要概念，不同的领域有不同的工作定义，目前无统一的定义。风险的起因是经济中与未来有关的不确定性的存在。

本项目的风险存在于线下众创空间部分，众创空间承担着展示最新科技前沿进展并孵化初创项目的功能。项目风险通常包括以下方面：政策风险、市场风险、环境风险、技术风险、客户风险、资金风险、配套风险、协作风险。本项目主要的潜在风险包括政策风险、市场风险、行业系统风险、行业竞争风险、财务风险。

1. 政策风险

政治风险是指由于国家政治局势的动荡，影响到国家经济政策的变化和更迭，从而构成的市场政治风险。这种风险将直接导致新创企业和线下众创空间的生存危机，在一段特定的时间段属于客观静态纯风险。

从本项目创立来看，公司面临一般企业共有的政策风险，包括国家宏观调控政策、财政货币政策、税收政策，可能对项目今后的运作产生影响。

应对策略如下。

（1）公司将在国家各项经济政策和产业政策的指导下，汇聚各方信息，提炼最佳方案，统一指挥调度，合理确定公司的发展目标和战略。

（2）加强内部管理，提高服务管理水平，降低营运成本，努力提高经营效率，形成公司的独特优势，增强抵御政策风险的能力。

2. 市场风险

市场风险是指由于市场发育的不成熟，导致各项市场制度的不完善，由此引致的风险，属于客观动态纯风险。对孵化器而言，市场风险的根源主要有知识产权保护和界定的制度不完善，国家工商、金融信用制度的不完善等，这些因素将导致孵化器内的产权界定模糊，入驻企业向孵化器隐瞒重要信息导致孵化失败等现象的产生。

应对策略如下。

（1）现代市场经济已步入以顾客为核心的 3G 时代（顾客、竞争、变化），面对市场的激烈竞争和飞速变化，公司需不断强化内部管理，实现以服务为中心的转型，包括发展电子商务，实现网络化营销；拓展销售渠道，推进集团化管理；发展加工中心，强化生产/质量管理等。

（2）规范内部管理，固化运作流程，实现对经营流程各环节的优化和控制，提高企业的管控水平，降低经营风险。

（3）财务数据从业务数据自动形成，财务业务一体化，提高财务核算、财务分析和资金周转效率。

（4）建立科学、实时、准确的成本核算系统和统计分析系统，满足经营分析、绩效考核和管理决策需要。

（5）实现全过程的客户关系管理，密切顾客联系，科学进行顾客需求和行为分析，提高顾客满意度和忠诚度。

（6）实现与供应商流程、数据集成，密切供应商联系，及时掌握资金和订货动态。

（7）实现业务与工作流整合，使流程推动业务，提高办事效率。

（8）全面收集、整理、分析和展现数据，支持管理决策。

3. 行业系统风险

行业系统风险是指由于孵化器所属的行业基于行业生命周期或行业竞争程度等原因整个行业形势发生变动，导致该孵化器盈利产生波动的风险，属于客观动态纯风险。例如，自"9·11事件"以后，全球的信息产业都受到了不同程度的影响，信息产业发展的步伐放慢，这也从一定程度上影响了我国信息产业孵化器的发展步伐，这就是行业系统风险影响孵化器的表现。

应对策略如下。

（1）随时关注行业发展动向，坚持不断创新，探索多样化的发展模式。

（2）积极迎接最新科学动态，关注相关技术动向，实现多种技术方案的组合，重视学科交叉领域的探索。

4. 行业竞争风险

市场竞争风险是指由于市场及产业的迅速发展，市场中的孵化器的数量不断增加，造成了孵化器之间的竞争不断升级所引致的风险，属于动态风险。这种风险不仅存在于同一地区的产业类别相近的孵化器之间，也存在于不同地区的同类别孵化器之间，对于孵化器而言，应对市场竞争风险的唯一办法是从多方面着手，努力提高孵化器的核心竞争力。

应对策略如下。

（1）创新对于初创企业的培养模式，为创业者提供更多切合实际的创投服务。

（2）获得稳定、持续的企业合作，坚持和大型技术平台合作，提供最可靠和稳定的技术支持。

5. 财务风险

财务风险是指企业由于不同的资本结构而对企业投资者的收益产生的不确定性影响。财务风险来源于企业资金利润率和接入资金利息率差额上的不确定因素，以及借入资金与自有资金的比例的大小。借入资金比例越大，风险程度越大；反之则越小。

应对策略如下。

（1）实行严格的资金借贷和运用审批制度，根据公司的发展情况和资金市场成本的变化，调整资本结构。

（2）使投资项目尽快产生效益，提高资产盈利能力，降低投资风险。

（3）加强对业务收入、业务支出、日常现金等的管理，在保持较高的流动性的基础上，减少资金占用，为公司扩大投资提供现金流。

（4）加强对资金运行情况的监控，最大限度地提高资金使用效率；实施财务预决算制度。

（5）建立相应的风险预警机制，加强内部管理，严格规章制度，把可能发生的损失降低到最低程度。

（6）不可抗拒因素造成的风险，包括各种自然灾害、火灾、战争、政策变化、人为事故等。为避免企业在发生意外及其他各种不可抗拒因素给企业造成损失，将在财务预算中拨出专款，购买各种保险以规避可能遇到的风险。

7 运营和财务计划

7.1 项目运营的进展

以下按照时间节点梳理项目的运营进展。

2016.05—2016.07：完成平台搭建和资源的链接，创建优秀的孵化器运营团队，形成完善有效的服务方案；孵化器场地基础设施设备上线，为平台运营做准备。

2016.08—2016.10：平台上线测试和完善，通过实际案例走通电子商务、众筹、创业服务所有流程，完善经营模式。

2016.11—2016.12：创建创业集中营、天使投资集中营、主题技术讲座、创新前沿讲座和创业公开课，增强创业氛围，扩充服务领域，拓宽创业渠道，全方位开展创投服务。

在预期成果方面，建设完善的创业服务体系，实现综合信息、基础服务、行政服务、科技服务、产品设计等方面的全方位的众创空间。在未来1年内，建设3~5个由科技部认定的国家级众创空间。在未来3年内由众创空间孵化和支持产生发明专利30~50项，软件著作权至少10项。孵化成功产生销售收入公司不少于30家，在市场上产生较大影响的创新形态的产品和服务不少于10项。在未来5~8年内，培育不少于5家科技型企业在不同的资本市场上市。

7.2 财务计划

财务计划包括投资融资计划表、资产负债表、项目现金流量报告和损益表。

1. 投资融资计划表

投资融资计划书应当包含投资决策所关心的全部内容，如企业产品和服务模式、市场分析、融资需求、运作计划、竞争分析、财务分析、风险分析等内容。本公司的投资融资计划如附表1和附表2所示。

附表1 公司融资计划

拟股权融资金额		拟出让的股权比例				
资金使用计划		（可另附）				
资金归还计划（包括对退出方式的安排）		（可另附）				
投资方享有的权利		（可另附）				
公司未来3~5年的收益预计						
		1年	2年	3年	4年	5年
销售收入						
税后利润						
净资产收益率						
年末现金流量净额						
投资回收期						
风险分析						
公司运营过程中可能出现的风险及控制对策（包括政策、管理、市场、技术、财务风险）：（可另附）（请认真填写）						

附表2 投资融资计划表

公司概况					
公司名称					
注册地址					
注册资本			成立时间		
员工人数			所有制性质		
联系人		电话		电子邮件	
所属行业					
主要股东情况	股东名称	出资额	出资形式	股份比例	股东单位性质
经营范围					
主要产品					
生产规模					
财务状况					
总资产			净资产		
年销售收入					
20××					
年税后利润					
20××					
年末现金流量净额					
20××					
年末 EBITDA 注：EBITDA=净利润+所得税+利息+折旧+摊销					
20××					
公司服务/产品					
公司（销售额）在国内同行业排名：20××第　　位 市场份额：2011：　　%					

产品的未来市场前景分析	未来3~5年公司产品潜在用户数量预测：				
		2011	2012	2013	2014	2015
	用户数量					
	预测依据：（可另附）				
	未来3~5年公司产品潜在市场容量预测：				
		2011	2012	2013	2014	2015
	市场容量					
	预测依据：（可另附）				

市场竞争					
产品的市场竞争状况分析	未来3~5年公司的销售收入及市场份额预测				
		1年	2年	3年	4年	5年
	专营收入					
	营业收入					
	市场份额					
	预测依据（与竞争对手相比，公司的优势、机会与威胁）：（可另附）				

2. 资产负债表

资产负债表是一种财务报告，显示公司在一个固定日期的财务状况。它通常在一个财务结算期末完成，主要包括3个项目。

（1）资产：公司拥有或承认的，能以现金计算价值的一切。包括流动资产（在资产负债表上一年内能变成现金的资产），如现金、应收账款、存货等；长期投资，包括股票、证券和一年期以上的特殊储蓄存款；固定资产，即属于一个公司但并不准备出售的资源，如土地、建筑物等。

（2）负债：公司所欠的钱；债权方对你资产的要求权。包括流动负债（应在一个运营期内偿还的债务），如应支付账款、应支付票据、应支付利息等；长期负债（未偿付的余额减去到期的流动部分），如商业贷款、抵押借款、运输工具等。

（3）资本净值：与业主权益相等的资本价值。包括所有权或合伙关系（每个业主最初的投资加退休后的收入）；股份权利（业主或股东的本金加支付红利后保留的收入）。

这3个项目的关系如下：

$$资产-负债=资本净值$$

按照这个考察方式，可以清楚地知道：如果一个公司拥有的资产大于其负债，该公司的资本净值就是正数。相反，如果公司的负债大于其拥有的资产，其资本净值就是负数。资产负债预测表如附表3所示。

附表3　资产负债预测表

编制单位：　　　　　　　　　　　　　年　　月　　　　　　　　　　　单位：万元

资产	行次	年初数	期末数	负债及所有者权益	行次	年初数	期末数
流动资产：				流动负债：			
货币资金	1			短期借款	46		
交易性金融资产	2			应付票据	47		
应收票据	3			应付账款	48		
应收股利	4			预收账款	49		
应收利息	5			其他应付款	50		
应收账款	6			应付工资	51		
其他应收款	7			应付福利费	52		
预付账款	8			未交税金	53		
存货	9			未付利润	54		
一年内到期的非流动资产	10			其他未交款	55		
其他流动资金	11			预提费用	56		
流动资产合计	12						
非流动资产：				一年内到期的长期负债	57		
可供出售金融资产	14			其他流动负债	58		
持有出售金融资产	15						
持有至到期投资	16						
投资性房地产							
	20			流动负债合计	65		
长期投资：				长期负债：			
长期投资	21			长期借款	66		
固定资产				应付债券	67		

续表

编制单位：　　　　　　　　　　　　　　　　　　年　　月　　　　　　　　　　单位：万元

资　　产	行次	年初数	期末数	负债及所有者权益	行次	年初数	期末数
固定资产原价	24			长期应付款	68		
减：累计折旧	25			其他长期负债	69		
固定资产净值	26			其中：住房周转金	70		
固定资产清理	27						
在建工程	28						
待处理固定资产净损失	29			长期负债合计	76		
				递延税项：			
固定资产合计	35			递延税款贷项	77		
无形资产及递延资产：							
无形资产	36			负债合计	80		
递延资产	37			所有者权益：			
				实收资本	81		
无形资产及递延资产合计	40			资本公积	82		
其他长期资产：				盈余公积	83		
其他长期资产	41			其中：公益金	84		
递延税项：				未分配利润	85		
递延税款借项	42						
				所有者权益合计	88		
资产总计	45			负债及所有者权益总计			

注：如果本表"科目"本企业不适用的，可另附"资产负债表"。

3. 项目现金流量报告

现金流量预测报告是一种财务文件，它为公司的内部计划服务，预估在一个预定时期（通常为下一个纳税年度）内公司现金的流入量和流出量。报告表明预期在什么时候收到现金，什么时候必须支出现金，以及支付账单、偿还债务。该项目的现金流量预测表如附表4所示。

附表4　项目现金流量预测表（全部投资）

序号	项目名称	合计	建设期		经营期										
			1	2	3	4	5	6	7	8	9	10	11	12	13
1	现金流入															
1.1	其中：营业收入															
1.2	回收固定资产余值															
1.3	回收流动资金															
2	现金流出															
2.1	其中：固定资产投资															
2.2	流动资金															
2.3	经营成本															
2.4	销售（营业）税金															
3	所得税前净现金流量（1-2）															
4	累计所得税前净现金流量															

续表

序号	项目名称	合计	建设期			经营期										
			1	2	3	4	5	6	7	8	9	10	11	12	13
5	所得税 0%														
6	净现值														
7	累计净现值														

财务内部收益率（税后）　　　　　；财务净现值（税后）　　　　　；静态投资回收期（年）　　　　　年；折现率 $i_c=$

4. 损益表

损益表（或利润表、损益平衡表）是用以反映公司在一定期间利润实现（或发生亏损）的财务报表。它是一张动态报表。损益表可以为报表的阅读者提供做出合理的经济决策所需要的有关资料，可用来分析利润增减变化的原因、公司的经营成本、做出投资价值评价等。

损益表的项目，按利润构成和分配分为两个部分。其利润构成部分先列示销售收入，然后减去销售成本得出销售利润；再减去各种费用后得出营业利润（或亏损）；再加减营业外收入和支出后，即为利润（亏损）总额。利润分配部分先将利润总额减去应交所得税后得出税后利润；其下即为按分配方案提取的公积金和应付利润；如有余额，即为未分配利润。

盈亏平衡点（Break Even Point，BEP）又称零利润点、保本点、盈亏临界点、损益分歧点、收益转折点。通常是指全部销售收入等于全部成本时（销售收入线与总成本线的交点）的产量。以盈亏平衡点为界，当销售收入高于盈亏平衡点时企业盈利，反之，企业就亏损。盈亏平衡点可以用销售量来表示，即盈亏平衡点的销售量；也可以用销售额来表示，即盈亏平衡点的销售额。假定利润为零和利润为目标利润时，先分别测算原材料保本采购价格和保利采购价格，再分别测算产品保本销售价格和保利销售价格。盈亏平衡点的计算公式为

$$BEP = C_f/(P - C_u - t_u)$$

式中，BEP——盈亏平衡点时的产销量；
　　　　C_f——固定成本；
　　　　P——单位产品销售价格；
　　　　C_u——单位产品变动成本；
　　　　t_u——单位产品营业税金及附加；

由于单位产品税金及附加常常是单位产品销售价格与营业税及附加税率的乘积，因此公式可以表示为

$$BEP = C_f/[P(1-r) - C_u]$$

式中，r——营业税金及附加的税率。

按实物单位计算：

盈亏平衡点＝固定成本/(单位产品销售收入-单位产品变动成本)

按金额计算：

盈亏平衡点＝固定成本/（1-变动成本/销售收入）＝固定成本/贡献毛率

损益平衡预测表如附表 5 所示。

附表 5 损益平衡预测表

XYZ 公司年底损益计	20×5	20×6
20×6 年 12 月 31 日		
销售收入		
配件		
维修组件		
服务		
销售收入净额＝销售收入-销售退回及折让		
销售成本		
配件		
维修组件		
服务		
销售成本总额		
销售毛利		
营业费用		
管理费用		
行销费用		
研发费用		
其他		
营业费用总额		
营业利益		
利息支付		
税前收入		
税费		
持续经营净收入		
非定期性事件		
净收入		
红利		
股东净收入		

8 创业团队概况

团队由来自电子科技大学的教授、研究生创业团队组成，长期关注并致力于研究科技前沿的技术和解决方案，研究领域涉及认知科学、机器学习、人工智能、计算机视觉、智能控制、智能医疗、新型传感器等多个方面，拥有宽广的科技视野。团队成员不仅科研实力雄厚，而且在企业创办、投资咨询领域也颇有建树，对初创企业的成长和发展过程进行过深入的研究。

郑文锋　　　　　　　　杨波　　　　　　　　刘珊

郑文锋，博士、高级工程师、系统分析师，美国路易斯安那州立大学访问研究学者，清华大学博士后；研究方向：智慧地球/数字城市、地理/空间信息技术与服务、软件工程/增强现实/物联网/智能机器人、环境生态科学、地震防灾减灾、自然灾害应急响应与决策等。

杨波，工学博士、硕士生导师、电子科技大学副教授（特聘）；主要研究方向：机器视觉、图像融合、手术机器人视觉伺服和计算机控制系统等。

曾庆川　　　　　　　　韩烨声　　　　　　　　倪旭彬

刘珊，博士、电子科技大学副教授、系统项目（高级）管理师；主要研究方向：人工智能理论及应用、非线性系统建模及控制、上下文建模与推理。

曾庆川，电子科技大学博士、教授，香港中文大学教授；曾长期在澳洲、我国香港地区从事科研工作；四川省"百人计划"专家评委；主要从事电力工程、水力发电、风力发电、新能源、新材料等领域的研究，取得了一些国际国内领先的成果。

韩烨声，本科毕业于电子科技大学计算机专业，四川安邦易佰科技有限公司首席执行官，执行董事。主要研究领域：人工智能、机器学习、认知科学、创新培育和孵化、软件工程和互联网等。

倪旭彬，硕士就读于电子科技大学，本科毕业于电子科技大学英才学院，成都菁英汇智能科技有限公司首席执行官，执行董事；主要研究领域：人工智能、机器学习、认知科学、自然语言识别、创新培育和孵化、软件工程和互联网等。

参 考 文 献

[1] 熊飞，邱菀华．中美两国创业教育比较研究[J]．北京航空航天大学学报（社会科学版），2005，（04）：73-77．

[2] 王彩华，李福杰．美国高校创业教育的经验及其启示[J]．理工高教研究，2008，（05）：92-96．

[3] 张帆，张帏．美国大学创业教育发展及对中国的启示[J]．中国人才，2003，（08）：7-10．

[4] 张笑岩．斯坦福大学创业教育课程的目标研究[D]．重庆：西南大学，2011．

[5] 邓汉慧，刘帆，赵纹纹．美国创业教育的兴起发展与挑战[J]．中国青年研究，2007，（09）：10-15．

[6] 施丽红．美国创业教育支撑体系的特点及启示[J]．教育与职业，2010，（05）：158-160．

[7] http://www.fortunechina.com/magazine/c/2006-06/01/content_1708.htm．

[8] http://news.k618.cn/society/201609/t20160919_8991214.html．

[9] 雷家骕．高技术创业管理：创业与企业成长[M]．北京：清华大学出版社，2005．

[10] 耿小庆．组织知识创新与企业能力成长研究[D]．天津：天津大学，2008．

[11] 周艳春．关于创业与创新关系的研究综述[J]．生产力研究，2009，（22）：255-256．

[12] 熊彼特的创新理论[J]．冶金企业文化，2016，（04）：56-58．

[13] 王明杰．高校创业教育环境的构建对大学生创业意向之影响[J]．社会科学家，2016，（03）：122-126．

[14] 万维钢．你靠过弱联系吗[M]．当代工人（C版），2016：38-39．

[15] http://www.fortunechina.com/business/c/2016-07/27/content_267841.htm?utm_source＝tuicool&utm_medium＝referral．

[16] http://www.sohu.com/a/133276269_181327．

[17] 张光芒．"新启蒙主义"：前提、方法与问题[J]．人文杂志，2005，（01）：9-15．

[18] 郭少东．基于复杂性科学的课程研究方法论初探[D]．桂林：广西师范大学，2009．

[19] 赵光宙，齐冬莲．混沌控制理论及其应用[J]．电工技术学报，2001，（05）：77-82．

[20] 蒋进．混沌理论在自主学习中的应用[J]．软件导刊（教育技术），2011，10（09）：5-6．

[21] 张一方．超循环论的图论矩阵表示及其发展与应用[J]．吉首大学学报（自然科学版），2011，32（02）：36-41，82．

[22] 陈义安．混沌动力系统及其哲学思考[J]．渝州大学学报（社会科学版），2002，（06）：41-43．

[23] 谭斌昭．当代自然辩证法导论[M]．广州：华南理工大学出版社，2006．

[24] 李曙华．系统生成论体系与方法论初探[J]．系统科学学报，2007，（03）：6-11．

[25] 刘佳．基于分形理论的短时交通流预测研究[D]．北京：北京交通大学，2007．

[26] 张霄虹. 从超循环系统理论角度看开发性金融的内在和外在特性[J]. 广西金融研究, 2007, (02): 57-59.
[27] 佟卫国. 试论营销与市场经济[J]. 现代营销（学苑版）, 2011, (10): 65.
[28] 农淬阑, 丁良通, 赵程海. 论创新精神与企业家素质[J]. 企业科技与发展, 2011, (18): 6-8.
[29] 蔡永宁. 论机遇的形成与把握[J]. 社会科学, 2000, (02): 38-42.
[30] 刘建军. 领导学原理: 科学与艺术[M]. 2版. 上海: 复旦大学出版社, 2005.
[31] 吴宏伟. 马斯洛的需要层次理论及哲学底蕴[J]. 哈尔滨市委党校学报, 2006, (02): 31-33, 60.
[32] https://www.leiphone.com/news/201406/paul-graham-ambitious.html.
[33] http://www.cas.cn/yw/201507/t20150705_4384877.shtml.
[34] 朱正萱. QFD在质量信息传递中的运用研究[D]. 南京: 南京理工大学, 2002.
[35] 张福龙. 面向客户需求的产品绿色设计方法研究[D]. 合肥: 合肥工业大学, 2008.
[36] 周定庆. 现代企业利润最大化今论[M]. 长沙: 湖南师范大学出版社, 1998.
[37] 张群智. 同理与关怀——教育者的使命[J]. 华夏教师, 2016, (08): 84-85.
[38] 《经济参考》编辑部科技组. 世界新的技术革命与对策[M]. 北京: 科学普及出版社, 1984.
[39] 宋欣洲. 创新2.0时代的开源创新[J]. 办公自动化, 2014, (14): 19-21, 44.
[40] 拉里·基利, 瑞安·皮克尔, 布莱恩·奎恩, 等. 创新的十种类型[J]. 北京石油管理干部学院学报, 2015, 22 (06): 61.
[41] 田红云, 陈继祥, 田伟. 破坏性创新机理探究[J]. 研究与发展管理, 2007, (05): 1-7, 31.
[42] 季丹, 郭政. 破坏性创新: 概念、比较与识别[J]. 经济与管理, 2009, 23 (05): 16-20.
[43] 必裕. 大学生机会型创业种子项目的培育[J]. 创新与创业教育, 2012, 3 (04): 32-35.
[44] 谢峰. 中国成长型企业信息系统发展规划的研究[D]. 成都: 西南财经大学, 2003.
[45] 王轶. 企业持续成长是可能的[J]. 政策瞭望, 2003, (12): 38-39.
[46] 朴泉, 史娟. 论企业管理中的市场营销管理——寻找客户需求, 制定最佳解决方案[J]. 商, 2013, (15): 13-14.
[47] 张国方, 金国栋. 客户细分理论及应用策略研究[J]. 华中科技大学学报（社会科学版）, 2003, (03): 101-104.
[48] 彭健. 现代企业的核心业务扩张战略及其途径选择[J]. 中外企业家, 2006, (02): 78-80.
[49] 孔繁任. 消费者价值认同的品牌启示[J]. 理财杂志, 2008, (04): 70-71.
[50] 薛捷. 非竞争性战略联盟: 一种创新的战略联盟形式[J]. 科技管理研究, 2009, 29 (05): 43-45, 49.
[51] 王娇. 企业定价方法与策略[J]. 国际商务财会, 2010, (03): 86-88.
[52] 曹丹. 关于企业产品定价问题的探讨及价格策略[A]. 中国武汉决策信息研究开发中心、决策与信息杂志社、清华大学经济管理学院. "如何建立科学决策机制理论研讨会——决策论坛"论文集（下）[C]. 中国武汉决策信息研究开发中心、决策与信息杂志社、清华大学经济管理学院, 2015: 2.

[53] 吴显英,沈华艳.集群背景下我国造船企业战略成本管理模式[J].科技与管理,2009,11(04):79-82.
[54] http://www.fortunechina.com/column/c/2013-08/16/content_171406.htm.
[55] http://36kr.com/p/5046243.html.
[56] http://www.hbrchina.org/2017-04-10/5143.html.
[57] 刘湘琴,章仁俊.创业及创业风险研究视角述评[J].商场现代化,2008,(31):232-233.
[58] 许艳丽.浅析大学生创业的风险控制[J].科教导刊:电子版,2014,(3):16.
[59] 张文娟,常保瑞,钟年,等.文化与创造力:基于4P模型的探析[J].北京师范大学学报(社会科学版),2016,(02):25-36.
[60] 宋春悦.世界主要的创新方法[J].中国科技奖励,2014,(08):52-54.
[61] 郜新明.SWOT分析应用[J].经济师,2010,(04):256-257.
[62] 王晓艳.多层次结构化供应商关系管理研究[J].特区经济,2008,(05):303-304.
[63] http://blog.sina.com.cn/s/blog_a673fdd20102wwsq.html.
[64] 齐捧虎.利用核心价值观创造竞争优势——基于中美最受尊敬企业的比较分析[A].中国管理现代化研究会.第三届(2008)中国管理学年会——市场营销分会场论文集[C].中国管理现代化研究会,2008:12.
[65] 陈有星.利用供应链管理提高企业的竞争优势[J].现代管理科学,2004,(01):58-59.
[66] 廖江平.影响企业投资决策的因素分析[J].唯实,2003,(12):46-47.
[67] 苗成栋,王喜雪.现代企业管理概论[M].北京:北京大学出版社,2006.
[68] 娄炳林.从产业结构的演变看调整产业结构[J].湖南工程学院学报(社会科学版),2003,(01):1-3.
[69] 韩国文.创业学[M].武汉:武汉大学出版社,2007.
[70] http://www.lw5u.com/zz/zhongwaiguanli/news/itemid-5946.html.
[71] 李兵.探析企业财务管理中杠杆原理的应用[J].管理观察,2014,(26):82-83.
[72] 崔曲.杠杆收购在我国的应用前景分析[D].武汉:武汉理工大学,2008.
[73] 朱淼正.消费者心智的服务品牌定位探析[J].商场现代化,2014,(02):78-79.
[74] 王佳.艾尔·列斯的定位理论及应用[J].企业改革与管理,2007,(11):66-67.
[75] 吕红.现代企业经营管理模型探讨[J].统计与咨询,2001,(04):40.

反侵权盗版声明

电子工业出版社依法对本作品享有专有出版权。任何未经权利人书面许可，复制、销售或通过信息网络传播本作品的行为；歪曲、篡改、剽窃本作品的行为，均违反《中华人民共和国著作权法》，其行为人应承担相应的民事责任和行政责任，构成犯罪的，将被依法追究刑事责任。

为了维护市场秩序，保护权利人的合法权益，我社将依法查处和打击侵权盗版的单位和个人。欢迎社会各界人士积极举报侵权盗版行为，本社将奖励举报有功人员，并保证举报人的信息不被泄露。

举报电话：（010）88254396；（010）88258888

传　　真：（010）88254397

E-mail：　dbqq@phei.com.cn

通信地址：北京市万寿路173信箱
　　　　　电子工业出版社总编办公室

邮　　编：100036